A. Neuberg

Demokratie-Illusionen

Der gute Staat – Zufall?
Grenzen demokratischen Verhaltens

Bibliografische Information der Deutschen Nationalbibliothek:
Die Deutsche Nationalbibliothek verzeichnet diese Publikation in der
Deutschen Nationalbibliografie; detaillierte bibliografische Daten
sind im Internet über http:/dnb.d-nb.de abrufbar.

Dr. A. Neuberg 2019, 4. überarbeitete Auflage
Demokratie-Illusionen
Der gute Staat - Zufall?
Grenzen demokratischen Verhaltens

Herstellung und Verlag:
BoD - Books on Demand, Norderstedt
Alle Rechte vorbehalten

ISBN: 9 783748 130031

4

Inhaltsverzeichnis

Teil 1
Fundamentale Verwerfungen... 14

Teil 2
Rationalitäten............. 118

Teil 3
Perspektiven………..………..218

Vorwort

Die Entwicklung Westeuropas nach dem Zweiten Weltkrieg war eine Erfolgsgeschichte – politisch wie wirtschaftlich; und das, nach gut einem Jahrtausend der Wirren, nach politischen und wirtschaftlichen Dramen, von Feudalismen und Faschismen bis zu den heutigen Demokratien.

In den letzten Dekaden erleben wir allerdings schwerwiegende politische Fehler in den „Demokratien" – auch in Deutschland. Lähmende Diskussionen über die Verteilung des Erwirtschafteten, Egoismen beherrschen die Wahlperioden. Emotionale Entscheidungen unserer „Führer" gefährden nicht nur die Zukunft der eigenen Nation, sondern die der Partnerländer gleich mit; gefolgt von Spaltungstendenzen in ganz Europa. Fundamentale Gemeinsamkeiten, Rationalität, Verantwortung, treten in den Hintergrund, bedrohen Wohlstand, soziale Gerechtigkeit. Die Unsicherheiten wachsen, bewirken extreme politische Gruppierungen, lösen Zukunftsängste aus – als Spiegelbild von Aggressionen und Machtverschiebungen in der Welt. Viele Probleme kumulieren sich, beherrschen, medial-populistisch aufgeschaukelt, den Alltag. Werden aber dennoch gefährlich verdrängt, von anderen überlagert, bleiben ungelöst, beschleunigen und summieren sich.

Unsere Privilegien zu sichern, wird schwieriger, wenn nicht unmöglich. Andere Nationen holen rasch auf, sind schon auf der Überholspur. Wer bestimmt wie es weiter geht? Diese technologischen Umbrüche sind es – besser, Kapital und Mächte dahinter; ohne politisch wirksamer Reaktion. Dazu fallen noch die Grenzen weg, die Völker beginnen sich weltweit zu vermischen wie nie zuvor. Alle wollen mehr Wohlstand, Sicherheit; so wie in Europa. Die „Globalisierung" beherrscht alles! Und wir? Stehen mit dem Rücken an der Wand! Die Ressourcen sind begrenzt; offensichtlich auch die Fähigkeiten der Politik, im Tagesgeschehen verhaftet, macht- und reaktionslos. Unsere „reifen" Strukturen scheinen an ihre Grenzen zu kommen? Keine der Regierungen reagiert professionell! Irgendwie stimmt nichts mehr!

Schleichend, kaum bemerkt, hemmt politische Konfusion die europäischen Nationen, wirkt desintegrierend für die Union. Über Jahre, Jahrzehnte, beherrschen Fehlentscheidungen (oder eben gar keine) die Tagespolitik. Nur verhalten wird es publiziert. Unsere Demokratien neigen dazu, die Nähe zum Bürger, aber auch zur Realität zu verlieren, ein Eigenleben zu entwickeln. Was besonders frustriert ist, politische Entscheidungsträger scheinen wie gelähmt zu strategischen, zu staatspolitischen Fragen, nur getrieben vom Wunsch öffentlicher Akzeptanz, von den Umfragen und Rankings. So lässt positive Dynamik nach, das System mit seiner „quasi-demokratischen"

Struktur wirkt blockierend, starr, nein, wuchert ineffizient. Obwohl – wie vielfach bewusst – längst gegenzusteuern wäre. Man banalisiert sich in öffentlichen Diskussionen – diesen letzten freien demokratischen Diskursen. Und reflektiert dennoch nur ein die Praxis verzerrendes Bild, demotiviert die letzten Aktiven und lässt ein skeptisches Publikum mit einer Fülle ungelöster Probleme zurück. Und die politischen Trends? Weisen ins Extreme, weltweit, nach rechts oder links, verzetteln sich über zumeist kurzlebige Parteien! Kaum „zum Wohle der Nation". Selbst der öffentliche Diskurs wird ja von ideologischen Trends bestimmt; und Abweichendes geächtet.

Einleitung

Auslöser des Buches jedoch waren die sich kumulierenden Probleme: Der Verfall „ausgewogener" demokratischer Grundsätze und staatspolitischer „Fähigkeiten", autokratische Tendenzen sowie viele offensichtliche Fehlentscheidungen. Wie z.B. im Falle der Wucht des Asylantenzustroms, einer neuen Art von Völkerwanderung aus vielen Regionen, primär nach Deutschland. Dazu mit der Tendenz „unbegrenzter" Zuwanderungsfreiheit – konträr wachsender, teils aggressiver Abneigung der Bevölkerung; mehr oder weniger in allen EU-Ländern. Viele weitere politische Faux Pas` der letzten Dekaden scheinen ähnlich zukunftsbestimmend, wenn vielfach nicht bewusst. Und das, bei politisch wie wirtschaftlich weltweiten Verkettungen wie wir sie noch nie erlebt haben. Wer fängt aber nun (wie damals die DDR), im Falle einer europaweit sich akzelerierenden Krise, das Ganze auf? Es gibt niemanden mehr! Die Einflüsse sind ungleich gefährlicher, wirken nachhaltig, für die gesamte EU. In Wellen strömen Menschen in die EU, aus allen Richtungen, vielen Nationen, mit unzähligen Dialekten, differenten Mentalitäten und Einstellungen, mit fehlender Ausbildung, teils rückständigen Verhaltensweisen und in unbegrenzter Menge – sie werden die EU auf Jahrzehnte massiv verändern. Und, wenn wir Pech haben, destabilisieren.

Viele weitere massive „Verwerfungen" lassen unkalkulierbare Belastungen, dramatische Veränderungen, ungeahnte Vernetzungen erwarten: Der Brexit, die chaotischen Tendenzen in den USA, in Russland, der Türkei, die vielen Anzeichen politischer Umbrüche, selbst in der EU. Denken wir an das Pulverfass „Naher Osten", den chinesischen Wandel u.a.; und lokal, dem Fehlen politisch-strategischer Ausrichtung, dem Damoklesschwert Finanzkrisen etc. Warum reagieren wir nicht konsequent, professionell, rational? Haben wir in der EU, in Deutschland, den natürlichen Existenztrieb, also, den gesunden Menschenverstand verloren? Wo sind die Fähigen, die lösen, nicht alles verschieben? Nach welchen Kriterien wird den regiert?

Wie z.B. im Fall der „Asylanten", die die europäischen Staaten regelrecht überrannten. Über Jahrhunderte penibel regulierte Grenzen, ganz einfach keine mehr waren, jeder Grenzschutz versagte. Dokumente wurden vernichtet, Massen strömten in die Länder ihrer Wahl, „legalisiert" über eine Kette staatlicher Rechtsverstöße. Kein Ende ist (wenn auch in Wellen) abzusehen – und eine geordnete Rückführung schon gar nicht. Wie konnte das passieren? Noch „ordnet" sich alles; irgendwie, mühsam, über Jahre verschoben, mit hoher nachhaltiger Belastung. Lokale Bevölkerungen können nur staunen, was ihnen zugemutet wird. Wehren sich zwar, je bewusster die Folgen werden, werden dennoch medial niedergebügelt – und die Politik ist unfähig, angepasst demokratisch zu reagieren. Was wäre denn bei noch massiveren Katastrophen (die sich ja abzeichnen)? Kein vernünftiges Konzept weit und breit!

Wir haben die Orientierung verloren! Unser Verhalten entspricht nicht mehr diesen radikalen, den globalen Veränderungen! Wir verdrängen (wohlig abgesichert) gefährliche Eigenheiten des Menschen, Egoismus und Machtstreben – wie die weltweit zunehmenden Autokratien zeigen; finden weltfremd unsere Selbstbestätigung im humanitären Überschwang. In einem Staat, gewachsen in Frieden und Wohlstand, der bei den Gefahren einer kommunikativ völlig veränderten Welt, nicht zu handeln vermag. In einem Staat, der Realitäten vernachlässigt. Beobachten wir nur, wie sich die Mächte weltpolitisch verschieben, neue (und gefährliche) Strategien sich abzeichnen. Ein an das 20. Jahrhundert unangenehm erinnerndes Phänomen (und das, war „demokratisch" auch gewollt). Dennoch folgen wir den oft emotionalen, immer jedoch tagespolitischen Einstellungen unserer Führung – unwidersprochen, wie die Lemminge. Politische Logik setzt sich langsam erst über die Jahre durch – gerade noch, immer aber zu spät. Umwälzungen lauern ja immer – seit die Menschheit besteht. Sie konstruktiv anzugehen, ist Staatskunst. Erinnern wir uns an das, was damals die EU formte!

Allerdings, diese unglückliche „Einladung" der Politik zum Thema „Asyl" war nur Auslöser – der Druck ist ja schon seit Jahrzehnten vorhanden – aus ökologischen und ökonomischen Gründen. Dazu spüren wir eine wachsende Skepsis zu den geübt demokratischen Ritualen, in ganz Europa – besonders nach dem Brexit und den US-Wahlen –; aber auch den Finanzdebakeln und nicht zu bremsenden Verschuldungen der Staaten, dem unbegrenzten Drucken von Geld in stagnierenden Volkswirtschaften. Existenzängste greifen um sich. Deutschland, Europa, verliert langsam, kaum spürbar, wirtschaftlich, damit auch politisch an Boden – wenn auch bei hohen Ansehen; *das* allerdings, ist nur historisch bedingt.

Wir stecken in einem massiven Wandel – bei zunehmenden Konflikten, mit Abstiegsängsten, Bedrohungen –, wissen nicht, wohin er uns führt. Dabei sind viele latente Gefahren und Entwicklungen, technologische, menschliche, ökologische, ... noch gar nicht berücksichtigt. Ein Wandel der, in Anlehnung an die weltweiten Veränderungen, Antworten sucht – die alleine helfen aber auch nicht weiter, wenn nicht konform reagiert wird. Von diesen Fähigkeiten wird es abhängen, welche Konsequenzen wir (besser, unsere Erben) schlussendlich zu tragen haben. So sind auch die Strukturen der Demokratien zu hinterfragen, besonders die Qualitäten – die der Entscheidungsträger wie der politischen Abläufe. Demokratische Prozesse vernachlässigen offensichtlich, was jedes erfolgreiche Unternehmen auszeichnet: Gefestigte, entscheidungsfähige Personen, die – dank Erfahrung und Wissen (und hoffentlich ethischem Verhalten) – nicht nur in der Lage sind, Strukturänderungen charismatisch, richtungsweisend, voranzutreiben, sondern auch die Beteiligten mitnehmen. Allein Hinweise, man muss ja schließlich „politisch" entscheiden, reichen nicht, sind banal, oberflächig, naiv, eben dumme Ausreden.

Deutschland erfreute sich zwar nach dem Wiederaufbau eines „Wirtschaftswunders", so bis in die 70er Jahre hinein, mit stetigem Wachstum; sieht sich nun aber verflachender Dynamik gegenüber. Die internen Verteilungskämpfe nahmen zu, führten schleichend zu sozialen Verwerfungen, teils zu Blockaden, jedenfalls zu einem politischen Verhalten, das eher durch Stagnation als weiterem Wachstum gekennzeichnet ist. Keine Anzeichen sind zu erkennen, die Prozesse in den Griff zu bekommen. Selbst des Eindrucks fallender Berufs- und Führungsqualitäten unserer Volksvertreter können wir uns nicht entziehen; immer banaler werden die politischen Ergüsse, Diskurse und Ad-hoc-Entscheidungen; lähmen grundsätzliche Veränderungen. Versuchen wir, massive Hemmnisse, Fehlentscheidungen zu identifizieren; aber auch Positives hervorzuheben, selbst wenn wir uns des Eindrucks verlorener Jahrzehnte nicht erwehren können.

So scheint es sinnvoll, das Thema in drei Teile zu teilen. Der erste, mit bedeutenden Verwerfungen – auch wenn intuitiv ausgewählt – aus demokratischen, besser, emotionalen, wenig real-politischen Entscheidungen. Trotz des Bemühens möglichst wertfrei zu bleiben, sind subjektive Einstellungen natürlich nicht auszuschließen, erwarten also Kritik. Der zweite Teil als Versuch – aus validen Erkenntnissen –, die „Verwerfungen" rational aufzulösen, zu beurteilen, Lösungsansätze aufzuzeigen, die

Ursachen zu vertiefen; auch längst vergangene Überzeugungen wieder ans Licht zu bringen. Um eben im letzten Teil Konsequenzen für unsere demokratischen Prozesse abzuleiten, wesentliche Themen in ihrer Machbarkeit, zu realen Veränderungen, zu diskutieren, Voraussetzungen zu identifizieren. Stehen wir am Ende ökonomischen Wachstums, vielleicht an ethisch-moralischen Grenzen, gefährden massive politische Fehler die Entwicklung, die Sicherheit der westlichen Welt? Wird es – auf-grund der vielfältigen, der global explodierenden Probleme – unser letztes Jahrhundert in Wohlstand, in Frieden, besonders jedoch im demokratischen Umfeld? Könnten wir gegebenenfalls gegensteuern, und, verändern sich dabei unsere „Werte"? Keine Frage, endgültig werden wir dieses Thema nicht lösen – es wäre anmaßend wie auch irrational. Sind wir doch nur mit „bescheidenem Horizont" gesegnet, nicht annähernd in der Lage, vielfältige und wesentliche Erkenntnisse mit einzubeziehen, noch wertfrei genug in unseren Ansichten – entspricht doch alles „gänzlich unserer eigenen Hervor-bringung"[1].

Aber, durchdenkt man die wesentlichen politischen Prozesse des letzten halben Jahrhunderts – mit teils irrationalen Entscheidungsfindungen –, sind die Resultate, mit den Folgen, frustrierend; aber auch ermutigend, falls konsequent gegengesteuert wird (was schon wieder entmutigt). Sind wir doch – trotz „Volkes Willen" – von der Qualität unserer Führung abhängig! Jedenfalls zeigt es erschreckendes Mittelmaß, führt zu Ansätzen, zu Voraussetzungen, die ja so neu nicht sind, seit Jahrzehnten schon – medial wiederkehrend – andiskutiert, schlussendlich dennoch, im Grunde ungelöst, immer wieder verdrängt werden. Trotzdem leiten sich – trotz der Komplexität, des auf der Stelletretens, sich Widerholens – schlüssige Konsequenzen ab, aber auch überraschende Perspektiven; sofern wir lernen, gemeinsam, im demokratischen Diskurs, wesentliche Themen beharrlich, teils radikal anzugehen, logische Maßnahmen abzuleiten. Lösungen gibt es allemal – sofern wir uns politisch weiterentwickeln!

Vielleicht ist es aber auch nur unsere Eigenart, dass wir – verhält sich unser menschliches Umfeld wieder einmal völlig anderes als wir vermutet oder erwartet hätten – mit einem Seufzer reagieren: „Früher war eben alles anders, eben besser, offener, disziplinierter, ..."", um dann doch ganz routiniert das gerade aktuelle Problem zu verdrängen, um uns alltäglicher Routine zuzuwenden. Aber, sollte uns bewusst sein, irgendwann kippt es dennoch! Jetzt?

---

[1] Feyerabend Paul K., *Probleme des Empirismus I*

Teil 1

Fundamentale Verwerfungen

**aus quasi-demokratischen Prozessen
des letzten halben Jahrhunderts**

Unsere heutigen Demokratien, mit über in Jahrzehnten geübten Usancen, sind für uns eine Selbstverständlichkeit. Wer käme auf die Idee, sie ernsthaft zu hinterfragen? So selbstverständlich sind sie, dass wir die Scheu vor der Obrigkeit verloren haben, alles und jedes kritisieren – häufig ungerecht, ohne Kenntnis der komplexen Zusammenhänge. Aber auch der Obrigkeit, Politik und Öffentliche Verwaltung, scheint der Verlust ihrer „Berufung" – ehemals Ansehen, Ehre – nicht gewahr zu sein, scheint sich im tagespolitischen Geschehen zu verlieren; als doch einzigartiger Aufgabe einer für alle Bürger bestmöglichen Steuerung unseres Staates, höchste Auszeichnung die der Souverän zu vergeben hat. „Staatliche Verwaltung" wird zur laschen Gewohnheit, zu Routine. Ob das für die Herausforderungen in einer nun globalen Welt reicht? Im hektischen Wettlauf hunderter Nationen, ständig wechselnder politischer Beziehungen, technologischer, ökonomischer, ökologischer u.a. Katastrophen, ethischer und religiöser Auseinandersetzungen in einer überfüllten Welt? Oder haben sie, zugunsten persönlicher Vorteile, tagespolitischer Banalitäten, aufgegeben? Der Eindruck nimmt zu!

Demokratien – nach westlichem Muster – finden wir primär in Nordamerika und Europa. Sie bleiben aber eine Minderheit. Natürlich könnte man nun – je Nation, je „demokratischem System" wie auch persönlicher Beurteilung – fundamentale Verzerrungen intuitiv identifizieren und interpretieren (was ja verhindert werden sollte). Nachfolgendes entspricht zwangsläufig dem persönliches Lebens-, Wissens- und Erfahrungsumfeld (was ja immer gilt – nur kaum erklärt wird). Daher war zu versuchen, wesentliche Abweichungen von einer sinnvollen volkswirtschaftlich kontinuierlichen Entwicklung aufzuzeigen – primär des deutschen Sprachraums –, zu komprimieren und zu interpretieren.

Als Ursprung demokratischen Gedankenguts gilt das alte Griechenland, andererseits demokratische Bestrebungen aus der Aufklärung – z.B. aus der Französischen Revolution 1789-1799 wie auch der amerikanischen Unabhängigkeitserklärung 1776-1789. Als gravierende Umbrüche menschlichen Denkens und Verhaltens, begründet auf den Ideen freiheitlicher und gleichberechtigter Gemeinsamkeit. Die weitere weltweite Verbreitung demokratischen Gedankenguts erfolgte im Zuge der kolonialen Entfaltung, aber dennoch – bis heute – mit deutlichen Differenzierungen zu anderen Kulturkreisen, zu anderen Mentalitäten; und blieb verständlicherweise so immer Kern internationaler Diskrepanzen.

Ernsthafte politische Vergleiche demokratischer Prozesse sind daher begrenzt; jede Demokratie entwickelt sich individuell, aus jahrhundertealter Kultur und lokaler Mentalität. Nur die fundamentalen Grundsätze bilden eine Gemeinsamkeit – wie der von Freiheit, Gleichheit, von Liberalität und Ableitungen daraus – und werden dennoch unterschiedlich interpretiert. Wir spüren schon, wie sich Vorbehalte öffnen – auch, wie schwer es ist, bessere Alternativen abzuleiten. Die Demokratie bleibt also eine dynamische Regierungsform. Leider entwickelt sie sich heute nach tagespolitischen Geschehen, und besonders, nach jeweiligen Machtinhabern – als *das* Kernproblem. So erfahren wir aus den zwar schon reifen, wenn auch noch jungen Demokratien Europas, viele fundamentale Verzerrungen aus vielfältigen „demokratischen Usancen", die zwangsläufig Krisen und Belastungen auslösen; nicht nur temporär, sondern wie dz. in der EU, sich selbst in Richtung Auflösung beschleunigen (und doch nur eine Auswahl bleiben):

1. Sicherheit – Erste Aufgabe des Staates

Aus den Jahrtausenden der Menschheitsgeschichte lernen wir, der Mensch formierte sich in Gruppen, in Herden, dann nach Regionen, später in Staaten, temporär in Staatenbünden. Das gab dem Einzelnen mehr Sicherheit, nützte aber auch, um andere aggressiv zu überfallen. Man pflegte also entsprechendes Kriegshandwerk, um zu plündern, zu unterjochen, also auf Kosten anderer Vorteile zu erheischen. Es war ein ständiges Hin und Her – niemals, nirgendwo, gab es in der Menschheitsgeschichte nachhaltig (!) Frieden. Gruppierungen wuchsen immer wieder neu. Waren sie wirtschaftlich stark, dann zumeist auch militärisch; büßten irgendwann ihre Überlegenheit wieder ein, verschwanden. Irgendwo gab es immer einen Missgünstigen, einen

Plünderer, der die Gunst der Stunde nutzte (wie auch heute, meist in verdeckter Form). Hat sich hier etwas geändert? Mit Sicherheit können wir aus
annähernd zehn Jahrtausenden sesshafter Menschheit doch ableiten, nichts
hat Bestand, alles unterliegt ständiger wie dynamischer Veränderung.
Gesellschaften kommen und Gesellschaften gehen. Und mit Sicherheit gilt
Gleiches auch für die unsere. Auch sie hat nicht ewig Bestand, ist genauso
dem Strudel weltweiter Veränderungen unterworfen, den menschlichen
Egoismen. Es liegt an uns, an unserer Politik, mit welcher Kontinuität (mit
welchen Erfolg) wir, als Nation, nun als Union, die Zukunft (und wie
nachhaltig) meistern, besser, die wechselhaften Zeiten überstehen werden.

Unsere westlichen Gesellschaften – nach Jahrhunderten katastrophaler
Auseinandersetzungen – sonnen sich seit nun gut 70 Jahren in Wohlstand,
wiegen sich in Sicherheit. Die letzten Veteranen aus dem Weltkrieg sterben
aus, und mit ihnen die tief prägenden Traumata aus dieser Zeit. Für die
jetzige Generation ist Frieden und Wohlstand eine Selbstverständlichkeit.
Anderes nicht mehr vorstellbar, dieser ständige Überlebenskampf während
der ganzen Menschheitsgeschichte; die Kriege, Revolten, Überfälle, nie
enden wollende Bedrohung an Leib und Leben, fehlende Sicherheit und
keinerlei Sozialnetze. Es fehlt in ihrer Erfahrung. Und *das* bestimmt die
Verhaltensunterschiede zu den Alten – bestimmt die differenten Einstellungen; so vernachlässigen wir selbst adäquate militärische Vorsorge. Ein
gefährlicher Fehler, erwachsen aus einer saturierten Gesellschaft – dank
wuchernder sozialer Netzwerke, in einer noch immer leistungsfähigen
Wirtschaft. Die realen Erfahrungen aus der Geschichte – zumeist brutales
Zusammenleben in wechselhaften Systemen und Gesellschaften – sind nicht
mehr evident, belasten persönlich nicht mehr; ausgenommen einige weniger
historischer „Highlights" des letzten Jahrhunderts, die immer noch medial
wirken, paradoxerweise ständig reflektiert werden. Dennoch, der Mensch
ändert sich nicht, ist nicht plötzlich friedfertig, sozial – und das, weltweit.

Demokratische Gesellschaften wie wir sie nach dem Zweiten Weltkrieg
erleben, entwickeln über Jahrzehnte ausgefeilte Sozialsysteme, die zwangsläufig – wie wir feststellen – immer weiter wachsen, unbegrenzt wuchern
(Korrekturen verhindern sich ja „demokratisch". Kap. 9). Hemmung der
Leistungsbereitschaft ist die Folge und bewirkt ökonomische Verzerrungen,
beeinflusst selbst staatliches Verhalten. Über Jahrzehnte nimmt die Leistungsfähigkeit ab. Des Staates primäre Aufgaben treten in den Hintergrund
– Bürokratien wuchern, verzweigen sich in alle Lebensbereiche des Bürgers;
und prägen so auch die Politik. Selbst fundamentale Staatsaufgaben wie
Gestaltung und Modernisierung der Infrastruktur, Sicherheit und Verteidigung, Förderung des allgemeinen Wohlstands, der Bildung, nämlich nach

den Grundsätzen der Freiheit, Gleichheit und Gerechtigkeit, treten in den Hintergrund (wenn auch ständig betont!). Eine wachsende Zahl von Bürgern zieht sich aus dem politischen Geschehen zurück, koppelt sich von der politischen Verantwortung ab, überlässt das „Staatsgeschehen" der Administration, den Parteien. Noch können wir die Folgen kaum abschätzen. Selbst in der internationalen Konfliktbewältigung handeln die starren öffentlichen Strukturen autonom (wie heute, den Flüchtlingswellen, des wirtschaftlichen Niedergangs, Wiedererstarkens des Nationalismus, des Auflösens europäischen Gedankenguts usw.), als unstrukturiertes, ein selbstgenügsames „Verwalten". Noch verlassen wir uns als Nation auf den Weltpolizisten USA und Nato; und geben so langsam, schleichend, unsere Selbstständigkeit – geruhsam in Wohlstand und vermeintlicher Sicherheit eingenistet – auf.

So werden in Europa z.B. die Verteidigungsausgaben zurückgefahren, die Wehrpflicht abgeschafft, die Verteidigungsindustrie vernachlässigt und drohende Veränderungen in der Welt negiert. Wie zum Beispiel sich abzeichnende Gefahren aus der Informationstechnik, von ABC-Einsätzen, terroristischen Gruppierungen, ausgeflippten Potentaten (selbst in Demokratien!). Dazu mit unsinnigen, zufallsgenerierten Militäreinsätzen im fernen Ausland, einer Vernachlässigung der Förderung von Forschung und Entwicklung für relevante technologische Neuerungen auf militärischen und benachbarten Gebieten, als Negation der weltweit politischen (Macht-)Verschiebungen mit all den massiven Gefahren für die eigene Sicherheit. Eines ist in der Welt jedenfalls Fakt: Je autoritärer Systeme, desto bedeutsamer sind für die Machthaber die Armeen, und je demokratischer Staaten sind, desto deutlicher degenerieren Verteidigung (sofern nicht akute Gefahren vom Nachbarn drohen, wie z.B. für Israel). Die Sicherheitsvorsorge wird lascher, zunehmend vernachlässigt. Und zwar mit bleibend negativem Einfluss auf die „Sozialisierung" allgemein (Kap.14.), auch für die Identifikation mit dem Staat, mit der Union; als doch natürliche Verteidigungsbereitschaft, einer sozialen Verantwortung zur Gesellschaft.

Sehen wir nur einige aktuelle Entwicklungen im näheren Umfeld. Russland z.B. Nach dem Zusammenbruch der Sowjetunion öffnete sich das Land gegen den Westen, mit offener, mit wirtschaftlicher und sicherheitspolitischer Annäherung an die EU. Mangels diplomatischem Geschick Europas kam es allerdings zur radikalen Kehrtwende, mit – im internationalen Machtgefüge – unabsehbaren Konsequenzen auf Jahrzehnte; z.B. seiner Hinwendung gegen den Osten/Südosten, gefolgt von einem gefährlichem Militarismus. Persönliche Einstellungen, Machtbewusstsein, besonders jedoch fehlendes strategisch staatspolitisches Denken Westeuropas und begrenzte Fähigkeiten der Spitzenpolitiker ließen den ursprünglich interessanten

Ansatz, mit Verständnis für ein zusammenbrechendes Imperium, so different auch die Mentalitäten sein mögen, missen. Dass die Annexion der Krim völkerrechtswidrig war, ist nicht zu bestreiten; aber genauso lässt sich nicht bestreiten, dass Russland die Abtrennung seiner national-heroischen Militärbasis, mit Zugang zum Mittelmeer, kaum akzeptieren kann (wenn auch mit fadenscheiniger Begründung). Und dass ein Land wie Russland die gravierende Ausweitung des NATO-Einflussgebietes als Bedrohung empfinden muss, genauso. Natürlich meinen wir das im Westen anders – sind aber auch anders, zwangsläufig „national" sozialisiert. Und der nächste Schritt Russlands, der Versuch die abtrünnige Ukraine zu destabilisieren, war ein – in der aufgeheizten Stimmung – sich schleichend entwickelnder „Nebeneffekt". Ungebremst geht seitdem die Eskalation voran – keiner glättet diplomatisch die Wogen. Das Land schottet sich immer stärker ab, versucht sogar die EU (wie die USA) – über mediale Trolle und politische Unterwanderungen – zu destabilisieren. Und die Dinge beschleunigen sich, spalten die Beziehungen im Nahen Osten, in Nordafrika, selbst innerhalb der EU; und das, bei all den weltweit schwellenden Auseinandersetzungen. Die europäische Politik hätte, und hat noch immer die Möglichkeit, diplomatisch ausgleichend einzugreifen. Aber, es fehlt „diplomatische Größe", auch die Fähigkeiten, wie in Deutschland, das so seine politischen Vorteile verspielt.

So ist die über ein Jahrzehnt fruchtbarer Zusammenarbeit Europas mit Russland (bei *dem* historischen Hintergrund!) nicht nur infrage gestellt – ganz zu schweigen von all den militärischen Konsequenzen, in der Ukraine, in Syrien, der Türkei, im Iran u.a., ferner der verlorenen Wirtschaftspotenziale, der problematischen Sicherheitsaspekte –, sondern der Abbruch, die Kehrtwende, wird auf lange Zeit das weltweite Gleichgewicht zu Ungunsten Europas verändern. Ein sich düpiert fühlendes Russland (besser, ein sich düpiert fühlender Autokrat) löste sich aus der Zusammenarbeit, schottet sich, verletzt durch Sanktionen, ab, entwickelt sich zunehmend autoritär. Führt gelegentliche Scharmützel und Kriege – durchaus im Sinne der Destabilisierung Europas – und engagiert sich militärisch und politisch in instabilen Ländern; was ebenfalls nicht im Sinne der EU liegen kann. Bis zu extremen Auswirkungen (in Syrien), die uns vor Entsetzen erstarren lassen. Pflegt die Annäherung an China – auch nicht in unserem Interesse –, gefolgt von einer sicherheitspolitisch problematischen Entwicklung für den europäischen Kontinent. Ursachen: Massive Fehler der europäischen Politik, staatspolitische Unfähigkeiten, fehlendes Verständnis für die Interessen und Sensibilitäten anderer Staaten; eben, auf gleicher Augenhöhe zu kooperieren. Und, das Ganze gefolgt von wirtschaftlichen Schäden auf Jahrzehnte. So autoritär, so destabilisierend sich das heutige Russland auch geben möge, im Grunde genommen haben wir, im Westen, massiv Schuld an der Misere.

Besonders augenscheinlich dabei die Rolle Deutschlands. Hat es doch, als wirtschaftlich größtes Land der EU, zwangsläufig bedeutenden Einfluss auf die Strategie und die Verhandlungen – somit besondere Verantwortung für die EU. So hätte es – aus der bekannt positiven Nähe zum russischen Staatschef – die Initiative ergreifen, diplomatisch ausgleichend wirken müssen. Welch wirtschaftlicher und strategischer Nutzen wurde hier verspielt! Dazu zählen auch die Sicherheitsbedenken der osteuropäischen EU-Staaten mit ihren Grenzen zu Russland. Deren Befinden hätte oberste Priorität gehabt; die zwar – über die NATO-Beistandsverpflichtung (wie sicher ist die schon, denken wir nur an die USA heute) – unbegründet scheinen, aber dennoch Unsicherheiten nicht verhindern; und, gravierende wirtschaftliche Nachteile aus unterbrochenen Wirtschaftsbeziehungen in Kauf nehmen mussten.

Sorge kommt auch auf aus den Abläufen der Entscheidungsprozesse in der EU. An diesen Verhandlungen haben ja nur Frankreich, Deutschland und einigen EU-Spitzendiplomaten teilgenommen. Wie eben immer, liegt die Voraussetzung zur Lösung solcher Konflikte – und der Komplexität demokratischer Entscheidungsfindung wie des irrational langen Zeithorizonts – eben, bei vorbehaltlos und strategisch denkenden, bei charismatischen Führungspersönlichkeiten; sinnvoller Weise der wirtschaftlich starken Länder. Die deutsche Regierung wäre aus ihrer Position wie auch historisch dafür prädestiniert gewesen. Hat es aber nicht geschafft (eines der massivsten *demokratischen Mankos*. Kap.18)!

Wie nicht anders zu erwarten, wirkte zwar der erste Teil: Nämlich, das wirtschaftlich stärkste Land übernimmt die Gesprächsrunde. Fehlt jedoch der zweite Teil, der vorbehaltlos und strategisch denkende, der charismatische und fähige „Moderator", wird zwar verhandelt, aber – wie eben auch in vielen Unternehmen – ist das Resultat zwar nicht chaotisch, aber dennoch falsch. Erreicht wurde wenig: Zwar klangen die Scharmützel ab, aber der Status quo stabilisierte sich hemmend, und mit ihm die Sanktionen – auch zum Nachteil der Europäer. Die Verantwortlichen haben zwar ihren „Job" erfüllt, tragen selbst aber keinerlei Schaden. Wir sehen, Demokratien sind nur dann nachhaltig erfolgreich, wenn die Besten führen, und wenn sie auch Sorge tragen, dass genügend Fähige gefördert werden – eine menschliche Hürde, die nur reife Persönlichkeiten meistern. Eine Hürde die, jedenfalls in Demokratien, offenbar schwer zu überwinden ist (Kap. 23).

Und, wie lief es tatsächlich ab? Intuitiv, nach persönlicher Neigung wurde vorgegangen, ohne Rücksicht auf die Historik anderer Länder, auf Sensibilitäten, dazu mit wenig „Weisheit" (Weisheit als Resultat von Wissen, Reife und Erfahrung). Fehler wirken umso gravierender, je größer der angeschlossene Interessenskreis ist. Es zeigt aber auch, dass wissenschaftliche, dass logische, dass erfahrene und reife Professionalität in der Politik, selbst in Demokratien, kaum zählt. Ähnliches Verhalten, ähnliche Logik, findet sich auch bei all den nachfolgend wesentlichen Verzerrungen. Die politische Führung Deutschlands in der EU mag sich zwar aus der Größe anbieten, dennoch, es entspricht keinem demokratischen Konsens – und wirkt umso negativer, je geringer die „Professionalität" der führenden Initiatoren ist.

Nehmen wir ein anderes Beispiel: Die Entwicklung in Afghanistan. Ein mehr als zehnjähriger Militäreinsatz der nicht nur Menschenleben kostet, sondern auch Milliarden; abgesehen davon, dass Afghanistan sowieso wieder ins Mittelalter zurückfällt. Ohne ernsthafte Ziele wird, im Verbund mit anderen Mächten, regional herumgefuhrwerkt, „humanitäre" Aktionen verzweifelt als Rechtfertigungen gesucht, bis schlussendlich – nachdem Teile der Armeen sich unter demokratischem Druck zurückgezogen haben – der gesamte, so mühsame und kostenträchtige Aufwand verpufft war. Nicht abzusehen, inwieweit die lokalen Sicherheitskräfte – aufgebaut und trainiert von fremden Heeren – je in der Lage wären, Stabilität zu sichern.

Oder im Nahen Osten, der Krieg im Irak, geführt von alliierten Kräften. Nicht nur ein Billiarden-Dollargrab, sondern übrig bleibt ein destabilisierter, ein gescheiterter Staat – mit dessen Probleme der Westen noch auf Jahrzehnte konfrontiert sein wird. Auch der „Arabische Frühling" der nord-afrikanischen Staaten, des Nahen Ostens, ist ohne die Einflüsse des Westens undenkbar – zumindest hätte er „glättend" assistieren können. Über Tunesien, Libyen, Ägypten bis Syrien, brachen die Staaten zusammen; ein Ende ist auf lange Zeit nicht abzusehen. Die seit gut 100 Jahren vorhandenen Feindschaften im Nahen Osten schwellen unter der Oberfläche weiter. Mit der Gründung Israels nach dem Zweiten Weltkrieg hat sich das Problem noch verschärft (und hätte sich schon lange explosiv entladen, wenn nicht die starke Hand der USA schützend Partei ergriffen hätte).

Es ist ganz einfach nicht zu übersehen, dass – über die Jahrhunderte, nach dem Höhepunkt der Kolonialisierung – der Einfluss des Westens im Fernen und Nahen Ostens u.a., systematisch zurückgegangen ist, neue Staaten ihre Selbstständigkeit fanden; aber natürlich keines nach demokratischen Internas wie wir sie uns „vorstellen". Unglaublich, dass immer übersehen wird, dass sich andere Kulturen eben auch über Jahrtausende eigenständig entwickeln, also, andere Mentalitäten wirken, und so auch andere Systeme sinnvoll sein können. Genau deswegen stehen sie im Widerspruch zu unserer kulturellen Geschichte – ob besser oder schlechter, ist nicht zu beurteilen; ist eben die Reifung der eigenen Nation, nach lokaler, nach ganz besonderer Mentalität –

und genau damit könnten sie, in einer globalen Welt, die Gemeinsamkeit ja nur befruchten. Wir haben nicht zu richten, wir haben es zu akzeptieren! Sie sind, trotz unterschiedlicher Sozialisierung, gleichberechtigte Partner – wir können nur hoffen, dass sie es genauso sehen.

Dramatische Umbrüche wie die in Indien und China, werden die Welt nicht nur wirtschaftlich, sondern auch sicherheitspolitisch verändern, aber, auch unsere Abhängigkeiten werden zunehmen. Es ist nun einmal Tatsache, dass die nun seit gut einem halben Jahrtausend dominierende europäische Überheblichkeit, mächtige Konkurrenten gefunden hat. Der wachsende Einfluss der Emerging States auf die westliche Welt ist irreversibel. Wie auch unsere demokratischen Grundsätze, Freiheit, Gleichheit und Gerechtigkeit bereits auf dem Prüfstand sind. Sie werden neu zu definieren sein.

a) Lokale Sicherheits- und Verteidigungspolitik

Wie erwähnt, gehen in den westlichen Demokratien die Verteidigungsausgaben – und zwar zugunsten Sozialem – ständig zurück; als Nebeneffekt friedlichen Zusammenseins in Europa seit den 70er Jahren, seit Gründung der Montanunion und weiterer europäischer Verträge. Eine gemeinsame Verteidigungspolitik Europas gibt es nicht und die Außenpolitik steckt auch noch in den Kinderschuhen. Jede europäische Nation gestaltet ihre Armee nach eigener Beurteilung und demokratischem Konsens – immer in Anlehnung an historische Erfahrung und ökonomische Interessen. Stehende Armeen haben alle, Wehrpflicht nur mehr wenige, Struktur und Ausrüstung leiten sich aus historischer, wirtschaftlicher und demokratischer Entwicklung, insbesondere aber nach den Budgets und nationalen Engagements ab.

Deutschland hatte die Wehrpflicht vor zehn Jahren aufgegeben – und zwar einzig aus Haushaltsüberlegungen(!). Ähnlich wie zu anderen Themen, hat Soziales, nicht zwingend „Notwendiges", verdrängt. Keinerlei strategische Überlegungen spielten eine Rolle, nur ad hoc ideologische Parteipolitik – und beeinflusst so die Verteidigungsbereitschaft negativ. Die nachhaltige Sicherheit wurde zum Stiefkind – und das, seit Dekaden. Aber Deutschland ist nicht das einzige demokratische Land das seine Armee vernachlässigt. Viele europäischen NATO-Staaten die, wie vereinbart, 2% ihrer Wirtschaftsleistung für Verteidigung ausgeben sollten, bewegen sich unter diesem Wert. Die außereuropäischen Quasi-Demokratien hingegen wenden immer mehr für ihre „Landesverteidigung" auf – als unübersehbar sicherheitspolitisches Warnsignal. Und alles unabhängig von den versteckten Anstrengungen vieler in der Cyber-Welt, die durchaus das Zeug in sich bergen, klassisch-konservative Militärausstattungen ad absurdum zu führen.

Der Bericht des Wehrbeauftragten Deutschlands für 2015 z.B. ist ein erschütterndes Zeugnis, sowohl für den Verfall der Sicherheit wie auch des Verteidigungswillens, aber auch einem jahrzehntelangen Ausbluten der lokalen Verteidigungsbereitschaft. Es fehlt nicht nur an allen Ecken und Enden an Material, das vielfach dazu noch veraltet ist, sondern es gelingt der Bundeswehr weder die geplante Mannschaftsstärke aufrechtzuhalten, noch – und das ist besonders für Deutschland ein Armutszeugnis – die personellen Voraussetzungen (Führung, Ausbildung, Karriereentwicklung, Qualifizierung, Wohnraum u.a.) für eine moderne und schlagkräftige Armee bereitzustellen; die zusätzlich noch attraktiver Dienstgeber sein und den Patriotismus fördern soll. Die Mängel haben sich – ernüchternd – seit Dekaden aufgetürmt. Man frägt sich, welchen Sinn hat denn eine personell reduzierte und demotivierte Armee. Nur intuitiv in irgendwelche Scharmützel weltweit einzuspringen, ist keine nachhaltige Strategie. Dass Verteidigung eine zwingende Voraussetzung ist, sagt uns Logik und Geschichte. Dann wäre sie aber auch – sowohl vom Material, also mit modernster Ausrüstung, wie auch vom Personal, höchstqualifiziert – dementsprechend auszustatten. Die angepeilte Budgetlinie von 2% die nicht unterschritten werden sollte, kann ausreichend sein, sofern die qualitativen Voraussetzungen gegeben sind. Die sind es aber nicht! Allein der Nachholbedarf an Material, an Personal und Infrastruktur, ist so gewaltig, dass es auf Jahrzehnte hinaus eines weit höheren finanziellen Aufwands bedarf.

Beispiele aus dem Wehrbericht 2016: Es fehlt überall. Die Bundeswehr hat von allem zu wenig, mit zum Teil existenziellen Ausrüstungslücken und nicht einsatzfähigem Gerät. Besonders an Personal fehlt es zunehmend – nicht zuletzt aufgrund der Amtshilfebelastungen. Dazu hat, wie nie zuvor in den 60 Jahren ihres Bestehens, die Bundeswehr eine derartige Fülle unterschiedlicher Aufgaben und Einsätze zu bewältigen. So ist neben der materiellen, insbesondere die personelle Einsatzbereitschaft der Bundeswehr zu hinterfragen. Einerseits sind die dienstlichen Belastungen innerhalb der Bundeswehr ungleich verteilt, andererseits gibt es in einzelnen Einheiten massive Personalprobleme. Und zwar nicht nur von der Anzahl, sondern besonders der Qualifikation wie sie von einer modernen Armee benötigt werden: IT-Experten, qualifizierte Fach- und Nachwuchskräfte (für U-Bootgeschwader, Luftwaffe, Cyberwar u.a.) – dazu noch, um auch der Altersstruktur in der Armee gerecht zu werden.

Ferner ist die gesamte Infrastruktur in vernachlässigtem Zustand. Nicht nur eine Zumutung für das Personal, sondern auch für die Effizienz und Schlagkraft der Truppe. Aufgrund jahrelanger Versäumnisse beim Erhalt und der Modernisierung, weisen zahlreiche Kasernen massive Mängel auf. Zwar steigt der Verteidigungsetat von 1,06 Prozent im Jahr 2015 nun wieder leicht an, dennoch ist Deutschland von der vereinbarten Zielvorgabe von zwei Prozent weit entfernt. 170.000 Berufssoldatinnen und -soldaten (bzw. Zeitsoldaten bis zu 12.500) soll sie umfassen, bei einer Lücke von 15.000, und vielen nicht-verfügbaren. Außerdem ist der Staat kein effizienter Arbeitgeber. Neben massiven Mängel in der Personalführung (auch in der Nachsorge) gelingt es nicht annähernd, sowohl von der Anzahl wie Attraktivität, genügend für den freiwilligen Wehrdienst anzuwerben – die Abbruchquote liegt in den ersten sechs Monaten bei mehr als einem Viertel. Ferner moniert die Truppe die zunehmende Überregulierung und Bürokrati-sierung (in Personalfragen, der Materialbeschaffung u.a.m.). Die Situation scheint über die Jahrzehnte so verworren geworden zu sein, dass man gar nicht weiß, wo anzufangen wäre. Dennoch, trotz des Wehrberichtes, verhält sich die Politik abwartend – korrigiert nur rudimentär, sofern es sich aus den Bündnissen erzwingt (gefordert von den USA).

Insgesamt ein katastrophales Zeugnis für die deutschen Regierungen der letzten Jahrzehnte – unabhängig der politischen Couleurs. Die eben über Dekaden forcierte Sozialgesetzgebung (Kap.4 und 15) hat nicht nur die Infrastruktur, die Investitionspolitik, sondern auch die Sicherheit, also das Verteidigungspotenzial, schuldhaft vernachlässigt. Will man eine effiziente Armee – und die, in Konsens mit den europäischen Partnern, als sinnvolle Kooperation mit deren Militärstrukturen –, wird man auf Jahrzehnte massiv investieren müssen. Keine seriöse Politik darf diese Frage vernachlässigen; dazu sind die weltweiten Veränderungen zu gefährlich. Auch das Thema Wehrpflicht wird erneut zu diskutieren sein.

Konsequente Verteidigungspolitik, in Anlehnung an die weltweit latenten Gefahren, und auf Grundlage der historischen Entwicklung wie auch der Verfassung, ist – zur nachhaltigen Sicherheit – eine Grundvoraussetzung, oberstes Ziel eines Staates (eine Erkenntnis seit der Menschwerdung). Damit stellt sich die Frage, inwieweit zur „Verteidigung" Einsätze am Hindukusch und in anderen fernen Ländern zu rechtfertigen sind (intuitive Argumente gibt es ja immer). Heute hat sich die Welt allerdings insoweit geändert, sodass sich für ein wohlhabendes und großes Land wie Deutschland, wie auch aus der international wirtschaftlichen und politischen Vernetzung, besonders nach international „gewachsenem Humanismus"(?), nämlich einer „Menschenorientierung", militärische Einsätze im Ausland nicht mehr ausschließen lassen, weil vieles wieder zurückwirken kann. Sei es durch UN-Mandat, sei es aus einer Beistandsverpflichtung im NATO-Bündnis oder für die Europäische Union, sei es aus wirtschaftlichen oder politischen Verflechtungen, sei es aus humanitärer Verantwortung (Kap.20).

Die Praxis in Deutschland zeigt, dass Militäreinsätzen in fremden Landen – zumeist aus humanitärer „Verpflichtung" – demokratisch zeitnah nicht entsprochen werden kann, dass eben jede Maßnahme innenpolitisch hohen Zeitbedarf, und für jede Phase, benötigt; also, strategisch kontraproduktiv wirkt. Demokratien mit geringer präsidialer Machtfülle sind also nicht in der Lage, Kriege erfolgreich, also taktisch richtig zu führen, sofern strategische Kriegskunst vorausgesetzt wird (wie z.B. in den USA). Seit dem Zweiten Weltkrieg ist es in Deutschland nur einmal zu ernsthaftem Auslandseinsatz gekommen: in Afghanistan. Eigentlich ist Deutschland hineingeschlittert – als Verkettung unglücklicher politischer Abfolge (Irakkrieg, weltpolitische Zuspitzung, Bündnisloyalität und Terrorismus). Das Resultat ist bekannt! Lakonisch müssen wir beurteilen: diesen Krieg haben wir verloren. Man kann eben völlig fremde Kultur nicht mit europäischem Denken beglücken – wie es leider jede Generation für sich immer wieder neu erfahren muss.

Offen im Bericht des Wehrbeauftragten blieb – ist allerdings auch nicht seine Aufgabe – der dramatische Wechsel von der konventionellen Kriegsführung zum Cyberwar; ein Wechsel, fast vergleichbar mit der Erfindung des Schießpulvers. Einerseits stehen wir einem unüberschaubaren Datenvolumen, und das weltweit, über alle Branchen und Staaten, bis zum Individuum gegenüber – das sowieso nur ganz große Staaten, wie zum Beispiel die USA, in der Lage ist auszuwerten – und andererseits wären über dementsprechende IT-Vernetzungen ganze Staaten lahm zu legen, aber auch die Menschen (auch die eigenen) in die strategische Richtung miteinzubinden. Viele Staaten beginnen bereits alle möglichen Daten zu erfassen, bis zur totalen Kommunikationskontrolle. Wie in den USA, innerhalb und außerhalb des eigenen Staates; über konventionelle oder selbsterstellte Netzwerke, über Satelliten und unter Einbindung von Unternehmensdaten wie auch dem Einsatz menschlicher Quellen, über die Kryptonpolitik bis in die Privatsphäre der Bürger. Es gibt keinen Schutz mehr – trotz aller Datenschutzbemühungen (die scheinen sowieso überholt).

Effiziente Verteidigungsmechanismen entwickelt man nicht in wenigen Jahren. Qualität und Professionalität hängt von historischen Erfahrungen ab, hängt ferner davon ab, wie sie sich an der Weltpolitik orientieren, wie sie Personal, Forschung und Ausstattung anpassen. Es erfordert also höchste Professionalität in der Führung sowie strategische Orientierung, gestützt vom Parlament. Und die Unterstützung ist nur dann gesichert, wenn sie auch Rückhalt in der Bevölkerung hat – erfordert Diskurs, Öffentlichkeitsarbeit. Sieht man allerdings die letzten Jahrzehnte in Deutschland, hatte das Verteidigungsministerium bei weitem nicht das Image, die Bedeutung, wie z.B. die Ministerien für Finanzen, für Wirtschaft, für Arbeit und Familie oder

Inneres. Darin spiegelt sich auch die Qualität der Verteidigungsminister. Die letzte Ministerin schien fast als Notlösung (so engagiert sie auch ist). Eine Ärztin soll eine hochtechnisierte, über Jahrzehnte stagnierende Bundeswehr, mit allen den obigen Problemen führen (und auf Vordermann bringen). Ohne Erfahrung aus der Militärtechnik, den Verknüpfungen zur Wirtschaft (als strategische Sicherheit), in der Führung großer und diversifizierter Militäreinheiten, ohne Erfahrung in militärischen Bündnissen und militärtechnologischen Bedrohungen weltweit. Natürlich zweifelt niemand an der Integrität, aber, allein um sich einzuarbeiten, um als kompetenter Gestalter, als Gesprächspartner innerhalb und außerhalb zu gelten – benötigt es Jahre, Jahrzehnte. Ferner ist die interne und externe Vernetzung mit europäischen Militärhierarchien eine zwingende Voraussetzung (Kap.20).

So bleibt auch die entscheidende Frage der Europäischen Union, nämlich der gemeinsamen Sicherheitspolitik, völlig offen. Es bedarf eben erfahrener Diplomaten aus dem Metier. Das Problem liegt bei den Regierungschefs, in diesem Fall einer Chefin: In der Berufung aus intuitiver und persönlicher Einstellung – bar jeder staats- und sicherheitspolitischer Orientierung, ohne Kenntnis führungstechnischer Voraussetzungen im Sinne des nachhaltigen „Wohls" der Nation, geprägt von machtpolitischer Überlegung.

Neben der äußeren Sicherheit Staates, zählt auch die innere. Neuerdings offenbaren die in ganz Westeuropa aus dem Ruder laufende Asylpolitik und der schleichende Autoritätsverlust erst so richtig die inneren Mängel. So hat z.B. Deutschland – geruhsam sich jahrzehntelang in Sicherheit gefühlt – kurzfristig erkennen müssen, dass nicht nur die massive Reduzierung der inneren Sicherheitskräfte, sondern auch die seit Dekaden vernachlässigte Ausrüstung, erschreckende Lücken aufweist; die ja auch erst wieder über Dekaden abgedeckt werden können. Fehlende IT-Vernetzungen, demotivierte, immer wieder an den Pranger gestellte Sicherheitsbeamte (die mediale Verhältnismäßigkeit ist das Problem, Kap.7), rächen sich bei „statistisch" größeren Sicherheitsausreißern; z.B. der Asylpolitik oder bei Großveranstaltungen. Es ist diese schleichende „Degradierung" der Sicherheitskräfte, die schon vor Jahrzehnten einsetzte – aus sowohl Einsparungsgründen wie auch politischer Vernachlässigung eines effizienten und motivierten Sicherheitsapparates. Bürokratische „Wucherungen" tragen ihres dazu bei (Kap.12).

Neben den praktischen, den heute so offensichtlichen Problemen in der Sicherheit, erkennen wir ein inhärentes, ein besonders schwerwiegendes Muster. Es ist die sich über Jahrzehnte hinziehende, eine schleichende, eine unbemerkte Aufweichung des Sicherheitsbewusstseins der Regierungen wie der Parteien. Eben, die konsequente Aufrechterhaltung äußerer und innerer Sicherheit gegen latente Bedrohungen, wie sie nach Erfahrungen ja schon immer vorhanden waren. Nicht umsonst leisten sich fast alle Staaten stehende Heere, Geheimdienste und Polizei – nur der, sich ständige ändernde Sinn, scheint den meisten nicht mehr klar. Sicherheit über Jahrzehnte sträflich zu vernachlässigen – wie in Deutschland – ist Resultat von Saturiertheit, des Abdriftens in tages-politische Auseinandersetzungen; eigentlich, eine völlige Verkennung echter staatspolitischer Aufgaben. Man reibt sich die Augen, wenn selbst praktikable Handlungen von Sicherheitsbehörden der Kritik ausgesetzt, und dann noch in lebens- wie auch sicherheitsfremden Diskussionen infrage gestellt werden, Rechenschaft gefordert wird; oft genug aus absurden Überlegungen. Es ist ein „naiver Humanismus", der sich erst in den letzten Dekaden so verbreitet hat; ein verändertes Verhalten einer Gemeinschaft zu den Aufgaben der Sicherheit, die ja Sicherheitskräfte nur hemmt, demotiviert und angreifbar macht. Kein Wunder, wenn so die nationale Sicherheit schwächelt, sich systematisch aufweicht. „Sicherheit" ist eben oberste Aufgabe eines Staates und darf nicht durch demokratische Fehlinterpretationen – je Trends, je Couleur – infrage gestellt werden.

Geht man noch tiefer, in die Mentalitäten und Einstellungen der Beschäftigten der Dienste, so erkennen wir tiefe Demotivierung, „innere Kündigung"– besonders bei denjenigen, die ihre Aufgaben jahrzehntelang (ursprünglich mit großem Engagement) leisteten –, wird doch die politische Unterstützung zunehmend versagt, falls Handlungen – aus bester Überzeugung im Sinne sicherheitsrelevanter Aufgaben – an die Grenzen der „Interpretation" gesetzlicher Auslegungen kommt; schlussendlich bleibt der „Schuldige" alleine. Natürlich kann man über jeden „fraglichen" Fall trefflich diskutieren, eines bleibt jedoch rechtliches wie menschliches Resultat: Wird den handelnden Staatsdienern über Jahrzehnte keine politische Unterstützung bei „kritischen Fällen" gewährt, kommt es vermehrt zu „administrativer" Abwicklung, eben zur „inneren Kündigung"; schlussendlich bleibt der Bürger übrig, seine Sicherheit leidet.

b) Rohstoffsicherheit

In einer friedlichen, einer global vernetzten Welt, hat ein reiches und hochindustrialisiertes Land wie Deutschland, kein Problem Rohstoffe die es für die Versorgung der Bevölkerung und der stark exportorientierten Industrie benötigt, weltweit zu besorgen. Verschärfen sich jedoch die Wettbewerbsbeziehungen oder käme es zu politischen Auseinandersetzungen, könnte dann schon mal – werden Rohstoffverknappungen politisch bewusst gesteuert – ein exportorientiertes Land in existentielle Schwierigkeiten bringen. Zwar reklamiert die deutsche Industrie immer wieder, dass – bei der hochgradigen Abhängigkeit bei bestimmten Produkten (auch Rohöl) – der Staat sich doch diplomatisch für eine nachhaltig sichere Versorgung einsetzen möge; was in der Praxis allerdings kaum fruchtet. Waren doch bisher keine ernsthaften Risiken spürbar! Dennoch, Ansätze zeigen sich immer wieder.

So bemüht sich z.b. China – konsequent, strategisch orientiert – die Versorgung mit Nahrungsmitteln und Rohstoffen (Rohöl, Grundnahrungsmittel und bestimmte Erze) über weltweite Vereinbarungen, über riesige Ländereien in Asien, Afrika und Südamerika wie auch mit konsequenter (teils verdeckter) Ausweitung über die Hoheitsgewässer hinaus, Fischgründe und ozeanische Bodenschätze zu sichern; nötigenfalls mit militärischem Druck. Und hat sich dies einmal „akzeptiert eingespielt", geht man auf die nächste Ebene, kauft weltweit, immer strategisch orientiert, relevante Unternehmen zu. Wie die letzten 30 Jahre zeigen, sind für China strategische Grundsätze nicht verhandelbar, sie bleiben, bei diplomatischem Lächeln, verschleiert gültig. Wie z.B. auch die Absicherung seines riesigen Energiebedarfes.

Eine stark gewachsene Weltbevölkerung, zunehmende Ressourcenknappheit und die ökologischen Grenzen, zwingen Europa eigentlich heute schon zur Sicherung der materiellen Versorgung, sowohl für die Bevölkerung wie auch der Industrie. Wie z.B. für die:

- *Nahrungsmittelversorgung*: Die Welt wird bis gegen Mitte dieses Jahrhunderts auf an die 10 Milliarden Menschen anwachsen. Also, ein Wachstum von um die 30 %; die ja auch ernährt werden müssen – und das, bei bereits voller Flächennutzung der Welt. Sind von der festen Erdoberfläche zwar noch 46,5 % unerschlossen (Wälder, Gebirge, Tundra und Wüsten), verbleiben – neben den landwirtschaftlich genützten Weide- und Ackerland von 38,6 % – nur mehr 14,9 % landwirtschaftlich weitgehend nicht mehr zugängliche Flächen (Erosionen, Siedlungen und Städte, Minen, Straßen etc.)[2]. Zwar kann erwartet werden, dass durch bessere und verlustfreiere Bewirtschaftung sowie Nutzung bisher unerschlossener Gebiete (Afrika, Russland) und über neue Technologien, der Bedarf der wachsenden Bevölkerung noch abgedeckt werden kann (mit Engpässen, wie bei Wasser), dann bleiben dennoch zwei gravierende Probleme: Die Verteilung und der Zugang, dass eben an die 90% der Weltbevölkerung einen ähnlichen Nahrungsmittelstandard erwarten wird, wie er in der hochzivilisierten Welt üblich ist (z.B. Fleisch-, Wasser- und Energieverbrauch).

---

[2] In Anlehnung an National Geografik, Mai 2014

- Da die Fleischproduktion z.B. ein Vielfaches der Erträge aus Pflanzen verbraucht, müsste die Pflanzenproduktion schon mehr als verdoppelt werden. Was zwangsläufig zu einer rapiden Verteuerung von Fleisch und Pflanzen führen muss und weltweite Verteilungskämpfe fördert; und die Nationen die nächsten Jahrzehnte gravierend belasten wird. Schon immer verursachte der „Futtertrog" Existenzängste (gefolgt von Neid und Gier), über alle Schichten und Staaten. Wir stehen zwei gravierenden Engpässen gegenüber: An fruchtbarem Boden und reinem Wasser. Rational gibt es ausreichende Ansätze: Steigerung der Erträge, bessere Nutzung der Ressourcen, Veränderung der Ernährungsgewohnheiten und Reduzierung von Verlusten. Dennoch, die Menschheit hat sich noch nie rational verhalten. Versorgungsprobleme, gefolgt von wirtschaftlichen und militärischen Reaktionen, werden das politische Umfeld – wie es in der Menschheitsgeschichte immer schon üblich war – im laufenden Jahrhundert bestimmen. Treffen wird es jene, die weder vorsorgen, noch sich wehren können. Paradox ist – und bekannt seit Jahrzehnten –, dass es nicht nur protektionistische und militärische Reaktionen auslösen wird, sondern die Reichen noch reicher, die Armen zwar vielleicht nicht „ärmer", aber auf die Barrikaden bringen wird, soziale Unruhen die Folge sein werden. Sehen wir irgendwelche politisch-strategische Erkenntnisse – Fehlanzeige!

- *Wasser:* Ein bereits gravierend wachsendes Probleme in Afrika, in Südostasien (insb. in China, Indien und angrenzende), den Mittlerer Osten etc. Schon heute können viele ihre Kinder kaum mehr mit sauberem Wasser versorgen. Jeder ist hier für sich selbst der nächste. Länder bauen rücksichtslos Staudämme, mit Fernwirkungen zu Nachbarstaaten. Andererseits verschleudern wir das kostbare Nass unbekümmert. Denken wir an die Fußabdrücke des Wassers: 11.000 Liter für einen Kilo Baumwolle, 1000 Liter für einen Liter Milch, 15.000 für 1 Kg Rindfleisch etc. Dazu die Probleme der Verschmutzung, des Verlustes an Biodiversität, die globale Erwärmung etc. Sehen wir weltweit Ansätze, auch dieses Problem ernsthaft in den Griff zu bekommen? Die Wirkung wird rascher kommen, als wir reagieren können!

- *Rohstoffe zur Sicherung der Exporte und des Lebensstandards*: Als entscheidende Voraussetzung, um zumindest annähernd Wohlstand und Soziales zu sichern – sofern einerseits wirtschaftliche oder politische Engpässe auftreten oder andererseits Katastrophen zu Versorgungsengpässen führen. Das Thema hat für uns in Europa, besonders für Deutschland, deshalb hohe Priorität, da unser Wohlstand entscheidend vom Export abhängt (was weiten Teilen nicht mehr bewusst scheint).

• *Energie*: Erst in Krisenzeit wird uns die hohe Abhängigkeit von Öl und Gas bewusst – und genauso schnell wieder vergessen; sofern sich die immer wieder auftretenden Konflikte beruhigen. Nicht auszudenken, sollte einmal irgendein Potentat (mit Bandwagon-Effekt) Öl- und Gasversorgung kappen. Zwar federn die Reserven Einbrüche ab – jedoch nur temporär. Jede Änderung der Versorgung schlägt sich auf die Preise, in weiterer Folge auf die Wirtschaft und den Wohlstand nieder. Dauert eine Blockade länger an – sind die nachhaltigen Einflüsse auf die Wirtschaftsleistung und Bevölkerung gar nicht absehbar (Kap. 4).

Um nur einige wesentliche zu nennen; und im Gegensatz zu Ländern (z.B. die USA oder China), die – politisch und militärisch unterstützt – die Versorgung von Wirtschaft und Bevölkerung nachhaltig strategisch absichern. In Europa fehlt jeder Ansatz, jede Initiative zur strategischen Absicherung der Grundbedürfnisse von Wirtschaft und Bevölkerung, ganz zu schweigen von den nachhaltigen Auswirkungen eines Blackouts von nur einem dieser Grundbedürfnisse. Woran liegt das, dass so fundamentales, was eben nur staatliche Politik in der Lage ist zu analysieren und voranzutreiben, nicht einmal in Ansätzen vorhanden ist? Trotz kontinuierlich steigender Staatsquote lebt die Nation, was die Sicherung nationaler Grundbedürfnisse betrifft, von der Hand im Mund – besser, macht sich gar keine Gedanken.

2. Ad-hoc-Politik und Internationaler Wettbewerb

In den letzten Dekaden hat sich die Ökonmie international derart intensiv verzahnt (und die Autarkie der Staaten reduziert), dass nun – wollen Staaten wirkungsvoll Sicherheit und Wohlfahrt gewährleisten – die nationale Orientierung einer internationalen weichen muss, selbst ihr unterzuordnen wäre. Die Aufgaben lokaler Politik verändern sich damit grundsätzlich! Haben sich bisher noch, im heimelig nationalen Umfeld, ideologische Usancen über Jahrzehnte bewährt, nationale Akteure die Grenzen für ihre Klientel auch national abgesteckt, müssen sie ihre Identitäten nun neu definieren. Galt bisher für den Staat, nationale Gewinne, nationales Vermögen ideologisch zu verteilen – unbeeinflusst von den Dingen die rundherum passieren – ist das nun Vergangenheit! Es wird überaus komplex, anspruchsvoll! Alles unterliegt internationalen Verknüpfungen, beeinflusst sich gegenseitig (wie ehedem das Dorf, nur von der Region). Lokale historische Erfahrungen, eingefahrene Rituale – wie sie jahrhundertelang die Politik geprägt haben – sind internationalen wirtschaftlichen Tendenzen anzupassen; sofern die nationale Leistungsfähigkeit, und damit der Wohlstand, nicht unter die Räder kommen sollte. Denn alle (ideologischen) Wohltaten sind schlussendlich nur möglich, wenn sie auch bezahlt werden können – nun aber, nach derzeit (!) herrschenden *internationalen Usancen*.

Es reicht nicht mehr, dass Regierungen ihre Klientel nach gerade nationalen Ergebnissen begünstigen. Sie können es nur dann, wenn sie die nationale Wirtschaftsleistung (nichts anderes zählt in unserer „kapitalistischen" Welt) nachhaltig aufrechterhalten, kontinuierlich verbessern (und nur so auch die nationale Sicherheit gewährleisten). Als zwingende Voraussetzungen, wie sie in Europa nicht annähernd zu erkennen sind (wenn auch jedem bewusst). Stellt völlig veränderte Anforderungen an die Fähigkeiten, an das Verhalten, besonders aber an die politische Verantwortung. Nicht mehr, wie sie noch geruhsam, so bis gegen Ende des 20. Jahrhundert, gepflegt werden konnten. Es ist wie bei international operierenden Unternehmen: fordert relevante Fähigkeiten, mit verschiedenartigen Einflüssen wie von Kulturen, Sprachen, Mentalitäten, nationalen Eigenheiten etc., umgehen zu können. Eben, diplomatisch Märkte zu öffnen, die eigene Kultur einzuordnen, um Arbeitsplätze, Einkommen nachhaltig zu sichern. Scheitern sie, verlieren die Aktionäre ihr Vermögen, die Mitarbeiter ihre Arbeitsplätze. Wir sind nun, *„Aktionäre"* unseres Staates, international eingebunden; und erwarten eben, dass nur die Besten, die Fähigsten, jene, die im internationalen Kontext uns bestmöglich vertreten und Chancen gewährleisten, uns strategisch führen. Es erfordert ein neues Politikerbild, das sich erst formen muss. Jene Staaten werden nachhaltig Nutzen ziehen, die den Wandel erkennen, Fähigste fördern, sich bemühen, „Internationalität" zu exerzieren.

Wie dramatisch allein in den letzten 70 Jahren die Welt sich gewandelt hat, braucht hier nicht nachgewiesen zu werden. Wie z.B. Deutschland sich in den 20-30 Jahren nach dem Krieg, von einem total zerstörten und ausgebluteten Land, zu einer führenden Exportnation entwickeln konnte, oder wie Japan in den Siebziger- bis Achtzigerjahren die europäische Wirtschaft dramatisch unter Druck setzte, auch hier einen radikalen Wandel einleitete, oder nun China, ein 1,4-Milliarden Volk, das vor 30 Jahren noch zu einem der rückständigsten zählte und nun derart fundamental die Weltwirtschaft beeinflusst, jedes seines Hüstelns katastrophale Entwicklungen in anderen Ländern auslösen kann. Um nur einige zu nennen, von anderen Schwellenländern ganz abgesehen. So dass z.B. der mehr als 100 Jahre langer Aufstieg Deutschlands zur Industrienation, zu einem technologisch führenden Staat, heute keine Sicherheit mehr bietet; fließt doch Kapital – und damit Technologien und Beschäftigung – in kürzester Zeit in jene Länder, die bessere Renditen bieten.

In einer nun international verflochtenen Weltwirtschaft mit unbegrenzt sich beschleunigender Dynamik, kommt der Innovationskraft und Risikobereitschaft hohe Priorität zu – also, eine wachsenden Bedeutung des unternehmerischen Verhaltens; dem können sich auch Politiker nicht mehr entziehen. Der Staat kann zwar Rahmenbedingungen schaffen – als Voraussetzung –, aber, unternehmerische Eigenschaften wachsen auf anderem Boden als politische Karrieren. Sind es doch genau jene, die den Erfolg einer Nation in besonderem Maße bestimmen! Längst vorbei sind die Zeiten, als Handwerk noch „goldenen Boden" hatte, der Geselle emsig und fleißig – mit von der Pike auf erlernter Kenntnisse, bodenständig gereiften Fähigkeiten – seinen Beruf ein Leben lang ausüben konnte.

Die heute geforderten Fähigkeiten in einer globalen Welt sind von ganz anderem Kaliber. Es sind Anforderungen, die noch nie in unserer „kleinen nationalen" Welt geübt worden waren, uns vor neue Herausforderungen stellen. Das dörfliche, das städtische Wettbewerbsumfeld haben wir schon lange verloren; in das der Nationen treten wir jetzt so richtig ein. Weltweit begleitet von Technologieschüben mit immer kürzeren Vermarktungszyklen, die selbst die berühmten Kontratieff-Zyklen als mittelalterlich verblassen lassen. Es wirken weltweit Einflüsse und Veränderungen, die sich jeder staatlichen Steuerung entziehen, nach denen nicht mehr nur reagiert werden darf, sondern strategisch vorzugehen ist (Kap. 20). Es fordert ein Verhalten, das jeweils, und jederzeit die interessanteste Nische findet, bereit ist Risiko einzugehen, sich einzubringen: Den Unternehmer! Und je mehr ein Staat von ihnen hat, umso erfolgreicher wird er sich im internationalen Wettbewerb schlagen. Ein Staat, der das nicht rechtzeitig erkennt und fördert, hat schon verloren! Der Boden allerdings, auf dem erfolgreiches Unternehmertum wächst, kann vorbereitet und gefördert werden; Ansätze hat es immer schon gegeben – auch bei uns, Ende 18., Beginn 19. Jahrhunderts (wie heute beispielhaft in der Bay von San Francisco).

Wie kämen wir nun zu dynamischem Unternehmertum? Rekapitulieren wir vorab, in welchem Umfeld wir uns heute befinden, das hilft weiter. Natürlich bildet sich je Individuum „Unternehmertum" überall, je nach persönlichen, individuellen Eigenschaften. Aber, die Verwirklichung hängt in ganz entscheidendem Maße vom Umfeld, vom politisch herrschenden Klima ab.

Wie war es bisher? Vier wesentliche Phasen unterscheiden wir in der Entwicklung des Menschen: die Kindheit, die Jugend mit ihrer Ausbildung und der Vorbereitung auf das Berufsleben, ferner die berufliche Verwirklichung und schlussendlich den Ruhestand:

- Das Umfeld, der Einfluss auf die Kindheit, ändern sich von Generation zu Generation. In den begrenzten Möglich- und Verfügbarkeiten der Nachkriegszeit waren feste Familienbande die Regel, Scheidung und Partnerwechsel verschwindende Ausnahmen, teils geächtet. Die Einkommensverhältnisse der Familien bewegten sich engem Rahmen, erspartes Vermögen war für große Teile der Bevölkerung ein Fremdwort – man bemühte sich „durchzukommen", und, den Kindern „sollte es einmal besser gehen". Ein zwar verständlicher Prozess, der in einer Mangelwirtschaft persönliche Dynamik auslösen kann, für uns heute aber kaum mehr erstrebenswert scheint. Aber, ein interessanter Ansatz, um zumindest *nationale Dynamik* zu verstehen (Kap. 15 und 20).

- Zu meiner Zeit, damals, den fünfziger Jahren, war die Lehre eines Berufes für die große Masse vorgegeben. Mit dem Impetus, ihn ein Leben lang auszuüben – was sich schon wenige Jahre später ad absurdum führte. Nur ein kleiner Teil besuchte das Gymnasium, und eine verschwindende Anzahl hatte die Chance zu studieren – was vorwiegend vom Elternhaus abhing. Man begann also mit 14 Jahren eine Lehre mit einer 48-Stundenwoche, zzgl. Vor- und Nachbereitung des Arbeitsplatzes. Straffe Disziplin herrschte sowohl im Elternhaus wie auch bei der Lehre vor – niemand fand etwas dabei, selbst wenn man von Ohrfeigen nicht verschont war. Schnell erkannte jeder seine Grenzen im Berufsleben, aber auch seine Möglichkeiten, je nach persönlichem Ehrgeiz. Dennoch, der Freiraum schien unbegrenzt – alles Weitere hing von jedem selbst ab. Hier kommen wir den Dingen schon näher, wie sie sich im Zuge der letzten Jahrzehnte eingeschlichen haben. *Disziplin und Verantwortung* scheinen in den letzten Jahrzehnten sowohl privat wie in der beruflichen Entfaltung in den Hintergrund zu treten – eine unerkannt eingeschlichene Aufweichung natürlicher Sozialisierung in einer sonst leistungsbewussten Bevölkerung (Kap.23 ff).

- Ein nicht unerheblicher Teil bildete sich nebenberuflich weiter. Die Sicherheit des Arbeitsplatzes nahm – je stärker sich der Wettbewerb international verzahnte – systematisch ab; der ursprünglich selbstverständliche Ansatz lebenslanger Beschäftigung, sowohl im Stammbetrieb wie im Rahmen der Ausbildung, löste sich zunehmend auf. Zeiten der Arbeitslosigkeit nahmen zu. Die Unterstützungsleistungen waren noch bescheiden und nach einer gewissen Zeit war man sogar ohne Einkommen. Jeder war also hochgradig interessiert, rasch Anschluss zu finden – und war der Job noch so weit von Vorstellung und Einkommenshöhe entfernt – förderte jedoch die Lernbereitschaft. Auch hier ist zu erkennen: eine nachlassende Dynamik zur Sicherung des Einkommens, der Karriere, gepaart mit *fallender Selbstverantwortung*.

- Die sich immer rascher verändernde Arbeitswelt erforderte eine ständig mentale und physische Anpassungs-, eine ständige Lern- selbst Umzugsbereitschaft, als Voraussetzung nicht nur die Existenz zu sichern, sondern auch fürs Alter vorzusorgen.
- Und im Ruhestand? Bei steigender Lebenserwartung? Zwar haben wir uns alle die Freiheit vom Zwang der Arbeit gewünscht, erkennen aber erst im Ruhestand, was wir mit den beruflichen Aufgaben eigentlich verloren haben, was an Wissen und Fähigkeiten angehäuft, und nun nicht mehr genützt werden kann; dass nun Anerkennung und Prestige fehlt, für das wir doch das ganze Arbeitsleben gekämpft haben. In vielen, den meisten, steckt noch viel Engagement – keiner frägt danach. Zwar gibt es eine bescheidene Rente, aber, wir müssen dennoch massiv zurückstecken, müssen lernen über die Runden zu kommen. Ein Einzelfall? Was geht hier doch einer Volkswirtschaft an Reife, an Erfahrung und Einsatzbereitschaft verloren? Sicher ist, dass wir – bei nun hoher Lebenserwartung – wieder lernen müssen, je nach persönlicher Eignung, zumindest ideelle Beiträge für die Gesellschaft zu leisten; auch zur eigenen Befriedigung, bis ins hohe Alter. Offen ist, wie wir (volkswirtschaftlich) dieses gewaltige, *brachliegende menschliche Potential* nützen könnten.

Erfahrungen, die sich in den meisten von uns wiederspiegeln. Erinnern wir uns an die straffe Einbindung in der Gesellschaft und die vorherrschende Disziplin, wie es sich ja in einem erfolgreichen Staat ex post wiederspiegelt. Wir erkennen ferner, dass sich genau diese Werte im Laufe des letzten halben Jahrhunderts zunehmend auflösen.

All dies erfordert eine massive Verhaltensänderung, eine Abkehr vom "Day-to-Day-Business" zu nachhaltig strategischer Beurteilung der soziologischen Prozesse über die Generationen; eine strategische Ausrichtung des Staates, der nun in einer unglaublich komplexen und dynamischen Welt eingebunden ist. Also, eine Abkehr von der Ad-hoc-Einstellungen der Politik (die zwangsläufig immer emotional geprägt bleibt). Zum Beispiel:
- *Professionalität* dort einzusetzen, *wo höchste Qualifikation erwartet werden muss.* Beispiele für fehlgelaufene Großprojekte in Deutschland die von Politikern verantwortet werden, gibt es zuhauf (BER, Stuttgart 21, Elb-Philharmonie, Nürburgring, ..).
- *Abkehr von der ständigen Umverteilungspolitik*, der Belastung der Wirtschaft ohne Rücksicht auf die internationale Leistungsfähigkeit. Eine soziale Partnerschaft erwartet beides: Nachhaltige Leistungsfähigkeit, wie auch eine gesunde Einkommensverteilung (Kap.15). Das Primat der „Stimmenmaximierung" für Wahlen nach überkommenen Ideologien, schädigt nachhaltig, schleichend, die internationale Leistungsfähigkeit

jeder nationalen Wirtschaft. Allerdings, der Verfall wird kaum bemerkt, und die Wiedergewinnung ist ein Generationenprozess.

- Wir tun so, als verstünden wir die komplexen internationalen Zusammenhänge. „Egozentrisch" wird argumentiert, schlussendlich „irrational" entschieden (Kap.14) – und das, gilt für alle Gruppen. Rationalität und Logik tritt in den Hintergrund. Nur wenige durchblicken die Komplexitäten. Es *überwiegt Egozentrik*.

- *Zunehmende Regulierungen*, bis weit in den persönlichen Bereich, hemmen nicht nur Innovationen und Freiraum, sondern degenerieren die Leistungsbereitschaft allgemein (Kap.12).

- *Schleichende Abhängigkeit* von internationalen Konzernen (Microsoft, Google, Facebook u.a., mit wachsender Monopolmacht) sowie von straff geführten Staaten (China, USA), werden eine Gefahr für die Demokratie.

- Die Unverfrorenheit mächtiger Staaten, wie z.B. den USA, nimmt – konträr zu fallender Eigenständigkeit der europäischen Staaten – zu.

- Politische *Entscheidungen sind von Kurzfristigkeit geprägt*, mit nachhaltigen, über Jahrzehnte und Generationen reichenden Belastungen, mit Kettenreaktion (Irak, Afghanistan, Überschuldungen der Staaten, Vergemeinschaftung von Schulden, Asylpolitik etc.).

- Zu spüren ist unterschwellig ferner eine Tendenz zu *„tautologischer"* *Demokratie*: Politiker lassen sich von Meinungsumfragen leiten. Jede namhafte Institution, Ministerien bis zu Regierungen, geben Meinungsumfragen in Auftrag (letzte Legislaturperiode in Deutschland alleine rund 600 von der Regierung) – und handeln danach. So sollte z.B. das Institut Emnid herausfinden, welche Klimapolitik sich die Deutschen wünschen. Mehrere Aussagen der Studie tauchten später fast wortgleich in der Regierungserklärung auf. Wir stehen einer Regierungspolitik gegenüber, die zunehmend nachhaltig den Staat nach pauschalen, nach ad-hoc`en, nach populistischen Meinungen prägt. Eine der katastrophalsten Fehlentwicklungen für staatstragende Entscheidungen.

- Klimaentwicklung: Seit dem ersten Bericht des Club of Rome hat sich die Menschheit ökologisch durchaus positiv weiterentwickelt, aber – wie die wachsende Zahl wissenschaftlicher Berichte nachweist – läuft uns dennoch die Zeit davon, immer kritischer werden die Prognosen. Eine 1-2%-ige Klimaerwärmung wird zu einer weltweit ökonomischen und ökologischen Katastrophe führen (ist heute bereits ein Problem in den Küstenregionen). Mit einhergehen: Abholzung der Wälder, Ausbeutung der Ozeane, Vernichtung der Lebensgrundlagen, Verschmutzung der Umwelt etc. International – und nur das macht nachhaltig Sinn – ist kein nennenswerter Konsens zu erwarten (Beispiel USA). Gegen Mitte/Ende des 21. Jahrhunderts werden sich die Auseinandersetzungen beschleunigen, Völker und Nationen sich gegenseitig umbringen.

- Gebietskörperschaften, Kommunen, vergrößern ihr wirtschaftliches Portfolio immer weiter, breiten sich in wirtschaftliche Gebiete aus, zu den sie sowieso nicht prädestiniert sind (Energiesektor, Entsorgungswirtschaft u.v.a.); trennen sich ferner – nach wirtschaftlichen Desastern (Krankenhäuser, Sozialwohnbau, Wasserversorgung, Straßennetz, Bahn etc.) – von der „öffentlicher Verantwortung" (im Sozialwohnbau).
- Um nur einige Beispiele zu nennen. Man könnte endlos weiterführen.

Es scheint – beobachten wir die letzten 70 Jahre –, dass wir uns, als wirtschaftliches Resultat, zufrieden zurücklehnen dürfen; allerdings, eben nur ex post. Beobachten wir hingegen die politischen Entscheidungsprozesse, mit nachhaltig wirkungslosen, wenn nicht sogar schädigenden Ergebnissen, und alles eingebettet in einem plötzlich international verwobenen Umfeld, erkennen wir, dass sich vielfältige Grenzen und Probleme abzeichnen, die wir mit bisherigem Verhalten, mit „historisch geprägten" Fähigkeiten, insbesondere bei den politischen Führungskräften, nicht mehr bewältigen können. Wachsende Regulierungen hemmen nicht nur den unternehmerischen Freiraum, sondern höhlen die wirtschaftlichen Grundlagen unbemerkt aus, wir verlieren uns im tagespolitischen Geschehen; verlieren so kostbare Zeit, um – im Sinne von Wohlstand und Sicherheit – die internationalen Herausforderungen zu meistern..

3. Öffentliche Verwaltung kontra Leistung

Dass in der Politik und Öffentlicher Verwaltung fleißig gearbeitet wird, ist nicht zu bezweifeln; allerdings sagt das wenig über die volkswirtschaftliche Leistung aus[3]. Zwischen zeitlichem Aufwand und Nutzen für die Gesellschaft haben wir einen tiefen Graben – und der scheint in den öffentlichen Verwaltungen „reifer" Demokratien offensichtlich unüberbrückbar.[4]

Zum „Leistungsbegriff" gibt es sicherlich Konsens, wenn wir sagen, die volkswirtschaftliche Leistung ist die „Gewinnung eines Nutzens" für die Gesellschaft, es hat „Wert". Wenn auch in das BIP (das Bruttoinlands-

---

[3] Wobei „Leistung" ein sehr indifferenter Begriff ist. Hier gemeint als Resultat volkswirtschaftlicher Entwicklung einer Sozialen Marktwirtschaft (allerdings genauso indifferent, jedoch gut implizierend).

[4] Neuberg A., *Morphologie des Staates*

produkt) ja vielfältige „Werte", viele Beiträge der Bürger, *nicht* einfließen oder nur als statistische Zahlen aufscheinen; sofern sie keine Rechnung legen (Vereine, Haushalt u.v.a.), wie auch Personen, die keine „verrechenbare Leistung" nachweisen wie Kinder und Alte etc.

Eine Privatwirtschaft kann nur überleben, wenn ihre Ausgaben nachhaltig unter den Einnahmen liegen; sie also einen Gewinn, einen Deckungsbeitrag erwirtschaftet. Einen Teil ihres Gewinnes, also ihres Einkommens, übertragen die Teilnehmer – wie ja auch die Lohn- und Gehaltsempfänger – an den Staat, der so seine „Aufgaben" erfüllen kann. Auch bei ihm sollten sich die Ausgaben mit den Einnahmen nachhaltig decken – was ja seit Jahrzehnten keiner der Demokratien mehr gelingt (Ausnahme Deutschland 2015-2018; allerdings, nach der Kameralistik!).

Die Leistung der Öffentlichen Verwaltung wäre dann optimal, wenn sie also nicht nur kostendeckend wirtschaftet, die Einnahmen (Steuern und Abgaben) sich zumindest in Relation des BIP bewegen, ständig auf Rationalität überprüft und korrigiert werden würden und so eine kontinuierlich prosperierende Wirtschaft sichern. Wir sehen schon, eine verschwommene Definition, die Staaten auch weidlich ausnützen. Oder können wir uns je erinnern, wann Steuern, Gebühren und Abgaben nicht ständig (überproportional zum BIP) gestiegen wären; vielfach mit banalen Argumenten: „Der Bürger will ja auch Sicherheit, Straßen, Schulen,.." (also, per se, dümmliche Vergleiche). Bis heute stieg in den westlichen Demokratien die Staatsquote bis an die 50 %. Der Leistungsbegriff für die Verwaltung bleibt also subjektiv, unterliegt keiner Vorgabe. Eine Korrektur ist theoretisch nur über Wahlen (!?) möglich; berührt dennoch nur Kernfragen wie „Umverteilung von Einkommen und Vermögen", und bleibt ideologisch gefärbt. Also, nicht der kleinste Hinweis kontinuierlicher Leistungsverbesserung beim Staat, den staatlichen Verwaltungen, oder einer systematischen Straffung zur Effizienz und Kosteneinsparung. Und das, paradoxer Weise, weltweit! (Kap.21).

Die Frage, wie der erwirtschaftete Gesamtnutzen einer Volkswirtschaft verteilt werden soll, ist uralt – also, nicht nur zwischen Arm und Reich, sondern auch zwischen Einkommensbeziehern und Staat; und letzterer, mit seiner an die 50%-igen Staatsquote, alimentiert sich selbst! Eigentlich ein enorm gewachsener Selbstbedienungsladen.

Natürlich suchen alle ihren maximalen Nutzen – als Grundlage eben der ökonomischen Theorien. Keiner wird jedoch bestreiten, dass in mittleren und obersten Führungsetagen die Philosophie der „Optimierung des eigenen Nutzens" schon auszuwuchern beginnt. Das mag menschlich sein, ist aber dann verwerflich, wenn uns Spitzenpolitiker Jahr für Jahr, wahltaktisch, eine gerechtere Verteilung wie Entlastungen versprechen, dazu mehr Freiheiten fordern, und dennoch ihre Vergütungen wie den Spesenersatz konsequent stärker erhöhen, als es die nationale Leistung (ganz zu schweigen das Durchschnittseinkommen) erwarten lässt. Oder wenn Spitzenkräfte der freien Wirtschaft Sparmaßnahmen, Reorganisationen und Straffung der Unternehmen fordern, dabei immer höhere Gehälter und Altersbezüge sich gönnen, als sie den Kapital- und Leistungserbringern, Mitarbeitern und Aktionären, zugestehen. Es sind menschliche Egoismen, die sich erst in den letzten Dekaden so eklatant eingeschlichen haben, als Vorteilsnutzung herausgehobener Positionen. Ist es doch die Aufgabe von Spitzenfunktionären, einerseits die Nation, andererseits das Unternehmen, erfolgreich im internationalen Wettbewerb zu führen, über staatliche und unternehmerische Spitzenleistungen Einkommen und Wohlfahrt der Bürger zu sichern. Aber was sehen wir. Seit Jahren stagnieren sowohl staatliche Leistungen (nur die Schulden erhöhen sich) wie auch die Leistungskraft der Unternehmen. Wobei Unternehmen noch transparent erscheinen, beim Staat es sich jedoch verwässert – unterliegt er doch (besser, seine Funktionäre) keinem ernsthaften Wettbewerb (wenn man von Wahlen absieht).

Aus heutiger Sicht – in einer global vernetzten Welt – hat der Staat *nicht nur zu verwalten*, sondern auch Einfluss auf die Leistungsfähigkeit seiner Wirtschaft; über vielfältige Maßnahmen. Z. B. welche finanz- oder geldpolitische Maßnahmen, gerade nun, einzusetzen wären. Entweder nachfrage- (Keynes u.a.) oder angebotsorientiert (M. Friedman, Hayek u.a.[5], Kap.21). Kern bleibt jedoch, dass sich die Beurteilung der Leistung einer Verwaltung (als Erfolg für den Bürger), eine Staates, bisher nicht durchgesetzt hat – nur im wirtschaftlichen Vergleich mit anderen Nationen. Was der Staat tut, was er leistet, wie rational er operiert, bleibt den ideologischen Interpretationen vorbehalten – und die haben sich von einer „Wirtschaftsorientierung" schon lange verabschiedet.

Solange es Demokratien gibt, wird um den Prozess der politischen Richtung kontrovers gestritten. Dennoch, alles ist nur möglich, wenn die wirtschaftliche Selbstständigkeit gesichert bleibt. Also, Grundvoraussetzung einer funktionierenden Demokratie ist eine, die gesamtwirtschaftliche Leistung unterstützende, eine ökonomisch orientierte Verwaltung – und die beginnt zunehmend in sich selbst zu wuchern, den privaten Sektor zu strangulieren, schlussendlich die Demokratie an sich zu gefährden.

---

[5] Das Thema ist natürlich wesentlich komplexer, vergl. Neuberg A., *Geld-Illusionen*

a) Öffentliche Verwaltung

Im Zuge der Entwicklung demokratischer Prozesse wachsen natürlich auch die Gesetze, Regelungen und Vorschriften, und damit der Verwaltungsaufwand. In Westeuropa hat es einen Umfang angenommen, bei dem das Empfinden des Normalbürgers was „gerecht" ist, dieses natürliche Verhalten aus kultureller und soziologischer Entwicklung, abhandenkommt. Dazu kostet Rechtsbeistand Geld. Insofern wird „Gerechtigkeit" zunehmend eine Frage des Vermögens, der Bezahlbarkeit. Sofern der Staat nicht die Kosten übernimmt – also, der Regulator des Kostenbewusstseins fehlt, und zu immer stärkerer Belastung der Judikative führt (Kap.4-6). Komplexitäten, gesetzliche Überschneidungen und Hierarchien der Rechtsordnung, verschärfen das Problem. Selbst die Exekutive ist überfordert, versucht, über lockere Handhabung, Pauschalbeurteilung und – unterstützt durch die Judikative – mit Vergleichen, der anfallenden Prozesslawine irgendwie Herr zu werden; dennoch, Entlastung ist nicht in Sicht.

In Deutschland zählen wir knapp 5 Millionen Beschäftigte im Staatsdienst (Angestellte, Beamte, die direkt oder indirekt dem Staat dienen). Mit wachsender Anzahl – wie es sich ja bei jeder Gesetzesänderung und bei jeder Abweichung vom „üblichen" Ablauf anbietet (z.B. im Zuge der Asylantenflut). Wie auch bei jedem Wechsel des politischen Couleurs, man gerne auch ideologisch Nahestehende versorgt. Vor gut einem Jahrhundert vernachlässigbar, nun aber, bei dieser Größe, in einer weltweit vernetzten Wirtschaft, überlebensentscheidend (unabhängig der Ethik. Kap 14).

Damit tritt Leistung und Qualität, insbesondere Initiative und Eigenverantwortung, in den Hintergrund. In peinlicher Einhaltung von Vorschriften und Regularien, „erstarrt" die Administration, demotiviert das engagierte Personal, versteift nicht nur die politischen Prozesse, sondern hemmt inhärent auch die Leistungsentwicklung des Staates; so auch der gesamten Wirtschaft. Persönliche Entfaltung und Charismen von Beamten werden über Vorschriften, über reguliertes Verhalten, eingedämmt, sie entmündigt und demotiviert. Wer kann dem widersprechen? Das Engagement versandet; als durchaus menschliche Reaktion. Man richtet sich nach Vorschriften, ohne jede Verantwortung im vorgegebenen Aufgabenrahmen ein. Kommt auch so ganz gut über die Runden, wenn auch demotiviert, aber, in „stressfreier" Arbeitszeit (!) – über Monate, Jahre, bis zur überaus gut bezahlten Pensionierung. Welcher nationaler Verlust an menschlicher Einsatzbereitschaft, an Engagement – eigentlich schon ein Verbrehen an der Menschenwürde. Gehen wir einige Jahrzehnte zurück – so demotivierend war es niemals!

b) Finanz-, Geldpolitik – Verschuldung

Alle westeuropäischen Staaten zeigen in ihrem Ausgabeverhalten das gleiche Muster: die Ausgabenwünsche sind immer höher als die Einnahmen. Zwangsläufig steigen die Staatsverschuldungen, die offensichtlich – weltweit, seit Dekaden – nicht in den Griff zu bekommen sind. Tendiert zwar politisches Einnahmeverhalten in Demokratien kontinuierlich nach oben – nur begrenzt aus dem Wahlkalkül, es nur nicht zu offensichtlich zu übertreiben –, reichen dennoch die Einnahmen nie, also steigen auch die Staatsquoten weiter.

Das zweite Muster zeigt, wie sinnlos – im Sinne nachhaltigen Wirtschaftens – die Mittel verschleudert, aber dennoch über Jahrzehnte die Investitionen (selbst bis zu Krankenhäusern und Sozialem Wohnbau) reduziert werden. Die Mittel fließen überproportional ins „Soziale", somit in den Konsum. Zumeist verdeckt über verschiedene Ministerien; nur bei „Arbeit und Soziales" und bei „Gesundheit" ist es offensichtlich[6]. Wobei selbst die Vorsorge für ständig neue soziale Belastungen, vernachlässigt wird. Die Einnahmen werden im Folgejahr dann logisch angepasst, akzelerieren so nicht nur Einnahmen und Ausgaben immer höher, sondern auch die Schulden. Dazu gibt es Überraschungen – die „natürlichen" Abweichungen jeder Planung –, die jeden ausgeglichenen Haushalt[7] verhindern.

So werden selbst in Zeiten von Null-Zinsen – wie gegenwärtig – die finanziellen Vorteile in Sozialausgaben verfrühstückt. Für Deutschland weisen die Eckdaten für 2017 eine Reduzierung der Zinsausgaben um rund 20 Milliarden aus, wobei ein ähnlicher Betrag für 2016 bereits als drastische Ausgabenverminderung wirkte. D.h. andererseits, dass die Regierung an die gut 20-30 Milliarden p.a., von ihr ja nicht beeinflussbarer Minderausgaben an Zinsen – aus marktüblicher Zinsbelastung einer Staatsverschuldung von rd. 2 Billionen (bei einem Staatsbudget 2017 von rd. 330 Mrd. Euro!) –, politisch als „Erfolg" publiziert wird; obwohl in volkswirtschaftlich sinnlosen Sozialpaketen verschwendet. Eine starke Wirtschaft und eine temporär unüblich niedrige Arbeitslosigkeit trägt ihres dazu bei, dass der deutsche Staat in Geld schwimmt, und dennoch keine Neigung verspürt, steuerliche Belastungen zu reduzieren (oder vorzusorgen, Kap 21).

---

[6] Viele Subventionen sind verdeckt. Vor allem „weiche Subventionen" erhöhen sich überproportional; 2017 z.B. Zuschüsse an die gesetzlichen Krankenversicherungen (rd. 12 Mrd.), staatliche Verkehrsunternehmen (rd. 25 Mrd.), für Kindertagesstätten und -krippen (rd. 22 Mrd.), für Land- und Forstwirtschaft, Bergbau, Beschäftigungspolitik, für Energie, Umwelt etc., die sich in den Budgets von Bund, Länder, Gemeinden wie auch der EU widerfinden.

[7] Deutschland ist zwar (2015 bis 2017) eine Ausnahme – allerdings, das Ende ist absehbar (s.u.).

Selbst die Ausnahme dreier ausgeglichener Budgets – zu betonen, nur in Deutschland (!) – führt dennoch zu keiner strukturpolitischen Maßnahme; eben, die Leistung der Volkswirtschaft nachhaltig zu sichern, Schulden zu reduzieren, soziale Belastungen auf Jahrzehnte abzusichern, den gigantischen Investitionsrückstau abzubauen etc., also, eine nachhaltig gesunde Finanzierung der Volkswirtschaft zu gewährleisten. Nur der (noch) hohen Leistungsfähigkeit der deutschen Wirtschaft ist es zu verdanken, dass diese gigantische Verschwendung erwirtschaftet werden kann. Eine Leistung dank historischer Unternehmensbasis und einer fleißigen, einer disziplinierten Bevölkerung. Eine, nur aus der Historik begründeten Leistung; mit der der Staat allerdings sorglos umgeht, nach Tagespolitik und Wahlarithmetik nicht nur ausgibt, sondern auf Jahrzehnte neue Belastungen generiert!

Dass der deutsche Staat zwar nach rd. 40 Jahren zum ersten Mal wieder ein ausgeglichenes Budget ausweist, ist erfreulich, verschleiert jedoch die Zusammenhänge. Vergessen wir nicht, dass die Staatsquote (das Verhältnis der gesamten Staatsausgaben zum BIP), die sich ja im letzten halben Jahrhundert annähernd verdoppelt hat – in Deutschland bei rd. 47 % liegt –, und alle öffentlichen Ausgaben (inkl. der Länder und Gemeinden, der Gebietskörperschaften und Zuschüsse zu den Sozialversicherung) umreißt. Nicht nur die des Bundes. Der Anteil des Bundes beträgt eben annähernd diese rd. 330 Mrd. Euro. Der überwiegende (größere) Rest der Staatsausgaben verteilt sich über Kommunen, Länder und andere Körperschaften, die – nur der Staat „spart" sich ja dz. zur Null – zwangsläufig gezwungen sind, den Trend „demokratisch-natürlicher" Kostensteigerungen mit zu übernehmen und über Gebühren und Abgaben an die Bevölkerung weiterzugeben (also, auch kaum von den Schulden runterkommen).

Ferner ist zu berücksichtigen, dass der Staat, dank QE[8] der EZB, seine über Jahre hohe Zinsbelastung von an die 30/40 Mrd. €, 2015 auf verschwindende 10 Mrd. zurückfahren konnte. Ferner die Arbeitslosenquote mit einem Stand von um die 5 %, sich auf historischem Tief befindet (schon mal mehr als 10 % betrug), also, einen unüblich niedrigen Wert erreicht hat.[9] Da so auch die Sozialversicherungen überdurchschnittlich gut gespeist werden, ist schon zu erkennen, dass – sollten ähnliche Verhältnisse wie in den 80er/90er Jahren durchschlagen – der Staat über kurz oder lang massiven Finanzierungs-

---

[8] Quantitative Easing – das „Drucken" von Geld, s.Kap.21
[9] Eine Null-Zins-Politik der EZB, die für viele der EU-Länder ein Segen ist. Italien, Griechenland u.a. mit ihren hohen Schulden, würden bei jeder Zinserhöhung sich Existenzrisiken ausgesetzt sehen.

engpässen gegensteht; und das, bei kaum mehr reduzierbaren Ausgaben[10]. Darüber hinaus wurde in den Jahren wirtschaftlichen Booms verabsäumt, Reformen zur nachhaltigen Wirtschaftlichkeit, zur Renditesteigerungen einzuleiten, um eine ausgeglichene Finanzierung des Staates auch nachhaltig zu gewährleisten. Ein Problem, das jedem verantwortungsbewussten Politiker bekannt ist – allerdings, niemand getraut sich das Thema anzugehen (und wäre auch kaum so dumm, sein Benefizien zu gefährden).

Und, wird das Thema tatsächlich einmal behutsam angefasst – z.b. die Lebensarbeitszeit zu verlängern und die Renten langfristig gekürzt –, ein rationaler, wenn auch unglaublicher Vorgang für eine sozialdemokratische Partei, weicht es die folgende Regierung, selbst des gleichen Couleurs, flugs wieder auf. Im Gegenteil, wird noch eine Rente mit 63 (bei individuell langer Lebensarbeitszeit, aber *die* sollte doch erreicht werden) eingeführt und das Problem der Finanzierbarkeit, zulasten der Jungen, noch verstärkt. Und um das Maß vollzumachen, wird gleich auch noch eine Mütterrente ohne Not daraufgesetzt (steigend von 1,9 Mrd. auf jährlich 3,1 Mrd. bis 2030). Gleich noch Kindertagesstätten und -krippen dazu, mit all den unabsehbaren Folgekosten. Oben drauf noch höhere Erwerbsminderungsrente, mit Mehrausgaben von 2,1 Mrd. jährlich u.a. – alles reine Wahlgeschenke, rational nicht begründbar (wenn auch jedem zu gönnen). Weitere volkswirtschaftlich sinnlose Geschenke (im Sinne nachhaltiger Leistungsfähigkeit) stehen schon in den Startlöchern eines exzessiven „Füllhorns" (28 statt 35/38 Wochenstunden u.a.). Und wie begründet? Eben, der Koalitionsvertrag sieht das so vor (!?); wie wenn pauschale Vereinbarung im Zuge der Regierungsbildung nicht leistungsorientiert zu bewerten wären. Abgesehen, dass, in einer hochindustrialisierten, einer komplex verzahnten Wirtschaft wie die der europäischen, erfahrene Mitarbeiter möglichst lange in den Arbeitsprozessen zu halten wären (Kap. 15).

Das 63-/65-ste Lebensjahr als starre Verrentungszeit hat – seien wir rational wie auch ehrlich – für große Teile der Lohnabhängigen ausgedient. Die Lebenserwartungen haben zu-, die mechanisch-körperlichen Belastungen abgenommen, genauso hat die Rentabilität zugenommen, nämlich der „Output", die Leistung per capita, aber auch die medizinischen Erfolge. Sie ermöglichen, das Rentenalter länger zu genießen. Natürlich freuen wir uns auf ein langes und gesundes Leben in der Rente, aber, es muss auch im Generationenvertrag bezahlbar und gerecht bleiben. Ein Fakt, der jedem klar ist, aber – betrifft es einem selbst – man sich genauso „nutzenmaximierend"

---

[10] Neuberg A., *Geld-Illusionen*

(besser, wahlmaximierend) verhält. Das Problem ist demokratisch – längere Rentenzeit zu heutigem Rentensatz, d.h. bei gleichbleibenden Beiträgen – scheinbar nicht zu lösen. Vor jeder Wahlperiode überbieten sich die Parteien mit Wahlgeschenken – verhalten sich eben selbst auch „optimierend".

Eine ganz andere Frage ergibt sich heute. Nämlich, wie ein engagierter Rentner, im Vollbesitz seiner geistigen, vielfach auch noch körperlichen Kräfte, sich tatsächlich in den ersten Jahren seiner Rente fühlt – ist doch der Übergang persönlich nicht einfach. Das war früher anders, wird aber einer Volkswirtschaft – in der die Mehrheit länger und gesünder lebt – neue Ideen, neue Konstruktionen abfordern; in jedem Falle ein fundamentales Umdenken. Korrekturen am bisherigen Umlagesystem helfen – bei wachsender demographischer Lücke – nicht weiter (Kap.15). Bekannt ist es allemal; seit Jahrzehnten wird herumgeschustert, nachhaltig erfolglos!

Es ist eben eine bedauerliche Tatsache in reifen Demokratien, dass – z.B. in Deutschland – der Großteil der Staatseinnahmen wohlgeordnet nach Wahlarithmetik versickert. Eine Klientelpolitik an Wohltaten, die nichts, und schon gar nichts, mit der langfristigen Sicherheit der Volkswirtschaft zu tun hat. Es grenzt fast schon an kriminelles Verhalten, wenn nicht schon an Einfalt. Und kein Ende ist in Sicht! Lt. Modellrechnung des Ministeriums steigen die Sozialleistungen 2021 auf 1.091 Mrd. also auf 29,8% des BIP 2021[11]; und das, bei Vollbeschäftigung und Null-Zins! Böses Erwachen vorprogrammiert! Leider hilft auch die (oft widersprüchliche) Wissenschaft nicht weiter, noch Medien und Literatur – man lernt nichts voneinander –, allesamt bekannte Pauschalierungen, unterschiedliche Abläufe replizierend.

Geldpolitik
Moderne Geldpolitik können wir erst seit dem letzten Jahrhundert nachweisen. In Anlehnung an aktuelle Geldtheorien (Keynes, u.a.), steuern die Staaten über ihre Zentralbanken die Geldmenge, und bis zu einem gewissen Grad den Zinssatz – hängt der doch langfristig und nachhaltig nur von der Leistungsfähigkeit des eigenen Staates ab[12]. Über diese Instrumente waren Staaten temporär bisher durchaus in der Lage, Konjunktur und Investitionen zu beeinflussen. Heute sind wir allerdings mit einem völlig neuen Phänomen konfrontiert. Der Zinssatz tendiert gegen Null und die Rendite des eingesetz-

---

[11] Oder nach anderen Berechnungen, geht von der Wertschöpfung, dem BIP, rd. 55 % für Soziales auf (da in obiger Berechnung natürlich die sozialen Unternehmensbeiträge und ähnliche nicht enthalten sind).
[12] Neuberg A. *Geld-Illusionen*

ten Kapitals – schon immer Motor von Investitionen und Geldströmen –, scheint ausgefallen zu sein. Die Notenbanken beginnen mit Negativzinsen zu operieren (seit je eine Horrorvorstellung der Ökonomen) und pumpen immer mehr Geld in die Märkte – ursprünglich um Rezessionen abzufangen –, nun um die Wirtschaft bei Laune zu halten, Wachstum zu generieren; im Bemühen, 2% Inflation zu erreichen.

Noch gibt es keine verlässliche Erfahrung, warum denn nun, selbst mit annäherndem Null-Zins, der Antrieb für Investitionen nicht in Gang kommt, Kapital kaum mehr lukrative Projekte findet, die Volkswirtschaften n.w.v. weitgehend stagnieren; diese Billionen in der Finanzwirtschaft volkswirtschaftlich ungenützt hängen bleiben (als Damoklesschwert). Seit Geld- die Tauschwirtschaft ablöste, sucht Geld rentable Anlagemöglichkeiten, fordert also Gewinn, besser, eine Verzinsung. Fehlen lukrative Projekte (für eine Nettorendite), wird Geld gehortet, eben, sicher angelegt. Die Verwerfungen aus der Finanzkrise um 2008, mit katastrophaler Überschuldung nach faulen Krediten weltweit agierender Banken, zwangen die großen Nationalbanken „Geld zu drucken", um Vertrauen wieder herzustellen. Dabei wurden bisherige Usancen – nämlich eine annähernde Korrelation der Geldmenge zum Bruttonationalprodukt – aufgehoben, Geld in den Finanzkreislauf gepumpt; in dem es aber auch weitgehend hängen blieb[13](!), also – trotz fallender Zinsen – den erhofften Wachstumsschub nicht auslöste. So suchen diese Billiarden an Dollars, Euros und Yens – die ja dann (nach der Theorie) wieder aus den Märkten abgezogen werden sollten sofern die Wirkung erfolgte – bis heute sinnvolle Anlagemöglichkeiten. Es bleibt eine Illusion, dass das Aufblähen des Geldvolumens, ohne Leistungsrelation, ohne wirtschaftlichen Schock, wieder rückgeführt werden kann[14].

Zwar scheint die Bereitstellung von neuem Geld das Wachstum temporär zu fördern, dennoch leitet sich aus der geldtheoretischen Logik, wie auch aus Untersuchungen über lange Zeitspannen ab, dass jede Schuldenanhäufung (egal ob von Privaten oder vom Staat) ein Risiko bis zu dem Punkt bleibt, bis das Vertrauen wegfällt. Allerdings – und diesen Sonderfall gibt es zum ersten Mal – hat die Theorie bis heute, Zinsen gegen Null, nie berücksichtigt (der Zins war immer Bestandteil makroökonomischer Modelle)[15]. Jede Verschuldung korreliert bis dato – wie auch in der Theorie – doch mit der Zinslast (neben der Tilgung); das gilt auch für den Staat. Hat der Staat jedoch –

---

[13] 2016 verfügte die weltweite Finanzindustrie über ein Vermögen von rd. 270 Billionen Dollar; das ist rd. viermal so groß wie die weltweite „Realwirtschaft"!

[14] Neuberg A., *Geld-Illusionen*

[15] Ebenda, mit detaillierter Ableitung von Geldmenge, Leistung und Wachstum

dank seiner Nationalbank – die Möglichkeit, endlos Geld zu drucken (losgelöst vom BNP), reduziert sich das „Vertrauen" in seine Fähigkeit, Tilgungen zu leisten. Und das, geht eben nicht endlos, denn mit steigenden Schulden steigen auch die Tilgungen. Zum ersten Mal erleben wir in einer globalen Wirtschaft – bei durchaus üblichen (!) Verschuldungen der Staaten von 80 - 270% –, eine ungeheure Aufblähung der Schuldenlasten (damit steigende Unsicherheiten); bis das Ganze eben finanzwirtschaftlich zusammenbricht, eine schwerwiegende Wirtschaftskrise (zur Bereinigung) auslöst.

Neben der Unsicherheit der Geldsteuerungsprozesse, leiten sich weitere negative Effekte ab. Sie tragen z.B. zu Verwerfungen der Einkommensgerechtigkeit mit bei. Dem zusätzlichen Risiko, dass uns auch aus sozialen Revolutionen das Ganze um die Ohren fliegen kann.

Die Geldströme haben sich weltweit unglaublich beschleunigt, suchen jede denkbare Rendite; und das erhöht die Volatilitäten an allen relevanten Märkten, so dass selbst kleinste Irrationalitäten nicht nur die Ausschläge erhöhen, sondern auch Wirtschaftskrisen auslösen können. Viele Institute sehen sich, aus der geringen Eigenkapitaldecke, weit höheren Risiken gegenüber als früher. Es ist das eigentliche Kernproblem überbordender Schulden, multipliziert über das QE. Bewegte sich vor der Finanzkrise das Eigenkapital bei Finanzinstitutionen so um 3 % und darunter, wurde zwar zwischenzeitlich annähernd das Doppelte gefordert (auch vielfach erreicht). Dennoch benötigt der Aufbau für reale, für gesunde Verhältnisse, Jahre und Jahrzehnte. Vielleicht solange wie es gedauert hat, wie der ursprünglich sehr hohe Eigenkapitalanteil (Ende des 19. Jahrhunderts) auf eben diese dünne Sicherheit abgeschmolzen war (als Funktion des Leverage-Effektes). So reicht selbst die erhöhte, dennoch dünne Eigenkapitaldecke von um 4-8% (je Definition) nicht annähernd, um die Risiken dieser ungeheuren Mengen an Buchgeld die weltweit floatet, abzudecken; zu intransparent sind die Sicherheiten. Ferner werden die Geschäfte überwiegend computergestützt abgewickelt; Algorithmen entscheiden, und erhöhen das Risiko zusätzlich. Kein Mensch durchblickt mehr die vielfältigen Ströme an (Buch-)Werten. Dennoch könnten sie reguliert werden, sofern sich die großen Staaten zusammenraufen und Missstände ausschließen, regulieren und sanktionieren. Ähnlich dem Versuch wie damals in Bretton Woods. Betrachten wir allerdings die zunehmende Egozentrik der Staaten – wenig wahrscheinlich!

Den Nutzen aus dieser Geldschwemme haben also nur Insider und Akteure der Finanzaristokratie – und damit verschärft sich zwangsläufig die Kluft zwischen Arm und Reich, zwischen wohlhabenden und armen Staaten. Und bricht schlussendlich die Finanzindustrie dann wieder einmal zusammen –

was nicht ausgeschlossen werden kann –, werden die Massen, die Lohnabhängigen und die kleinen Sparer die fürs Alter vorsorgen, die Leidtragenden
sein. Und unsere Staaten, Regierungen? Sind nicht in der Lage – schon aus
den „demokratischen" Prozessen (Kap.9, 16), aber auch mangelnden
Fähigkeiten – konstruktiv gegenzusteuern: nämlich, präzise zu regulieren[16],
zu sparen, die Geldmenge der Leistungsentwicklung anzugleichen, die
Einkommensspreizung zu reduzieren und strukturelle Maßnahmen zur
Leistungssteigerung zu initiieren. Zusätzlich verschleiern die Probleme der
Geldpolitik ihren ureigenen Sinn, nämlich Leistung zu initiieren!

Wir haben es fast schon vergessen, Staaten können ihre Aufgaben ja auch
nur erfüllen, wenn sie sie auch bezahlen können. Zwar bildet das Staatsbudget den Handlungsrahmen (wie für Länder und Kommunen), dennoch
sind die Einnahmen, im wesentlichen Steuern und Abgaben, im gesetzlichen
Rahmen frei gestaltbar, Grenzen bildet nur die vergängliche Wählergunst.
Der fast kontinuierliche Wechsel in der Regierungsverantwortung zeigt, wie
wenig aussagekräftig Budgets als Leistungsausweis tatsächlich sind. Es ist ja
nur ein Zahlenrahmen über Einnahmen und Ausgaben, verwischt so jede
Vermögens- und Leistungsentwicklung, gibt nicht den geringsten Hinweis
zu Qualität von Regierungen, den Parteien, und weist nicht mal die ständig
wachsenden Verpflichtungen für die kommenden Generationen aus. Keiner
hat Verantwortung (!) für sparsames Haushalten, für laufende Leistungs-
verbesserungen, von Administration und Abläufen, geschweige für Missstände. Besonders, für die Zukunft! Politische Verantwortung ist so eine
leere Hülse – schlussendlich wird niemand zur Verantwortung gezogen;
scheidet er/sie ja nur – ist er/sie nicht länger tragbar – frühzeitig, zumeist im
vollen Genuss seiner Bezüge, aus. So gelingt es den meisten demokratischen
Staaten fast nie, budgetär ausgeglichenen zu wirtschaften – das Höchste der
Gefühle liegt im Schuldenwachstum Null, heute fast ein Novum.

Die primäre Aufgabe einer Notenbank ist die Versorgung der Öffentlichkeit
mit Geld, einem quasi Vermögenssubstitut, das seinen „Vermögensinhalt"
allerdings (ist es per se doch werte-inhaltslos) nur aus dem Vertrauen in die
politische wie wirtschaftliche Stabilität und Prosperität des emittierenden
Staates schöpft – also ständigen Schwankungen, den Währungsparitäten
unterliegt. Diese Schwankungen sind es, die – in einer globalisierten Welt –
Wohl und Weh einer Volkswirtschaft bestimmen. Sie sind schlussendlich
das Residuum, entscheidende Indikatoren die die Leistungsfähigkeit, die

---

[16] Zur Vertiefung der Geldtheorie und der praktischen Probleme wie auch mit Lösungsansätzen
siehe Neuberg A., *Geld-Illusionen*.

Sicherheit und Stabilität einer Nation, widerspiegeln. Seit mehr als einem Jahrhundert haben die Staaten ja keine Mühen gescheut, das Vertrauen in ihre Währung möglichst konsequent aufrechtzuerhalten, ständig zu pflegen.

In den letzten zehn Jahren allerdings – beginnend mit der Währungskrise 2007/2008 – scheinen in allen Nationen die Grundprinzipien der Geld- und Fiskalpolitik aus dem Ruder zu laufen. Viele Spitzen- und Geldpolitiker bestätigen (zumeist nach ihrem Ausscheiden): es gibt keine ernsthafte Konzeption, aus diesem Teufelskreis herauszukommen, man hangelt sich von einem Problem zum anderen durch – mit gerade opportun scheinenden und demokratisch durchsetzbaren Maßnahmen. Es ist nur eine Frage der Zeit, bis unwirksame Versuche, gepaart mit obigen „Verwerfungen", die nächste massive, eine weltweite Finanzkrise auslösen und in einen wirtschaftlichen Kollaps enden. Und dennoch, es gibt Lösungsansätze! Allerdings, sie bleiben solange unwahrscheinlich, solange sich nicht das politische Verhalten, besonders der wirtschaftlich nennenswerten Staaten, fundamental ändert (Kap. 21, 24).

4. Fragiles Tandem Wirtschafts- und Sozialpolitik

Der Wohlstand hat allgemein und weltweit – auch wenn die Kluft zwischen Arm und Reich immer größer wird – zugenommen. Primäre Ursachen finden wir in den Auswüchsen der Industriellen Revolution, der zunehmenden Internationalität und den weltweiten Demokratiebestrebungen die die individuelle Entfaltung unterstützt. Und alles, im Rahmen eines technologischen Umbruchs der alle Lebensbereiche verändert und vernetzt. Dazu haben die westeuropäischen Demokratien gelernt – nach zwei Weltkriegen, unzähligen Toten und der Vernichtung ungeheurer Werte – aufeinander zuzugehen, zusammenzuarbeiten. Bei uns waren es die Sozialpartnerschaften, die Wachstum und Wohlstand sicherten. Als mentale Basis quer durch die Bevölkerung mit, dem demokratischen Einbezug aller, als Gemeinsamkeit mit dem Ziel, Wohlstand und Sicherheit zu gewährleisten. Nun, nach zwei Generationen, spüren wir, wie der bindende Geist sich aufzulösen beginnt, Eigennutz, Nationalismus, extrem-kapitalistisches Denken wieder durchschlägt. Spaltungstendenzen zeichnen sich ab, lösen den treibenden Motor der Gemeinsamkeit langsam wieder auf. Negative Tendenzen unterschiedlichster Interessen schlagen auf eine Politik durch, die sich zusätzlich im Tagesgeschehen verfängt. Fundamentales vernebelt sich, schädigt staatstragende Fähigkeiten.

Vieles zeichnete sich bereits über die Jahrzehnte ab. Es sind diese globalen Umwälzungen, nie gekannten Einflüsse, die Staaten plötzlich zwingen, sich international anzupassen, mental jedoch noch nicht schaffen; wie Unternehmen, menschliche und materielle Ressourcen strategisch zu bündeln, sich auf den globalen Wettbewerb einzustellen. Der Staat kann es zwar nicht vorgeben, muss jedoch vorbereiten, begleiten, Bedingungen schaffen, also unterstützen. Heute reagieren die westeuropäischen Staaten nur ex post; obwohl sich die weltweiten Veränderungen seit Jahrzehnten abzeichneten. Die kommen ja nicht aus dem Nichts, nur die Anzeichen werden verdrängt (z.b. Ausbeutung der Ressourcen, Klimaveränderung, Einfluss auf die komplexen Systeme der Biosphäre, Übervölkerung, Wanderungen u.v.a., wie auch viele nationale Probleme).

Dass Staaten sich kaum wehren, teils handlungsunfähig sind, erleben wir ja fast täglich. Die Probleme akzelerieren sich weltweit, erschrecken uns zwar, werden aber schnell von anderen Horrorszenarien überholt. Wissenschaftliche Versuche der Verkettung all diese Themen gibt es zwar[17], berühren uns aber nur kurzzeitig, temporär. Wir, verdrängen sie: „Hätten sowieso keinen Einfluss". Was uns treibt, was zählt, ist *Wachstum*, als „empfundene" Selbstverständlichkeit. Wachstum gibt uns die Richtung vor, um Wohlstand zu mehren, vermittelt Sicherheit. Ermöglicht vielfältige politische Wohltaten über Umverteilung – was sich allerdings, in einer zunehmend überfüllten Welt, bei den nun *globalen Verschiebungen* von Wohlstand und Sicherheiten – schon wieder infrage stellt.

In boomenden Zeiten gibt es staatspolitisch keine nennenswerten Probleme: Alles wächst, alle verdienen prächtig mit – auch wenn trefflich um Anteile gestritten wird; und der Staat „verwaltet" geruhsam mit seinem bürokratischen Koloss. Eine wahlorientierte Politik versucht – von einer Legislaturperiode zur anderen –, die Klientel bei der Stange zu halten, einen möglichst großen Kuchen zu sichern; der Innovation von Wahlgeschenken sind keine Grenzen gesetzt. Eines wird tunlichst übersehen, verdrängt: die gravierende Diskrepanz zwischen aktueller Umverteilung und langfristigen Verpflichtungen. Diese Belastungen für die zukünftigen Generationen: wie z.B. die Rentenverpflichtungen, reduzierte Investitionen in Infrastrukturen, die Sicherheit, die nachhaltige Ausbildung, strategische Orientierung, der demographischen Entwicklung, ständig steigende Gesundheitskosten, wuchernde Bürokratien und anderer hausgemachte Probleme.

---

[17] Meadows, *Die Grenzen des Wachstums, u.a.*

Nur selten kommt es vor, dass zwingend Rationales, zum Durchschlagen des gordischen Knotens aus wachsenden Sozialleistungen, demografischer Entwicklung und stagnierender Wirtschaft, z.b. über eine Agenda 2010, gelingt. Deutschland profitierte davon in den Folgejahren, obwohl es den Parteigenossen doch gelang, diese volkswirtschaftlich wichtige Korrektur scheibchenweise wieder aufzuweichen. Es wirken eben n.w.v. uralte Rituale: Links die geknechtete Arbeiterschaft, rechts die Kapitalisten und Feudalherren – wie wenn sich die Verhältnisse in den mehr als 100 Jahren nicht völlig verändert hätten.

So wird eben seit Jahrzehnten nur umverteilt, was andere erwirtschaften. Über Mehrheiten im Parlament kann man paradoxer Weise die gleiche Mehrheit des Volkes unbegrenzt schröpfen, selbst wenn langsam aber schleichend die Wettbewerbsfähigkeit nachlässt. Es ist zutiefst frustrierend, demotivierend, wie der eigene Staat sich wirtschaftspolitisch ins Abseits drängt, den ungeheuren dynamischen Veränderungen der Welt handlungsunfähig gegenübersteht. Diskutieren wir einige Kerngebiete:

a) Wirtschafts- und Technologiepolitik

Aus liberalen Gesichtspunkten, nach klassischer und neoklassischer Ansicht, hat sich der Staat weitestgehend aus der Wirtschaft herauszuhalten. Eine Änderung dieser Philosophie ergab sich in den dreißiger Jahren über den Einfluss von Keynes. Er versuchte die Rezession der britischen Wirtschaft mit einer Nachfragepolitik entgegenzutreten; mit einer Geld- und Finanzpolitik, über die Geld (als Nachfrage), primär zur Förderung des Konsums, zugeführt wird. Eine Konjunkturpolitik, die die demokratischen Staaten bis heute bevorzugen (schlussendlich auch Ursache aufgeblähter Staatsbudgets, wachsender Verschuldungen und wuchernder Sozialleistungen ist).

Besonders demokratische Staaten haben das Problem, eine sich nachhaltig ausgleichende Einnahmen- und Ausgabenpolitik zu gewährleisten. Auch sind die Finanzmärkte immer gerne bereit, die Differenz über Staatsanleihen zu decken (Kap. 3, Geldpolitik). Regulieren sich Märkte nicht qua ihrer Wirtschaftsleistung (konkret, über die Währungsparität), werden also freie Preismechanismen qua staatlicher Intervention ausgesetzt, der Wettbewerb also verfälscht, muss irgendwer dann eben den Schaden bezahlen (schlussendlich der Bürger). Das gilt nicht nur für die überbordende Sozialpolitik oder die Verfälschung von Rohstoff- und Erzeugerpreisen (über Subventionierung), sondern besonders für die Arbeitskosten. Natürlich differieren sie branchenspezifisch, dennoch haben sie innerhalb eines Staates einen nivellierenden Charakter. So sind z.B. in Deutschland die Lohnentgelte im

Metallbereich innerhalb von sieben Jahren um ein Fünftel gestiegen, während der Produktivitätszuwachs nur bei 2% liegt. Das wirkt sich zwangsläufig – in einem exportabhängigen Land – auf die Wettbewerbsfähigkeit aus. Irgendwann fallen eben dann die Umsätze, dann die Gewinne, und die Betriebe setzen in logischer Folge Arbeitskräfte frei. In Deutschland hatte die Pflege der Sozialpartnerschaft besonderes Gewicht – der Vorteil für die Gemeinschaft war augenscheinlich. Solange beiden Seiten die Verantwortung für die Entwicklung gemeinsam tragen, profitieren beide Teile, damit auch die Wettbewerbsfähigkeit des Staates.

Aus den gleichen Überlegungen wird dennoch immer wieder gefordert – besonders bei kostenträchtigen Langzeitinvestitionen –, dass der Staat in Vorleistung tritt, dass er fördert; also, die Wettbewerbsfähigkeit subventioniert. Wo sind die Grenzen? Wann darf der Staat Risiko eingehen, die heimische Wirtschaft stützen? Beispiele gibt es genug: Die jahrzehntelange Förderung der Kohlegruben, Zuschüsse in insolvenzgefährdete Großunternehmen (die zumeist dann doch pleitegehen), Prämien zur Förderung des Autoabsatzes, die gigantischen Zuschüsse der Treuhand im Zuge der Übernahme der Betriebe aus der Wiedervereinigung (die zu mehr als 90% dann doch nicht überlebten), der Atomausstieg (Kosten, die bis heute belasten), die Energiewende, die vielen Zuschüsse für insolvenzgefährdete Betriebe. Oft wird wirtschaftspolitisch unsinnig, teils sozial verständlich, aber immer klientelorientiert subventioniert. Mit gigantischen Belastungen für den Staat, ohne nachhaltige, volkswirtschaftlich positive Wirkung.

Deutschland ist nicht die Ausnahme, andere Staaten fördern rigoroser – die meisten klientel- und einige wenige strategieorientiert; auch innerhalb der EU – jeder ist sich ja selbst der Nächste. Als extremes Beispiel gilt China, das uns – als kommunistischer Staat mit einem Einparteiensystem – plötzlich lehrt, dass ein marxistischer (?) Staat auch erfolgreich sein kann. Überwältigend! In gut 30 Jahren, aus mittelalterlichen Strukturen, zu einem der mächtigsten Länder der Erde. Und, geht das so weiter (was anzunehmen ist), wird es militärisch wie wirtschaftlich eine Machtfülle erreichen, an der sich andere Nationen zu orientieren haben. Ausgelöst von einem charismatischen Führer, gestützt von einer straff führenden Gerontokratie, die konsequent auslotet, die nationalistische Entwicklung vorantreibt. Eigentlich, müsste es andere Staaten erschrecken – die dennoch nur passiv reagieren!

So gelang es China, nicht nur über den Weg als Werkbank der Welt, enorme Devisenreserven anzuhäufen, sondern auch gigantische Infrastrukturen zu schaffen und Hunderte Millionen Bürger in eine moderne Welt zu führen, westliches Know-how fast kostenlos zu inhalieren und enorme wirtschaftliche Abhängigkeiten in der Welt zu schaffen. Ein einmaliger Prozess, deren Auswirkungen wir noch gar nicht erahnen können – jedenfalls werden wir, die Demokratien, Zweiter, wenn nicht sogar Dritter (Kap.23). Chinas Verhalten wird die Entwicklung der Rohstoffpreise bestimmen, die weltweiten Konjunkturverläufe, die Rüstungen und das Friedensverhalten, den Umgang mit dem Klima, selbst die Philosophie staatlicher Organisation. Es zeigt sich eben immer wieder: Professionalität und strategisches Denken, getragen von einer wirtschaftlich gesteuerten Entwicklung – ein Fundament, ohne dem Nichts geht –, bestimmt Wohl und Weh der Bürger.

Und wie reagieren wir, hier, in Europa? Stagnierende Wachstumsraten zeigen, hier stimmt etwas nicht! Vor gut zehn Jahren hat die EU aufgerufen, zum wirtschaftlich stärksten Kontinent zu werden. Was ist übrig geblieben? Buchstäblich Nichts! Egal welche Initiativen, welche Innovationen sich andeuten, immer gibt es irgendwen dagegen, oder es wird so straff reguliert, dass Jahre und Jahrzehnte vergehen, bis kärgliche Reste übrig bleiben. Anderen haben uns dabei schon lange überrollt. Beispiele gibt es zuhauf (IT, Biologie, Agrar, E-Auto, Energie, Logistik etc.). Vielfach widersprechen sich Forschung und politische Praxis. Andere im Ausland nützen es, bremsen so bei uns Innovationen und Investitionen. Ein, alles andere als grenzüberschreitend abgestimmter Datenschutz, hemmt den Rest. Ängstlich, risikoscheu ist der Kontinent geworden – Dynamik, der Drive, geht verloren.

Expertenkommissionen werden eingesetzt, alles trefflich „verdiskutiert", bis sich das Problem von selbst aufhebt. Bekannt ist es alle Mal. So bestätigt eine Expertenkommission des EFI: „Die Innovationspolitik der Bundes verschwende zu viele Ressourcen für den Schutz etablierter Strukturen, anstatt mutig auf die Chancen der Digitalisierung zu setzen". Die Situation ist alarmierend. Deutschland ist allenfalls noch Mittelmaß, wenn auch (noch) stark bei Autos, Geräten und Maschinen (den alten Technologien), der Staat beim E-Gouvernement vorsintflutlich etc.

Ein gutes Jahrhundert lang war eine gediegene, die technologische und wirtschaftliche Entwicklung der deutschen Industrie, eine Erfolgsstory. Allerdings, es wird zum Bumerang. Viele Anzeichen sprechen dafür, dass es genau diese Ex-post-Vorteile sind – ursprünglich Motor der Industriellen Revolution –, die nun zum Hemmschuh werden. Preußische Tugenden, konsequente, systematische und gediegene Entwicklung von Prozessen und Organisationen, lähmen eher die, von einer dynamischen Weltwirtschaft geforderte Flexibilität.

Das Verhalten von Verwaltungen, von Organisationen, ist zwar nicht von heute auf morgen zu ändern. Es steckt in den Köpfen, auch in den obersten Strukturen, mit ihren abgehobenen Vergütungen, selbstzufrieden passivem Verhalten. So fließen Wissen und Technologien schneller ab, als sie in marktfähige Produkte gegossen werden können. Unzählige Beispiele beweisen, dass behäbige Mentalitäten, sowohl in Politik wie Wirtschaft, die Dynamik hemmen, volkswirtschaftliche Vorteile in einem internationalen Markt nicht mehr leistungsgerecht vermarktet werden können.

b) Energie- und Klimapolitik

Energie bleibt nun mal – bei weltweit wachsender Bevölkerung wie auch wachsendem Wohlstand sowie aus der Bedrohung durch den Klimawandel – einer der fundamentalen, den gesamten Wohlstand der Erde betreffende Ressource. Der – Gott sei Dank – global zunehmende Konsens (abgesehen von einigen zurückgebliebenen) Schadstoffe zu reduzieren, also z.B. des langfristigen Ausstiegs aus fossilen Brennstoffen, erfordert konsequenterweise alternative Energiequellen. Vor allem jedoch neue Infrastrukturen, Netzkapazitäten und Speichermedien zur Verteilung und Lagerung aus Erneuerbaren. Die rot-grüne Bundesregierung Deutschlands beschloss 2000 Maßnahmen zum Atomausstieg (die Debatten sind bekannt); mit langen Laufzeiten, bis zur Abschaltung der Kernkraftwerke. Was allerdings der Deutsche Bundestag bereits 2010 widerrief; als einsame Ad-hoc-Entscheidung der Kanzlerin, nur wenige Tage nach ihrem Besuch in Fukushima. Menschlich und ethisch zwar verständlich, aber – rekapituliert man die unendlichen, sowohl fachlich-diffizilen wie emotional-populistisch geführten Diskussionen bis zur Entscheidung 2000 – ein affektiver Entschluss, mit dem sie binnen Tages, über Jahrzehnte geführte Diskussionen mit einem Strich hinwegfegte, sich über komplexe demokratische Entwicklungen ganz einfach hinwegsetzte, und so die teuerste Energiewende der Welt auslöste.

Ein irrationaler, autonomer Entschluss – was über demokratische Prozesse ja vermieden werden sollte. Ein ernüchterndes Beispiel, wie Spitzenpolitiker – bei schwacher Opposition und Apologeten – fast diktatorisch in der Lage sind, dem Staat persönliche Meinungen aufzuzwingen. Über Jahrzehnte entwickelte demokratische Kontrollinstanzen wurden ad absurdum geführt[18]. Ein autoritärer Entschluss, getroffen ohne Rücksprache mit Parteien, ohne Rücksicht auf die Wissenschaft, auf Institutionen und Unternehmen; und

---

[18] Wie schon öfters, wenn man das 20. Jahrhundert rekapituliert. Siehe auch Neuberg A., *Morphologie des Staates*

ohne Abstimmung mit den Partnern der EU. Die Konsequenzen sind bis heute unabsehbar, die Kosten des Ausstiegs explodieren, ein Ende ist nicht abzusehen; vor allem zulasten der Wettbewerbsfähigkeit. Der Bundesrechnungshof monierte „Es sei [..] nicht gelungen, ein funktionierendes Controlling [..] der Energiewende aufzubauen", mit dem „Risiko, dass es immer teurer werden wird". Also, über Jahre explodierende Kosten, und der Staat hat keinen Überblick. Ab 2018 beschleunigten sich die Probleme, hebelten den Marktmechanismus aus.

Und die konsequente Umstellung auf eine, bis heute noch unbekannte, aber komplexe Infrastruktur, ist n.w.v. offen. Selbst wenn man den Zwang zur Umstellung auf erneuerbare Energien aus Klimaschutzgründen versteht, ist absonderlich, dass man selbst nach vielen Jahren keine Orientierung hat; die wuchernde Belastung alleine den Bürgern und der Wirtschaft aufbürdet. Die Erneuerbaren tragen zwar bereits rd. ein Drittel zum Bedarf bei, dennoch bleibt die Problematik der Verteilung und Speicherung offen, dazu ohne europäisches Konzept.

So trat der paradoxe Fall ein, dass die Anrainerstaaten, dank massiver deutscher Übermengen aus Erneuerbaren, den Vorteil nutzen, preisgünstig (bis gratis) saisonale Unterdeckungen auffüllen können. So beeinflusst Ad-hoc-Politik ganz nebenbei auch die Klimapolitik Europas negativ – reduziert doch billiger Strom (unter Herstellkosten) im Ausland nachhaltige Investitionen in Erneuerbare; streckt dort den Ausstieg aus der Atomkraft und fördert (!) in Deutschland den Strom aus Kohle, zwingt Deutschland zu immer mehr Abgaben, Steuern und Umlagen. Die marktwirtschaftliche Lücke der Strompreise (über den europäischen Emissionshandel) ist so groß, dass selbst die kostengünstige, in Deutschland massenhaft vorhandene Braunkohle, nicht mehr rentabel eingesetzt werden kann. Ergebnis: Deutschland hat, als exportstarke Nation, auf Jahrzehnte den teuersten Strom der Welt – um eben an die 30 Milliarden jährliche Subventionen[19] irgendwie abdecken zu können. Statt volkswirtschaftlich Vorteile zu generieren, werden im Gegenteil energieintensive Industriebetriebe zur Standortfrage gezwungen. Das planlose Herumschustern über Jahre, ist ein weiteres Problem. Unternehmen benötigen für ihre Investitionen, für ihre strategische Orientierung, eine stabile Planung (für Anlagen, Märkte und Menschen); eine Voraussetzung, um in der Welt wettbewerbsmäßig zu überstehen.

---

[19] Subventionen für Erneuerbare - noch *ohne* Stromtrassen (!) von rd. 2.750 km, Anpassungen >3.000 km: Um 2018 kostet die Produktion einer KWh um 3 Cent, für private Verbraucher bereits um 30 Cent, Trend steigend.

Dazu kommt der gigantische Werteverlust. Milliarden an Investitionen wurden abrupt infrage gestellt. Praktisch über Nacht waren nicht nur viele Kraftwerke obsolet, mit Verkettungen in der europäischen Wirtschaft, sondern keiner wusste auch, wie, in welchem Zeitrahmen, mit welchen Technologien und Kosten, der Ausstieg zu bewerkstelligen wäre. Zusätzlich, mit der Suche nach alternativen Energiequellen, mündet es – im Zeitalter der Dekarbonisierung – in die Wiederbelebung von Kohlegruben, von Öl- und Gasfeldern. Steigt doch der Energieverbrauch immer weiter, nicht nur durch den Konsum, sondern auch durch eine Vielzahl neuer Anwendungen wie z.B. das E-Auto[20], der weltweit vernetzten Elektronik u.a. D.h. Öl (und weitere Kohlenwasserstoffe) muss in Elektrizität umgesetzt werden, belastet also zusätzlich das Klima. Ein weiteres Mosaiksteinchen einer wirtschaftlich nicht abgestimmten, einer folgenschweren Ad-hoc-Politik. Ohne Rücksicht auf wissenschaftliche Erkenntnisse und die Wirtschaftlichkeit. Eine Staatspolitische Unfähigkeit! Und das, egozentrisch! Einsame, qua Macht durchgesetzte Beschlüsse sind demokratiefeindlich, haben autoritären Anstrich.

Eine schleichende Abwanderung energieintensiver Industrie hat bereits eingesetzt (die Klimaziele verletzen paradoxer Weise dann eben andere!). Berücksichtigt man ferner, dass es sich bei energieintensiven Unternehmen zumeist um Betriebe handelt, deren Ursprung in der Industrialisierung lag, Grundstock einer starken deutschen Nation waren, erahnen wir noch gar nicht, was deren Abwanderung an Folgen für die Entwicklung des europäischen Wirtschaftsstandortes auslösen könnte. Den, was eine Deindustrialisierung verursachen kann, haben wir in den letzten Dekaden aus der Entwicklung Großbritanniens und der USA erfahren. Sinkt lokal doch die Investitionsbereitschaft und die Arbeits- und Sozialkosten laufen aus dem Ruder. Ein starkes industrielles Rückgrat war eben immer schon Garant für niedrige Arbeitslosigkeit und steigenden Wohlstand (selbst nun, in einer IT-getriebenen Neuorientierung). Die Dinge sind viel komplexer als vielfach angenommen. Nicht nur intuitiv ausgewählte Erneuerbare wie Photovoltaik oder Windkraft – ergänzt durch wirksame Trassen –, sind die Lösung, sondern ständig neue (chemische, physikalische, geologische,…) innovative Versuche, die sowohl die Klimaproblematik berücksichtigen wie den ungeheuren Bedarf von E-cars, unüberschaubarer Automatisierung und Sensorik wie auch den Wohlstandszuwachs weltweit lösen helfen.

---

[20] E-Auto: Bis heute ist nicht klar, woher denn diese Mengen an Elektrizität (zusätzlich gut ein Viertel) – falls tatsächlich in rd. 20/30 Jahren der europäische Verkehr fast vollständig auf E-Mobilität umgestellt worden ist – kommen sollten.

Beurteilen wir noch die nationalen Wettbewerber – wirkt doch jede grundsätzliche staatspolitische Entscheidung auf den eigenen Staat zurück. Begleiten andere Länder die Prozesse der CO_2-Reduzierung wenig überzeugend, halbherzig, sind sie dennoch für ein Vielfaches des Ausstoßes verantwortlich (zzgl. weiterer Klimakiller). Welchen Sinn macht es, den Vorreiter zu spielen, Lehrgeld zu bezahlen, wenn andere die nachhaltigen Vorteile genießen. Und ist – über die Jahrzehnte – die Welt endlich einmal von notwendigen Maßnahmen zum Klimaschutz überzeugt, streicht mit einem Federstrich ein naiver, staatspolitisch wenig fähiger Präsident eines der größten Staaten der Erde, alle mühsam errungenen Vereinbarungen.

Selbst breite Kreise der EU-Kommission monieren, dass die Energiewende in Deutschland zu einem nicht mehr akzeptablen Problem für die Nachbarländer führt. Also, summa summarum ein sinnloser Alleingang. Zwar ist bereits Allgemeingut, dass die Umweltbelastungen weit vorangeschritten sind, dringlich gehandelt werden muss, um die Temperaturen nicht weiter steigen zu lassen u.v.a.m., aber doch nur möglich, wenn weltweit Konsens, weltweite die Bereitschaft besteht, mitzuziehen – und das erfordert diplomatisches Geschick, professionelles Engagement in internationalen Gremien, begleitende Unterstützung in und mit vielen Staaten etc. Dazu fehlt uns leider, in Europa, die Kompetenz. Jedes Land erfindet seine eigene Energiewende, und schädigt so die Leistungs- und Konkurrenzfähigkeit Europas. Keine Ansätze sinnvoller, gemeinsamer, strategischer Korrekturen, mit all den Konsequenzen, sind zu erkennen. Wo bleibt die großspurige, vor gut zehn Jahren ausgerufene europäische „Exzellenz"? Alles vergessen!

c) Staatliche Investitionspolitik

Abgesehen von Investitionen für Sicherheit und Verteidigung sowie in die Leistungsfähigkeiten des Staates, der Länder und Gemeinden, z.B. in die Infra- und Bildungsstrukturen, erwartet man von staatlicher Investitionspolitik Ausgaben, die eine *volkswirtschaftliche Rentabilität* nachweisen, selbst wenn sie sozial, und damit politisch begründet sind, also, langfristige Maßnahmen im Sinne des nachhaltigen Wohls von Staat und Bevölkerung.

Seit langer Zeit besteht Konsens, dass private Investitionsentscheidungen dem Staat per se volkswirtschaftlich jedenfalls besser nutzen, als wenn sie von staatlichen Behörden – also, ohne persönlicher und nachhaltiger Verantwortung, ohne Wettbewerbs- und Konkurrenzdruck – entschieden werden, da weder nachvollzogen werden kann, nach welchen Kriterien entschieden wurde, noch wer den letztlich verantwortlich war; und selbst dann bleibt der Schaden ungesühnt, also beim Bürger hängen.

Zwar besteht dank freier Presse weitgehend Transparenz bei großen Investitionsentscheidungen. Besonders dann, wenn sich das betroffene Publikum zu wehren beginnt. Oft genug sie daneben, überschreiten in teils unglaublichem Maße Zeit und Kosten. Dennoch, transparent wird nur ein verschwindender Prozentsatz, wie die jährlichen Berichte des deutschen Rechnungshofes zeigen, mit Milliarden verschwendeter öffentlicher Gelder; und vieles unabhängig realer Bedürfnisse.

Staatliche Investitionspolitik ist eben nur insoweit sinnvoll, wenn, aus Sicht des Wettbewerbes wie der strategischen Entwicklung und Sicherheit des Landes, Rahmenbedingungen für Investitionen geschaffen werden, die entweder private Unternehmen alleine nicht stemmen können oder die vom Umfang wie vom Zeithorizont von der Privatwirtschaft weder verlangt, noch erwartet werden dürfen. Ansonsten bleiben es politische, zumeist personenabhängige Liebhabereien, Prestigeprojekte lokalpolitischer Matadore; zum Schaden der Allgemeinheit..

In Deutschland besteht dz. ein riesiger Investitionsrückstau an Infrastrukturen (Straßen, Bahn, Wasserversorgung, Energie- und Stromtrassen, selbst wirtschaftliche Initialzündungen in neue Technologien), aber auch in der Verteidigung, Sicherheit u.a.; obwohl genügend Geld vorhanden ist. Es mangelt an Strategien, an „planfestgestellten Projekten", oder wieder besser, fähiger Koordination zwischen Kommunen, Ländern und dem Bund, gemeinsam mit privaten Unternehmen – oft auch als Resultate hemmender Bürokratien. Unabhängig davon, dass öffentliche Behörden hier offensichtlich nicht in der Lage sind, Projekte zeitnah und wettbewerbsfähig umzusetzen (man beachte China).

d) Bildungspolitik

Die Bildungspolitik, als einheitliches Konzept, gibt es nicht! Insbesondere in Deutschland sind die Kompetenzen, d.h. die Entscheidungsgewalt über Bildung, einerseits auf die Länder und andererseits auf diverse Institutionen verteilt; sofern wir von einer allgemeinen, d.h. effizienten und tatsächlich praktikabel wirkenden Bildungspolitik sprechen können. Vor den Wahlen zählt „Bildung" zur höchsten Priorität; selbst wenn es noch keiner Partei gelungen ist, eine klare Aussage zu treffen, was sie darunter versteht. „Bildung" hat sich, jeweils lokal, aus jahrhundertlanger Überlieferung entwickelt – ist also weitgehend kulturbezogen –, wird einerseits von den Erkenntnissen der Wissenschaft, andererseits von den Bedürfnissen Einzelner wie Unternehmen bestimmt, zumeist von jenen, die innovativ und kreativ bereit sind, wirtschaftliche Risiken einzugehen.

Die Halbwertszeit des Wissens reduziert sich ja ständig, und der internationale Wettbewerb beschleunigt die Anwendung von Wissen, besser, von Innovationen. Sie sind der entscheidende Motor für Wachstum. Diesem imaginären Wesen „Innovation", Garant vermeintlicher „Wohlfahrt", ordnen wir doch alles unter. Kein Wunder, dass sich die Politik der „Bildung" wahlmaximierend bedient − doch zu vage, unkontrollierbar, bleiben die Versprechungen, erfolglos die Maßnahmen. Über unzählige Statistiken versucht man den Bildungsprozessen nahe zu kommen, und löst sie doch nicht − unabhängig davon, dass viele Köche den Brei verderben (eifersüchtig vermeintliche „Erkenntnisse" verbergen). Bildung ist eben zu vielfältig, zu individualbezogen, eben, im Menschen selbst zu finden. Einerseits!

Andererseits jedoch − und das ist entscheidend − liegt es an den Lehrenden, der „bildenden" Umgebung, jener, denen unsere mehr oder (eher) weniger Bildungshungrigen ausgeliefert sind. Die Vermittlung von „Wissen" allein ist ja nicht „Bildung". Erinnern wir uns an die eigene Jugend. An einzelne Personen, z.B. an Lehrer, die dank ihres Engagements, ihres „Wissens", mit ihrer Erfahrung (und Begeisterung!) uns mitrissen, an jene, die ganz entscheidend unseren Lebensweg beeinflussten, vielleicht sogar unser Denken prägten. Hat man selbst Jahrzehnte an Hochschulen gelehrt, kann man vergleichbare Personen jeweils an einer Hand abzählen − dennoch, es gibt sie. Über mehr Geld, über Investitionen, über mehr Freiraum, über mehr Auszeichnungen, können wir weder Wissen mehren, noch Innovationen züchten − es verlangt rückhaltlose Identifikation, erfordert intensive Arbeit; sowohl der Lehrenden wie der Lernenden. Akzeptieren wir diesen altbewährten Ansatz nicht, bleiben wir auf den letzten Rängen von PISA hängen, dürfen getrost Wissensexplosionen, wie sie vor einem Jahrhundert im deutschen Sprachraum noch stattfanden, gelassen vergessen.

Die heutige Bildungspolitik (also, Versuche der Wissensvermittlung) ist nur Reaktion auf tagespolitische Erwartungen: auf Konjunkturverläufe, Arbeitslosenraten oder zufällige Studien über Vergleiche (PISA). Also, kein aktiver, also strategischer Prozess aufgrund wirtschaftlicher Notwendigkeit der Nation, der bestmöglichen Nutzung unserer, sicherlich immer noch hoher menschlicher Ressourcen. Trefflich, über Jahrzehnte, wird diskutiert, ob Ganztags- oder Halbtagsschule, ob Gliederung nach Bologna (bisher ohne nennenswerten Nutzen), welche Lehrfächer in welchem Umfang, aufgeteilt nach Real-, Mittel-, Hochschule oder Gymnasien, sinnvoll wären und wie Schulen und Pädagogik gestaltet werden müssten, um weitgehend den wirtschaftlichen Bedürfnissen zu entsprechen. Sind wir ehrlich, so kommen wir keinen Schritt weiter. Die Wirtschaft stagniert, die Einkommensgefälle werden immer größer, die Zukunft sieht nicht rosig aus und eine chaotische, eine zerrissene, immer historisch orientierte Bildungspolitik, weist keine Perspektiven, um diesem Dilemma zu entrinnen – was übrigens, frühestens in einer halben Generation zur (ökonomischen) Wirkung kommen wird.

Kein Wunder, dass nicht nur die Lehrenden, sondern auch die Wirtschaft sich des Eindrucks nicht erwehren können, dass die allgemeinen Fähigkeiten seit Dekaden eher abnehmen. Das mag subjektiv sein, dennoch sind die Hinweise ausreichend, um erkennen zu können, irgendetwas stimmt nicht in unserer Bildungspolitik. Seit Jahrzehnten wächst der Anteil der Hochschulabsolventen, die Zeit zum Berufseinstieg wird immer länger, und dennoch sind wir auf lange Zeit mit massiven Ausbildungslücken konfrontiert (IT, Biologie, Gesundheitswesen u.a.). Das BIP stagniert, und im Handwerk zeigen sich zunehmend Lücken, diesem doch seit gut einem Jahrhundert innovativen Motor der deutschen Wirtschaft. Können wir ausschließen, dass Deutschland, die EU, ihre führende Rolle an Wissen und Fähigkeiten, also an wirtschaftlichem Erfolg, nicht langsam aber sicher zu verlieren beginnt?

Nicht nur Wissen erneuert sich rasanter, sondern auch die Umsetzung in wissenschaftlichen und wirtschaftlichen Nutzen erfordert immer mehr soziale Kompetenz. Was ist anders, als vor einem Jahrhundert? Deutschland war führend in den Geistes- wie auch Naturwissenschaften. Tausende von deutschen Wissenschaftlern haben in West und Ost ihre Fähigkeiten eingebracht, waren Grundlage heutigen Lebensstandards. So schlecht konnte das damalige Bildungssystem ja auch nicht gewesen sein – obwohl bei weitem nicht so viele Bildungsressourcen wie heute zur Verfügung standen! Das Problem liegt nicht an den Strukturen, den Investitionen, am gebotenen Bildungsumfang, sondern auf Ebenen, die immer schon entscheidend waren. Zwei einfache, und dennoch so fundamentale Voraussetzungen: Bildung ist primär eine Hol- und nicht eine Bringschuld! Es ist die Motivation, die Begeisterung lernen zu wollen, die entscheidet. Und das, und nur das, muss primär gefördert werden! Daraus ergibt sich die zweite Voraussetzung: Die Effizienz des Lehrenden, seine Qualität, eine möglichst rückhaltlose Einsatzbereitschaft. Im Großen und Ganzen spüren wir in den heutigen Lehrkörpern – zumindest nach längerer Dienstzeit –, eine nachlassende Identifikation mit der Aufgabe, der „Berufung"; wie auch bei den Politikern. Ein Phänomen reifer Demokratien, einer statuierten Bevölkerung?

Was haben wir vernachlässigt? Was hat sich geändert? Abgesehen vom Wohlstand. Den aber als Schuldigen zu identifizieren, ist nicht zielführend; auch wenn der „Drang", eigenverantwortlich die Zukunft zu sichern, vielleicht nachgelassen hat. Es war die seit der Kindheit uns begleitende, *alle Bevölkerungsschichten durchdringende Disziplin*, ein allgemein stärker ausgeprägtes *Verantwortungsbewusstsein*, das alle Ebenen betonter gelebt haben. Ist ja beim überwiegenden Teil der Kinder und Jugendlichen die „Lernbegeisterung" – als Voraussetzung zum Lernen, Wissen mehren zu wollen – meist schwach ausgeprägt; und kaum mit „demokratischem", mit partnerschaftlichem (!?) Verhalten alleine zu erreichen. Es waren Voraussetzung, für die wir – denken wir zurück – heute noch dankbar sind; es waren eben andere soziale Rahmenbedingungen, die aber Engagement abforderten. Wir wollen zwar keinen „Zwang", oder „zurück", aber, als „Schlüssel" zum geistigen Potenzial wird wohl über die Bedingungen erfolgreichen Lernens, je Alter, je Begabung, wohl nachzudenken sein (sofern wir den Wohlstand weiterhin sichern wollen). Jede mechanistische Gestaltung des Bildungsprozesses bleibt zum Scheitern verurteilt, sofern es nicht in Motivation und Begeisterung (der Lehrenden *und* der Lernenden) umschlägt. So logisch diese Zusammenhänge auch sind – sehen wir irgendeinen politisch vernünftigen Ansatz in diese Richtung?

In den Jahrzehnten – ich erinnere mich noch genau – hat sich das Verhalten jener, die für unsere „Sozialisierung verantwortlichen" waren, das der Eltern, Lehrer und Politiker, langsam, unerkannt, geändert. Ein Prozess, den wir in allen Ebenen der Gesellschaft wiederfinden. Antiautoritäre Bestrebungen, die Emanzipation, die schleichende Auflösung „soziologischer Hierarchien", die Revolten der 60er/70er-Generationen, mit all den Verhaltensänderungen, besonders jedoch die konform schleichend reduzierte Disziplin, mit Ächtung bei Abweichung, haben zwar unseren persönlichen Freiraum (vermeintlich) erhöht, jedoch den individuellen Entwicklungsprozess kaum positiv beeinflusst – jedenfalls nicht nachweisbar. Alles – meinten wir damals – wünschenswerte Prozesse für die freiheitliche Entfaltung! Reine Vermutung, ohne jegliche Verifizierung! Hatten wir damals bereits den Grundstein zur soziologischen Aufweichung gesellschaftlicher Prozesse gelegt? So den gesellschaftlichen Zusammenhalt wie die wirtschaftliche Stagnation eingeleitet? In den Schwellenländern sehen wir gegenteilige Prozesse; mit welchem Engagement, mit welcher Begeisterung man lernen will, bestrebt ist, unbedingt Wissen anzueignen; für den eigenen Erfolg, besonders aber, um persönliche (auch nationale) Genugtuung, Prestige zu erreichen, um weltweite Potenziale nutzen zu können.

Zunehmend spürt unsere Gesellschaft, dass etwas falsch läuft. Wir sollten unseren Kindern nicht das was sie – gerade jetzt, emotional und unerfahren – wollen, sondern je Entwicklungsstand zu dem führen, was sie benötigen (wenn ev. auch falsch, aber besser, als unreifen Willen durchzusetzen); und uns zurückziehen, je rational eigenständiger sie werden. Ist der Prozess der fehlenden menschlichen Führung in der Kindheit und Jugendzeit erst einmal eingeleitet – wirkt ja heute per se so –, verlängert sich der individuelle, der soziologische „Bildungsprozess"; bleibt als „Reifungsprozess" vage, zieht sich hin. Die zwar (demokratisch) gut gemeinte, aber für die menschliche Entwicklung falsche Einstellung, nicht quasi „fallend-disziplinierend" mitzugestalten – je nach individueller Reifung –, führte m.E. zu einem kaum aufholbaren Nachteil, sowohl in der individuellen Entwicklung wie auch im internationalen Wettbewerb; zum Verschleiß menschlicher Ressourcen. Kein Wunder, dass das Bildungsniveau kontinuierlich sinkt – seit Jahrzehnten. Auch die ursprüngliche Erwartung einer höheren Selbstständigkeit mit dann kreativer Entfaltung, kommt kaum Wirkung. Im Gegenteil, wir produzieren unselbstständige, den internationalen Anforderungen nicht mehr gewachsene Menschen und hoffen händeringend, qualifiziertes Personal aus dem Ausland rekrutieren zu können (ist außerdem ethisch nicht vertretbar). Und da ja alle westlichen Staaten das gleiche Problem haben, wird es ökonomisch für die nahe Zukunft in der EU richtig eng.

„Moderne" Bildungsangebote, mit zunehmendem Trend online zu studieren, werden dem Problem auch nicht gerecht. Texte, Grafiken, Videos und Statistiken herunterzuladen, ist nicht gleich „Lernen". Es bleibt gigantische Zeitverschwendung, ist Alibifunktion, ein Rückschritt, vernachlässigt ja das, was Studium, Wissensaneignung, eben „intelligente Leistung" ist: Das systematische, mühsame Erarbeiten von Wissen (im Schweiße des Angesichts), besser, als persönliche Erkenntnis. Es vernachlässigt nämlich den Prozess, der die Gedächtnisleistung trainiert, erweitert, geistigen Freiraum schafft, der eben Innovation, intelligentes Engagement erst ermöglicht. Es scheint, wir verlieren eine weitere Generation – und unsere Kultusminister in weiteren fruchtlosen Diskussionen. Und der Zustrom „rückständiger" Massen aus unterschiedlichsten Kulturkreisen wird das Problem noch verschärfen. Schon die Einschulung der Jungen bis Kleinsten – ohne Sprachkenntnisse, eingebunden in familiär differente Mentalitäten –, wird das allgemeine Bildungsniveau (im Median) auf Generationen belasten.[21]

Leidet die heutige Jugend doch schon – konform dem fallenden Bildungsniveau – an fundamentalen Grundkenntnissen wie z.B. in Mathematik, selbst der Muttersprache, aber auch an Verantwortungsbewusstsein und Disziplin, an Belastbarkeit und Leistungsvermögen (was ja auch „Bildung" ist). Gott sei Dank ist die deutsche Wirtschaft noch gut ausgelastet, kaschiert so, über ihre (historisch bedingte) Wettbewerbsfähigkeit, noch die Bildungsmängel.

---

[21] Schon heute haben 13% der 25- bis 34-jährigen (vorwiegend Deutsche) weder Berufsausbildung noch Abitur.

e) Sozial-(Renten-)Politik

Das Problem der Demographie Westeuropas, insbesondere Deutschlands, dass eben immer weniger Beschäftigte immer mehr Rentner erhalten müssen, ist bekannt. Teils ein Problem der technologischen Entwicklung und des Wohlstands, primär jedoch fallender Geburtenraten; teils jedoch des Umlageverfahrens als Finanzierung, zu dem sich in den sechziger Jahren die Regierung Deutschlands statt einer kapitalgesicherten Rentenvorsorge durchgerungen hat. Politische (marginale) Korrekturen erfolgen zwar laufend, besonders um die Wahlen – die Ergebnisse bleiben jedoch ernüchternd, lösen die ursächlichen Probleme der Finanzierung, die „Gerechtigkeit" sowie die der unterschiedlichen Rentensysteme, nicht. Eine nachhaltige Anpassungen der gesetzlichen Rente erfolgte mit der Agenda 2010, mit der Absenkung des Rentenniveaus von vormals an die 65 % des durchschnittlichen Jahresentgelts[22] auf 57,4% in 1985, weiter auf 54,8% 1994, 47,9% 2016 und für 2029 prognostiziert mit 44,6%. Allerdings nur für einen Teil, den Beschäftigten der Privatwirtschaft. Damit ist, ohne private Vorsorge, Altersarmut für den größeren Teil der Rentner unvermeidlich. Deshalb versuchte die Regierung die private Altersvorsorge zu forcieren (Rürup-, Riesterrente – als dritte Säule), die allerdings allesamt nicht annähernd die Lücke decken können (s.u.). Zu allem Unglück beschleunigt sich das Problem noch von anderer Seite, nämlich um den wachsenden Anteil an Minijobs und Teilzeitarbeit, also im Niedriglohnsektor[23], ferner mit befristeten Jobs und Leih- und Zeitarbeit so dramatisch, dass in 15-25 Jahren, wenn die Mehrzahl dieser Personen in die Rente geht, ihre Lebenshaltung zu bedeutendem Teil vom Staat abgesichert werden muss. Wie ein großer Teil der Rentner dann über die Runden kommen soll, ist fraglich – wird leider auch konsequent von allen Regierungen verdrängt. Der gewohnte, wenn auch bereits reduzierte Lebensstil, kann im Alter jedenfalls nicht mehr erwartet werden.

Um die 70% der deutschen Rentner haben in ihrem Ruhestand heute schon mal erlebt, dass das Geld nicht reicht[24]. Beunruhigend – bei weiterhin sinkenden Renten –, da die dritte Säule der Rentensicherung, die private Vorsorge, für große Teile der Bevölkerung ganz einfach nicht bezahlbar ist. Die zweite Säule, die betriebliche Altersrente, als freiwillige Leistung des Arbeitgebers, hilft zwar, jedoch nur für eine begrenzte Menge der Beschäf-

---

[22] Korrekter, der Rente nach individuellem beitragspflichtigen Lohn während der Versicherungsdauer, also des Durchschnitts aus dem Erwerbsleben.
[23] Niedriglohnjobs der 15- bis 34-jährigen bei rd. 30% (bei 45- bis 54-jährigen hingen nur 16%), befristete Jobs 16%.
[24] Quelle Axa

tigten (nach Betriebszugehörigkeit, als verdecktes Lohnentgelt); und die erwartete Rentenleistung bleibt sowieso bescheiden. Sollte sie gesetzlich angeordnet werden (wie gerne diskutiert wird), wird sie sowohl gering bleiben, schädigt darüber hinaus, flächendeckend, die Wettbewerbsfähigkeit der Wirtschaft[25]; wäre also – zur Sicherung des nationalen Wohlstandes – kontraproduktiv, also zu vermeiden. Und bleibt sie freiwillig, kommt sie nur einem kleinen Teil der Bevölkerung zugute – den beruflich privilegierten.

In Deutschland werden also – nach den systematischen Reduzierungen der Rentenerwartung – weder die Modelle der Privatvorsorge, noch die der betrieblichen Altersvorsorge, die Einkommenslücke der kommenden Rentnergeneration auch nur annähernd decken können. „Mehr Rente für alle", wie es immer wieder aus der linken Ecke tönt, ist zwar populistisch wirksam, widerspricht jedoch der Realität; außerdem eine Frechheit gut abgesicherter Spitzenfunktionäre (die die realen Zusammenhänge durchaus kennen).

Bei den Renten müssen wir allerdings differenzieren – zwischen der Privatwirtschaft (mit vielen Systemen) und den Pensionären des Öffentlichen Dienstes, den Beamten. Zwar seit Jahrzehnten kritisiert – von der Politik gerne verschämt verdeckt – gibt es massive, eigentlich erschreckende Unterschiede, die sich in den kommenden Jahrzehnten noch verschärfen werden. Einerseits fällt die mangelnde Gleichbehandlung bei den Altersbezügen auf (ist also kaum verfassungskonform), wie auch die finanzielle Ungerechtigkeit zwischen diesen beiden Hauptgruppen. „Neutrale" Berichte dazu verfassen zwar beide Seiten (Beamtenlobby und Forschungsinstitute) – so gegensätzlich sie sich dennoch darstellen[26]. Zusammenfassend erhalten Beamte deutlich mehr an Pension. So erhielt ein pensionierter Staatsdiener im Bund – als markant „statistisches" Beispiel – durchschnittlich 2.750 Euro an Pension, ein Beamter auf Landesebene 2.940 Euro und ein Beamter in der Kommune 2.840 Euro monatlich. Ähnlich sieht es bei der Hinterbliebenenversorgung aus. Hier erhielten Beamte bis zu 50 Prozent mehr Witwengeld

---

[25] Der Deckungsbeitrag eines Unternehmens ist ein direktes Maß für seine Wettbewerbsfähigkeit Er ist abhängig vom Innovationspotenzial, dem Investitionsvolumen wie auch Produktlebenszyklus, also branchenunterschiedlich; wirkt daher bei pauschaler gesetzlicher Anordnung verzerrend, und kann insolvenzgefährdend sein. Abgesehen davon, dass in vielen Unternehmen eine Unterdeckung der bilanziellen Pensionsverpflichtung besteht.

[26] Aussagen von Statistiken sind hochgradig abhängig von der Auswahl des statistischen Materials, besonders aber der Interpretation und tabellarischen und grafischen Darstellung. Ist doch sowohl die Auswahl der Daten (Bestimmung und Rahmen der Eckdaten), wie insbesondere die abgeleitete Interpretation, stark vom Willen des Auftraggebers abhängig. Selbst bei Versuchen neutraler Beurteilung, bleiben sie individuell bestimmt. Neuberg A., *Geld-Illusionen*

als Rentner. Ferner steigen die Pensionen für Politiker, also für Abgeordnete etc., zusätzlich drastisch an. Der Vergleich zur gesetzlichen Rentenversicherung zeigt, dass neue Rentner 2014 pro Monat 975 € (Männer), bzw. 607 € (Frauen) bekommen.[27] Kaum vorstellbar, dass sich diese ethisch nicht mehr vertretbare Diskrepanz von mehr als dem Doppelten, noch weiter spreizen könnte! Tut es aber! Niemand steuert ernsthaft gegen.

Trotz vieler, wenn auch different gelagerter Berichte und Untersuchungen – die alles eines zeigen, nämlich, dass es absehbar (max. zwei Jahrzehnte) unbezahlbar wird – bewegen wir uns (ebenfalls seit Jahrzehnten) keinen nennenswerten Schritt in Richtung fundamentaler Reorganisation und Neugestaltung einer allgemeinen, einer *gerechten* Rentenpolitik für alle Staatsbürger – die dann natürlich viele Privilegierte trifft (Beamten sind eben, egal unter welcher Koalition, immer „mit in der Regierung"). Die Politik drückt sich seit Jahrzehnten vor diesem heißen Eisen!

Wer allerdings die Durchschnittspension eines Bundesbeamten (2.850 Euro pro Monat) dem des Durchschnittsrentners (854 Euro) gegenüberstellt, dokumentiert zwar eine satte Lücke, aber keine neutrale Aussage. Natürlich ist die Palette von Qualifikation und Kontinuität der Beschäftigung bei den Rentnern weit größer: Geringverdiener, berufstätige Hausfrauen, zeitweilig Arbeitslose, Wenig-Qualifizierte, etc., aber auch Qualifizierte und Hochqualifizierte, also, eine überaus breite Palette – als eines der Hauptargumente der Beamten. Ferner unterliegen Pensionsempfänger auch der Steuer und Krankenversicherung – alle anderen aber ja auch! Bei den Rentnern kann es allerdings auch eine betriebliche Altersvorsorge geben, die dem Beamten zwangsläufig nicht zur Verfügung steht; die liegt in der Praxis jedoch in einem bescheidenen Bereich und ist nicht allen zugänglich.

Offen ist ferner, dass sich auch das Berufsumfeld in den letzten Jahrzehnten für beide Seiten dramatisch geändert hat (die Grundzüge des Beamtenrechts, mit dem Denken einer Versorgung auf Lebenszeit, stammen noch aus der Monarchie). Der Beamte profitiert heute von der Sicherheit seines Jobs, der Kontinuität der Vergütung und einer Absicherung bis zum Tode. Seine Entlohnung berechnet sich einerseits mit rd. 72% aus seinem Durchschnittsverdienst der letzten drei Jahre (sofern keine Beförderung in den letzten 2 Jahren erfolgte, was sich in praxi auch verwässert), während beim Rentner andererseits die Standard-/Eckerente erheblich unter dem Durchschnittsentgelt, und zwar nach seinem Durchschnittsarbeitseinkommen, also bei

[27] Deutsche Rentenversicherung HWWI, lt. Handelsblatt Nr. 204/2016

wesentlich niedriger Basis, dz. mit 47,7%, berechnet wird. So ergibt sich im Vergleich zu den Beamten eben ein Nachteil mit einem Faktor von 2, eher bis 3; selbst bei vergleichbaren „Qualitäten" (geschweige „Belastungen"). So dass ein Beamter in seinem Ruhestand das 2- bis 3-fache eines gesetzlich Versicherten bezieht. Eine katastrophale Ungerechtigkeit, die seit Jahrzehnten politisch vertuscht wird; profitieren doch alle politisch Verantwortlichen von diesen Regeln. Alle, von rechts bis links. Welches ethische Manko!

Nun kann man über Vor- und Nachteile, Hintergründe, geschichtliche Entwicklung und Einflüsse diskutieren, dennoch ist der Unterschied so massiv, dass keine seriöse Politik an diesem Missverhältnis vorbeikommt. Umso mehr, als es bei den Beamten kein Umlageverfahren gibt, sondern die Pensionen von den Steuern bezahlt werden – und die sollen ja, nach unterschiedlichsten Berechnungen, in den nächsten zwei Dekaden auf unbezahlbare Höhen anwachsen. Vorsorge? Eigene, des Staates? Fehlanzeige! Fahrlässig ist, dass Bund wie Länder viel zu geringe Rücklagen bilden, um Versorgungsversprechen gegenüber dem Heer künftiger Pensionsempfänger halten zu können. Eine gute Billion Euro müsste der Staat bis 2050 für die Versorgung all seiner pensionierten Beamten ausgeben.[28] Unbezahlbar!

Seit Jahrzehnten, zumindest seit Kriegsende, sind es Vorzüge – bei Beamten, Abgeordneten und Ministern –, die nicht annähernd mehr vergleichbar sind mit den, dem Wettbewerb ausgelieferter Beschäftigten der Privatwirtschaft. Mit ständigem Leistungs- und Existenzdruck, bei Eigenverantwortlichkeit, also Fähigkeiten, die wir in der Öffentlichen Verwaltung schon seit je vernachlässigen. Es zeigt jedenfalls, dass eine Aktualisierung dieser beiden wesentlichen Altersversorgungssysteme zwingend notwendig ist – sind doch Annäherungen politisch nur über Jahrzehnte möglich, sofern die Politik in der Lage ist, sowohl neutral wie konsequent umzusteuern und kontinuierlich die Veränderungsprozesse voranzutreiben. Was wir, aus der Erkenntnis jahrzehntelanger Politik, bei heutigem „Verhalten", leider ausschließen müssen, also auch hier ins politische und finanzielle Chaos stürzen werden. Berechnungen zeigen, dass jede Angleichung – alleine als Bestandsschutz – in Generationen zu zählen ist (zu Beginn noch höhere Ausgaben erfordern).

---

[28] Die Pensionsausgaben steigen explosionsartig von 42 Mrd. Euro in 2010 auf 150 Mrd. Euro im Jahr 2050, also um mehr als das Dreifache. Nach neueren Berechnungen sollen die Pensionsansprüche über die gesamte Pensionsbezugszeit im Jahr 2050 rund eine Billion Euro umfassen (andere Daten zeigen dies für 2040).

Langfristig wird es jedenfalls – sofern fundamentale Korrekturen je gelingen – Verlierer geben: bei den Beamten, bei Abgeordneten und Ministern, eben besonders bei jenen, die das Ganze korrigieren müssten. Zu vermuten ist, sie werden sich kaum aus ihren Vorsorgelöchern herausbewegen, Nachteile in Kauf nehmen (womit auch klar ist, warum es seit mehreren Jahrzehnten keine nachhaltige Neugestaltung gab). Es gibt eben nur zwei Möglichkeiten: Entweder wir beginnen heute, rational, unter Einbezug Aller, um schrittweise, über Jahrzehnte, die Systeme anzupassen, oder die Praxis wird es schmerzvoll erzwingen – in spätestens zwei Jahrzehnten. Ist doch unschwer zu erkennen, dass die Wachstumsraten sich verlangsamen, die Demoskopie zuschlägt und die Produktivität nicht mehr mit den steigenden Rentenverpflichtungen korrelieren wird. Und genau diese Verschiebungen in den Wettbewerbsfähigkeiten werden die Einschnitte erzwingen. Je später wir beginnen, umso schmerzvoller wird es für viele Beteiligte. Es ist nur zu befürchten, dass dann alle Entscheidungsträger bereits im geruhsamen Ruhestand sind.

Über Jahrzehnte wurden die Ungleichheiten diskutiert, vereinzelt minimal modifiziert, mit dem Ergebnis, dass sich die gesetzlichen Renten zu den Pensionen immer weiter auseinanderdriften! Aktuelle Studien zeigen (DIW 2016), dass, wer 30 Jahre lang in der Privatwirtschaft zum Durchschnittsverdienst gearbeitet hat (ähnlich dem berühmten Eckrentner mit 45 Jahre sozialversicherungspflichtiger Bezüge), wird schon gegen Ende der 2020er Jahre als Rentner in die Grundsicherung abgleiten. Jede Stabilisierung des Rentenniveaus, z.B. auf die heutigen rd. 48% des Standardeinkommens (das ja gegen rd. 44% abrutschen wird), ist in der Zukunft nicht mehr bezahlbar. Der Ausweg, eine sogenannte allgemeine „Bürgerversicherung" (das bedingungslose Grundeinkommen), löst das Problem auch nicht, wäre nur eine volkswirtschaftliche Katastrophe. Die ist ja über Steuern abzusichern und fordert *keinerlei Gegenleistung* – ein blauäugiges Schlaraffenland, das, einmal eingeführt, über Jahrzehnte in den wirtschaftlichen Bankrott münden muss (unabhängig davon, dass „Arbeit" ja mehr ist, als nur Gelderwerb).

Viele Vorschläge laborieren nur an dem Problem herum, lösen es jedoch nicht. Auch die Übernahme politischer Lasten (Wiedervereinigung, Russlanddeutsche, Immigranten, nun Asylanten etc.) verschärfen die Lasten der Zukunft immer weiter. Sie bleiben Klientelpolitik, aus irgendeiner Ecke; alles wird den gesetzlichen Versicherungen aufoktroyiert. Wunschvorstellungen bar jeder Realität, besonders in einem Land, das wirtschaftlich so stark in der Welt eingebunden ist. Die Wettbewerbsfähigkeit hat eben absoluten Vorrang. Schlussendlich entscheidet ja immer die nachhaltige Wirtschaftlichkeit des Landes – und die ist alles andere als gesichert.

Rationale Ansätze gäbe es genug – sehen wir uns um, analysieren wir leidenschaftslos die internen Zusammenhänge und setzen sie zu unserer Wettbewerbskraft ins Verhältnis. Sei es über flexible Rentenformen, über höheres Renteneintrittsalter, auch „atmendes Rentenalter", über Beitragsverpflichtung aller, sei es über eine Nivellierung der Systeme, sei es über Förderung der Eigenvorsorge oder betrieblicher Renten – vermutlich wird es eine Kombination vieler Faktoren sein müssen. Demokratisch ein scheinbar unlösbares Problem! Gibt es doch seit Jahrzehnten viele Untersuchungen, Urteile, Korrekturen, aber auch keine Gesamtschau mit nachhaltiger Lösung (meist sind sie interessensgefärbt). Und, wird schon einmal rational – dank höherer Lebenserwartung und besserem Gesundheitszustand – das gesetzliche Rentenalter auf 67 Jahre angehoben, storniert es flugs die nächste Regierung, sofern es wahlarithmetisch sinnvoll erscheint; selbst wenn der Unsinn jedem bewusst ist. Entweder wir bringen alle in gerechten Gleichklang, oder erhöhen die Lebensarbeitszeit; oder erhöhen auch dramatisch die Rentenbeiträge, was sich menschlich wie wirtschaftlich ausschließt. Es gibt eben nur zwei Möglichkeiten: Wir gestalten die Systeme im Diskurs, unvoreingenommen, gemeinsam neu – wenn auch kurzfristig nicht paretooptimal[29] –, oder sie brechen spätestens in 20 Jahren zusammen.

Dazu gehört noch die finanzielle Sicherung des bisher ausgezeichneten Gesundheitssystems; das ebenfalls zu bröckeln beginnt. In den letzten 20 Jahren sind die Leistungen je Kassenmitglied rd. doppelt so hoch wie die Entgelte, und es nicht anzunehmen, dass die Schere sich nicht weiter öffnet. Aus Sicht der sozialen Komponente werden einerseits stetige Leistungsreduktionen, zu Lasten des breiten Publikums, nicht zu verhindern sein (Beispiel Zahnärzte), andererseits die Beiträge kaum zu erhöhen, da die gesamten Sozialkosten ja heute schon rd. 40% des BIP umfassen. Einer der Ursachen sind ständig neue Fremdleistungen die das Soziale sprengen, wie nach der Wiedervereinigung, die Wellen von Zuzügler wie Türken, Russen, dann die Erweiterung der EU nach Osten, nun rd. 1,5 Mio. Asylanten etc. Und das, noch ohne Rückstellungen für die Zukunft.

Zwar ist Altersarmut in Deutschland dz. kein Massenphänomen, allerdings ist die Entwicklung auf Jahrzehnte zu betrachten – hier sieht es völlig anders aus. Grundsätzlich ist richtig, dass eine gesetzliche Rente als Basissäule bleiben muss – gibt es doch große Teile der Gesellschaft, die, insbesondere in jüngeren Jahren, Vorsorge vernachlässigen, der Staat daher mit einer

---

[29] Im Pareto-Optimum ist es nicht möglich ein Element zu verbessern, ohne ein anderes zu benachteiligen. D.h., für eine Rentenreform, für jede nachhaltig sinnvolle Neuausrichtung, werden Teile – zumindest temporär – benachteiligt.

gesetzlichen Rentenversicherung eingreifen muss, um spätere Generationen vor Massenarmut zu schützen. Alle bisherigen sozialen Entwicklungen waren einerseits Resultate des Wirtschaftswachstums – das es eben, seit gut einem Jahrzehnt, so nicht mehr gibt, auch kaum erwartet werden kann –, und andererseits Schuld der Demoskopie und steigender Verschuldung des Staates (Kap.3, Geldpolitik).

Seit Jahrzehnten fehlt es an realen Vorschlägen zur Reform der Rentensysteme, und zwar für alle Bevölkerungsteile! Nicht abzustreiten ist, dass es – in Demokratien – immer Widerstände geben wird, jedoch eine Reformierung auf ein gemeinsames, ein gesetzliches, alle Bevölkerungsteile umfassendes Rentensystems, ein jahrzehntelanger Annäherungsprozess an ein Sollsystem sein kann; und das ist eben nur über Expertensysteme zu erreichen. Fallen ja heute bereits viele Berufsgruppen aus dem gesetzlichen System heraus und müssen – haben sie nicht vorgesorgt, oder nicht vorsorgen können, wie z.B. viele mit geringem Einkommen, in Teilzeitarbeit u.v.a.m. – im Alter staatlich versorgt werden müssen, selbst wenn sie keine Beiträge geleistet haben. War vor 30/40 Jahren das Verhältnis von Beschäftigten und Rentner noch bei 4 : 1, bewegt es sich gegen 2 : 1. Es ist eine Milchmädchenrechnung, dass das mit bisherigen Systemen, den gravierenden Missverhältnissen aus Demographie und Privilegierten, so nicht weitergehen kann, auf neue Fundamente gestellt werden muss. Und das ist wieder nur möglich, wenn einerseits weiterhin die Wirtschaftsleistung des Staates steigt und andererseits die Verschuldung zumindest nicht zunimmt (eine Null-Zins-Phase bleibt in der Geschichte Ausnahme). Mit heutiger Politik jedoch, heutigem politischen Verhalten, scheint jede nachhaltige Korrektur unwahrscheinlich (Kap.24ff).

Jedenfalls wird es eine – sofern innerhalb einer Dekade nicht eine generelle, eine nachhaltige Rentenlösung für alle gefunden werden sollte (später wird es nicht mehr möglich sein, zu divergent haben sich Renten und Pensionen dann entwickelt und zu hoch ist dann bereits die staatliche Belastung) – zweigeteilte gesetzliche Rentenversicherung, einerseits im Umlageverfahren und andererseits als kapitalgedeckte Alterssicherung sein müssen, wovon die zweite sowohl gesetzlich vorgegeben wie auch staatlich gefördert werden muss; und so durchaus temporär eine Angleichung beider Systeme ermöglicht (mit vielen positiven Nebeneffekt, Kap. 25). Jede andere Lösung ist zum Scheitern verurteilt; und wenn man noch so viele „*Haltelinien*" in ständig neue Konzept einzieht

Eine Entlastung der gesetzlichen Rente gäbe es mit diesen Maßnahmen noch von anderer Seite. Gehen wir davon aus – und die Praxis zeigt es deutlich –, dass ein großer Teile der Rente, bei mehr als der Hälfte der Rentenbezieher, für die Miete aufgeht. Die Schaffung von Wohneigentum ist also eine Grundvoraussetzung, um Altersarmut zu vermeiden. Der Zwang, anlageorientiert zu sparen – und seien die Beiträge während eines langen Arbeitslebens noch so klein –, kann die Kostenbelastung im Alter um bis zu 40 % reduzieren; ein volkswirtschaftlich überaus wünschenswerter Prozess. Leider bewegt sich die Politik seit Jahrzehnten in die verkehrte Richtung. So haben sich die Kommunen über Jahrzehnte vom Sozialen Wohnbau (dem entscheidenden Beitrag für Geringverdiener) verabschiedet und – dank Investoren – sich von den Erhaltungs- und Neubaukosten gedrückt (wie es sich ja in den überdurchschnittlich steigenden Mieten wiederspiegelt). Dem Großteil der Mieter bleibt dann sowieso nichts anderes übrig, als entweder die doppelte bis 3-fache Miete zu bezahlen, oder eben auszuziehen.

Erst über den Zustrom Hunderttausender von Flüchtlingen wurde der Politik klar, dass sozialer Wohnraum der Städte knapp wurde – oft luxussaniert über PPP (Privat Public Partnership) –, bezahlbarer Wohnraum nun Mangelware ist[30]. Viele Jahre zu spät, als sich die Bevölkerung massiv gegen steigende Mieten zur Wehr setzte, wachte die Politik auf. Welche Verantwortungslosigkeit, welcher Verlust an politischer Bodenhaftung; eine ekelerregende Unfähigkeit aller politischen Couleurs. Schlussendlich bleibt den Senioren, in einem der reichsten Länder der Erde, die zumeist ein Leben lang hart gearbeitet haben, langfristig nur eine Rente auf Sozialhilfeniveau. Ist doch anzunehmen, dass – bei relativ fallenden Renten und weiterhin steigenden (Miet-)Kosten – sich die Preisverhältnisse zu ihren Ungunsten entwickeln werden. Wo bleibt hier die Logik? Bezahlt müssen die überbordenden Zusagen künftig ja dennoch werden, wenn auch von anderen – den (über den Tisch gezogenen) Erben! So steuern wir mit hoher Wahrscheinlichkeit einem menschlichen, einem (staatlich) verschuldeten sozialen Chaos entgegen. Wer will dem widersprechen?

---

[30] Über Mietbremsen wird versucht, explodierende Mieten zu verhindern – was den generellen Trend jedoch nicht entscheidend mindert, und – wie die Praxis beweist – kaum durchsetzbar ist; eben, dass die Nachfrage bestimmt.

5. Chaotische Asyl- und Bevölkerungspolitik

Ein besonders krasses Beispiel politischer Verzerrungen, wie gegen Volkes Willen ad hoc regiert wird – auch gegen rationale Vernunft aus Geschichte, Wissenschaft und soziologischer Erkenntnis –, ist die Asylpolitik ab 2015. Alle waren, jedenfalls die offiziellen Stellen, über den Andrang der Massen aus den mehr oder weniger kriegsgeschüttelten Ländern nach Europa überrascht worden – obwohl seit Jahrzehnten erkennbar, von vielen als latente Bedrohung empfunden. Selbst den politisch wenig interessierten Bürger überraschte es nicht, dass die wachsenden Auseinandersetzungen im Nahen Osten, bei unendlichem Leid, ohne einem Hauch von Lösungsansätzen, sich sogar beschleunigen, Völkerwanderungen auslösen müssen[31].

Das ist allerdings nur die Spitze des Eisbergs. Die weltweit kommunikative Vernetzung nach den technologischen Entwicklungen (Smartphones etc.) innerhalb weniger Jahre – eröffnet transparent die regionalen Unterschiede, zeigt Perspektiven, löste erst diese Bewegungen aus. Diese Unterschiede, aufgeheizt durch Klima und kapitalistisches Denken, verändert den Blickwinkel, setzt Massen in Bewegung; und rüttelt so ganz nebenbei an den Grundfesten durchaus stabiler Staaten. Den Milliarden Unterprivilegierter scheint der westliche „Überfluss" plötzlich greifbar. So fallen politische und räumliche Hindernisse, bei nun offen scheinenden Grenzen. Welcher Staat kann sich nachhaltig gegen diese Massenanstürme wehren – vordergründig aus Not, Krieg oder Klimaveränderungen, nachhaltig aus den scheinbar ökonomisch-paradiesischen Perspektiven des Westens, den medial leuchtenden Versprechungen. Die wohlhabenden Staaten haben verlernt, mit radikalen Massenbewegungen an ihren Grenzen umzugehen – und eine gereifte „humanitäre" Einstellung liefert sie dem Ansturm schutzlos aus.

Zwar beobachtet eine Vielzahl von Institutionen sorgsam jede Veränderung im Umfeld, bemüht sich, Einflüsse frühzeitig zu erkennen, transparent aufzubereiten, um die Behörden zu warnen; allerdings, genützt hat es nichts. Es stimmt ganz einfach nicht, dass die Staaten von dieser Entwicklung, den unkontrollierten Massen, überrascht wurden. Die explodierende Entwicklung der Kommunikationstechnik bis in die letzten Winkel der Erde, wurde ganz einfach – besonders mit ihren soziologischen Einflüssen – übersehen. Waren die doch schon Vehikel für Umstürze, z.B. dem „Arabischen Frühling" und anderer revolutionärer Bewegungen jüngster Zeit.

---

[31] Neuberg A., *Morphologie des Staates*, 2012

Ex post-Erfahrung alleine reicht eben nicht. Diese Asylproblematik war nur eine Frage der Zeit. Ist Resultat aus der Verzahnung der Welt, besonders der modernen Technik mit ihren sozialen Netzwerken – bis eben weltweit „engagierte Gruppen" sich organisieren. Jeder ja für sich (über Smartphone) seine Perspektiven und Risiken auslotet, sie mit Gleichgesinnten diskutiert, und handelt – und heute, internet-organisiert. Dass lokale Not, Unsicherheit und Krieg, den Antrieb verstärken, ist ganz natürlich. Die westlichen Staat sind in ein Dilemma hineingeschlittert, dass ihre Bürger auf Jahrzehnte belastet – und, ob es sich für ihre Volkswirtschaften je positiv auswirken kann, ist reine Vermutung, es bleiben politisch „prozesskonforme" Worthülsen, ohne Kenntnis der verketteten Komplexitäten. Es bleiben emotional geführte, banale Diskussionen ohne fachlichen Hintergrund.

Erschreckend, dass den Behörden der Einfluss der modernen Kommunikationsmedien, mit Verbreitungen über Google, Facebook, Twitter u.a., als eine über Jahre beobachtbare Dynamik, überall auf der Welt, mit all den politischen Konsequenzen, nicht annähernd bewusst gewesen sein sollte. Organisieren sich doch – als soziologisch Phänomen – unzufriedene Massen nach den neuen Medien bis in die letzten Winkel, rotten sich zusammen und brechen aus ihren Verhältnissen aus. Und dann! Wohin? Natürlich dorthin, wo die Perspektiven besonders günstig sind und Hemmnisse vernachlässigbar scheinen. Wer ist denn schon auf die Idee gekommen, dass sich für diese über 5-6 Milliarden in den Emerging States – urplötzlich ausgerüstet mit modernster Kommunikationstechnik –, auch ihre persönliche Zielrichtung schlagartig ändern könnte; alle den gleichen Wohlstand wollen?

Und, wir stehen erst am Beginn weltweiter Völkerwanderungen. Nicht nur Kriege und Verfolgung lösen die Prozesse aus, sondern genauso Not, Elend, fehlende Perspektiven, besonders aber die mediale Erkenntnis unglaublichen Wohlstands, Freiheiten in anderen Ländern. Das Ganze verstärkt durch Klimaveränderungen wie ungebrochenem Bevölkerungswachstum, vorwiegend in Afrika. Und neu ist es auch nicht. Ähnliche Prozesse gab es in der Geschichte schon immer, besonders im 18./19. Jahrhundert, mit den Auswanderungswellen nach Amerika und Australien (allerdings, noch ohne der medialen Vernetzung, die eben enorm beschleunigt). Wir haben es nur übersehen. Allerdings war der Einfluss nicht annähernd so dramatisch – freie Flecken auf der Welt gab es ja noch genug. Überrascht war diesmal nur unsere Politik, die sich, geruhsam in den administrativen Ablauf eines monströsen Staatsapparates eingenistet, vom Tagesgeschehen leiten lässt, nur gestört von gelegentlichen Widerständen der Basis (Protestbewegungen, Demos, AfD, die Rechten und die Linken – was immer die auch sein mögen –, vernachlässigbare „Frühwarnindikatoren".

So ein temporärer Massen-Exodus von Asylanten wie 2015 begonnen, löst lokal zwangsläufig Ängste aus. Ist dazu noch eine riesige Administration vor außerordentliche und weitreichende Entscheidungen gestellt – ohne jeglicher Erfahrung, die selbst Staaten nachhaltig gefährden können –, verstärkt sich die öffentliche Unsicherheit. Allzu deutlich fehlten austarierte Diskussionen, die Konsultation mit der Wissenschaft, den anderen Parteien und tangierten Staaten etc. Dazu bleibt zwar wenig Zeit, aber genau solche Präzedenzfälle beweisen die Qualität der politischen Spitze. Dann bleiben eben Entscheidungsträger – ohne sich abstimmen zu können (oder zu wollen) – auf sich allein gestellt. Es war eine Ad-hoc-Entscheidung einer Kanzlerin, verbreitet über die Medien weltweit, als unlimitierte Einladung „ohne zahlenmäßiger Begrenzung". Ein Entscheid, ohne Ahnung der katastrophalen Wirkungen, der Grenzen der Ressourcen, der Perspektiven, der volkswirtschaftlichen Konsequenzen allgemein, ganz zu schweigen vom Zusammenhalt in der Union. Über Generationen gewachsenen Organisationen werden kurzfristig unlösbare Mengen/Aufgaben aufgezwungen, die zwangsläufig über Jahrzehnte Probleme und Kosten verursachen müssen. Es zeigt gravierende Mängel in der Führung und völlige Unkenntnis der soziologischen Diskrepanzen, mit nicht mehr revidierbarem Einfluss auf die lokale Kultur.

Zwangsläufig müssen unbedachte Äußerungen – bei katastrophal sozialem Gefälle, bis in die letzten Winkel der Kontinente –, einen Massenansturm auslösen. Und fehlt dann noch die persönliche Reife aus Wissen und Erfahrung, die Einsicht an der eigenen Unvollkommenheit, dann verteidigt man stur eine selbst grundsätzlich falsche Entscheidung bis in alle Ewigkeit. Wo bleibt dann die vielgerühmte, die selbst geschworene Verantwortung? Da werden schon mal gesetzliche Grenzen vorgegaukelt, die (1) weder richtig sind (s.u.), noch (2) unabänderlich, ist man doch selbst „Legislative". Gesetzeswerke bleiben immer dynamisch, immer nur „temporär richtig" – z.B., dass „politisch Verfolgte Asylrecht genießen". Eine Definitionslücke, wie sie sich zwangsläufig bei Erstellung des Wortlauts vor rd. einem halben Jahrhundert ergeben musste; nämlich, die (erst nun so deutlich) zwingende Trennung zwischen „Einwanderung" und „Asyl". Ersteres läge (besser, würde, ein Einwanderungsgesetz fehlte ja) in der Gestaltung der Parlamente liegen (z.B. nach Qualifikation, Alter, Herkunft etc.), Zweiteres wäre eine Präzisierung im Sinne der Gründer der deutschen Verfassung, aber auch nach UN- und EU-Recht. Und selbst nach Artikel 16.a des GG, der Verfassung, gebe es der Legislative heute schon genügend Freiraum, um auch ad hoc, unter Einbezug von Experten und Partnern, sinnvollerweise rational, vielleicht auch provisorisch, jedenfalls aber volkswirtschaftlich vernünftig, reagieren zu können.

Versteht man das Denken nicht nur der Fliehenden, sondern aller Menschen aus Kriegsgebieten, versteht man auch, dass eine über Jahre wirkende menschenverachtende Politik, zwangsläufig Völkerwanderungen auslösen muss. Es fehlen ja nur die Perspektiven. Nämlich, wohin? Plötzlich möglich über eine quasi „mediale Abstimmung". Statt hier nun rasch und konzertiert mit den betroffenen Ländern der EU, gemeinsam und solidarisch, durchaus menschenorientiert, jedenfalls aber nach geltenden Bestimmungen, jeder unkontrollierten Grenzüberschreitung gegenzusteuern (durchaus über Sammellager – so negativ der Begriff auch historisch belastet ist), wird monatelang planlos herumgefuhrwerkt. Gott sei Dank praktikabel abgefedert aus individuellem Engagement der Bürger – welch ein Glück, welche tief in uns sitzende (und so die Politik entlastende) Humanität und Solidarität (oder war es Gehorsam?).

Natürlich wäre die Abschottung, zur Demonstration uralter Grenzsicherung des Staats-, des EU-Gebietes, eine politische Ultima Ratio gewesen. Dass hier humanitäre Beweggründe dagegen sprachen, ist jedem bewusst – gegenteilig wäre das Leid ja unerträglich. Aber, dieses Leid an den Grenzen hätte die EU zusammengeschweißt (rational die Rechtsstrukturen angepasst), und nicht getrennt – eben, politisch-diplomatische Fähigkeit hätte regiert. Zwar verzögert (mit durchaus erschütternden Bildern), aber doch im „Sinne provisorischer Gemeinsamkeit" (besonders für die Grenzregionen, die man ja so schamlos im Regen stehen ließ). Sofort wäre die Sogwirkung weg, und für die Millionen in den Startlöchern nicht nur viel Leid erspart gewesen, sondern eine verantwortungsvolle EU hätte nun Zeit gehabt für die notwendigen humanitären und politischen, vielleicht auch militärischen Maßnahmen. Dass die Entscheidungen so gefallen sind, wie sie dann liefen, hat einerseits ihre Ursachen in den „humanitären Tendenzen", wie sie sich in einer Wohlstandsgesellschaft während der letzten Jahrzehnte entwickeln haben (Kap.14 und 15), besonders aber, in der mangelnden Führungsfähigkeit unserer Eliten (Kap.20).

Hunderttausende sickerten so in kurzer Zeit in die EU, mit all den sicherheitspolitischen, finanziellen, hygienischen und humanitären Risiken für die lokale Bevölkerung. „Freigegeben" aus blauäugiger (Trotz-)Reaktion „Wir schaffen das!"[32]. Und das, ohne jede Kenntnis der perspektivischen Mengen, der (mentalen) Konsequenzen für die Bevölkerung, der Kostenfolgen und Sicherheitsprobleme. Schon gar nicht aus Rücksicht zu unterschiedlichen Einstellungen und Gesetzen in Europa und den so ausgelöst verketteten

---

[32] 1. August 2016

Rechtsbrüchen – mit schlussendlich zwangsläufig fallender Solidarität. Also, eine unbegründete, einer realitätsferne emotionale Aussage, unkoordiniert, autoritär, die den staatlichen Apparat und die Bürger qua Richtlinienkompetenz zwang, einen „Befehl" umzusetzen, wenn auch mit dem Appell „Menschlichkeit" verbrämt. Es erinnert an eigene Fehler in der Jugend, im Überschwang der Gefühle. Aber, wie kann es in einem Staat wie Deutschland soweit kommen? Alles in allem ein staatspolitischer „Faux pas", mit ungeahnt volkswirtschaftlichen Konsequenzen, der demokratisch so niemals vorkommen dürfte. Aus fundamentalen Fragen wie:

- *Wann verändert die Menge der Zuwanderer nationales Bewusstsein* (die Werte einer Gemeinschaft – so schwierig sie zwar zu definieren sind, aber dennoch Grundlage nationalen Lebens bilden. Kap. 14)? Wann beeinflusst welche Menge an Zuwanderern, und in welchem Maße, über Jahrhunderte entwickelte Mentalitäten – nämlich, nach christlichen Fundamenten. Ist doch die europäische Entwicklung – ab dem Ende des Römischen Imperiums – eine Abfolge christlich geprägter politischer Auseinandersetzungen, die sich schlussendlich in den Verfassungen der Länder, bis zu den europäischen Verträgen niederschlugen. Natürlich ist Religionsfreiheit eine Grundlage unseres Denkens – aber nur insofern, als die über Jahrtausende sich entwickelten „Werte" nicht der Gefahr unterliegen, kurzfristig, unbeeinflussbar, unter die Räder zu kommen (Kap.14, Religion). Multipliziert sich der Ansturm, sind Auseinandersetzungen, begründet aus diesen individuellen „Werten", nicht zu vermeiden; manifestieren sich in vielfältigen Reibungsflächen (innerhalb der Bürger, dem lokalen Recht, der Sicherheit und Wohlfahrt u.v.a.m.).

- *Wann verändert die Menge der Zuwanderer politisches Verhalten*, nicht nur am Zufluchtsort, im Einwanderungsland, sondern mit Einfluss auf die gesamte EU? Und, abgeleitet daraus, wie verhalten sich die Generationen von Immigranten untereinander – sind sie doch selbst ein Schmelztiegel unterschiedlichster Kulturen und Mentalitäten –, ferner, wie entwickelt sich ihr Verhältnis zum Heimatland, z.B. zu den vom Islam geprägten Herkunftsländern, mit all den denkbaren Einflüssen fremder Potentaten? Das Verkennen dieser Differenzen ist langfristig, über Generationen, die gravierendste politische Nachlässigkeit! Erfahren wir es doch aus dem persönlichen Umfeld, wie Mentalitätsunterschiede häufig aufbrechen (und es auch andere Einwanderungsländer beweisen).

- *Inwieweit importieren unterschiedliche religiöse Gruppierungen ihre Auseinandersetzungen* in die westlichen Demokratien? „Die Freiheit des Glaubens [..] ist unverletzlich. Die ungestörte Religionsausübung wird gewährleistet", bestimmt unsere deutsche Verfassung. Als ein Resultat von Werten, eine Bekenntnis zu ethischer Gemeinsamkeit. Allerdings, immer noch christlich geprägt, seit dem 3. Jhdt. n. Chr., und seitdem niemals ernsthaft infrage gestellt. Mit den Massen der Zuwanderer jedoch, strömt eine andere Weltanschauung in die westlichen Länder. Abgesehen von den unterschiedlichen Glaubensrichtungen innerhalb des Islams, fehlt es an demokratischer Reife, wie es sich in den christlichen Religionen im Zuge der Aufklärung vollzogen hat, eben, Jahrhunderte erfordert (Kap. 14).

Ist doch entscheidend, dass für den Islam die Offenbarung sowohl Religion wie auch Gesetz ist. Selbst in liberalen islamorientierten Staaten hat der Koran Bedeutung im Rechtsempfinden. Plötzlich trifft ein mehr als ein Jahrtausend altes, statisch islamisches Recht, auf westliche Rechtsgefüge, auf rechtliche Strukturen, die sich ja dynamisch der gesellschaftlichen Entwicklung angepasst haben; so im Widerspruch zum Islam stehen müssen. In der islamischen Welt finden wir keine Demokratien westlichen Verständnisses (genau aus diesen Gründen). Oberflächige Phantastereien helfen nicht weiter, um diese Kontroverse in Griff zu bekommen – die Diskrepanzen werden immer wieder aufbrechen (auch wenn lösbar). Es ist eben ein soziales Axiom, dass die Mengenrelationen die Werte, so konträrer Religionen – mit sich akzelerierenden Reibereien –, bestimmen.

Der wachsende Anteil Islamgläubiger bei uns hat somit – überwiegend werden jene zufließen – zwangsläufig Einfluss auf die europäischen Werte (Kap. 14), damit auch auf europäisches Recht, und lässt so auch eine Vielzahl von religiösen Auseinandersetzungen bei uns aufleben. Unser politisches Verhalten zeigt, dass humanitäre Gefühlsduselei, Naivität und „begrenzt" geschichtliche Erfahrung, dem bis heute keinen Riegel vorschieben konnte, und so zwangsläufig die Sicherheit wie auch das Selbstverständnis der europäischen Bevölkerung massiv verändern wird. Naive „Humanität" erkennt nicht, dass tiefe Verwurzelung religiöser Überzeugung, menschliches Handeln fundamental bestimmen kann – denken wir nur ein halbes Jahrtausend zurück, teils bis zu den Kreuzzügen, wie nachhaltig es über Generationen wirkt. Und dass selbst unsere Regierung eine so offensichtlich grundsätzliche Diskrepanz negiert, ist nur diesem heiklen Thema, mit der Scheu öffentlicher Diskussion, geschuldet. Niemand getraut sich, es anzusprechen – er würde öffentlich „gesteinigt". Warten wir also eine bis zwei Generation ab, wie die Nation es verarbeiten wird. Dann ist es leider zu spät, um rational mit dem Thema umzugehen. Die Nation muss rechtzeitig reagieren! Weltweit wundert man sich über die Naivität Deutschlands – wenn vielfach auch verstohlen.

- *Für wann ist der* – verzeihen Sie die deutliche, jedoch realistische Frage – *„RoI" für die eigene Volkswirtschaft zu erwarten.* Nämlich der Punkt, an dem die Integrierten ihren Leistungsbeitrag für den Staat erbringen, also nicht nur die eigene Existenz, sondern auch des Bürgers üblichen Staatsbeitrag, wie auch Rechtsnormen und Verhalten, mit sichern. Einige finanzielle Belastungen durch die Zuwanderung zur Erinnerung, die die Nation auf Jahrzehnte tragen muss:
  - Die Kosten (im Zeitrahmen) zum Erlernen der lokalen Sprache, der weiteren Ausbildung bis zur Selbstständigkeit: Allein für die Grundschule benötigt es z.b. in Deutschland an die 30.000 zusätzliche Lehrer (Institut der deutschen Wirtschaft). Wie viel bedarf es dann für die weitere Ausbildung, der Integration, der Sicherheit etc.). Was kostet die Anpassung geringqualifizierter in einer hochindustrialisierten Zivilisation wie z.b. für Informatik, Medizin, Biologie etc.
  - Die Kosten und der Zeitrahmen für diejenigen, die wirtschaftlich nachhaltig nicht integriert werden können und die die Gemeinschaft auf (unbegrenzte?) Zeit finanziell belasten. Man schätzt, dass man – im besten Falle – bis zu 50 % innerhalb von fünf Jahren integrieren kann; der Rest muss versorgt werden. Andere Untersuchungen gehen davon aus, dass maximal bis zu 10 % die Voraussetzungen mitbringen, kurz- bis mittelfristig in den Wirtschaftsprozess integriert werden zu können. Wie Studien zeigen, wird ein großer Teil von ihnen in absehbarer Zeit kein Durchschnittseinkommen erzielen und folglich in die Grundsicherung abgleiten, mit zwangsläufig weiteren Belastungen (bis zur Rente).
  - Die Kosten der Erhöhung der Sozialversicherungen (Krankenkassen, Arbeitslosen- und Unfallversicherung, Pflege- und Rentenbeiträge und andere) bis zu obigem Zeitpunkt dieses „Break-evens". Bereits jetzt ist erkennbar, dass die durchschnittlichen Kosten höher wie bei der lokalen Bevölkerung sind.
  - Die Lebenshaltungskosten auch der Nachzügler bis zu obigem Zeitpunkt (man rechnet pro Asylant mit durchschnittlich einem Nachzügler, also, einer Verdoppelung der Menge und der Kosten).
  - Die Belastung der Wirtschaft und der öffentlichen Verwaltung aus „verfassungsgemäßer Gleichstellung". So wird z.B. – aus „Antidiskriminierungsgründen" – gefordert, von Beginn an zumindest den Mindestlohn zu bezahlen; was sowohl die Beschäftigungsmöglichkeit reduziert, aber auch – im Gegenzug – eine Diskriminierung bisher Beschäftigter bedeutet. Es wäre zweitens noch immer sinnvoller, den begrenzten Einsatzmöglichkeiten entsprechend, einen niederen Sonderstatus zu gewähren, der – nach Annäherung an vergleichbare Inländer – schrittweise wieder aufgehoben werden kann (oder

ähnliche Modi, jedenfalls ist Leistung zu erbringen, über unterschiedliche Vergütung zu differenzieren – wie ja weltweit üblich).

- Die verlorenen Investitionen in Immobilien, Ausbildungspersonal, Verwaltung und Reparaturen der provisorischen Unterbringungen etc., wie die Zusatzleistungen der Verwaltungen und – ergänzend – der Rückführung (wie die Praxis zeigt, reinster Horror).
- Belastungen aus den Differenzen unterschiedlicher Mentalitäten, die sowohl die Bürger wie die öffentliche Verwaltung betreffen (angeborene und erlernte Mentalitäten und Gewohnheiten über Jahrzehnte, Jahrhunderte, wie abgeleitete Rechtsunsicherheiten und Kriminalität etc.). Wie immer bei parallelen Rechtssystemen, je nach ethischer, religiöser Gruppierung, mit unterschiedlichen Auslegungen (Scharia, religiöse Schlichter, Familienclans u.a.). Zeigte sich doch bereits ein gutes Jahr später, dass Gewalttaten bei Asylsuchenden um fast 53 Prozent gestiegen sind (dass bei Gewaltkriminalität, Flüchtlinge besonders negativ auffallen)[33].
- Und einiges mehr.

Es ist eine Herausforderung, der die europäischen Staaten – in dieser Menge – kurzfristig nicht gewachsen sind; sofern der Zustrom anhält (in Wellen, mit schwankenden Amplituden); und aus verschiedenen Richtungen. Eine Herausforderung, der keinerlei Erfahrung gegenübersteht – daher exzellenter Fähigkeiten bedarf (Kap.24). Die Wiedervereinigung Deutschlands als Beispiel ist nicht annähernd vergleichbar. Hier sind zwar zwei wirtschaftlich und politisch unterschiedliche Staaten, der eine mit knapp 62 Millionen und der andere mit knapp 17 Millionen Einwohnern zusammengewachsen, allerdings, im Zuge einer Wiedervereinigung. War das Land doch nur rd. 40 Jahre getrennt; es war dasselbe Volk, mit derselben Sprache und derselben Kultur, einer vergleichbaren Ausbildung, nur eben aus unterschiedlichen Staatssystemen. Darüber hinaus war die Wiedervereinigung unabwendbar – nur der Zeitpunkt war offen. Und dennoch kostete dieser Prozess Billiarden; und kostet bis heute. Dümmer könnten Vergleiche nicht ausfallen!

Was in den neuen Völkerwanderungen auf uns zukommt, ist etwas ganz anderes, als wir gegebenenfalls aus der Geschichte zu kennen vermeinen. Es ist einerseits medial begründet, über neue „kommunikative Massenphänomene" inszeniert, und andererseits – dank der nun medialen Transparenz – aus katastrophal unterschiedlichen Lebensperspektiven begründet. Nicht „irgendwer steckt dahinter". Es ist ein Zusammentreffen vieler Faktoren, aus

---

[33] Handelsblatt 25. April 2017, Nr. 80

technologisch nie gekanntem Wissensübergang, also evolutionär, aus klimatischen, humanitären, ... Entwicklungen, was eben weltweit die Massen in Bewegung zu setzen vermag. Und gerade Mal begonnen hat!

Denken wir nur daran, dass alleine die weltweiten Einkommensdiskrepanzen und klimatischen Veränderungen immer wieder Krisen auslösen werden, selbst Hunderte von Millionen in Bewegung setzen könnte. Wir leben am Beginn einer Zeit, in der die „Welt zu wandern beginnt" – medial ausgelöst, technologisch unterstützt, sowie aus politischen Diskrepanzen –, in einer Welt, in der die Auseinandersetzungen zunehmen (allein durch die Fülle der Menschen und der Begrenzung der Ressourcen). Wohlhabende Länder haben nur eine Chance: Sie müssen sich wirtschaftlich stärken, um so die Sicherheit ihrer Bevölkerung, über regulierte Begrenzungen, zu gewährleisten, aber auch um rational und humanitär lokal akzeptierte Mengen integrieren zu können. Es sind ja nicht nur Immigranten einer einzigen Nation, es sind ja deren viele, mit vielen Sprachen, unterschiedlichsten Religionen, Kulturen und Verhalten, mit völlig differenten Hintergründen. Was auch nie diskutiert wurde, ist die Frage der „persönlichen Haftung" jedes einzelnen für seine individuelle „Vergangenheit". Sie beginnen in Europa ja bei „Null", ihre Vergangenheit ist unbekannt! Haben wird doch schon erfahren, es wird gelogen, dass sich die Balken biegen. Stellen wir uns nur mal vor, plötzlich müsste kein Deutscher mehr für seine Vergangenheit haften – unvorstellbar. Dem Asylanten jedoch – dessen Vergangenheit teils desaströser sein wird – gestehen wir es zu! Haftung ist zu erzwingen, selbst auf Jahrzehnte Offenlegung zu sichern.

Zu all diesen Fragen, stellt sich vorab die der Kontingentierung. Bis zu welcher Zuzugsmenge ist ein Staat in der Lage, Immigranten verschiedenster Nationen aus humanitären Gründen aufzunehmen, ohne dass es das eigene Land sowohl wirtschaftlich wie insbesondere menschlich überfordert; gegebenenfalls nicht nur die eigene Nation, sondern die gesamte Europäische Union schädigt (zu Strategie s. Kap 20). Ist doch selbst der Zustrom von Gastarbeitern vor gut 40 Jahren, bis heute – zumindest mental – nicht vollständig verkraftet. Und diese Menschen hatten ja sofort einen Arbeitsplatz, annähernd ähnliche, jedenfalls die geforderten Eigenschaften, und waren von der heimischen Wirtschaft sofort integriert worden. Voraussetzungen, die heute völlig fehlen.

Eine weitere Erkenntnis ergibt sich aus dem Überraschungsprozess massiver Zuwanderung. Der gesamte Beamten- und Regierungsapparat ist so überfordert worden, dass über Wochen und Monate planlos herumgefuhrwerkt wurde. Hätten sich bundesweit nicht Hunderttausende freiwillige Helfer zur

Verfügung gestellt, wäre das Chaos komplett gewesen. Darüber hinaus gab es keine systematische, geschweige vernetze Datenerfassung und Aufbereitung, um Entscheidungen rational ableiten, lokal Sicherheit gewährleisten zu können und Missbrauch zu verhindern. Selbstauskünfte der Flüchtlinge zum Bildungsgrad sind zwar verständlich, jedoch unbrauchbar, führen zu falschen Reaktionen. So ergab z.b. eine Umfrage (BAMF) unter den Asylsuchenden über 20 Jahre in 2015 folgende paradoxen Werte (destatis.de):

	105.000 Asylsuchende Befragte	28.000 syrische Befragte	vergl. Deutschland 2013
mit Hochschule	13%	25%	14,7%
Gymnasium	18%	25%	28,8%
Mittelschule	30%	23%	29,6%
Grundschule	24%	17%	33,8%
ohne Abschluss	8%	3%	3,6%

Daten, aus denen offensichtlich bereits zu Beginn politische Schlüsse gezogen wurden (welcher Schwachsinn). Vergegenwärtigt man sich nur die bisher schwierigen Anerkennungsprozesse von Abschlüssen von Immigranten aus dem Osten, geschweige aus Afrika, ist alleine die ernsthafte Diskussion solcher Daten schon ein Hohn. Abgesehen davon, dass die überwiegende Anzahl nicht Deutsch spricht, geschweige, je einem Industrialisierungs- und Organisationsgrad, wie er sich in Europa über Jahrhunderte entwickelt hat, ausgesetzt war, sind solche Daten unbrauchbar. Spätere Erhebungen zeigten sogar, dass, unterschiedlich je Herkunftsland, bis zu 85 % der Kinder und Jugendliche des Schreibens und Lesens nicht mächtig, und große Teile Analphabeten[34] sind. Bedrückend dabei ist, dass selbst die Wissenschaft nicht weiterhilft; sich diametral uneinig ist, wie denn Politik sich zu verhalten habe, mit welchen Einfluss auf die europäischen Volkswirtschaften zu rechnen wäre.

So steht die Bundesrepublik vor einem jahrzehntelangen Prozess, nicht nur die Mentalitäten, zumindest partiell, auf europäisches Niveau anzupassen, sondern besonders Sprache, Verhalten und Ausbildung, von der Grundschule weg, nachzuholen. Auf die dabei schwierigen soziologischen Prozesse im Zusammenleben mit der einheimischen Bevölkerung, ist unten noch hinzuweisen.

---

[34] Um nur die Zuwanderungsländer mit größten Anteil an Asylanten (für 2015, steigend) zu nennen: Afghanistan: bei 95 Tsd. Flüchtlingen rd. 55% ohne Schulbildung. Syrien: bei 327 Tsd. rd. 20%. Irak: bei 73 Tsd. rd. 44%. Pakistan bei 25 Tsd. rd. 34% und Iran bei 19 Tsd. rd. 35%. (Zuwanderung 2015 insg. 1,14 Mio.).

Dazu wenden die Institutionen noch Beurteilungen und Einschätzungen an, wie sie sich eben nur für Personen reifer Demokratien bewähren (s.Kap.6. und 9.) – also, für die vielfältigen Kulturen, wie dz., kaum angebracht sind. Dennoch, für alles gibt es Fürsprecher und Widerstand – und vielfach ohne fundamentaler Kenntnis. Diese Oberflächlichkeit (Kap.14) durchzieht die Parteien über Jahrzehnte, scheint nachhaltig unauslöschlich. Und die Regierung – in diesem Fall eine große Koalition –, in der Lage, alles durchzusetzen, was die obersten politischen Gremien für gut befinden; negieren den wachsenden Widerstand des Volkes. Besonders aber – und das ist selten – bei einer schwachen, genauso Volkes Meinung negierenden Opposition. So kommen immer wieder *wenig reale, konstruktive Forderungen* auf; leider, ein Resultat reifer Demokratien (Kap. 23). Nur kostbare Zeit geht verloren, wie z.B.:

- Eine *Kontingentierung* zuströmender Massen soll „menschlich", entsprechenden den Verfassungsbestimmungen, ausgeschlossen sein?! Unabhängig davon, dass diese Aussage nicht stimmt, ist eine Begrenzung alleine von den Mengen mathematisch zwingend. Dennoch wird der gesetzliche Status Quo vehement und populistisch vertreten, beeinflusst die Bevölkerung in unberechtigter, also undemokratischer Weise.
- Für die Asylanten gelten *die gleichen Bedingungen wie für Inländer*! Eine Rechtsauslegung, gefestigt aus „Humanität" und Antidiskriminierung. Die ist allerdings für so außerordentliche Verhältnisse nicht angebracht, also wären die Gesetze anzupassen. Neben vielen weiteren Details ist es eben nicht gerechtfertigt den sozialen Status quo eines über Generationen erarbeiteten Wohlstands, auf Millionen nicht-asylberechtigter Neuankömmlinge auszuweiten.
- *Beistellungen* von Unterkunft, Verpflegung und begleitende Sozialleistungen nach *inländischem Standard*: Vorgaben der Bundesregierung, die die Länder, und in weiterer Folge die Kommunen zwingen, es konform deutschen Regeln umzusetzen. Mit paradoxem „Komfort", den ein Großteil deutscher Bürger sich erst über Jahrzehnte leisten konnte, seine Ersparnisse investierte – falls er überhaupt in der Lage war, an entsprechenden „Wohlstand" zu gelangen. Vergleichen wir doch die Verhältnisse in der Heimat der Migranten. Wäre es nicht gerechtfertigt, im Sinne der Gesamtbevölkerung, „vergleichend" zu sparen, Eigenleistung zu fordern, „sozialen" Beitrag vorauszusetzen.
- *Kriminalität*: Nach „europäischem Denken" gehen wir bei Kriminalität von Asylanten vom europäisch-statistischen Durchschnitt aus; was – aus vielen Gründen – falsch ist, und sich ja leidvoll bestätigte. Auch vielfach öffentlich bewusst verfälscht wird, wie sich aus vielen Einzelgesprächen

mit Sicherheitspersonal ergab. Nach einer internen Auswertung[35] in Deutschland, waren viele illegal hier. Man schätzt, dass „10 % der Asylbewerber mit dem Strafrecht in Konflikt geraten sind", teils schwerwiegend (Raubüberfälle, Sexualdelikte, Wohnungseinbrüche, Bandenbildung). Abgesehen davon, dass rd. 70% ihre Legitimationen „verloren" haben und vielfach versuchen, mehrfach Unterstützung zu beziehen. Nicht erfasst sind unendlich viele „Abweichungen" „ethischen Verhaltens", wie es sich eben aus der „Sozialisierung" ergibt[36] (Hygiene, moralisches Verhalten, Auftreten und Umgang, Respekt etc.). Verhaltensweisen, die nicht nur die Integration erschweren, sondern die Bildung von Diaspora unterstützt – so, jede Integration misslingen muss, sofern sie nicht in einem machbaren Rahmen (praktikabler Kontingentierung) gefasst ist.

Um nur einige zu nennen. Eine Vielzahl von Literatur hat sich mit dem Thema auseinandergesetzt. Schlussendlich muss jeder für sich ausloten, was Realität ist und seriöse Prognose sein kann, oder auch nur Verschwörungstheorie bleibt. Zur eigenen realen Beurteilung sind Kenntnisse aus der Geschichte, aus Soziologie und Psychologie sowie aus politischen Entwicklungen hilfreich, insbesondere, eine realistische Beurteilung des Umfeldes in den Herkunftsländern. Nur Transparenz und realistische Zusammenhänge ermöglichen, diese Herausforderung menschlich und ökonomisch zu meistern. So unterstellte intuitiv und naiv eben auch die deutsche Regierung den Asylanten „europäisches Verhalten". Hätten z.B. politische Entscheider ausreichenden Kontakt mit deren Ländern, wäre auch die intuitive, die emotionale „Einladung", kaum so verlaufen, eher bewusst gewesen, was sie an Irrationalem auslösen muss.

Und ein neues Phänomen ist es ja auch nicht. Die Vereinigten Staaten leiden seit Jahrzehnten an dem Zustrom aus dem Süden, und für viele afrikanische Staaten und dem Nahen Osten ist es ein tägliches Thema in der Auseinandersetzung mit Nachbarländern. Auch aus historischer Sicht sehen wir eine Vielzahl von Völkerwanderungen, überwiegend ausgelöst durch unfähige Politik. Wie z.B. damals, vor 25 Jahren, der Zusammenbruch der DDR. Der jetzige „Faux Pas" scheint ähnlich zukunftsbestimmend – wenn auch dem Publikum so noch nicht bewusst. Die Vereinten Nationen weisen darauf hin, dass derzeit 70 Millionen auf der Flucht sind. Stellen wir uns nur mal vor,

---

[35] Spiegel 44/2015, nach dem Bund Deutscher Kriminalbeamter
[36] Erfahrungen zeigen, dass dort ein anderes Verhalten für die Gemeinsamkeit bestimmend ist, dass eben – wie in vielen Schwellenländern – die meisten „Rechtshandlungen" individueller Vereinbarung bedürfen, dass klare ethische Regeln, wie in Europa als Usance, nicht geübt werden; immer irgendwie „verhandelt" wird, mit fließenden Übergängen.

sie konzentrierten sich auf Europa. Die Staaten würden völlig überfordert werden – menschlich wie finanziell, auf Jahrzehnte hinaus. Dass aber die Nationen trotzdem konzertiert reagieren, ist bis heute nicht zu erkennen.

Banal bleibt, als Ausrede, der Verweis auf die Verfassung, auf gesetzliche Vorgaben, nach der sich unsere Gemeinschaft zu richten hat. Zwar genießen politisch Verfolgte danach Asylrecht. Allerdings bestimmen auch immer politische Gremien, für welche Herkunftsländer nun tatsächlich dieses Recht gilt; insbesondere widerspricht ja konträres politisches Verhalten nicht der Verfassung, sofern es nachhaltig dem Wohl der Volkswirtschaft dient oder sie gefährdet scheint. Eine Begrenzung für Ausländer, selbst nach Regionen, schließt sich also nicht aus. Schon einmal, im Jahre 1993, wurde das Asylrecht verschärft. Außerordentliche Verhältnisse bedingen eben immer auch außerordentliche Maßnahmen – auch in der Anwendung der Gesetze.

Je höher allerdings die politische Hierarchie – wie in Deutschland Bundesregierung und Kanzler –, umso schwieriger scheinen Korrekturen, selbst wenn alles schon so deutlich daneben liegt wie dieses mal. Zu stark sind die Widerstände aus Abhängigkeiten, Gehorsam, ideologischer Anhängerschaft, aber auch aus individuellen Pfründen – um doch zu kämpfen. Die allgemein empfundene Meinungsdifferenz zwischen Entscheidungsträgern einerseits, und der Mehrheit in der Verwaltung sowie der Bevölkerung andererseits, scheint im ersten Ansatz paradox, ist aber logisch, da eben nur ein verschwindender Teil der Politiker bereit ist, gegen aktuelle Macht, z.B. die Kanzlerin, zu entscheiden – so dass der so politische Konsens an sich gar keiner ist. Irgendwie wird es schon gehen – wird es aber nicht (ist auch als staatspolitische Erklärung Unsinn)! Die Dinge werden sich auf Jahrzehnte akzelerieren. Abgesehen davon, dass es weder Planung noch Konsens gab – nicht nur innerhalb des eigenen Landes, sondern der gesamten Europäischen Union. Als Element beginnender politischer Diskrepanzen, einer sich abzeichnenden Spaltung der EU (mit dem Brexit als Vorreiter) – als der Gau, der katastrophalste aller politischen Fehler. Verschuldet durch einzelne.

Weiter zur Praxis: Ungeschützte Grenzen, massiver Grenzübertritt, Hunderttausende illegal im Land, Hunderttausende in Wartestellung. Politische und religiöse Auseinandersetzungen zwischen den Immigranten selbst. Deutschland, Europa, war und ist nicht in der Lage seine Grenzen zu schützen, eine geordnete Immigration zu sichern. Man denke nur daran, was bisher galt: ohne Pass, ohne Visa, ohne Aufenthaltsberechtigung, lief gar nichts. Alles war plötzlich ausgehebelt. Die EU konnte sich gegen den Ansturm nicht wehren, wurde ganz einfach überflutet. Und fast alle wollen nach Deutschland. Wie wenn die EU nicht aus 27 sicheren Staaten bestände.

Eigenartig, jeder Politiker verdrängt es, wie wenn alles echte „Asylanten" wären (und dennoch nur der kleinste Teil ist). Noch unverständlicher, dass man selbst jenen EU-Staaten auf der Immigrationsroute nicht den Rücken stärkte, als sie – wie vorgesehen im Dublin-Abkommen – die Migranten systematisch erfassen wollten; vielleicht auch – für unsere deutschen Verhältnisse – etwas zu massiv vorgingen; noch, dass man diese Staaten wirtschaftlich, finanziell, aber auch menschlich unterstützte.

Natürlich will der überwiegende Teil der „Asylsuchenden" wirtschaftliche Vorteile – und die, auf Kosten der Inländer. Was für ein Europa, das die psychologischen (fast ewig gültigen) Grundsätze eines Massenansturms nicht begreifen will[37] und sich hinter humanitärem[38] Aufhänger (Kap.18) und gesetzliche Rahmenbedingungen versteckt. War man selbst viele Jahre in Ländern des Nahen Ostens, weiß man, dass Mentalität und Denken genau diese wirtschaftlichen Vorteile im Blick hat – und eben, die Gelegenheit günstig schien (wie sich ja später aus anderen Fluchtrouten ablesen lässt). Was Selbstverständlichkeiten, wie die Menschenrechte, auch in Asylfragen, nicht infrage stellt, im Gegenteil, besonders betont werden muss, jedoch in realistischer Mengenrelation echt Leidender.

Das führt zu den Ursachen in diesen Ländern. Zu den Problemen der zerfallenden Staaten des Nahen Ostens und Nordafrikas. Die vielfältigen Flüchtlingsbewegungen haben sich bisher noch auf die Länder selbst, bzw. die Nachbarländer bezogen. Erste, Europa tangierende Ansätze – so über einen Zeitraum von bis zu fünf Jahren –, kamen aus dem politisch zusammenbrechenden Libyen; das selbst Sammelbecken von Flüchtlingen vieler nordafrikanischer Staaten mit Richtung Italien war. Im Falle Syriens akzelerierten sich die Auseinandersetzungen innerhalb von mehr als vier Jahren, mit nun jedoch Fluchtdynamik nach Europa. Auf einen Schlag setzten sich Millionen in Bewegung.

Ist das eine Seite, ist die andere, dass sich aus den Medien auch Vor- und Nachteile, Risiken und Gefahren, Hemmnisse und Umgehungstatbestände ablesen lassen und sich die Massen so quasi organisiert in Bewegung setzen. Nur ein kleiner Teil der Asylsuchenden entspricht dem gedachten Rahmen deutscher Verfassung, der überwiegende Teil sind Wirtschaftsflüchtlinge, denen allerdings die Tore dank „Kriegsgebiet" offen stehen. Und da alle Flüchtlinge das wissen, wandeln sich plötzlich Tausende zu „Syrern". Sind

---

[37] Literatur dazu zuhauf, z.B. Le Pon, *Psychologie der Massen*, 1895, Neuberg A., *Morphologie des Staates*
[38] Andere Regierungschefs kommentieren zu Recht, „Nächstenliebe gefährdet Europa" (Kap.9.)

sie nun mal im Land und als Asylanten akzeptiert, muss sie der Staat vorläufig behalten. Und da anzunehmen ist, dass im 21. Jahrhundert die Krisengebiete sich weiter ausbreiten, vervielfältigen, kann nur eine vorausschauende, eine rational und strategisch denkende Politik die richtigen Maßnahmen setzen (Kap. 20).

Alles Prozesse, die im deutschen Recht nicht berücksichtigt sind. So setzen sich – unter dem verfassungsrechtlichen Schutz „Asylrecht" und „politisch Verfolgter" – Millionen in Bewegung, bei denen (man sehe sich die Bilder und Berichte, vor allem die Altersstruktur an) alle möglichen Glücksritter und Wohlstandssuchende ihr Heimatland hinter sich lassen und unter dem Mantel „humanitärer Schutz" nicht nur als Nichtberechtigte in den Genuss humanitärer Gemeinschaften kommen, sondern auch eine Anzahl Sozialschmarotzer und Deserteure. Paradoxerweise fliehen zuerst die Jungen und Starken, um dann den Familienanhang eventuell nachkommen zu lassen – man rettet nicht „vorerst Frauen und Kinder" und die Schwachen, sondern desertiert vor der natürlichen Verpflichtung, nämlich den eigenen Beitrag für Familie und Heimat zu leisten – eine völlig verkehrte Welt, wie wir sie so bisher noch nicht verstanden haben.

Aber, wie leider bei psychologischen Handlungsprozessen häufig, werden massive politische Fehler nicht nur vertuscht, sondern münden in genauso falsche Kettenreaktionen, die die Gesamtproblematik massiv verschärfen. Statt der Erkenntnis einer Kontingentierung sowie sorgfältigen Trennung von Einwanderung und Asyl, und die Grenzen nur für tatsächlich Berechtigte zu öffnen, zieht man zusätzlich die anderen europäischen Länder mit in die Verantwortung (um eigene Fehler zu kaschieren), als „europäische Solidarität". Chaotischer kann politisches Verhalten, gegen logisch rationales, gegen demokratisches Vorgehen, nicht sein, es grenzt schon an Unverfrorenheit.

Nochmals – statt eigene politische Fehler zuzugeben, realistisch zu korrigieren –, werden nachhaltige Belastungen für die gesamte Union in Kauf genommen. Ganz zu schweigen von den Folgewirkungen, wie die Belastung des Stabilitätspakts, Verkennen der religiösen Diskrepanzen und ihrer Folgen, den Spaltungstendenzen und Belastungen kleiner Nationen an den Grenzen der Europäischen Union, der Blockade natürlicher Integration und anderem mehr. Fundamentale Fehler der Politik, die eine kontinuierlich positive Entwicklung der Europäischen Union gefährden. So offensichtlich, pauschaliert, ohne tiefes Wissen über die Komplexität der Zusammenhänge und der Folgewirkungen. Dazu mit Einstellungen, als schon deutlichem Hinweis zu ambivalentem Demokratieverständnis.

6. Pulverfass Einkommensverteilung / Vermögensentwicklung

Die eigene Existenz zu sichern, gehört zum fundamentalsten Bedürfnis des Menschen; also, auch die Gewährleistung eines nachhaltigen Einkommens. Dem ordnen wir alles unter. Einkommen und Vermögen bestimmen den Lebenshaltungsstil, bestimmen Verhalten, Bildung/Kultur, also die persönliche Entwicklung. Seit gut einem Jahrhundert kulminiert bis zu einem exzessiven Egoismus, einem rücksichtslosen Kapitalismus – überkommen von den USA, transferiert in die aufstrebenden Schwellenstaaten; überall hin, bis in entfernteste Regionen. Ein Egoismus, für den wir selbst unsere Zukunft vernachlässigen: die Ökologie, natürlichen Ressourcen; alles für unbegrenztes Wachstum. Nun allerdings – was vielen nicht klar ist – mit weltweiter Tendenz zu nivellierenden Lebensstandards, für die Menschenmassen von an die 10 Mrd.; was zwangsläufig nicht gut gehen kann.

Seit einem halben Jahrhundert scheint uns der ursprüngliche, grundsätzliche Zusammenhang, dass eben jeder verpflichtet ist, seine Existenz selbst zu sichern, einen seinen Fähigkeiten entsprechenden Beitrag für seine Familie wie auch für die Gesellschaft zu leisten, verloren gegangen zu sein, löst sich im Nebel sozial gesicherten Wohlstandes auf. Jeder versucht möglichst viel aus der Solidargemeinschaft abzuzweigen, als sei es „selbstverständliches Recht". Die Aufblähung der Staatsquoten der demokratischen Staaten ist vorwiegend geschuldet den Sozialleistungen – als unwiderlegbarer Beweis. Teils verdeckt, aber dennoch, bieten die westeuropäischen Sozialsysteme ja bereits ein Wohlstandsminimum von der Geburt bis zur Bahre.

Neben dem Problem einer möglichst gerechten Einkommensverteilung übersehen Demokratien eine ihrer ureigensten Aufgaben, dass eben auch die Vermögensallokationen zu beachten sind. In der Kontinuität freiheitlicher Entwicklung – wie im letzten halbem Jahrhundert – kumulieren sich riesige Vermögen in den Händen weniger, und der Abstand zwischen Arm und Reich nimmt (weltweit) immer weiter zu. Der reale Lohnzuwachs mittlerer Einkommen der letzten Dekade in Deutschland, lag lediglich bei knapp 3%, hingegen ist der Aktienmarkt im gleichen Zeitraum um mehr als 200% gestiegen. Einerseits sind es diese exzessiven Einkommensunterschiede[39] die

---

[39] 2015 waren z.B. Einkommen im Finanzbereich und bei CEO`s von 20 Mill. bis zu 1,7 Mrd. keine Seltenheit.

die Spaltung erhöhen, andererseits kumuliert Vermögen qua Verzinsung, der Dividenden etc.[40] über Jahrzehnte, als schleichende Vermögensverzerrung.

Keiner der Staaten ist diese Spaltung je ernsthaft angegangen – obwohl allgemein bewusst und immer wieder diskutiert. So nutzen reiche wie große Gruppen ihren Einfluss – gut argumentiert – weidlich aus, um den Status quo aufrechtzuerhalten; gegen jedes demokratisch-solidarische Verständnis. Die Kluft erweitert sich zulasten der breiten Bevölkerungsschichten immer weiter, der gesellschaftliche Zusammenhalt leidet, wie die Stabilität der Volkswirtschaft; und ist nicht zuletzt ökonomischer Unsinn. So legen Privilegierte in Schlüsselfunktionen mit Streiks die Wirtschaft lahm, obwohl teils Gehälter verdient werden, bei denen der Großteil der Bevölkerung nur staunen kann (Piloten u.a.), auch jeder Wirtschaftlichkeit widerspricht. Dennoch reagiert der Staat nicht rational gegen. Er ist in einem Dilemma. Scheut er sich doch, das fundamentale Grundrecht der Streikfreiheit anzutasten[41], obwohl der Nutzen bei weitem nicht mehr jenen zugutekommt, für die es gedacht war. Gesetzliche Bedingungen sind immer Resultat eines spezifisch zeitlichen Rahmens – können also auch ihren Sinn verlieren.

Anpassungen bleiben in Demokratien immer schwierig. Versuchen doch einflussreiche Nutznießer, aus ideologischem Hemmnis oder persönlicher Vorteile, Korrekturen immer zu verhindern (auch höhere Beamte und Abgeordnete). So spreizt sich der Abstand zwischen Arm und Reich immer weiter – gegensätzlich demokratischer wie ethischer Pflicht. Schleichend verliert sich in den westeuropäischen Demokratien das natürliche Leistungsbewusstsein; wuchernde staatliche Transfers tragen das ihrige dazu bei. Niemand kümmert sich im öffentlichen Bereich um die Wirtschaftlichkeit, die internationale Wettbewerbsfähigkeit. Was der Politik dazu einfällt, bleibt immer der gleiche populistische Ansatz: Die Reichen über Steuern stärker zu belasten. Ist zwar verständlich, kratzt jedoch das Problem nur marginal. Erhöht zwar (wenn auch vernachlässigbar) den Konsum, schwächt jedoch die Volkswirtschaft, indem sie weder die Vermögens- und Einkommensdifferenzen nennenswert reduziert, noch die Trendwende fördert. Nur über Bildung (Kap.14, 20), über eine bewusste, nachhaltig geförderte Leistungsbereitschaft der Bevölkerung, kann der Nährboden für Eigeninteresse und Engagement wieder gesunden. Politisch als der entscheidende Ansatz!

---

[40] Neuberg A., *Geld-Illusionen*

[41] Obwohl in der deutschen Verfassung kein Streikrecht vorgesehen ist (sich nur aus der „Koalitionsfreiheit GG, Art.9 ableitet), ist, lt. Rechtsprechung in Tarifkonflikten, Streik dann zulässig, wenn ein Arbeitskampf erforderlich und verhältnismäßig ist – was aus den erfahrenen Übertreibungen ja nicht abzuleiten wäre.

Die Welt teilt sich heute nicht mehr in Ost und West, Nord und Süd, kommunistisch und kapitalistisch, sondern in Arm und Reich. Die Kluft wird immer größer. Armut prägt rd.168 Staaten, vorwiegend kleinere Nationen, gut ein Drittel der Weltbevölkerung. Die Aussichtslosigkeit löst bereits staatliche Strukturen auf. Es sind Staaten, in denen Korruption, Vetternwirtschaft, Chaos und Gewalt regiert, es sind Staaten, die nicht in der Lage sind, sich eigenständig aus diesem Circulus vitiosus zu befreien. Dennoch, es ist die Globalisierung, die weltweite Vernetzung, welche die Unterstützung durch die wohlhabenden Staaten erzwingen wird – und zwar aus eigenem Interesse, fällt doch schlussendlich alles auf sie zurück; die Nivellierung ist nicht mehr aufzuhalten. Zwar steigt für die „Nachzügler" die Lebenszufriedenheit aus wachsendem Einkommen, das „Glück" aber hört ab einem bestimmten Einkommensniveau auf, größer zu werden[42]; fordert immer „Mehr"; die „Gier" bleibt, erzwingt so den Ausgleich.

Die weltweit hohen Lohnunterschiede beginnen sich tendenziell ja bereits zu nivellieren. Die Hochlohnländer müssen Abstriche hinnehmen, die aufholenden Schwellenländer gewinnen – sofern wir von einem bestehenden Produktionsniveau ausgehen und die Lohnkosten als entscheidende Variable gelten (Kap.15). So stagnieren z.B. die Einkommen in den USA in den unteren bis mittleren Einkommensschichten seit mehr als 20 Jahren, und selbst in Deutschland ist das Nettovermögen des durchschnittlichen Haushalts in den letzten zehn Jahren nur geringfügig gewachsen und das Vermögen liegt unter dem Durchschnitt der westeuropäischen Länder[43]. Ferner wurde z.B. seit Jahrzehnten vernachlässigt, dass der Bürger stärker für das Alter vorsorgt. Eine sträfliche Vernachlässigung, seit Jahrzehnten bekannt[44]. So ist in den anglikanischen Ländern seit vielen Jahren die Eigenvorsorge, über Aktien, Fonds oder Immobilien, eine Selbstverständlichkeit; in Deutschland hingegen haben weniger als 10% der Bevölkerung Aktien (die zumindest Dividenden abwerfen). Vorwiegend wird auf 0-Zins-Konten gehortet, auf denen auch noch die Inflation nagt. Hingegen steigt der Anteil der Ausländer (dz. >70%) am deutschen Aktienkapital ständig – Ausländer schöpfen also den von Deutschen erarbeiteten Wertschöpfungsanteil systematisch ab (nicht einmal 1,8% des Aktienkapitals wird von den Beschäftigten gehalten).

---

[42] In Anlehnung an Angus Deaton (Laureat 2015): „Der kühl kalkulierende eigensüchtige Homo oeconomicus begünstigt sozialschädliche Verhaltensweisen".

[43] Finanzvermögen gemessen am BIP in Prozent nach Eurostat 2016: z.B. Schweiz 371,1, Niederlande 332,5, UK 329,3, Schweden 293,4, selbst Zypern 252,0, Malta 245,1, oder Frankreich 229,3. Die EU mit 227,1 und die Eurozone 214,1. Für Deutschland 183,4. Wobei die geringe Aktienquote den Ausschlag geben dürfte.

[44] Ludwig Erhard: „Zu einer dynamischen Sozialpolitik gehört die weitere Förderung der Eigentums- und Vermögensbildung in breiten Schichten unseres Volkes".

Nicht genug damit, konnte sich die aktuelle Regierungskoalition in Berlin nicht verkneifen, als Wahlversprechen des kleineren Koalitionspartners, großzügig (für den Konsum) weiter zu verteilen; ohne volkswirtschaftlichen Sinn und ohne Förderung nachhaltiger Alterssicherung. Z.B. eine Rente bereits mit 63, eine Mütterrente und Pflegereform, Witwenrente, Kita, um nur wesentliche zu nennen. Die Rente mit 63 kostet 2 Milliarden. Fast einer halbe Million Menschen haben einen Antrag auf die abschlagsfreie Rente gestellt – unabhängig davon, dass es natürlich die erfahrensten, mit langer Arbeitszeit waren, die der Wirtschaft zusätzlich fehlen. 6,7 Mrd. € kostet die Mütterrente, jedes Jahr; und so geht es weiter. Immer wieder wird bis zur Grenze finanzieller Möglichkeiten Geld verschenkt, über Konsum verprasst, die Wettbewerbsfähigkeit ein Stückchen weiter reduziert. Kein Familienvater würde so sorglos mit seinen Einnahmen, bei all seinen Verpflichtungen, umgehen, sondern auf seine persönlichen Perspektiven Rücksicht nehmen. Die zunehmende Einkommenskluft bremst es jedenfalls nicht.

Die Kumulierung von Vermögen in den Händen weniger[45] birgt zunehmende Gefahren revolutionärer Umbrüche. Es ist diese schleichend sich vertiefende Kluft zwischen Arm und Reich, als extrem negative, allerdings nicht notwendige Begleiterscheinung des Kapitalismus. Eine Kluft, die immer mehr Reichtum bei wenigen anhäufen lässt, mit immer weniger materieller Substanz bei der wachsenden, ärmer werdenden Masse, und zunehmend an den Existenzgrundlagen nagt. Eben, das Zeug von Revolutionen in sich birgt.
In vielen Staaten sehen wir bereits massive Umbruchbewegungen. Und die sind umso radikaler, je größer die Kluft zwischen den Reichen und der großen Masse derer ist, die um ihre Existenz kämpfen. Wie vormals, im Zuge der Industrielle Revolution, Unruhen auslösen können; schon damals die herrschende (vermögende) Schicht, den Feudaladel, hinwegfegte. Vieles wiederholt sich:

- *Die Spreizung in der Bildung*: Der Zugang aller zu gleichen Bildungschancen war Gemeinsamkeit aller Parteien in jungen Demokratien. Trotzdem schlägt der Status der Eltern auf die Bildungschancen n.w.v. durch. Ferner mehren sich die Anzeichen, dass viele der jüngsten Generation (hier besonders deutlich), aufgewachsen in einer saturierten Wohlstandgesellschaft und ohne Herausforderungen, durch die explodierende IT-Abhängigkeit „geistig verkümmern", zunehmend abgleiten. Dazu bilden sich neue Klassen von Technokraten – als Gegenpol zum wachsenden Heer wirtschaftlich Abhängiger (Kap.8).

---

[45] Neuberg A.: *Geld-Illusionen*

- *Lebenserwartung und Gesundheit*: Jugendliche aus niedrigeren Status-gruppen werden – wie eine Studie nachweist – öfter krank als Kinder und Jugendliche aus der Mittel- und Oberschicht. Die Studie fasst zusammen: „Je niedriger der soziale Status, desto eher treten Gesund-heitsprobleme auf[46]; die Lebenserwartung aus der Unterschicht liegt ferner um acht bzw. zehn Jahre unter der ihrer besser gestellten Alters-genossen. Was volkswirtschaftlich-statistisch noch „tragfähig" schien, wird sich (aus obigem Absatz) beschleunigen.
- *Die Leistungsfähigkeit der Volkswirtschaft*: Für die wachsende einkom-mensschwache Masse reduziert sich das Einkommen auf Lebenshal-tungskosten und Mieten. Somit stagniert der Konsum allgemein, also auch das Bruttonationalprodukt. Mit all den Folgen für die Finanzierung der Öffentlichkeit, der sozialen Abgaben, der Infrastruktur, der Bildung, der Sicherheit etc.; die Nation gerät also zwangsläufig in einen Abwärts-sog[47]. Neben der abnehmenden Motivation, der Einsatz- und Leistungs-bereitschaft, beginnen auch Innovationen und Unternehmergeist zu lahmen, beschleunigen die Abwärtsspirale.
- *Liquidität und Investitionen*: Ferner wird – mit zunehmender Kluft von Reich zu Arm – der Volkswirtschaft Liquidität entzogen, da das Ein-kommen der Begüterten zwangsläufig nur mit einem geringen Teil in den Konsums einfließt, eben, gehortet wird (Kap. 21.). Und mehr...

Marginale Korrekturen, um spreizende Einkommen und Vermögen politisch in den Griff zu bekommen, helfen hier wenig, wie z.B. gutgemeinte Vor-gaben eines Mindestlohns. Das ist zwar populistisch verständlich, beruhigt temporär, verkennt jedoch den volkswirtschaftlich marginalen, und international sogar negativen Einfluss. Abgesehen davon, dass Mindestlöhne demotivieren, den Lebenszyklus zementieren, kaum eine exportorientierte Wirtschaft fördern, sondern vorwiegend den täglichen Konsum betreffen (konsumnahen Handel und Dienstleistungen), also primär von der breiten Masse getragen werden (als Umschichtung sui generis). Darüber hinaus profitiert der Staat selbst am meisten, da sich bisherige Ausgleichszahlungen für ein Mindesteinkommen reduzieren, die Mindestlöhne die Sozialabgaben erhöhen, ferner über die nun erhöhten Preise qua Mehrwertsteuer zufließen, die schlussendlich die große Masse auch selbst wieder bezahlen muss. Abgesehen, dass staatliche Lohnregulierung Einfluss auf die Wirtschaftlich-keit hat, marktwirtschaftliche Korrekturen hemmt. Alles im allem, für den Staat ein gutes Geschäft. Und volkswirtschaftlich – ein Schildbürgerstreich!

---

[46] Lampert et.al, *Bundesgesundheitsblatt* des Robert-Koch-Instituts, Spiegel 11/2016
[47] Neuberg A., *Morphologie des Staates*

7. Medien – Tendenzen zu politischer Inzucht

Freie Medien sichern die Demokratie! Besser, ehrliches, gut recherchiertes, nicht gesteuertes Verhalten der Medien, ist Garant für die Demokratie. Schon kommen Zweifel auf! Hier liegt die Krux. Davon hängt alles ab – was wir so unter „Demokratie" zu verstehen haben! In Wirklichkeit bewegen wir uns von einem Extrem, nämlich der „reinen Demokratie" (alle entscheiden mit), zum anderen, dem „exzessiven Totalitarismus" (einer entscheidet alles). Danach könnten wir alle Staaten der Erde auf einer linearen Skala anordnen. In der Praxis bewegen sich die Staatssysteme heute tendenziell nach rechts, in die Richtung demokratischer Hemmnisse, also in Richtung Autokratie (wenn auch noch weitab des Extrems); obwohl die Intentionen der Bevölkerung doch ins Gegenteil tendieren. Wie vielfältig die Staatssysteme mit all ihren dynamischen Prozessen sind, ist hier nicht zu diskutieren[48]. Ob z.B. die USA noch als Demokratie zu bezeichnen wäre und „freie" Wahlen immer noch Zeichen demokratischer Systeme seien, mag jeder für sich beurteilen; wie z.B. in der Türkei, Teilen von Osteuropa etc.

In Europa ist die Freiheit zur Meinungsäußerung eine Selbstverständlichkeit. Meinen wir! Wenn auch schon Zweifel aufkommen. Was/Wer bestimmt den eigentlich unsere „Meinung"? Selbst bei uns, im deutschen Sprachraum, wird durch Studien bestätigt, dass die Gefahr der Einengung der „Inneren Pressefreiheit" zunimmt[49], sich die Qualität der Berichte eher verschlechtert[50], Themen nach wirtschaftlichen Gründen ausgewählt werden[51] sowie Inserenten auf den redaktionellen Teil Einfluss nehmen. Ferner zeigen Studien zunehmenden Einfluss der Medien auf die Politik; et vice versa, je nach Politik- und Medienstruktur. Was insgesamt schon eine bedenkliche Aushöhlung echt demokratischer Willensbildung zeigt. Schon eigenartig – und wissenschaftliche Studien bestätigen –, was sich allgemein und intuitiv als zunehmende Unzufriedenheit mit der Berichterstattung widerspiegelt.

Woran liegt das? Einerseits erfahren wir, dass sich immer wieder Meinungskartelle bilden – besonders offensichtlich in den USA; verursacht schon mal leises Misstrauen. Andererseits erkennen wir – europaweit –, dass politisch offizielle Meinungen zunehmend den Einstellungen großer Teile der Bevöl-

---

[48] ebenda
[49] 78% der befragten Journalisten sehen das so. Nach www.kepplinger.de", Prof. Dr. Kepplinger M., et al, *Gefahren für die Innere Pressefreiheit*, 2004
[50] ebenda. 69% der befragten Journalisten.
[51] ebenda. 65% der befragten Journalisten.

kerung widersprechen. Wie sonst wäre die zunehmende Zersplitterung der Parteien zu erklären, der wachsende Aufruhr in ganz Europa, der Eindruck, dass sich Spitzenpolitik von dem was die Bevölkerung bewegt, immer weiter entfernt. Dass politisch Meinungen vertreten werden, die nicht so recht ins Bild des Publikums passen (Asylpolitik, Investitions-, Sozial- und Wirtschaftspolitik, eben, als „Gerechtigkeit", dass Offenheit zur Realität fehlt. Irgendwie kratzt die Politik, und mit ihr die Medien, an den über die Jahrhunderte überkommenen Werten; ist also nicht in der Lage, die dramatischen Änderungen in einen verständlichen Konsens, durchaus in der Vielfalt der Ideologien, überzuführen.

Wir schätzen in Europa zwar die Meinungsvielfalt, die ein breites Wissens- und Meinungsspektrum vermittelt – also, auch einen Bildungsbeitrag leistet –, hilft, die eigene Position zu finden. Als entscheidender „demokratischer" Beitrag; gegen die Fülle der auf uns einprasselnden Verschwörungstheorien, gegen den vereinheitlichenden Brei politischen Mainstreams (Einseitigkeit, Realitätsverlust, überbordender Humanismus, pauschalierte Denkmuster). Besonders extrem scheint der Verfall in den Hauptmedium, dem Fernsehen (USA, UK, Oststaaten), aus der Erkenntnis, dass Wahlen heute über dieses Medium entschieden werden. Als spürbare, massive Abkehr ursprünglich demokratischen Gedankenguts in Richtung einseitiger Beeinflussung. Das führt zwangsläufig zu autoritären Machenschaften (Beispiele häufen sich); selbst vergleichbar mit jenen der ersten Hälfte des 20. Jahrhunderts. Politische Gegensteuerungen zur Sicherung demokratischer Grundlagen bei den Medien? Fehlanzeige!

Früher, z.B. in den alten demokratischen Stadtstaaten (Griechen u.a.), beeinflussten die freien Bürger die Politik direkt. Selbst im alten Rom – einer weit größeren Menschenansammlungen – war es die Kunst der freien Rede, der Diskurs`, „Politik zu machen". Erst zu Beginn des 20. Jahrhunderts, mit dem Aufkommen der klassischen Medien (Zeitschriften, Radio), waren sie das Bindeglied zwischen Bürger und Politik – und wurden ja auch oft genug populistisch massenwirksam eingesetzt (z.B. im Dritten Reich). Es war die Macht über die Medien, die die Massen bewegte, Meinungen beeinflusste, Strategien durchsetzt; schlussendlich im Völker- und Massenmord endete. Wir wollen das nicht; wir wollen den wertfreien Gedankenaustausch – auch wenn wir oft genug nach einem starken Führer rufen (das hat aber andere Ursachen, Kap. 23).

Die Situation hat sich dramatisch, fast unbemerkt gewandelt; gefährdet eben unsere demokratischen Prozesse. Nicht nur die klassischen Medien sind in den Hintergrund getreten, sondern wurden, fast im Jahresrhythmus, durch neue Medien – dank technologischer Entwicklung und atomistischer Innovationen weltweit – erweitert, haben die klassischen fast verdrängt. Auch die Akteure haben sich geändert! Einerseits sind zwar die etablierten Medien, wie TV (das Radio schon lange nicht mehr) n.w.v. massenwirksam, für die Politik fundamental notwendig, aber die neuen, sich ständig erweiternden sozialen Medien, scheinen nun doch die Oberhand zu erringen, verdrängen die „mediale Handlungshoheit" der Politik mit ihren klassischen Medien (mit nur mehr bei den über 60-jährigen mit Quoten von noch rd. 25%).

Zwei Entwicklungen sind bedeutend:
- Politisch, in der Berichterstattung (der medialen „Beeinflussung"), dominiert (noch) das Fernsehen,
- sowie zunehmend (unbeeinflusst von der „demokratischen" Politik) die Sozialen Medien mit den sich ständig erweiternden medialen Internettechnologien, Apps, ...

Das deutsche Medienrecht ist durch eine Fülle von Gesetzen umrissen. Die Vorgaben leiten sich aus der deutschen Verfassung ab (und die ist eben an die 70 Jahre alt – „aus anderer Zeit"). Sie bestimmt den Rahmen der freien Meinungsäußerung nach den damals bekannten Technologien; in weiterer Folge mit dem Auftrag zur Informant, Bildung und Unterhaltung. Primär gelten Unparteilichkeit und journalistische Sorgfaltspflicht (die sich eben schleichend auflöst). Um Neutralität zu sichern, wurden Öffentliche Sender gegründet, die über Zwangsgebühren finanziert werden. Während sich die wachsende Anzahl an Privatsendern über Werbung finanzieren muss, also von den Einschaltquoten abhängig ist – also, eine interessensgesteuerte Verfärbung der Berichte sich nicht ausschließt. Alles noch unabhängig der modernen IT-Trabanten.

Auch in einer staatlich verwalteten „Medien-Zwangswirtschaft" schließen sich wuchernde Gebühren und beeinflussende Freunderlwirtschaft bis zur Korruption nicht aus (vielfach bestätigt, aber keiner reagiert; entscheiden doch die Begünstigten mit). So müssen Private einerseits nicht nur Sendezeit – im Sinne des medienrechtlichen Auftrages – zur Verfügung stellen, sondern von Dritten beigestellte Beiträge (in „öffentlichem Interesse") auch finanzieren[52]. Der Öffentlichen Sender unterliegt keinem Wettbewerb, und verbrauchen dennoch horrende öffentliche Mittel (als gesicherte Pfründen). Selbst langjährig Verantwortliche kritisieren, fordern reduzierte öffentlicher Finanzierung.

---

[52] Schawinski R., *Die TV-Falle*

Viel problematischer jedoch ist die Vernachlässigung des Bildungsauftrages – so schwer er auch zu definieren ist. Die klassischen Medien – als primär „demokratisches" Bindeglied zwischen der Bevölkerung und der Politik – wären ja nicht nur relevante Diskussionsforen für demokratische Prozesse (selbst wenn große Teile der Bevölkerung nur „konsumieren"), sondern auch entscheidendes demokratische Medium, das eine neutrale Berichterstattung, damit eine breite Meinungsvielfalt – unabhängig von Quoten (!) – sichert, den Bildungsprozess in einem hochindustrialisierten Land pflegen und fördern könnte (Kap. 22). Kommt das ja zu kurz! Sehen wir nur die mediale „Verflachung", alleine aus der Bereitstellung „quotenträchtiger" Sendungen, die zwangsläufig das Bildungsniveau absenken (nach differenzierten Quotenanalysen, immer seichter wird). Die Ausweitung dieses Berieselungsangebots führt zu immer leichterer Medienkost (je nach nationalem Bildungsmedian; sehen wir nur die TV-Angebote in den südlichen Ländern, oder den USA, oder ..). So finden wir in den Hauptsendezeiten Wettspiele, Sport, Krimis, Shows und ähnliche, an Seichtigkeit nicht zu überbietende Sendungen (soll es auch geben, Problem ist die Verhältnismäßigkeit in der Hauptsendezeit), während qualitative Sendungen, politisch ausgewogene Diskussionen, Reportagen, überregionale Berichte, zumeist in Randsendezeiten (ab 23 Uhr und später) zu finden sind (wo bleibt der „demokratische" Sinn, liegt spätabends doch der Großteil schon in den Federn?).

Gut kommt an, was leicht zu konsumieren ist – aber genau das verfehlt den Bildungsauftrag, als volkswirtschaftliche Notwendigkeit! Milliarden werden für die öffentlichen Sender ausgegeben. Jahrzehnte über Jahrzehnte vergehen, nichts ändert sich, die Spirale dreht sich weiter nach unten. Wie soll ein exportorientiertes, ein Hochlohnland, seine Bevölkerung weltoffen, kulturbezogen, leistungsbewusst, wettbewerbsorientiert, besonders aber „demokratisch" sinnvoll bilden? Kosten runter, Qualität primär bildungsprofessionell orientiert rauf, breiter Wettbewerb rein, Politikeinfluss auf ein Minimum reduziert – das wäre eine strategische Medien-Orientierung im Sinne einer ökonomischen, aber auch politisch demokratischen Entwicklung (Kap.23). Ist es doch banale Weisheit: vorwiegend Ungebildete randalieren, verlieren den gesellschaftlichen Anschluss, gleiten wirtschaftlich und mental ab, fallen im Leistungsbeitrag zurück – und sind dennoch im Wesentlichen schuldlos. Es ist die Gesellschaft, der Beauftragte des Souveräns, die Politik, die die Weichen zu stellen hat, ihrer Verantwortung aber nicht annähernd gerecht wird. Zu befürchten ist, alles bleibt beim Alten, das Bildungsangebot sinkt weiterhin ab – den Quoten entsprechend!

Entscheidend ist, WER hat Einfluss auf die Berichterstattung und WAS hat sie zu enthalten! Letztlich war etwas „Konformität" zwischen Berichterstattung und politisch offizieller Linie (der Regierung) festzustellen, was so richtig erst durch die Auswüchse des Asylantenzustroms offensichtlich wurde („gebremste Berichterstattung"). So war bei kriminellen Auswüchsen, die Realität zur statistischen Verteilung nach Bevölkerungs- wie nach Religions- und Migrantengruppen stark different –Transparenz offensichtlich politisch nicht gewünscht. Viele Medien hielten sich an die offizielle Linie (was nicht verborgen blieb) –und nichts mit wertfreiem Journalismus zu tun hat.

Selbst wenn die Politik nicht direkt Einfluss auf die Berichterstattung nimmt, verhindert sie durch ihr Verhalten die wertneutrale Ausstrahlung, beeinflusst also das Publikum in ihrem Sinne, also einseitig. Denken wir z.B. nur an den Asylantenstrom: tote Menschen am Strand, verzweifelte Mütter, traurige Kulleraugen der Kinder; es berühren uns zutiefst – wiederspiegelt nicht die statistische Realität. Und scheint dazu noch gewollt! Eine verheerende, eine massiv einseitige Beeinflussung der Bevölkerung in den Jahren 2015ff, mit nachhaltig politischer Wirkung auf das ganze Land. Was hat das noch mit wertfreier Demokratie zu tun? Das solche, die Realität verzerrende Bilder – im Sinne der Quoten, besonders der aktuellen Politik – weit ab statistischer Wirklichkeit medial verwendet werden, ist bereits kriminell, beeinflusst es doch unser Verhalten; ist also demokratisch massiv abzulehnen (und erinnert an Autokratien).

Medien verhalten sich also in ihrer Berichterstattung nur begrenzt neutral (selbst die „Öffentlichen"). Das ist menschlich, stört auch nicht – heilt doch die Vielfalt (als entscheidende Voraussetzung) der Medien Verzerrungen. Entstehen jedoch in politischen Konstellationen Strömungen, die sich wechselseitig verstärken (wissenschaftlich nachgewiesen), ist die Wirkung einseitig, also demokratisch bedenklich. Das zu unterscheiden, ist nicht leicht – lässt sich erst in der Zukunft rekapitulieren –, kann nur durch ethisches Verhalten reduziert werden. Besonders die Wirkungen, Realitäten verzerrender Bilder – mit hoher psychischer Beeinflussung –, können, selbst bei sorgsam recherchierten Zusammenhängen, dramatische Verfälschungen verursachen, also die Öffentlichkeit beirren. Inszenierte, also auch statistisch nicht relevante Fotos, wecken zwar ökonomisch Aufmerksamkeit, lösen allerdings fehlgeleitete Gefühle aus; sind also bewusste Lügen, entsprechen sie doch nicht neutraler Recherche, wahrheitsgemäßer Berichterstattung. So werden schon mal alte Fotoserien, bewusst verzerrt als „Eye-Catcher", eingesetzt, um eben den Bericht an den Mann zu bringen, um Emotionen, also den Umsatz zu heben. Welch ein verwerflich medialer Ansatz! Demokratisch kriminell – weckt es doch unsere tiefsten Gefühle, indiziert realitätsferne Engagements, und kann durchaus in politische Schieflagen münden. Zwar sichert die Verfassung die freie Meinungsäußerung, die Verifizierung bleibt dennoch offen. Ist doch nur gefordert, dass die allgemeinen Gesetze (!), z.b. Bestimmungen zum Schutze der Jugend, der persönlichen Ehre u.ä. einzuhalten sind. Zu ergänzen wäre: möglichst wahrheitsgetreuer und gut recherchierter Berichterstattung; also, eigentlich journalistisches Selbstverständnis. Reicht das nicht, sind eben Wahrheiten verzerrende Fotos zu verbieten (was übrigens der Zunft auch bekannt ist).

Kein Wunder, dass – bei sich aufweichender journalistischer Ethik – das Vertrauen der Öffentlichkeit in die Berichterstattung schwindet; spürt sie doch, dass, in politisch heiklen Phasen – wie Untersuchungen nachweisen –, die Realität verzerrend wiedergespiegelt wird. Das Publikum wehrt sich mit Lesermeinungen und Demonstrationen, zunehmend mit Politikverdrossenheit; weitere Möglichkeiten sind ja verwehrt. Es sind demokratisch kritische Tendenzen, die wieder ins Lot kommen müssen. Und es wird Jahre dauern, die Vertrauenskrise zu überwinden. Nur möglich über eine Verhaltensänderung – die aber, ist ein langer Prozess (Kap. 17, 23).

Vergegenwärtigen wir uns z.B. die Rituale in den öffentlichen Diskussionen. Selbst die Besetzung der Runden entspricht kaum der Meinungsverteilung in der Bevölkerung; bewirkt also bereits eine Verfälschung der realen Zusammenhänge – ganz unabhängig von der Qualität der Diskutanten. Ferner, statt zu versuchen, konträre Meinungen zu verstehen, eben zu diskutieren, knüppelt man lautstark den „Gegner" nieder, hört nicht zu, unterbricht, wechselt in ein genehmes Thema; besonders, bei gravierenden Niveauunterschieden. Es liegt in der Verantwortung der Moderatoren, kompetente, durchaus ideologisch gegensätzliche Gesprächspartner einzuladen – eben nicht populistische Aufzüge zu orchestrieren. Es verlangt den wertneutralen, den qualitativen Journalismus, der eben professionell aktuelle politische Themen moderiert. Nur einem kleinen Prozentsatz gelingt es, inhaltlich Wertvollvolles, gewünscht Strittiges, verständlich dem Publikum rüberzubringen; auch in hitziger, jedoch respektvoller Auseinandersetzung qualifizierter Personen. Was häufig auch an der Bereitschaft politischer Repräsentanten scheitert, sich öffentlich zu „outen" oder mit nicht genehmen Gesprächspartnern zu diskutieren, so Sendungen regelrecht boykottieren. Was nützt mediengeile Speichelleckerei aus zweiter, aus dritter politischer Ebene, Selbstdarstellungsrituale, die mit längst bekannten, pauschalen Banalitäten nur Abneigung erzeugen, den Missmut des Bürgers fördern.

Die Kernfrage muss sein, wie sichern wir eine Meinungsvielfalt, den freien, den qualitativen, den kritischen Medienjournalismus. Erkennen wir doch die unglaubliche Bedeutung der Medien – als Bindeglied zwischen Politik und

Bevölkerung – spätestens seit Beginn des 20. Jahrhunderts. Medienpolitik ist nicht lästiges Anhängsel, sondern hochrangig im demokratischen Prozess. Medien sind eben die vierte Kraft jeder gesunden Demokratie! Nicht nur Informationsinstrument, sondern Kontrollinstrument – als einzig wirksames, als machtvolles Sprachrohr politischer Fehlfunktionen, um Machenschaften aufzuzeigen, demokratische Hemmnisse zu verhindern. Nur sie wiederspiegeln die Meinungsvielfalt, als Voraussetzung einer wirksamen Opposition.

Die zweite Entwicklung ist der explodierende Einfluss sich ständig ändernder Sozialer Medien in einer nun weltweit vernetzten IT-Kommunikation übers Internet. Technologien die – nach einer kurzen, jedoch turbulenten Innovationsphase – bereits in der Lage sind, fast alle Menschen weltweit kommunikativ zu verbinden, zu vernetzen, und besonders, zu beeinflussen. Innerhalb sich ständig ändernder Netzwerke, über sich ständig ändernde Portale, bilden sich immer neue Peer Groups; aber genauso schnell wieder auflösen können. Auch jederzeit in der Lage sind, Gruppen von Menschen zu mobilisieren, wirtschaftliche Gefüge zu beeinflussen, Revolutionen und Demonstrationen auszulösen, selbst Regierungen stürzen können. Diese Entwicklung hat erst begonnen; ist über Lern- und Inkubationsphasen in der Lage, selbst Demokratien auszuhebeln. Einerseits ermöglichen sie, zum ersten Male in unserer Geschichte, Demokratien direkt zu beeinflussen – nämlich so, wie „Demokratie" ursächlich gedacht war; als *fundamentaler Unterschied* zu heutigen „Massenansammlungen". Die klassische Politik steht vor neuen demokratischen Herausforderungen. Ständig wechselnde Interessengruppen sind zu berücksichtigen, mit einzubeziehen, also, wechselnde politische Tendenzen (einer neuen Medienwelt), nach realer Wertigkeit zu verarbeiten. Damit fällt auch die ideologische, über Generationen wirkende Verknüpfung zu den alten eingesessenen Parteien weg.

Gefährlicher sind die auf weitgehende *Anonymität* beruhenden Netzwerke – mit ihren sozialen und politischen Auswirkungen. Entfällt doch die moralische Schwelle persönlicher Konfrontation, die Verantwortung für das, was man „postet". Mit Eingriffen in Persönlichkeitsrechte, mit Diffamierungen und Auswirkungen, die durchaus Potenzial haben Chaos zu erzeugen, Zusammenbrüche zu verursachen, also, individuelle Interessen zulasten der Gemeinschaft umsetzen, besser, demokratische Prozesse aushebeln. Z.B.:
- Anonyme Diffamierungen die Existenzen bedrohen, Vermögen vernichten, soziale Bindungen auflösen können,
- oder politisch gesteuerte Falschinformationen (Trolle), die gezielt Regionen und Menschengruppen beeinflussen, Einstellungen und Verhalten interessensgesteuert verfremden; sich schon in Richtung Cyberwar, in die hybride Kriegsführung bewegen.

Mit der für alle zugänglichen, der hektischen, weltweiten Durchdringung neuer Medien über alle Altersklassen, verändert sich auch das soziale Verhalten. Wird doch – wie wir tagtäglich beobachten können – viel Zeit nicht nur im banalen Gedankenaustausch verschwendet, sondern auch eine Einstellungsnivellierungen geschaffen (weltweit), die – minütlich, stündlich, täglich – „Initiativen" initiieren, Verhaltenskorrekturen verursachen, ad hoc mobilisieren, eine Vielzahl von Reaktionen hervorrufen, selbst eine stabile, strategisch ausgerichtete Politik infrage stellen können. Sehen wir nur, wie sich daraus Großereignisse bestimmen: den Brexit auslösten, die US-Präsidentenwahl mit entscheiden, Wahlprognosen ad absurdum führen, Ängste über Falschmeldungen jeglicher Art bewirken, Völkerwanderungen initiieren. Vor wenigen Jahren noch völlig undenkbar, heute, mit unglaublicher Wirkung.

Wobei wir in Westeuropa froh sein müssten, dass noch – historisch bedingt, durch die Medienvielfalt und dem doch demokratischen Impetus – eine weitgehend neutrale Beurteilung für den Einzelnen gegeben ist, und zwar so tief und ausgereift, wie wir sie nirgendwo in der Welt finden. Beweisen doch die autoritären Staaten, wie man Bevölkerungen steuern kann (China, Russland, Türkei). Wobei Potentaten sich nicht scheuen, Medien in andere Länder zu installieren, um mit einseitigen, mit Falschmeldungen, eigene Interessen zu forcieren, z.B. der europäischen Politik zu schaden. Ein demokratisches Gefahrenpotenzial unglaublichen Ausmaßes, dem einerseits (Kap.18) nur mithilfe eines freien und professionellen Journalismus begegnet werden kann; offensichtlich „Falsches" aufgegriffen, interpretiert, veröffentlicht wird, „Richtigstellungen" (Kap. 8) möglich sind. Eine weitere offene Flanke sind mächtige Internetkonzerne, die – unabhängig der „niveauarmen", massennivellierenden Oberflächlichkeiten – ein Einflusspotenzial erreichen, das die Vielfältigkeit an Informationen dramatisch reduziert, „vereinseitigt", selbst Staaten beeinflussen kann. Die Politik ist bis dato dem ausgeliefert. Das darf nicht sein!

Vielleicht gelingt es andererseits, die internationalen Netzwerke auf ihre Aufgaben zu reduzieren, mit der sie ja die Gesellschaft fachlich und gesellschaftspolitisch positiv geprägt haben, eben, als technische Instrumente, wie alle anderen der letzten Jahrzehnte auch, ohne Verletzung persönlicher Rechte und krimineller Machenschaften. Mit volkswirtschaftlich sinnvollem Nutzen, nicht manipulierend, Demokratien gefährdend. Es verlangt allerdings ein anderes Verhalten, gesellschaftlich gereiftes Ethos (Kap. 14) – und, *politischen Zwang.*

8. Freiheit, Gleichheit und die Informationstechnologie

Freiheit, Gleichheit, besonders Gerechtigkeit, sind Themen, die schon bei den alten Griechen diskutiert wurden. Dennoch, alle drei Begriffe – so selbstverständlich sie uns auch scheinen – sind nicht eindeutig zu definieren, obwohl sie unser Verhalten doch ganz entscheidend bestimmen. Gerechtigkeit ist ein dem Menschen inhärentes, ein evolutionär bedingtes Verständnis, getragen von Ethik, und vom Gewissen vorbestimmt zur Sicherung des Überlebens in der Gemeinschaft; also, Voraussetzung friedlichen Zusammenlebens.[53] Führt allerdings zur nächsten Frage: Was ist Ethik? Oder, was ist das Gewissen, wer bestimmt, was umfasst es? Es sind die Werte einer Gesellschaft, die evolutionär das Zusammenleben regeln. Wir finden sie bereits in den „Naturgesetzen", angepasst und abgegrenzt von den Religionen, individuell geprägt von jeder Gesellschaftsgruppe für sich. Seit uralter Zeit finden wir sie in den „Goldenen Regeln" (die auch „Qualen" anderer erlauben) und in modernen Definitionen wie z.B. „Gerechtigkeit ist Fairness im Sinne der kooperativen Gestaltung eines Zusammenlebens Freier und Gleicher" (Rawls)[54]. Gerechtigkeit ist also nicht zu verallgemeinern, wie eben auch, dass individuellen Interessen für den Menschen selbst durchaus, eben nach seiner Individualität, seiner Natur nach, für ihn auch „rationale Egoismen" sein könnten. Gerechtigkeit also in der Praxis – heute, und immer – individuell interpretiert wird, auch wenn in einem kulturellen Rahmen eingebettet.

Und genau aus dieser Problematik haben Demokratien *„Gerechtigkeit"* als oberste Maxime in ihre Wappen geschrieben – wie immer sie auch, und von wem gerade, definiert werden möge. Da sich nun aber Meinungen ständig ändern, und damit auch politische Tendenzen, haben wir das Problem, dass immer wieder versucht wird „Gerechtigkeit" dem Bedarf anzupassen, nach präferierten Gruppen neu zu definieren, was sich schlussendlich – in unseren „reifen" Demokratien – in der Aufblähung der Verwaltungsmechanismen, mit ständig neuen Gesetzen und Regelwerken, vielfältigen Verfeinerungen, niederschlägt. Mit der Gefahr überzuregulieren und andererseits, Gerechtigkeit ins Gegenteil zu verkehren; nämlich, dass sich immer wieder Gruppierungen mit spezifischen Regelungen benachteiligt, ungerecht behandelt fühlen und auf die Barrikaden gehen. Die Frustration steigt bei jeder Maßnahme – egal wie wohlmeinend sie auch sein möge –, also, mehrt eher

---

[53] Neuberg A., *Morphologie des Staates*
[54] Rawls J., *Der gute Staat*

Unzufriedenheit. So kommt die Politik immer wieder in die Kritik; trotz aller Bemühung, eben, „gerecht" sein zu wollen.

Heutiger Politik fehlt die Erkenntnis der alten Griechen, dass Gerechtigkeit nicht zu verallgemeinern ist – man sich von Staats wegen, vor jeder Überregulierung hüten sollte. Es ist der berühmte Grat: Überregulierung führt in die Autokratie, hemmt individuelle Entfaltung, mit Tendenz zur Anarchie; denn „Der Gerechtigkeit ist am meisten die Gier entgegengesetzt"[55], die wirkt eben immer.

Ähnliches gilt auch für den Begriff *„Freiheit"*. So selbstverständlich im täglichen Sprachgebrauch auch verwendet, so different ist er in seiner Wirkung. Hat er doch zwei differente Bedeutungen: „Frei zu sein von etwas", d.h. unabhängig zu sein, und „Frei zu sein für etwas" zu tun oder zu lassen was man will. Nämlich, dass die Demokratie sich bemüht, einerseits Freiheit zu sichern, andererseits aber auch Freiheit – zu Gunsten von volkswirtschaftlich „Wichtigem" (?) – einschränken muss. Und da wir immer der gleichen Problematik gegenüberstehen, hemmt die Politik – unbeabsichtigt – im Zuge ihrer Reifung, ungewollt das Engagement, die Dynamik des Einzelnen. Damit landen wir bei der „Gleichheit".

Für die *„Gleichheit"* gilt selbiges. Ist „Gleichheit" zwar in der Verfassung verankert, ist sie dennoch – alleine aus der Einkommens- und Vermögensverteilung – im praktischen Leben ständig durchbrochen; auch wenn sich die Politik bemüht, als etwas Selbstverständliches, naturgegebenes, gerne zu verschweigen. Nehmen wir als Beispiel die Bildung, oder die Informationstechnologie. Statt „auszugleichen", geht es leicht ins Gegenteil: Zwischen jenen, die es – im ureigenen Nutzen – sowohl beherrschen und einsetzen, und jenen, denen entweder die Fähigkeiten, die materiellen Möglichkeiten oder der Zugang fehlt, sie also zwangsläufig „zurückbleiben".

Alle drei Begriffe sind also sowohl Grundlage wie auch ein Problem in der Demokratie. Nie allgemein akzeptiert zu verwirklichen, und ständig gewollt neu zu erfinden. Wie Popper zwar trefflich meinte: „Freiheit und Demokratie haben keine Ewigkeitsgarantie, sondern müssen jeden Tag aufs Neue erkämpft werden"; was wir aber zunehmend – saturiert, eingebettet in einem Wohlfahrtsstaat – missinterpretieren, in endlosen Regulierungen zu greifen versuchen. Es ist ein Verhalten, das uns, das unsere Politik widerspiegelt. Genau andersherum muss es verstanden werden: Es sind unsere persönlichen

---

[55] Aristoteles, *Nikomachische Ethik*

Einstellungen, die wir immer wieder, mit anderen, im Diskurs, erarbeitet und erkämpfen müssen, Werte, die eben eine Gesellschaft nachhaltig tragen. Es liegt in der Person, im Individuum sui generis! Vermutlich finden wir hier den Verfall „demokratischer Grundsätze", wie es zunehmend anklingt (Kap.13).

a) Wissensübergang – IT und Politik

Man sollte meinen, dass in den wirtschaftlich führenden, den hochzivilisierten Ländern der Welt, dem Thema, der rigorosen Umwälzung der Weltwirtschaft durch die digitalen Prozesse, auch politisch besondere Aufmerksamkeit gewidmet wird. Wird es teils, allerdings verwickeln sich die europäischen Länder in kleinbürgerliche Diskussionen, die nicht annähernd einen praktikablen Durchbruch, geschweige konzertierte Aktionen, Regelungen erwarten lassen, die sowohl das Individuum wie auch Schlüsseltechnologien schützen. Seit Jahren – wenn nicht gar Jahrzehnten – konzentrieren sich IT-relevante Auseinandersetzungen der Politik auf minimale Datenschutzrichtlinien (kommt, neben den „Werten", in der Öffentlichkeit gut an). Alle – ob Staaten oder private Hacker – bespitzeln nicht nur militärisches, sondern ziehen geheimes Wissen von Staaten, von Industrien, von Privaten, Entwicklungen aller Art ab. Und neu ist es ja nicht – das Internet entwickelte sich ja bereits seit den 1980er Jahren. Selbst die Veröffentlichungen über die geheimen Netzwerke des NSA durch E. Snowden sind schon fast wieder obsolet. Einzudämmen ist diese Entwicklung sowieso nicht, aber regulierend einzugreifen, könnte man vom Staat schon erwarten (von der EU). Allerdings hemmend wirkt, kein Staat ist bereit – aus nationalem Eigensinn, aus wirtschaftlichen oder datenschutzrechtlichen Überlegungen –, offen zu legen, wo er den seine elektronischen Finger nicht schon drin hat.

Bekannt ist ja, dass wir – nach den IT-Verzahnung in alle Lebensbereiche – vor einer Revolution stehen; vergleichbar ohne weiteres mit der Industriellen Revolution, begonnen vor etwas mehr als 100 Jahren. Und bekannt ist ferner, dass sich jene Länder wirtschaftliche Vorteile auf Jahrzehnte sichern werden (wie schon damals), denen es gelingt, sich mit ihren IT-Unternehmen weltweit in vorderster Reihe zu positionieren, monopolistisch Abhängigkeiten schaffen, nicht nur wirtschaftlich „systemrelevant" zu werden, sondern selbst politisch Tatsachen schaffen könnten. Kommen doch heute schon die innovativsten und wertvollsten IT- und IT-nahen Firmen der Welt aus den USA, wie z.B. Microsoft, Google, Apple, Amazon, Facebook u.a. Unglaubliche Gewinne fließen in die USA, kapitalisieren enorme Vermögen – bei dennoch kaum relevanter, also greifbarer „Hardware".

„Vermögen" formuliert sich völlig neu – nicht mehr so wie in alten Zeiten, manifestiert in Anlagen, Maschinen und imposant anzusehenden „Werten".

Nichts Ähnliches sehen wir in Europa (wenn man von einzelnen Konzernen wie SAP absieht, alle anderen KI-nahen haben an Boden verloren). Zwar war die Industrielle Revolution, mit den gewaltigen Investitionen und Umbrüchen, von privaten Unternehmern initiiert, allerdings hatten die Regierungen – wenn auch nicht auf technische, auf industrielle Entwicklung konzentriert – einen bedeutenden Einfluss. Einerseits aus Kolonialisierungsbestrebungen und andererseits aus feudaler Großmannssucht; mit leider dann auch Kriegen. Beides will man nicht, aber Initiierungen, ev. begründende Begleitungen, wie sie eben nur von staatlicher Seite möglich sind, bilden entscheidende Voraussetzungen, lösen vielfach erst Initiativen aus. Wie z.B. über liberale Kapital-, Finanz- und Freihandelsmärkte oder konforme Bildungsförderung, besonders aber aus reduziertes Regelungsdichte und mit „dienstleistender" Verwaltungen, auch zukunftsorientierten Infrastrukturen (Netze, Energie, Satelliten, Infrastruktur), klare Rechtsverhältnisse und IT-Sicherheiten, Förderung von Start up´s, EU-weite Abstimmung der Maßnahmen u.ä. Allerdings, der Rückstand zu den USA (>10Jahre) ist bereits so groß, dass konzertierte Aktionen (durch Staat, über private Unternehmen) eine Grundvoraussetzung wären, um zumindest den Abstand (die Abhängigkeiten) zu reduzieren, in spezifischen Nischen vielleicht sogar Führungsrolle zu übernehmen. Bei vielen Spitzenpolitikern fehlt der „volkswirtschaftliche Hausverstand", das ökonomische und soziologische Feingefühl, wann und wo regulatorische Initiativen zu setzen wären, welche latenten Potenziale, dazu rechtzeitig, zu fördern sind, um auf lange Sicht volkswirtschaftliche Vorteile zu gewährleisten. Aus politisch-praktischer, also unternehmerischer Sicht, sowie aus den oben diskutierten demokratischen Prozessen, ist eine nennenswerte Kehrtwende heute kaum zu erwarten. Die wirtschaftliche, diese politisch verantwortete Lähmung Europas, ist schwer aufzubrechen (Kap.23). Die Vereinigten Staaten, gefolgt von den aufstrebenden Staaten Asiens[56], werden auf lange Zeit führend bleiben (und damit unseren Lebensstandard negativ beeinflussen).

Alle europäischen Staaten tun sich in der Wirtschaftsförderung schwer. Einerseits sind die Budgets ausgereizt und mehr Verschuldung nicht gewünscht – wie wenn Förderung eine rein finanzielle Frage wäre. Primär sind es immer menschliche Initiativen, charismatischer Drive politischer

---

[56] Ganz zu schweigen von der strategisch-konzertierten KI-Priorität wie China sie vorantreibt, bereits den Westen zu überholen beginnt; als durchaus ernste Gefahr für die Freiheit, aber auch den lokalen Wohlstand.

Führungskräfte, eine spürbare Dynamik engagierter Persönlichkeiten, überzeugende Strategien, also Fähigkeiten, Initiativen zu setzen. Zwar moniert es die freie Wirtschaft seit Jahren, seit Jahrzehnten – allerdings fruchtlos. Man frägt sich, was wären denn eigentlich die Aufgaben der Spitzenpolitik? Für was ist sie gewählt? Doch nicht für tagtägliche administrative Verwaltung. Die nachhaltige Sicherung der Freiheit und der Wohlfahrt ist es – und zwar nach strategischer Perspektive (Kap. 20), aus internationaler Orientierung, sowie der systematischen Auflösung der seit Jahren und Jahrzehnten sich kumulierenden Probleme.

In der freien Wirtschaft sind Mitarbeiter ständig gezwungen – zur Sicherung von Einkommen und Job – sich anzupassen, sich weiterzuentwickeln. In den öffentlichen Verwaltungen, besonders in der Politik (rekrutieren Politiker sich ja vorwiegend aus der Öffentlichen Verwaltung) fehlt dieser Zwang – damit auch relevantes Wissen und Erfahrungen, der Druck, sich ständig anzupassen, Leistung erbringen zu müssen (war bisher auch nicht notwendig). N.w.v. scheint zu gelten – wie unter dem Kaiser – „jederzeit aktiv für die Grundgesetze einzutreten", wobei eben, als einzige Handlungsalternative Gesetze und Regeln galten, eigene Initiativen, im Sinne einer prosperierenden Volkswirtschaft, nicht gefragt waren. Ich befürchte, wir werden noch lange warten müssen, bis sich im Staat ein modernes Dienstleistungsverhalten, synergetische Zusammenarbeit zwischen Wirtschaft und öffentlicher Verwaltung, unterstützt von elektronischer Vernetzungen, etablieren kann – und hoffentlich, zu massiv reduzierten Kosten. IT-vernetzte Organisationen in Öffentlicher Verwaltung blieben bisher der Initiative einzelner überlassen. Es beherrschen uns veraltete, und vor allem zersplitterte Softwares, mit viel zu wenig Schnittstellen zu den wesentlichen Institutionen (Bund, Länder, Kommunen, Sicherheitskräfte, Institutionen, ..), dazu, ohne laufender Adaption anhand technologischer Fortschritte. Natürlich gibt es immer ein „Aber..."; ja eben, Öffentliche Verwaltung.

Stellen wir uns nur vor, welche Inkubationen, welche Innovationen, also welchen Schub es auf die freie Wirtschaft ausüben könnte, hätten wir in Europa tatsächlich eine vernetzte Infrastruktur, mit gemeinsamen Standards, die zusätzlich Abläufe und Kosten dramatisch reduzieren würden (bei Sicherung unserer Daten!). Allerdings, es verlangt charismatische Persönlichkeiten in der Politik – die eben, nirgends erkennbar, eben, überwiegend „konventionell" geprägt sind. Schätzen wir nur mal ab, welcher Zeitbedarf für die Umsetzung, für vernetzte Änderungen, relevante Ausbildungen und anderes Verhalten notwendig wäre, wir müssten in Dekaden rechnen. Solange können wir aber nicht warten! Wir kommen in Europa ins ökonomische, ins sicherheitspolitische Hintertreffen.

Stellen wir uns ferner vor, wie alleine schon die freie Wirtschaft – unser einziger Goldesel – damit gefördert werden könnte; mit einer Schubkraft, die nicht nur Kosten sparen, sondern Dynamik auslösen kann. Fällt doch selbst Deutschland – als industrielles Musterland – im internationalen Vergleich immer stärker zurück (Rang 21). Obwohl die Voraussetzungen in West-europa, mit den überaus fähigen und engagierten Menschen, mit Einsatz-bereitschaft und loyaler Mentalität, doch exzellent wären – unvergleichlich in der Welt. Ein Schatz, den nur eine fähige Politik heben könnte. Liegt doch unvergleichliches Potenzial für so eine Entwicklung brach. Alles, an Know-how, an Kapital und Einsatzbereitschaft, ist vorhanden. Probleme der Sicherheit, der Standards, der Infrastrukturen, der Geschwindigkeiten und Speicherkapazitäten, der Vernetzungen, von Wissen bis zu Software-fähigkeiten etc., wären latent gegeben. Es braucht nur den Anschub, die Koordinierung und Initiative. Mit Bisherigem, einem konservativen Denken, einem in Jahrhunderten verhafteten Bürokratismus, wird es nicht zu schaffen sein. Möglich ist es allemal! Aber, mit eingefahrenen politischen Strukturen, nicht zu lösen!

Viele Beispiele zeigen, Regierungen, die Verwaltungen in Europa, verhalten sich zu den Bürgern und Industrien wie wenn – wie vormals der Feudaladel – Untergebene zu zähmen, zu führen sind, ihr Verhalten, ihr Engagement und ihre Leistungen, dem Willen der Staatsregierung unterzuordnen wäre. Nicht die Gemeinsamkeit, eine kooperative Zusammenarbeit, Bestmögliches für den Staat zu erreichen entscheidet, sondern Kontrolle, Regularismen, ein Gegeneinander (ein Aufrechnen). Es sind diese jahrzehntelangen, politischen Verkrustungen die inhärent wirken, diese straff-formalen Regularien einer über Jahrhunderte konservativ entwickelten Verwaltung, die, wie ein ver-längerter Arm einer autoritären Staatsführung, n.w.v. bestimmt und gestaltet, obwohl sie längst, in einer globalisierten Welt, die Kontrolle verloren hat. Beispiele:

- *Gravierende Sicherheitslücken*, massiver Diebstahl von internen und geheimen Daten. von Staaten und Industrien bis zu den Individuen, bei steigenden Hackerangriffen und internationalen Abhängigkeiten. Immer stärker nutzen Kriminelle (und autoritäre Regimes) die Möglichkeiten der Datentechnik, keiner ist vor ihnen sicher. Es beginnt erst so richtig! Die Schäden gehen ins unermessliche. Alles ist ausspäh- und manipulierbar. Nur der Staat wäre in der Lage, es gesetzlich wie operativ einzudämmen. Die volkswirtschaftlichen Schäden stehen in keiner Relation zu den Kosten der Abwehr. Allerdings, mit „bürokratischer Philosophie" ist das Problem nicht in den Griff zu bekommen. Gegen den „kreativen Fundus" der Bay von San Francisco scheint bis heute kein Kraut gewachsen. Selbst der Staat ist alleine nicht mehr in der Lage der internationalen Cyber-kriminalität Herr zu werden – es bedarf einer umfassenden Partnerschaft, von Industrie und EU. Nur die EU, mit ihren 440 Millionen Nutzern, hätte das Potenzial, wenig einsichtige US-IT-Firmen, selbst der NSA und autokratische Staaten (Russland, China), Grenzen zu setzen; über Zugriffe auf internationale Knotenpunkte und mit gesetzlichen Regelungen, z.B. als Zwang zur Legitimation (Verbot der Anonymität), die Freiheit und Würde des Einzelnen wieder zu sichern, Rechtsverstöße wirkungsvoll zu ahnden.

- Das Internet ist eine Innovation, die unbegrenzte Wissensakkumulation erwarten lässt. Sie ist ein mentaler Strukturbruch, ähnlich Gutenbergs, vor an die 500 Jahre. Jeder (Wissens-)Zugriff ist möglich: für Bildung, die politische Arena, im beruflichen Alltag, der Entfaltung der Selbstständig-keit mit unbegrenzten Möglichkeiten. Welche Perspektive hätte doch der Staat wieder, mit der politischen Einbindung des Einzelnen. Aber, *mit heutigem Verwaltungskonglomerat, straffer Regulierung von Aufgaben und Kontrolle über zig-Ebenen, verbietet sich jede evolutionäre Nutzung.* Theoretisch wäre es sogar möglich, die bürokratischen Strukturen weitest-gehend aufzulösen (eine Frage von Software und Programmierkreativität) – was natürlich einschlägige Lobbys auf Jahrzehnte zu verhindern wissen werden; also, die nationale Entwicklung behindern. Wer könnte sich hier schon durchsetzen?

- Vermutlich am gravierendsten jedoch ist der *soziologische Einfluss* auf die europäische Bevölkerung; einerseits durch ausländische Konzerne (von unbekannten Akteuren) mit unbekannter Datennutzung und Verwertung zu rein privaten Vorteilen, andererseits der Einfluss auf Denken und Verhal-ten der Bevölkerungen durch fremde Agitatoren (über unzählige Anwen-dungen, Apps). Alles, ohne jeglichen Einfluss der europäischen Staaten!

Es fehlt die fundamentale Verhaltensänderung des Staates: weg von der hierarchischen Anordnungsbefugnis, hin zum überzeugten, rationell und professionell handelnden Dienstleister für Bürger und Wirtschaft. Gelingt diese Wandlung nicht, ist unser Wohlstand, nachhaltig, vielleicht sogar die Freiheit verloren – unterliegen wir doch einem völlig verändernden Wett-bewerb, mit massiver Fremdbeeinflussung.

Ferner ist es eine Frage der geistigen Leistung, der geistige Dynamik. Gehen wir gut eine Generation zurück. Erinnern wir uns, wie unsere geistige Elastizität, die Wendigkeit, schon von der Grundschule weg, durch ständiges Wiederholen, durch mathematische Übungen, durch rezitieren von Literatur, über viele didaktische Auseinandersetzungen, trainiert wurde und wie es heute (falls überhaupt) nur mehr aufgeweicht stattfindet. Schon hat der einfache Taschenrechner, nun das Smartphone, besonders aber der ständige Internetkonnex, diesen Trainingseffekt in den Hintergrund gedrängt, dazu geführt, dass wir – falls Kombinationsleistungen gefragt sind (dazu gehört eben auch die Innovationsfähigkeit) – geistlos zur Tastatur greifen. Was verändert sich damit fundamental?

- *Das Klick-Zeitalter*: Viele Untersuchungen beweisen zunehmende Konzentrationsmängel, steigende Lernschwierigkeiten, Zunahme von Aggressivität, Reizbarkeit und Schlaflosigkeit, wie allgemein Verhaltensstörungen. Also, die Aufmerksamkeitsspanne wird geringer, ebenso die Frustrationsschwelle – man klickt eben ein paar Mal weiter, oder lässt es sein. Abbau der „sozialen Kompetenz" ist der Überbegriff. Die für unsere Entwicklung so fruchtbare „geistige Eigenarbeit" lässt nach. „Wissen" entsteht eben im Kopf, ist systematische, ist harte Arbeit – ist insbesondere „Bildung"! Dass Berufsanfänger vielfach heute kein Bruch- oder Prozentrechnen beherrschen, ist vielleicht nicht so schlimm (kann ja noch kommen?). Aber, dass auch der Ehrgeiz, Ziele zu setzen, nachlässt, scheint ein echtes menschliches Problem. Beobachten wir nur, wie viel Zeit mit dem Smartphone verbracht (eher verplempert) wird. Nimmt die Denkleistung ab, verbauen wir uns die Zukunft im internationalen Wettbewerb!

- *Datenüberfluss vs. Kreativität*: Die weltweit immer wachsenden digitalen Archive verlangen keine „Erinnerung" mehr, kein „individuell gespeichertes Wissen" – ist doch irgendwo alles dokumentiert, gespeichert; so dass das mühsam Erlernte, und immer wieder gepflegte Erinnerungsvermögen, plötzlich überholt scheint. Alles ex post-Wissen ist theoretisch greifbar; könnte, in vollem Umfang zur Förderung der Kreativität, der Innovationskraft eingesetzt werden. Allerdings, welchen Einfluss hat es tatsächlich, auf den menschlichen Geist? Ist er überhaupt noch in der Lage, aus diesem unglaublichen Wissensvolumen das abzugreifen, was zur Assoziierung neuer Gedanken, zur Innovation führen kann; oder ist es diese erkämpfte Geistesarbeit, persönlich hart erarbeite Wissensvolumen, das eben – gepaart mit Anstrengung und Willensstärke – die Assoziation zur Innovation erst ermöglicht? Eine fundamentale Frage!

Es geht ja nicht nur um mehr Daten, und Daten, und noch mehr Daten ..., bestehend aus 0 und 1, sondern um die kreativen Verknüpfungen, bis zur Innovation, und die bleibt noch immer den Milliarden Verkettungen unserer Synapsen vorbehalten; so viel wir auch automatisieren mögen (0 und 1 bleiben immer „ex post"). Die kreative Verwertung der Informationen ist es, die schlussendlich uns selbst, unserem Gehirn überlassen bleibt – und, sind wir kooperativ, können wir sie mit anderen vertiefen, abstimmen, Neues erarbeiten. Reines Ablesen und Sammeln von Informationen – dazu noch „einseitig verifiziert" – bleibt Bevormundung, untergräbt die eigene Beurteilung, unsere geistige „Selbstständigkeit", führt mental zurück in die Zeit vor der Aufklärung. Man verlernt, sich eine Meinung zu bilden. Als *der* fundamentale Einfluss auf unser Verhalten, unsere Entwicklung; die Folgen sind noch gar nicht abzuschätzen. Ist uns eigentlich bewusst, dass – als Gegensatz zur anscheinend „mühelosen Bildung" (eigentlich „Datensammlung") – nur das ständige Training des Geistes, von klein an, alles bewegt, und immer bewegt hat. Alles scheint heute theoretisch ableitbar, ist zunehmend jedoch nicht mehr hinterfragt (als die entscheidende, als evolutionäre Denkleistung). Neues muss geistig erst erarbeitet werden – Daten alleine, und seien die noch so komplex, reichen eben nicht.

Es ist ein Wendepunkt der technologischen Entwicklung – mit besonderer menschlicher Komponente –, ähnlich den technologischen Schwellen nach Kontratieff. Und das führt – in diesem Ausmaß, und, weltweit vernetzt – in eine neue Welt! Abgesehen davon, dass viele manuellen Routinetätigkeiten elektronisch ersetzbar scheinen, jeder neue Leistungsbeitrag elektronisch weitgehend bereits vernetzt geplant werden kann, und sich weiter entwickelt, was bleibt dann für die Masse der Menschen, die in dem elektronischen Arbeitsumfeld nicht mehr eingebunden werden können, nicht benötigt werden. Wie werden sie ihre Existenz sichern? In einer Demokratie?! Ist es nur eine Episode, wie die vielen technologischen Neuerung aus dem letzten Jahrhundert, oder ähnlich revolutionär wie Gutenbergs Erfindung, als Voraussetzung erst von allgemeiner Bildung (eben, als Aufklärung)?

Experten schätzen, dass die überwiegenden gegenwärtig menschlichen (Arbeits-)Leistungen über elektronische Prozesse, also durch maschinelle Verknüpfung und Automatisierung vom Kundenwunsch bis zum Rohstoff (vernetzte Fertigungs-, Lieferungs-, Bezahl-, und Gesundheitssysteme, Blockchains u.v.a.m.), und bei weltweiter Nivellierungen der „Leistungen", obsolet werden kann. Und das, zulasten unterer bis mittlerer Bildungsschichten. Ein kapitalistisch vielleicht wünschenswerter, aber soziologisch katastrophaler Ansatz! Welchen Einfluss wird das auf die Staatssysteme haben, auf unsere Demokratien. Haben doch jetzt schon Völkerwanderungen eingesetzt, vorwiegend ausgelöst durch die kommunikative Vernetzung bis in den letzten Winkel der Erde. Eine Fülle von neuen Problemen leiten sich daraus ab: menschliche, ethische, rechtliche etc.; besonders jedoch gesellschafts- und staatspolitische; und das, in kürzester Zeit (die uns sowieso schon davonläuft). Nur der Staat kann versuchen – mit seiner Bevölkerung – Antworten zu erarbeiten, begleitend vorzubereiten. Aber, was tun unsere Staaten, in der EU? Nichts dergleichen! Wird der Wissenszuwachs, mit seiner exponentiellen Verbreitung sowie des dramatisch technologischen Umbruchs, Fluch oder Segen für unsere Demokratien?

9. Das politische Messie-Syndrom

Zu jedem Thema werden wir mit konträren Argumenten konfrontiert, mit oftmals abstrakten Einstellungen schockiert, sodass wir uns häufig über realitätsferne Logiken, über Diskussionen weitab der Plausibilität, nur wundern können. Dazu kommt, dass sich der Eindruck verstärkt, eine Vielzahl von akuten Themen und Fakten bleiben ausgeklammert – teils belastet durch die (deutsche) Vergangenheit oder gerade trendig „ethische" Strömungen –, so wichtig sie auch zum demokratischen Diskurs wären. Offensichtliches, Rationales, zählt eben nicht, und Diskussionen münden oft genug lautstark in Tendenzen, die wir schlussendlich – so falsch sie auch sein mögen – im politischen Alltag wiederfinden. Abwegige Argumente, wirres Denken und ruppiges Verhalten beherrschen oft den Alltag – und führen dennoch zu politischen Prozessen (USA wie EU). So nimmt die Politikverdrossenheit, die „Volatilität" der öffentlichen Meinung zu – und hebelt effiziente demokratische Prozesse aus.

Kaum widerspiegelt der Kern politischer Entscheidungen den wirtschaftlichen, soziologischen, technischen, physikalischen, statistischen etc. Tatsachen. Fast alles stellt sich in praxi rational anders dar. Aus dem Stegreif, bar jeder Verifizierung, wird behauptet, festgestellt, gefordert und – je rhetorischer Fähigkeit – Einstellungen, Neigungen, Trends, selbst politische Weichen gestellt. Jeder sieht es, vielen ist es bewusst, dennoch, kein Kraut ist dagegen gewachsen. Und zwar solange nicht hohe Qualität der Diskutanten (der Meinungsbildner) vorherrscht, solange nicht seriöse und fundierte Beiträge den öffentlichen Diskurs bestimmen (Kap.24); solange nicht dumme Argumente öffentlichkeitsgeiler Politiker zunehmend geächtet werden. Einige Beispiele Deutschlands:

- Der emotionale Umschwung weg von der Atomkraft, hin zur Energiewende, innerhalb weniger Tage. Autoritär erzwungen, statt eines, über gut einem Jahrzehnt erarbeitenden Wechsels. Geschweige rationaler Beurteilung technischer, ökonomischer Aspekte – selbst unter Risikoabwägungen.
- Verurteilung des Diesels als Kraftstoff innerhalb weniger Wochen. Statt sowohl rational wie ökonomisch vernünftig die ökologischen Ziele konsequent zu erarbeiten und mit der Industrie umzusetzen. Dazu wird die für Deutschland ökonomisch wichtige Branche weltweit massiv geschädigt.
- Die plötzlich enthusiastische Forcierung des E-Autos ohne Abwägung alternativer ökologischer Kraftstoffe; vor allem jedoch ohne tatsächlich positive Konsequenzen für die Ökologie, besonders bei dem gigantischen

Bedarf an Strom und Infrastruktur[57]. Dazu, alles umzustellen in nur wenigen Jahrzehnten, geschweige kurzfristig nicht ersetzbarer Bereiche (LKW, Bahn, Schiffe, Landwirtschaft, Bau- und Schwermaschinen).
- U.v.a.

Überwiegend bleibt es bei tagesaktuellen, kaum gesamtlösungsorientierten Fragen; und dann, mit banalen, politisch gerade noch zu vereinbarenden Pauschalierungen, je wahlwirksamer Ideologie. Systematische Lösungen sind so nicht erreichbar, führen gegenteilig zu einer Fülle belastender Kettenreaktionen. Alle nennenswerten Verzerrungen – offensichtliche oder versteckte, nachhaltig einnistende – sind Resultate dualistischer, einfachster Ad-hoc-Meinungen, je nach Parteirichtung. Und die münden – schaukeln sie sich nur ausreichend im Publikum hoch – in politische Entscheidungen. In endlosen Diskussionen wird mit enormem Aufwand diskutiert, gefeilscht, geändert, um Gesetze zu formulieren die „Tagesmeinungen" widerspiegeln, und so zwangsläufig faule Kompromisse bleiben – weitab strategisch rationaler Lösung; im Sinne nachhaltigen Wohls der Nation. Eigentlich treten wir auf der Stelle, müssen nur dankbar sein, dass uns eine starke Industrie, ein starkes Gewerbe, ein diszipliniertes und fleißiges Volk, über Jahrzehnte den Lebensstandard dennoch sichern konnte. Nicht zu übersehen ist, politisch besteht keinerlei Systematik, wir wursteln vor uns hin, finden keine Orientierung, kurz, wie „Messies"[58].

Man verliert sich Alltag. Es fehlen die Fähigkeiten, die vielfältigen Umwälzungen in der Welt systematisch in den Griff zu bekommen. Es fehlen menschliche und fachliche Voraussetzungen, um diese sich kumulierenden Einflüsse auf unsere Wohlstandsgesellschaften, geordnet in staatliche Politik umzusetzen, Verhalten und Rechtssysteme nachhaltig anzupassen, gemeinsam mit der Bevölkerung Ressourcen zu fördern, eben, Sicherheit zu gewährleisten. Geradlinig, nämlich nach §56 des GG, alle Kräfte „dem Wohl des deutschen Volkes [zu] widmen, den Nutzen zu mehren, Schaden von ihm abzuwenden". Wie unwohl fühlen wir uns, im Spiegelbild alltäglicher Politik, alleine beim Wiederholen der Eidesformel!

---

[57] 2006 betrug der Anteil der CH´s und der Kernenergie an der Stromerzeugung Deutschlands rd. 85%, 2016 rd. 67% (dank Erneuerbarer); ohne E-Autos! Haushalte verbrauchen lt. Energiebilanz rd. 25% an Energie, der Verkehr rd. 30%, fast durchwegs Mineralöle. Ein Ersatz durch Strom über Erneuerbare ist mittelfristig undenkbar; selbst wenn nur Diesel, und nur die PKW´s, auf, z.B. Elektrizität, reduziert werden sollten. Statistik BMWi, März 2017.
[58] Messie-Syndrom: Defizit, die Dinge in Ordnung zu halten, sich und seine Aufgaben zu organisieren. Bezeichnet als eine psycho-emotionale Befindlichkeitsstörung; abgeleitet von „Messie", das Chaos.

Jedem vernünftigen ist klar, dass, unter den vielfältigen Facetten der Globalisierung, höchste Professionalität, Expertensysteme die Grundlage für Entscheidungsalternativen bilden müssen, die dann – in einer Demokratie – unter Assistenz (und Kritik) der Medien, mit der Öffentlichkeit zu diskutieren wären. Die Entwicklung der letzten Jahrzehnte zeigt uns Grenzen bisherig „demokratischen" Verhaltens. Wären wir von den Grundsätzen n.w.v. überzeugt, ist ein anderes Verhalten zu fordern; eben, angepasste Führungsqualitäten und Professionalität im Sinne der Gemeinsamkeit, begleitet von wirksamen Diskurs` mit der Öffentlichkeit (nicht nur zur Konsensbildung, sondern als Bildung per se). Wir müssen weitgehend raus aus dem ständigen Politik-, Macht- und Kompetenzgerangel ohne perspektivische Entwicklung, weg von faulen Kompromissen, die sowieso nicht lange halten, weg von diesen oppositionellen Pauschalierungen, deren aktuelle „Wahrheiten" sowieso niemand mehr ernst nimmt. Kein Unternehmen kann sich nachhaltig über Kompromisse erfolgreich entfalten; gleiches gilt auch für Staaten – allerdings, für wesentlich längere Zeiträume (die ja oft genug die politische Misswirtschaft vertuschen).

Die Praxis zeigt das Gegenteil: In immer mehr persönliche und wirtschaftliche Freiräume, sowohl der Privaten wie der Wirtschaft, mischt sich der Staat ein – teils aus parteiinternen Interessen, teils aus sozialen Überlegungen –; als schleichende Entmündigung des Bürgers (Kap. 13). Gesetze, Verordnungen, Vorgaben und Regelungen, überschneiden sich zunehmend, werden – paradoxer Weise, was alleine schon die Qualität infrage stellt – unter Zeitdruck, unausgegoren, nicht abgestimmt mit den Betroffenen, durchgewunken. Erfordern in der Praxis dann Expertenrat – den sich aber auch nicht jedermann leisten kann –, hemmen so menschlich-natürliche Abläufe, den Freiraum des Einzelnen, Motivation und Innovation. Statt sich auf Kernkompetenzen – wie oben erwähnt, z.B. auf die Sicherheit und Infrastruktur – zu konzentrieren, werden Investitionen initiiert, die jede Form von Wirtschaftlichkeit vernachlässigen. Projekte, die primär privates Engagement verlangen, wie Flughafen BER, Elb-Philharmonie, Nürburgring, Stuttgart 21, .., alle staatlich initiiert und zusätzlich noch von Politikern gemanagt; dann logischerweise Planzeiten, Kosten überschreiten (und bleiben doch immer emotional geprägt).

Diese Borniertheit, für solche Prozesse unfähiger Spitzenpolitiker, stinkt gegen den Himmel. Jeder weiß es, dennoch handeln wir nicht gegen. Die politische Karriereleiter schließt heute ja gerade unternehmerisches Denken aus! Ständig wachsende Administrationen und Bürokratien verschleiern die Zusammenhänge, es leidet die Transparenz. Selbst der vor einigen Jahrzehnten installierte Rechnungshof (um eben Manko zu reduzieren) moniert zwar ständig fehlende Rentabilität und prangert Kostenüberschreitungen an, jedoch ohne nennenswerten Erfolg – haben seine Erkenntnisse doch nur Empfehlungscharakter (werden politisch kaum ernsthaft nachvollzogen!).

Einerseits akzelerieren sich die Probleme in den wuchernden Bürokratien, andererseits werden menschliche Fähigkeiten vernachlässigt – ist ja doch nur „Vorgabenorientierung" gefordert, der Entfaltungsfreiraum damit systemisch eingeengt. Dazu fehlt jede Art persönlicher Haftung öffentlicher Personen, mit z.B. persönlichen Nachteilen bei gravierenden Fehlentscheidungen. Im Gegenteil, verursachen jene einmal so viel Mist, dass sich die Öffentlichkeit mokiert, werden sie entweder aufs geruhsame Altenteil oder in hochdotierte Positionen (z.B. in die EU-Bürokratie) versetzt – welch krasses Missverhältnis zum Normalbürger, der sich nur kraft seiner Leistung, meist mit bescheidenem Einkommen, übers Wasser halten kann.

Seit Jahrzehnten betreiben wir in den demokratischen Institutionen, in den Regierungen, dem Bundestag oder Bundesrat, in Landtagen, „bürokratische Inzucht". Vom Beginn seiner Karriere – so engagiert und leistungsbewusst jeder Bewerber für die öffentliche Verwaltung sicherlich ist –, geht er durch die Mühlen öffentlicher Hierarchien; sowohl in der Verwaltung, in der Politik, wie auch den Parteien –, um schlussendlich „angepasst", wenn vielleicht auch populistisch brillant, höchste Weihen zu empfangen. Aber, repräsentieren unsere „Volksvertreter" denn auch die breite, die ganz anders „sozialisierte" Öffentlichkeit, qua persönlicher Lebensläufe? Sicherlich nicht! Beurteilen wir nur die Lebensläufe von Spitzenpolitikern (und ihrer „Netzwerke"). Aber, wir nehmen es hin! In der freien Wirtschaft würden wir es nie akzeptieren. Abgesehen davon, dass in der öffentlichen Verwaltung Grundsatzwissen über wirtschaftliche Zusammenhänge, wenn schon nicht aus praktischer Erfahrung, ferner volkswirtschaftliche und soziologische Grundlagen, eine zwingende Voraussetzung sein sollte.

Unabhängig von den sozialen und sicherheitspolitischen Verpflichtungen des Staates, ist eben Wirtschaftlichkeit das entscheidende Vehikel jeder nachhaltig gesunden Existenz. Nur die Erfahrungen der privaten Wirtschaft, der tägliche Zwang, der Druck, die ständige Auseinandersetzung im Wettbewerb und mit Gleichgesinnten, kreiert fachliche Kompetenz. Eigentlich, auch Voraussetzung für den Staat. Gerade beim Staat, dessen Kompetenz wir ausgeliefert sind, sollten eben auch die Fähigsten, die Gereiftesten und Erfahrensten die Geschicke bestimmen – nicht so wie heute. Vom Staat – seiner Führung, seinen Initiativen – hängt es ab, ob sich Europa im internationalen Wettbewerb durchsetzen wird. Dürfen wir das von unserer heutigen „Staats-Verwaltung" erwarten? Es wäre ein Tabubruch!

Man kann sich des Eindrucks nicht erwehren, dass öffentliche Verwaltungen aus sich selbst heraus sich aufblähen (oberste Hierarchieebenen sind keine Ausnahme, jeder Couleurwechsel wird genützt, um Vertraute einzuschleusen) – trotz immer wieder euphorisch angekündigter Entbürokratisierung. Das ganze beschleunigt sich, je häufiger ein politischer, ein ideologischer Wechsel vollzogen wird; und jeder Neue seine Berechtigung sucht, Wahlgeschenke verteilt (um Wahlzusagen einzuhalten; also doch, zum eigenen Nutzen). Um über Jahrzehnte Gesetze zu erlassen, die weder strategischer Entwicklung entsprechen, dafür aber dem Zeitgeist geschuldet sind.

Denken wir zum Beispiel an die Antidiskriminierungsrichtlinien. Eine Bestimmung, die Minderheiten schützen sollte, aber in der Praxis unserer Wertegemeinschaft als ethische Selbstverständlichkeit doch weitgehend gelebt wird?! Hier hat sich wieder mal eine Splittergruppe aufgrund bedauerlicher (ad-hoc aufgegriffener) Einzelfälle durchgesetzt. Ein Gesetz (die Allgemeine Gleichbehandlung), das in der Praxis vielfältige Blüten treibt, mehr Rechtsstreitigkeiten, Ärger, Band Wagon-Effekte verursacht, als im allgemeinen menschlichen Zusammenleben üblich ist – in vielen Gesetzen ja inhärent enthalten ist. So wirkt es zwangsläufig kostenexplodierend und überzogen. Z.B. in der Bewältigung des Asylantenzustroms. Fordert es doch nun (historische) Gleichstellung (!)[59] mit allen Bürgern – was genügend Probleme nicht nur in der Sozialpolitik, sondern auch Ärger mit der Bevölkerung bringt, die über Jahrzehnte spar- und mühsam ihre Existenzen selbst sichern musste. Werden so, ja nicht nur die Kosten aus unbegründeter Gleichbehandlung explodieren, sondern die Belastungen des Staates überborden. Ein fachlicher und politischer Unsinn, der – trotz vehementer Hinweise – einem (faulen) Kompromiss geschuldet ist, Leistungsanreize aushebeln kann. Unter gegebenen demokratischen Prozessen ist auch kaum zu erwarten, dass es je zur Revidierung kommen wird. Konsequenzen? Viel verlorenes Geld, à fonds perdu; und verhohlener Ärger!

Alle obigen Fehlentscheidungen sind Resultate politisch inkompetenten Gerangels. Sehen wir nur die Ad-hoc-Entscheidung „weg vom Atomstrom, hin zu Erneuerbaren". Über Jahrzehnte muss immer wieder nachgebessert werden, die Kosten gehen ins Unendliche, ein Ende ist nicht abzusehen. Eine Entscheidung, geschuldet einer einzigen Person, einer Kanzlerin, wie auch die einsame Ad-hoc-Entscheidung unbegrenzten Zuzugs von Asylanten.

---

[59] Fordert „Gleichstellung", die es nirgendwo in der Menschheitsgeschichte nachhaltig gegeben hat, auch seiner Natur nach widersprüchlich ist. Sind es doch gerade des Menschen Unterschiede, die nicht nur seine Entwicklung, sondern auch seine persönliche Entfaltung bestimmen; abgefedert, ausgeglichen, durch sein soziales Verhalten.

Weder die finanziellen noch menschlichen Konsequenzen wurden berücksichtigt, noch jemals Fehler eingestanden, zusätzlich der Zusammenhalt in der EU gefährdet. Ein Zusammenhalt der, über viele Jahrzehnte, mit unglaublichem Engagement, mit Einsatz und viel diplomatischem Geschick, bis vor wenigen Jahren noch eine Erfolgsstory war. Schockierend, niemand ist in der Lage, solch autonome Entscheidung – gegen die überwiegende Mehrheit der Bevölkerung – zu revidieren. Die Konsequenzen sind für Deutschland, für die EU, ein politischer Gau. Und das, in eine Demokratie!

Bevölkerungswachstum, globale Verzahnungen der Wirtschaft, technologische Entwicklungen und zunehmende Krisenanfälligkeit, verlangen also ein verändertes politisches „Management", verlangen nach Professionalität, Diskursfähigkeit, Führungsqualitäten und diplomatischen Geschick – sowohl für und mit der Bevölkerung, wie auch bi- und multilateral. Die jungen Demokratien des 20. Jahrhunderts hatten enorme Erfolge: Die Freiheit des Einzelnen, hohe Leistungszuwächse und wachsende Lebensstandards. Nun beginnen sich allerdings Grenzen abzuzeichnen. Dennoch, Verhalten und Qualitäten der Politik haben sich nicht geändert! Bürokraten führen die Staaten, mit all den Restriktionen, die eben bürokratische Strukturen seit gut zwei Jahrhunderten auszeichnen. Damals, von den feudalen Systemen, aber auch nicht anders gefordert waren, wie Loyalität, Disziplin gegenüber der Organisation und der Obrigkeit; wobei als einzige Handlungsalternative Gesetze und Verordnungen zu gelten haben. Wir leben heute wie unter den alten monarchischen Strukturen; mit 2-Jahrhunderte altem Denkverhalten.

Unbegrenzten Freiraums hingegen erfreuen sich die obersten Entscheidungsträger, die Regierungen und Spitzenbeamte. Sie müssen nur ein Korrektiv fürchten: periodische Wahlen. Wobei selbst freie und persönliche Wahlen – aus der Entwicklung der letzten Jahrhunderte – nicht wirklich freie sind. Wie wir im Kapitel 7 erfahren haben (weiter Kap.16), sind sie per se zwar frei, jedoch wird diese Freiheit weitgehend durch das Umfeld, Bildung (Kap.20) und Sozialisierung (Öffentlichkeit, Familie) vorgegeben; so hat auch das eigentlich „Individuelle" tatsächlich wenig Einfluss. Berücksichtigen wir ferner die über Generationen geprägte politische Klassenbildung, die Zugehörigkeiten zu bestimmten Parteien – die erst jetzt durch die modernen Medien infrage gestellt werden (Kap.23) –, ferner die tagtäglich wechselnden politischen Strömungen außerhalb und innerhalb von Gremien mit ureigenen Ansichten (ihrer Führer), bemerken wir schon, dass unser sogenannter „freier Wille" wenig Einfluss auf die staatliche Politik hat. Also, müssen auch Regierung und Spitzenbeamte nicht um ihre Jobs fürchten – es bleibt nur eine Frage der Reihung auf den Wahllisten, und die bestimmen die Parteiobersten ja selbst.

Wie die letzten Jahrzehnte in reifen Demokratien beweisen, wachsen nicht nur die Staatsquoten – paradoxerweise auch die Schulden – sowie der Anteil der staatlich Beschäftigten wie auch unzähliger Gesetze und Regularien, mit einer Erstarrung von Strukturen und somit schleichender Behinderung menschlichen Freiraums, sondern die Dinge werden so komplex, dass sie sich aus sich selbst heraus weiter entwickeln; jedenfalls durch demokratische Prozesse kaum mehr revidierbar erscheinen[60]. Über die Jahrzehnte wächst demokratischer Müll an, der nie korrigiert, geschweige je abgetragen wird.

Nicht nur, dass eben der Freiraum des Einzelnen – unerkannt, schleichend – immer stärker eingeschränkt und reguliert wird, schädigt es die Leistungsfähigkeit der Wirtschaft, und damit die des Staates selbst, so auch Wohlstand und Einkommensgerechtigkeit. Und, niemand steuert ernsthaft gegen! Im Gegenteil. Immer mehr Beschäftigte in der öffentlichen Verwaltung, den aufgeblähten Ministerien, ständig neu geschaffenen Institutionen, mit immer mehr Abgeordneten, führt dazu, dass jeder irgendetwas „leistet", etwas beitragen möchte, öffentliche Berechtigung sucht, also etwas nachweisen will. Das allerdings, sollte in einem Gesamtkonzept eingebunden sein – und nicht ist, und damit konträr jeder konsequenten staatspolitischen Entwicklung wirkt. Hier kann nur eines helfen – wie aus jahrzehntelanger Sanierung von Organisation bekannt ist –, drastische Reduzierung der Verwaltung, von Organisationen und Institutionen sowie des Abgeordnetenapparates (mit all zugehörigem). Zwar ist nicht zu behaupten (wenn auch erwiesen), dass, je weniger Beschäftigte, umso weniger Mist auch produziert wird, gilt dennoch, dass sich die (demokratisch legitimierten) Aufgaben auf Kernkompetenzen zu konzentrieren haben, nachhaltig in ein Gesamtkonzept einzubinden wären. Dennoch, die derzeitigen demokratischen Strukturen werden es leider zu verhindern wissen!

Alles was bisher unter demokratischen Prämissen versucht wurde an Kosten einzusparen und an Leistung zu verbessern, ist zu wenig, zwingt zu tiefgreifendem Handeln. Es zwingt zu einer Änderung des öffentlichen Verhaltens, zu einer Politik, die einerseits die Bevölkerung in den Entscheidungsprozessen mitnimmt, stellt aber andererseits höchste Anforderungen an die Qualität unserer Politiker. Der übliche Karriereweg in der Bürokratie und in den Parteien alleine, ist bei weitem zu dünn. Die „Besten" müssen es sein, diejenige, die sich sowohl in der Privatwirtschaft wie in der Öffentlichkeit bewährt haben; aber auch wieder abberufen werden können, wenn sie

---

[50] Neuberg A., *Geld-Illusionen*

massiv gegen die Interessen der Republik verstoßen[61]. Ferner haben die diversen Kammern, Institutionen des Volkes, einen Querschnitt der Bevölkerung zu repräsentieren – nicht wie heute, als fast durchwegs aus der öffentlichen Verwaltung rekrutiert (an die 90%). Denkbar? Derzeit kaum! Außer, wir finden charismatische und fähige Persönlichkeiten – ähnlich wie schon die alten Griechen sie sich als Vorbilder nahmen –, die in der Lage wären, neue Prozesse zu initiieren, die Bevölkerung mitzunehmen, im Diskurs Zeithorizont und Maßnahmen volksnah abstimmen und so dem Staat neue Dynamik einhauchen. Eben, ordentlich, systematisch, professionell und diszipliniert! Aktuell möglich? Reine Illusion!

10.Blackbox Globalisierung – Obsolete Demokratien?

Was ist über das Thema Globalisierung schon gestritten worden! Fördert es Wohlstand und Frieden? Wo liegen die Grenzen, was belastet, was hilft? Unstrittig ist, die Wirtschaft hat es weltweit beflügelt, der internationalen Vernetzung zum Durchbruch verholfen, allgemein den Wohlstand gehoben – alleine aufgrund des Austausches unterschiedlicher Ressourcen und Lebensstandards (wie es ja schon D. Ricardo vor gut 200 Jahren erkannt hat). Darüber hinaus hat sie demokratischem Denken zum Durchbruch verholfen und vielen neue Perspektiven eröffnet; vor Jahrzehnten noch undenkbar.

Allerdings haben sich auch die Verhältnisse und Einstellungen völlig geändert. „Globalisierung", bis vor kurzem nur von „Wirtschaftlichkeit" besetzt, hat ein massives Umdenken in allen Ebenen des menschlichen Zusammenseins mit sich gebracht, ist bereits Allgemeingut, eine unumkehrbare Selbstverständlichkeit, ermöglicht neue Freiheiten, bringt aber auch neue Unsicherheiten. Zu Ricardos Zeiten lebte rund eine Milliarde Menschen auf der Erde, und die, weit verstreut, kaum mit Austausch von Wissen und Gütern. Heute tendieren wir gegen 10 Milliarden, die die belebbare Erdoberfläche voll unter sich aufgeteilt haben. Aber, nur 1/10 genießt Wohlstand – womit sich neue, dieses Mal globale Konflikte abzeichnen.

Wir stehen vor einer Blackbox: Wie wäre, und ist überhaupt der Wohlstand weltweit so anzuheben, um Massenexodus und kriegerische Auseinandersetzungen zu vermeiden, wie ist das ökologische Überleben zu sichern?

---

[61] Neuberg A., *Morphologie des Staates*

(Blauäugige) Ideen gibt es genug, praktikable, nämlich menschliche Lösungen kaum. Wie wären also die sich auftürmenden, akzelerierenden Probleme zu meistern: Die der Ernährung, des Wassers, von Energien und Rohstoffe, von Immigration und Emigration, der Klimaveränderung, des akzeptablen Lebenshaltungsniveaus etc. Wir sind ja mittendrin, spüren hautnah die Diskrepanzen. Und dennoch, alles wird von allen konsequent verdrängt.

Erste Hürden zeigen sich überdeutlich. Gerade noch gilt der freie Handel (bröckelt schon, nach den USA), bei der Freizügigkeit der Person allerdings beginnen sich die Grenzen weltweit zu verhärten, wirtschaftliche Ungleichheiten werden transparent und Nationalismen nehmen zu. Die Majorität der weltweit „Unterprivilegierten" beginnt sich – egal nach welchen Motiven (Lebensstandards, ethnische, religiöse) – zu wehren, fordert „Gleiches"; „Ihres", und wenn man ehrlich ist, mehr, als der „Westen" bieten kann. Der Protektionismus nimmt zu, erste Staaten schotten sich ab. Alles was uns nach „Ricardo" aus dem Freihandel an Wohlstand beschert war, scheint nun fraglich. Zurück ins Mittelalter? Das kann nicht ernsthaft politische Konsequenz sein! Es ist nicht zu übersehen, überlappende globale Probleme überfordern die Politik, führen zu emotionalen, zu populistischen Entscheidungen, schlussendlich – wenn wir nicht achten, die „Kurve" kriegen – ins Chaos; nun aber eben in ein „globalisiertes" Chaos.

Die ursprünglich leuchtenden Erwartungen an die Globalisierung sind bereits zu Beginn unseres Jahrhunderts zerbrochen. Politisch ist sie nun Sündenbock für eigenen Unfähigkeiten, stellt plötzlich die Liberalität der Märkte infrage – genau jene Freiheiten, die uns ja bereits seit der Kolonialzeit ungeahnte Vorteile gegen den Rest der Welt beschert haben. Unsere Führer haben ganz einfach übersehen, dass die weltweite Vernetzung der Kapitalströme sich nationaler Kontrolle entzogen haben, dass intransparente Mächte die wirtschaftliche Entwicklung bestimmen, durchaus Sicherheit und Wohlstand von Staaten gefährden können – auch die unseren. Nationale Partnerschaften beginnen zu zerbrechen, über Jahrzehnte entwickelte politische Philosophien und Vernetzungen sind obsolet, wirtschaftliche Konflikte überrollen uns – und die Politik ist unfähig professionell zu reagieren, nationale Ressourcen strategisch zu bündeln und in Innovationen, in Dynamik und Energie umzusetzen (Kap. 20). Problem ist eben nicht die Globalisierung per se, sondern, wie gut, wie politisch professionell und fähig sich eine Nation in einer unumkehrbar globalisierten Welt einordnet und schlägt. Sehen wir nur die tagtäglichen Wahlkampfarenas – ausschließlich rational orientiert, wie wenn nicht *alles* von der internationalen Entwicklung abhängen würde.

Natürlich sind die Zusammenhänge komplexer, neu. Erfahrungen alleine helfen nicht weiter, es gehört eben – wie es sich oben andeutet – mehr dazu. Die Globalisierung ist Resultat vieler Faktoren: Der technologischen Entwicklung, einer explodierenden Weltbevölkerung, der Öffnung der Weltmärkte, ausgelöst mit dem Durchbruch der Kommunikationstechnologien und dem nun *weltweiten* Drang nach Wohlstand und Freiheit; und, für alle „Benachteiligten", plötzlich so schockierend transparent.

Die überproportional wachsende wirtschaftliche Vernetzung der Welt nach dem Zweiten Weltkrieg, mit besonderer Dynamik ab den achtziger Jahren, erhöhte zwar weltweit die Lebensstandards, förderte das Freiheitsbewusstsein und die Individualitäten. Aber, da die Regionen – je nach interner politischer Struktur und Öffnungsbereitschaft – sich temporär unterschiedlich stark dem wirtschaftlichen Austauschprozess geöffnet haben, ergaben sich zwangsläufig unterschiedliche Niveaus. Zu Beginn prägte die Blockbildung zwischen West und Ost. Vorerst dominierte dann vor allem die USA, in weiterer Folge holten Nationen wie Japan, später Südkorea und Taiwan auf. Auch Europa erfreute sich in den ersten Jahrzehnten einer überaus positiven wirtschaftlichen Entwicklung.

Der Eintritt Chinas in den letzten Dekaden – zu Beginn noch als Werkstatt der Welt, heute bereit als gefährlicher Wettbewerber, als entscheidende Wirtschaftskraft –, verändert das Antlitz der politischen wie wirtschaftlichen Welt fundamental. Wie kam es dazu? Mit präziser, konsequenter Strategie, einer autokratischen Ressourcensteuerung im Sinne langfristiger (geheimer) Ziele, wie es in der Welt so noch nie zu beobachten war – und das bereits über drei Dekaden –; ein erstaunlicher Erfolg. Allerdings, so erstaunlich auch nicht! Eigentlich ganz natürlich (Kap.20). Als ein logischer, ein rationaler Prozess, um der eigenen Nation – national geprägt –, die Führungsrolle in der Welt zu sichern. Begonnen mit einer ungeheuren Kapitalakkumulation als Werkbank der Welt, weiter bis zur systematischen Ausspähung von Know-how aller Art, der erzwungenen Abgabe von Innovationen über gezielte Investitionsstrategien, der weltweit nachhaltigen Sicherung wichtiger Ressourcen, bis zu gezielten Akquisitionen spezifischer Segmente im Ausland je Wachstumsphase.

Nirgends können wir ähnlich konsequente und so erfolgreiche staatliche Strategien finden. Kontrovers zu unserer europäischen Politik – und dennoch so logisch, rational –, dass wir uns eigentlich schämen müssten. Wir, in Europa, dem wissenschaftlich, technologisch, militärisch etc., ein halbes Jahrtausend führenden Kontinent der die Welt geprägt hat. Wäre Ähnliches auch bei uns denkbar!?

In allen westlichen Industriestaaten tendieren die Wachstumsraten gegen Null, die Unsicherheiten und Abhängigkeiten von anderen Wirtschaftsblöcken nehmen zu. Keiner weiß im Westen so recht, wie es nachhaltig, wirtschaftlich sinnvoll, weitergehen soll. Und da eben alles von der Wirtschaftlichkeit abhängt – was Demokratien gerne vernachlässigen –, stehen wir vor einer Blackbox. Was tun die europäischen Regierungen? Sie denken an Produktivitätsfortschritte, und nicht annähernd erreichen, setzen Experten und Sachverständige ein, deren Empfehlungen nicht zum Tragen kommen, initiieren Reformen über Reformen, die sich in Luft auflösen. Ständig neue Ideen werden durch das Dorf getrieben. Keine bringt nachhaltigen Erfolg. Nach Statements wie „New Economy", Industrie 4.0, Agenda XY, Subventionen und Förderungen, die doch nur Marktmechanismen verzerren. Echte Durchbrüche, wie der erste digitale vor rd. zwei Dekaden, sind bereits vernascht, bringen nur mehr vernachlässigbare Wirtschaftszuwächse. Es fehlen innovative Zyklen, wie sie schon Kontratieff definiert hat; die sind eben über staatliche Anordnung niemals zu erreichen (wenn auch zu initiieren); und nur aus menschlicher Dynamik zu erwarten.

Reife Demokratien hemmen bereits die Prosperität, eben, mit einer riesigen, sich zunehmend erstarrenden Bürokratie, einer annähernd 50%-igen Staatsquote die jede wirtschaftliche Dynamik infrage stellt, von Verschuldungen, die die Jahresleistung von Staaten übersteigen, mit eingefahrenen Verwaltungen, besonders jedoch mit politischen Entscheidungsträgern, die nach persönlichen „Ideen" entscheiden, offensichtlich sich ihrer fundamentalen Verantwortung gegenüber dem Souverän nicht bewusst sind, sich massiv überschätzen und deren Auswahl bei weitem nicht mehr den heutigen, den weltweiten Ansprüchen genügt.

Unbestreitbar wachsen wir in zwei weiteren Jahrzehnten auf 10 Milliarden. Auf eine Bevölkerungsmasse, die den gleichen Wohlstand fordern wird, wie ihn der Westen aufweist. Also, einer Erhöhung der Wirtschaftsleistung um den Faktor acht bis zehn, so illusorisch diese Vorstellung auch wäre. Und sie werden zwangsläufig – ist sie ja in praxi nicht erreichbar – zu Auseinandersetzungen führen, zu Völkerwanderungen und sozialem Zusammenbruch von Nationen. Fast zu kurz ist der verbleibende Zeitrahmen, um national strategisch, um professionell gegenzusteuern. Und dennoch, niemand in der Politik beginnt sich mit dem Dilemma auseinanderzusetzen. Demokratien sind nun mal – wie wir bei jedem Beispiel erfahren haben – reaktionsschwach, werden von wechselnden autoritären Machthabern anderer Länder getrieben. So, werden wir verlieren (es ist eben „demokratisch"!).

Zwar versteht es die Bevölkerung vielfach nicht, aber sie ahnt es! Überall in der westlichen Welt beginnt sich Widerstand zu regen, schlägt sich in wechselnden Wahlergebnissen nieder; die auch nicht weiterhelfen. Wir stehen vor einer Vielzahl fast unlösbarer Probleme. Die jedenfalls: keine Alleingänge erlauben! Z.B. der Klimaschutz. Er betrifft die gesamte Menschheit! Strebt nur ein Land voran – aus ethischen Gründen, und falls es wirtschaftlich leistbar ist –, ist das zwar honorig, anerkennenswert, jedoch mit massiven Nachteilen verbunden. Es sind Programme die Generationen betreffen, von der Bevölkerung getragen, also finanziert, von ihr erwirtschaftet werden müssen. In einer global vernetzten Wirtschaft heißt das, die Wettbewerbsfähigkeit des Landes muss höher sein, als die der Konkurrenz. Und mathematisch ergibt sich der Rahmen, der Umfang klimafördernder Investitionen, im Verhältnis fallender Nachfrageelastizität lokaler Leistung zu den der wettbewerbenden Volkswirtschaften.

Strebt nun Deutschland alleine voran, und das sei Jahrzehnten, über alternative Energien, über Reduzierung der Kohlenutzung, der Kernenergie, über Gebäudeisolierung und viele andere Maßnahmen, die ja alle langfristig finanziert werden müssen, wird es – ohne dass es die Bevölkerung hautnah bemerkt – wirtschaftlich Nachteile erfahren. Wird über viele Indikatoren an Wettbewerbsfähigkeit verlieren. Ideologische „Klima-Wunschkonzerte" belasten langfristig den Initiator, schlicht, seine Leistungsfähigkeit – und stellen damit auch die Bezahlbarkeit jedes noch so wünschenswerten Klimaziels infrage. Und ob die anderen folgen, ist sowieso offen. Viele weitere Themen (teils wie oben) sind nur international zu lösen – folgen eben der „Globalisierung", und nur das wäre das Primärziel. Dennoch, es ist Aufgabe eines „Initiators", des Staates, voranzugehen. Aber doch nicht, wenn keiner folgt! Auf blauäugige Hoffnung aufzubauen, ist keine politische Strategie (Kap. 20). Wieder, alles hängt von der Fähigkeit der Politik ab! Und die (nämlich die „Fähigkeiten") sind dz. nirgends zu finden!

Resümee der Verzerrungen aus 1 - 10

Nur wenige, aber fundamentale Verzerrungen sind es, die so akut und massiv sind, dass sie zum Handeln zwingen. Dennoch bleiben sie temporäre Zufallserscheinungen, eine intuitive Auswahl großer, neben der unendlichen Vielfalt kleiner Missverhältnisse aus öffentlicher „Leistung". Viele Probleme und Fragen – die Deutschland, die die Europäische Union, selbst die Welt erschüttern könnten – bleiben uns verborgen. Denken wir nur an die ökologischen Katastrophen die sich alleine aus der Abweichung der globalen Temperatur seit Beginn der Industrialisierung mit rd. 1°C bereits ergaben. Und, rechnen wir hoch! Bei einem Anstieg von 5-6° ist bereits unsere Existenz gefährdet. Ursachen? Unser CO_2-Ausstoß? Oder anderes mehr, in Kettenreaktion? Oder der Wechsel von Eiszeitperioden (was alleine schon reichen würde), andere Naturereignisse? Wir wissen es nicht seriös! Oder, fallen wir andererseits den Ergebnissen moderner Rüstungstechniken zum Opfer, chaotischen Potentaten, wie sie sich vielerorts wieder abzeichnen? Viele Katastrophenszenarien könnten erdacht und abgeleitet werden – wenn auch die Wahrscheinlichkeiten unendlich gering sind. Gefahren, die – für die Dauer des Menschseins – so unwahrscheinlich sind, dass sich seriöse Beurteilungen ausschließen.

Viel sinnvoller, praktischer wäre es, Lösungen, Handlungsalternativen zu hautnahen, z.B. den obigen Problemen zu finden, zu Themen, die uns und die folgenden Generationen fundamental treffen werden – alleine das reicht schon allemal. Dennoch, sind sie stimmig, real? Wie wären Prioritäten, zielgerichtete Lösungsprovisorien, und zwar über demokratische (?) Prozesse, mit nationalem, über europäischen Konsens, zu treffen. Und – besonders –, welche Lösungshorizonte benötigen sie, wären sie überhaupt durchsetzbar? Welche Voraussetzungen erfordert es von uns, von den politischen Eliten? Wie wäre mit den massiven, und ergänzend neuen Abweichungen umzugehen, könnte demokratischer Konsens je erwartet werden? Diskutieren wir einige reale (?) Ansätze!

Teil 2

Rationalitäten

quasi-demokratischer Prozesse

Seit wenigen Jahrzehnten bestimmt populistisches Tagesgeschehen unser politisches Umfeld. Die letzten beiden Jahrhunderte waren zwar ein Durchbruch nach dem dunklen Mittelalter, gefolgt von der Aufklärung und dem Zusammenbruch der Feudalherrschaften –, wenn auch mit vielfältigen politischen Turbulenzen. Getragen aber vom Freiheitsdrang, dem Willen der Durchsetzung „demokratischen" Gedankenguts; so unklar das auch war. Es scheint sich nun jedoch mit politischer Leere zu füllen. Die Richtung ist unklar, von Unsicherheiten, einem gefühlten Verfall geprägt.

Unser Umfeld bestimmt unser Verhalten, nach regionalen Rahmen, eingebettet in Überlieferungen und Usancen und der historischen Entwicklung auf dem Fundament christlicher Kultur. Westeuropa stabilisierte sich in neuer Zeit erst, nach dem Zweiten Weltkrieg, über die europäischen Verträge und mit einer wachsenden europäischen Gemeinsamkeit.

Die Globalisierung stellt nun alles infrage: unsere doch nie beachtete, und so selbstverständliche „nationale Geborgenheit", der moralische Halt einer geschlossenen Gemeinschaft. Diese stabile kulturelle Sozialisierung scheint nun verloren. Dieses „Wir", patriotisch eingebunden in „unserer" Nation. Wir vermissen sie nun, diese unbeachtete Geborgenheit, die „meine" Nation schon immer geboten, über Generationen uns begleitet hat. Die Europäische Union schien Ersatz – und scheint sie nun doch nicht; im Gegenteil, rückt wieder in die Ferne. So viel Neues, Ungeklärtes, Belastendes einer plötzlich transparenten Welt prasselt tagtäglich auf uns ein, verwirrt, fördert Unsicherheit, lässt wirtschaftliche Katastrophen vermuten. Wer hilft? Wohin steuern wir? Wer gibt Orientierung?

Alle suchen Antworten, erwarten den weisen Staat, suchen Lösungen, bei unseren Spitzenpolitikern. Vergeblich – scheitern die doch selbst so kläglich.

Der Staat, unsere Politiker, zeigen sich genauso überfordert, lassen uns mit dem Unbekannten, besser, mit unseren Unsicherheiten allein. Niemand weist uns „Heimat", gibt Richtung, versammelt uns, gibt Halt, und wenn nur, als strategischer Strohhalm – in einer globalen, aus den Fugen geratenen Welt.

Hier finden wir den Grund, weshalb sich für obige Probleme keine Lösungen abzeichnen. Auch wenn sich – paradox und frustrierend – viele, bewusst oder unbewusst, mit diesen Themen auseinandersetzt, ob Politik oder Wirtschaft, ob Klein oder Groß, wiederholt diese Fragen aufwirft, Lösungen verlangt – und wir dennoch nicht weiterkommen.

Geht es Ihnen wie mir, mit dem Gefühl, wir verlieren das goldene Zeitalter gelebter Demokratie? Dass die Parteien ihre Aufgabe, als Mittler zwischen Staat und Volk übersehen, ein Eigenleben führen, uns, die Massen, nicht mehr mit einbinden, geschweige mobilisieren können? Unsere Kader sind ideen-, und zunehmend mutlos, und – Eigennutz nimmt überhand. Verständlich ist zwar, dass die Erfahrungen aus der Geschichte – je weiter die Episoden zurück liegen – stärker in den Hintergrund treten. Geht doch schon die „Gemeinsamkeit" Europas verloren, dieses hehre Ziel „Nie wieder Krieg". Über Generationen vergessen, zählt es nicht mehr – vor allem, bindet nicht mehr. Zähneknirschend müssen wir Alten erkennen: Geschichte wiederholt sich leider doch. Könnten wir dieses Abgleiten aufhalten? Fehlen uns nur Persönlichkeiten, charismatische „Führer" (die wir ja demokratisch nicht wollen), jene, die sich rückhaltlos im Sinne der Gemeinschaft nachhaltig einsetzen? Versuchen wir mal die letzten Dekaden zusammenzufassen:

- Seit 20/30 Jahren laufen die staatlichen Budgets aus dem Ruder, überall steigen die Überschuldungen, jede Art Ausgabendisziplin verliert sich in individuellen Wahlstrategien.
- Einige europäische Regierungen tendieren schon wieder in Richtung nationale Eigenständigkeit, bis zum Bruch mit der EU. Die Nationen triften immer stärker auseinander; von politischen Abenteurern geprägt.
- Die Wachstumsraten in den europäischen Staaten stagnieren, die Einkommen, die Vermögen, klaffen zunehmend auseinander. Weder Nationen, noch die Union, finden nachhaltige Ansätze, um den wachsenden sozialen Umbrüchen zu begegnen.
- Die Angst vor der Globalisierung, von wirtschaftlicher und politischer Unsicherheit getragen steigt, wichtige Fragen bleiben ungelöst. Den Nationen gelingt es nicht, nationale, wenn schon nicht europäische Perspektiven zu erarbeiten und mit der Bevölkerung im Diskurs zu vertiefen (Sicherheit,..).
- Selbst in der Bildung scheinen die Fähigkeiten der Massen zu stagnieren – wenn sich nicht schon zurück zu entwickeln. Nicht der kleinste, nachhaltig

konstruktive Ansatz in der Bildungspolitik ist zu erkennen – gilt doch „Bildung" als das entscheidende Vehikel, um die „Kurve zu kriegen".

- Wo bleibt die Emanzipation zu den großen, neuen Machtblöcken in der Welt, um für uns, für Europa, Sicherheit und Wachstum zu gewährleisten? Kein realer Ansatz weit und breit!

- Religiöse Auseinandersetzungen, Mentalitäts- und Rassenunterschiede sind genauso wenig überwunden wie im Mittelalter, und den Tausenden Jahren davor. Vermischen sich nun – in einer globalisierten Welt – unterschiedlichste Verhalten, ungesteuert, schwellen Differenzen über Generationen. Nichts spräche humanitär dagegen, allerdings gilt das nur ad hoc, ohne Nachhaltigkeit, über die Genrationen. Und hat – in diesem Umfang – noch nie reibungslos funktioniert. Können denn die Bürger, christlich geprägt, damit umgehen? Niemand frägt sie! Wollen sie es tatsächlich?

- Der Weltpolizist USA bescherte uns weltweit ein Problem nach dem anderen. Nach den verlorenen Kriegen am Rande Europas, in Irak und Afghanistan, überlässt es die Probleme destabilisierter Staaten anderen; entzieht Europa seine Sicherheitsarchitektur, stellt selbst demokratische Grundwerte infrage. Ein immer stärker sich zersplitterndes Europa ist so externen Mächten schutzlos ausgeliefert (wenn auch selbst verschuldet). Ein neuer Hegemon zeichnet sich am Horizont ab, und seine Ziele sind, auf lange Sicht, eindeutig – und nicht im Sinne der Europäer.

- Die weltweit sich seit Jahren ankündigenden Völkerwanderungen – aus Klima, Kriegen, Not und Eigennutz – treffen unvorbereitet die hochzivilisierten Länder. Die sind, mit ihren „demokratischen" Prozessen, den Entwicklungen schutzlos ausgeliefert, nicht in der Lage, ihre Bevölkerungen zu Lösungen mit einzubinden.

- Schlussendlich – neben all den wesentlichen politischen, menschlichen und wirtschaftlichen Problemen – bleiben die ökologischen Umwälzungen; Realitäten, in die wir unvorbereitet hineinstolpern und – sind wir ehrlich – gemeinsam nicht den geringsten Lösungsansatz finden.

Je stärker sich Staaten auf die globale Weltwirtschaft einstellen, je professioneller sie in der Lage sind, ihre fachlichen und menschlichen Ressourcen zu bündeln, und konzertiert einzusetzen, umso erfolgreicher werden sie auch sein.. Es ist völlig unklar, ob Autokratien oder Demokratien gewinnen werden. Der Erfolg autokratischer Tendenzen ist nicht zu übersehen. Besonders die letzte Wahl des US-Präsidenten stellt bereits demokratische Grundwerte infrage, zeigt aber auch, dass selbst uralte demokratische Prinzipien – die der freien und gleichen Wahl – durchaus im Desaster enden können. Es ist nur zu hoffen, dass der neue Präsident – Oberhaupt eines Präsidialsystems – mit einer Mischung aus Unwissenheit, Vorurteilen und autoritärem Verhalten, rechtzeitig die „diplomatische Kurve" kriegt, um über ökonomische Abschottungen nicht nur die Weltwirtschaft, sondern die weltweite, doch so labile „Sicherheitsarchitektur" ins Wanken zu bringen. Es ist das demokratische Grundverständnis, das offensichtlich fehlt.

Versuchen wir also – aus weitgehend validen Erkenntnissen –, obige „Verwerfungen" heranzuziehen, möglichst rational zu vertiefen und zu beurteilen. Wie wären sie – nach vermutlichen Ursachen – zu lösen, oder besser, in ein Gesamtsystem eingebettet, weitgehend zu integrieren; oder lösen sie sich idealerweise auf. Welche Erkenntnisse leiten sich für unser demokratisches Grundverständnis ab? Steht doch hinter all den Konfusionen die Furcht, dass wir – bei all dem was weltweit so auf uns einströmt – verlieren werden, dass andere überholen, die Sicherheit, der Wohlstand gefährdet sein wird, Unsicherheiten zu- und Perspektiven abnehmen.

11. Strategische Außen- und Sicherheitspolitik

Die Verteidigungsstrategien der Nationen verharren noch immer im klassischen Denken, nämlich, gegen mechanische Angriffe von außen, wie es seit Menschengedenken der Fall war – nur die Technik der Waffen hat sich geändert. Allerdings, herkömmliche Überfälle auf andere Nationen reduzieren sich heute auf Ausnahmen und werden – dank Vernetzungen und Abhängigkeiten in der Welt – auch in der Zukunft Ausnahmen bleiben. Wir stehen an einer Schwelle herkömmlichen Sicherheitsdenkens. Klassische Angriffs- und Verteidigungsstrategien sind obsolet, und mit ihnen die klassische Ausstattung und Ausbildung der Militärs, der primären Zerstörung über Explosivstoffe und Kernwaffen – die ja, mit ihrem Vernichtungsumfang, die Grenzen des Erdballs schon bei weitem überschritten haben. Zum Ende der Aufklärung, in einer nun übervölkerten, technologisch extrem veränderten Welt, bestimmen völlig neue, biologische, digitale und psychische Waffen die Sicherheit der Nationen; mit unbekannten Motiven, aus nicht vorhersehbarer Richtung, die ja auch die bisherige strategische Verteidigung infrage stellen:

- *Weltweiter Terrorismus*, mit temporär sich ständig ändernden Gruppierungen, Zielen und Ideologien (selbst als Staatenbildungen, wie IS). Über die Instrumente der modernen Medien finden sich in kürzester Zeit aggressive Gruppen und ideologische Zellen mit wechselnden Angriffszielen (je nach intuitiver Einstellung charismatischer Führer) – die sich genauso schnell auch wieder auflösen können. Noch ist es überschaubar, aber auch Fundamentalisten, extremistischen Psychopaten und frustrierten Sonderlingen steht der Zugriff auf Massenvernichtungswaffen offen – und, dass sie sich temporär koordinieren, ist auch nicht auszuschließen.

- *Völkerwanderungen* aus wirtschaftlichen, klimatischen, ethischen, existenziellen, selbst religiösen Gründen, werden das Jahrhundert bestimmen. Noch ist kein Kraut dagegen gewachsen, stehen Staaten, die Sicherheit und Wohlstand erwarten lassen, der Mobilität Benachteiligter (und nicht nur jenen) aus allen Herren Länder schutzlos gegenüber. Sehen wir nur die politischen Konfusionen die sie innerhalb Europas auslösen, die emotionalen Reaktionen der Bevölkerungen, wie die Planlosigkeit der Staaten, gefolgt von Spaltungen von Gesellschaften. Über die IT-Medien selektieren „Auswanderer" Risiken und Möglichkeiten, nutzen demokratische Freiräume der Zielländer bis zum Exzess aus, optimieren ihr Verhalten, um höchstmöglichen Nutzen zu ziehen. Der Menschenwürde verpflichtet, sind Demokratien – oft aus historischer Verantwortung – hoffnungslos überfordert, schieben moralische Verpflichtung vor und handeln dennoch verantwortungslos im Sinne nationaler Sicherheit, gegen Eigenständigkeit und kultureller Verpflichtung.

- *Cyberwar*: Viele namhafte Staaten richten seit gut einer Dekade spezielle Stäbe ein, die nicht nur Möglichkeiten elektronischer Angriffe entwickeln, sondern auch versuchen, das eigene Land abzuschirmen. Grenzen und Einflüsse sind nicht annähernd abzuschätzen; jedenfalls können Staaten lahmgelegt werden, bevor sie überhaupt in der Lage sind zu reagieren. Im kalten Krieg, mit den atomaren Arsenalen, war die Reaktionszeit noch ausreichend für Gegenschläge; als Abschreckung. Im Cyberwar jedoch könnte selbst der Angriff folgenlos bleiben. Also, ein Szenario quasi ohne Abschreckung. Es bliebe bei einseitiger Aktion, die irgendein Psychopath – und davon gibt´s immer genug – irgendwann nützen wird. Und stellt die Politik vor nie gekannte Herausforderungen.

- *Genetische Revolutionen*: Die natürliche Selektion der Spezies (Darwin) könnte infrage gestellt werden. Schon heute sind gentechnische Mechanismen bekannt, mit denen man Fundamentales einer Spezies verändern könnte. Neben ethischen Fragen betrifft es auch die Verteidigungsmechanismen. Selbst die Annahme, dass jede künstlich-genetische Änderung gegen die natürliche Evolution schlussendlich chancenlos bleibt (Selektionsvorteil), hilft in der Praxis wenig; wird nicht verhindern, dass extreme Gruppierungen Möglichkeiten nützen (z.B. für Turbo-Gene, die sich selbst kompilieren, Genom Editing).

- *Grenzen weltweiter Wohlstandsgesellschaft*: Nämlich der Unmöglichkeit, Wohlstand – wie wir ihn in Westeuropa verstehen – den anderen gut neun Milliarden zuzugestehen. Eine Unmöglichkeit, die zwangsläufig – in einer von Ressourcen begrenzten Welt – sich weder ethisch rechtfertigen lässt, Auseinandersetzungen jedoch anheizen wird, diplomatisches Führungsverhalten der hochzivilisierten Länder fordert, um schon innerhalb von ein bis zwei Generationen eine, zumindest annähernd friedliche Nivellierung anzustreben (jedenfalls aber, zulasten des eigenen „Wohlstands"!).

- *Machtstreben autokratischer Herrscher*: Je nach Motivation persönlicher Machtallüren, z.B. nach ethnischer Abgrenzung, religiöser Illusion, Ressourcensicherung etc. Und sicherlich noch mehr.

Primär müssen wir unterscheiden zwischen demokratischen und autoritären Staatssystemen – was bisher auch nicht so offensichtlich ist. In der Praxis befindet sich kein Land an dem einen oder anderen Eckepunkt einer linearen Reihe, von rein demokratisch bis rein autokratisch. So wäre es möglich, alle Länder (auch aus der Historik), alle Gruppierungen, von der Horde bis zu den modernen Staaten, einzuordnen. Betrachten wir die rund 200 Staaten der Erde, so widerspiegelt sich ihr Verhalten, mit vielfältigen Facetten, auf dieser Geraden wider.

Geschichtsunabhängig (also zu heute) vermerken wir bei eher autoritären Staaten den rücksichtslosen Einsatz von Menschen und Material, wiederum gegen Menschen und Material. Egal ob die Vereinigten Staaten im Irak und Afghanistan, oder Russland in der Ukraine, in Afghanistan und in Syrien, oder die vielfältigen Scharmützel und Auseinandersetzungen im Nahen Osten, in Zentralafrika etc. Es bleibt rücksichtslos wie ehedem, ob gegen die eigene Bevölkerung oder fremde Ethnien. Argumentationen finden sich immer, mit zunehmender Tendenz zum Überwachungsstaat wie im Cyberwar. Über öffentliche Medien und soziale Netzwerke wird schamlos gelogen, tatsächliche Verhältnisse vernebelt und die Bevölkerung über Desinformationen linientreu ausgerichtet. Es sind *diese* Hinweise, wie die Auseinandersetzungen zwischen Staaten auch künftig ablaufen werden: mit breiter Desorganisationen und genehmer Ausrichtung der Massen über hybride Kriegsführung.

Demokratische Staaten sind dem Treiben hoffnungslos ausgeliefert – sie haben keine wirksamen Instrumente dagegen, können maximal zeitaufwändig gegen extreme Auswüchse protestieren, vereinzelt beeinflussen, aber kaum nennenswert regeln. Zwar versuchen sie den Schein zu wahren, aber oft genug ist es an Peinlichkeit nicht zu überbieten. Allein über die demokratische Debatte, mit Für und Wider, endlosen, vielfach sinnlosen und/oder ideologischen Argumenten, ist kein wirksamer Schutz zu gewährleisten. Maximal nur aufgeweichter Konsens – und der, ist bereits wieder sinnlos. Wie katastrophal, konzentrierter medialer Einfluss auf eine Nation sein kann, zeigt das letzte Jahrhundert, wie, spätestens ab dem zweiten Weltkrieg, ganze Völker in den Ruin getrieben werden konnten. Noch meinen wir –

geprägt aus der jahrtausendealten Menschheitsgeschichte – uns gegen körperliche Gewalt mit klassisch-modernsten Waffen verteidigen zu können. *Die* Zeiten sind vorbei! Die Effizienz modernster elektronischer Instrumente und Strategien ist heute *der* militärische Vorteil, dringt bis in die letzten Intranetzwerke vor, beeinflusst und steuert Menschen medial, ist in der Lage klassische Militärtechnik – die nun als Nebenerscheinung – ergänzend viel wirksamer einzusetzen.

Wir sehen aber auch, dass in Demokratien die notwendigen Anpassungen der (Grund-)Gesetze an die massiven Veränderungen des letzten halben Jahrhunderts eben nur mit langer Zeitverzögerung zu erreichen sein werden und sicherheitspolitische Gefahren so nur nachträglich (falls überhaupt) angepasst werden können; also, ein nationales Risiko darstellen. Wie z.B. (in Deutschland) der ursprünglich verständliche, jedoch bei ernster Bedrohung zu spät wirkende Mechanismus eines militärischen Einsatzes (GG, Art.87a, Stand Mai 1949, mit Änderungen 1956 und 1968 sowie den Beschränkungen des Kap. 1): „[..], danach dürfen die Streitkräfte nur eingesetzt werden, soweit dieses Grundgesetz es ausdrücklich zulässt". Wie z.B. die Einsätze zu Friedensmissionen oder zur Terrorismusabwehr. Die eben – bei demokratischer Willensbildung – schwierig zu erreichen sind. Und, tritt der Ernstfall ein, wird der „Boden" bereits weitgehend verloren sein. Zwar verhindert der Wortlaut eine Erweiterung nicht, der Haushaltsplan setzt jedoch Grenzen; und unser derzeitiges „demokratisches" Verhalten sowieso (Kap.14). Auch der Freiraum nach Art. 115a, GG, „[wenn] das Bundesgebiet mit Waffengewalt angegriffen wird", hilft nicht weiter, wirkt eher hemmend. Denn, wie weit reicht die Definition „Waffen" (z.B. Cyberwar[62]), für einen Staat der sich nur verteidigen darf. Was schon bei ABC-Waffen nichts nützt, gilt noch weniger, wenn „Unbekannte" per Schadsoftware den ganzen Staat lahm legen, und zwar mit Angriffen im Cyberspace, die „jede historische Erfahrung infrage" (H. Kissinger) stellt.

Und selbst, wenn mit der EU die Entwicklung einer koordinierten Sicherheitsarchitektur je gelingen sollte, ferner gelänge, die Bevölkerungen zu überzeugen und mit einzubinden, dass eben die „nachhaltige Wehrhaftigkeit" das letzte Sicherheitsventil eines Staates, einer Union bleibt – wie es ja nicht nur die Geschichte lehrt, selbst die wechselnde Unberechenbarkeit nächster Nachbarn fordert, selbst bei Priorität „Diplomatie" –, ist Sicherheit noch lange nicht gewährleistet. Die Bundeswehr ist das beste Beispiel.

---

[62] Auch wenn in Deutschland seit 2006 bereits eine offizielle Cyber-Kriegseinheit in Leben gerufen wurde, über den Komplex jedoch wenig bekannt ist (Clarke R., *World Wide War*)

Keines der entscheidenden militärischen Projekte gelingt in annähernd der geplanten Zeit, noch gelingt es die Budgets einzuhalten, sondern monströse Hierarchien und penibel vorgegebene Zuständigkeiten behindern nicht nur Identifikation, Eigeninitiative, Freiraum und Engagement, also Voraussetzungen für Effizienz, sondern hebeln jede Wehrhaftigkeit im Ernstfall aus. Als eines der ungelösten Probleme reifer Demokratien (Kap. 9., 13.). Umso mehr, als es – als wirtschaftlich stärkstes Land der EU – zumindest vergleichbaren Sicherheitsbeitrag zu leisten hätte. Besonders nach dem Ausscheiden Großbritanniens aus der EU, das Mitgliedsland mit den bisher höchsten Militärausgaben (und mit „Cybererfahrung"), als Vetomacht im UNO-Sicherheitsrat und als Nuklearstaat, also, bereits dramatisch die Wehrhaftigkeit der EU reduziert. Und glauben wir ernsthaft, dass – mit heutigem demokratischem Verhalten von Politik und Parteien, mit unreifen, unwürdigen Diskussionen –wir in absehbarer Zeit je „wehrhaft" regiert werden?

Sehen wir nur die sicherheitspolitisch kritischen Entwicklungen in den USA, in Russland und im Nahen Osten, die offensichtlichen Bestrebungen Chinas. Alles seit Jahren bekannt. Und dennoch wurstelt jedes europäische Land seit Jahrzehnten geheimnisvoll vor sich hin. Allen ist zwar bewusst, dass gegen international bedrohliche Szenarien nur eine gemeinsame europäische Verteidigungspolitik gewappnet sein könnte; dennoch, nichts passiert. Der Prozess ist ja überaus komplex, verlangt Abstimmung der Ressourcen und Fähigkeiten, Solidarität und überdurchschnittliche menschliche und finanzielle Anstrengungen, die allerdings so lange durch nationale Egoismen verhindert werden, bis es für alle zu spät ist. Zwar wachten die Europäer nach dem Wahlsieg Trumps plötzlich auf, versuchen nun hektisch Quantitäten ihrer Armeen auf Vordermann zu bringen, selbst erste gemeinsame Projekte zu initiieren, bruchstückhaft, von Einzelinteressen getragen.

Allerdings, was über Jahrzehnte vernachlässigt worden ist, ist auch nur über Jahrzehnte wieder aufzuholen. Die Verteidigungsbereitschaft eines ganzen Kontinents erfordert strategische, dazu parlamentarische Beschlüsse – und die, unter den diskutierten demokratischen Hemmnissen –, abgestimmte gemeinsame Anstrengungen je nationaler Ressourcen, die Vereinheitlichung der Außenpolitik; was nach den Erfahrungen des letzten halben Jahrhunderts wenig wahrscheinlich scheint. Hoffen wir, dass eine europäische Verteidigungsbereitschaft – auch politisch gebotene Einsätze im Ausland größeren Umfanges – sich nicht schon bald erzwingen. Meinen wir ernsthaft, dass in 10, vielleicht 20 Jahren, ein gesundes, europäisch-konzertiertes Verteidigungspotenzial, im Sinne globaler Auseinandersetzungen und Gefahren, je erreicht werden könnte? Ich fürchte, wir müssen es vergessen. Herrscht doch n.w.v. politische Unfähigkeit soweit man blickt!

Der sich schleichend eingenistete Verschleiß der inneren Sicherheit ist ein „Wohlstandsphänomen" reifer Demokratien, das sich nur so lange rechtfertigen lässt, solange nicht sicherheitsrelevante Ereignisse massiv auftreten. Mit jenen sind wir allerdings bereits konfrontiert. Ein Schritt zurück, zu einem professionellen Sicherheitsapparat, der zusätzlich nicht unter politischem „Entzug" (aus irrationalen Beiträgen „weltfremder") leiden darf, ist eine sicherheitspolitisch „zwingende Voraussetzung" (erfordert allerdings, ein anderes Politikverhalten. Kap. 24).

Strategisches Denken – als Sicherheitspolitik – setzt die Auswahl der und die Analyse von entscheidenden Faktoren voraus, welche die Sicherheit von Staat, Volk und Wohlfahrt gefährden könnte. Es mündet in Planungen, die aber auch stets dynamisch bleiben, jeweils anzupassen und zu korrigieren sind, fundamentale Entwicklungen in der Welt zu berücksichtigen haben. Auch wenn Prognosen nie exakt zu treffen sind, immer Abweichungen zum Median und der Wirklichkeit aufweisen, fördern sie ein Durchdenken der Prozesse, besonders, die systematische, die bewusste Annäherung an strategisch komplexe Szenarien. Sie sind Voraussetzung für die Bündelung der Ressourcen – als strategischer Lern- und Annäherungsprozess (Kap.20). Abweichungen sind also nichts Negatives, korrigieren Annahmen, helfen die Streubreite der Prognosen zu reduzieren.

Offen bleibt die Frage, wie kommen wir den auf diese „entscheidenden Faktoren", die langfristig und nachhaltig, im Sinne der Entwicklung von Szenarien wirken, und andererseits – im Sinne der Zielgestaltung – wie zu den praktikablen Ideen mit den dann abgeleiteten Maßnahmen. Es ist der berühmte, schwierig fassbare Innovationsprozess; das Resultat intensiver Auseinandersetzung über Inkubation und Illumination, über kooperativen Einbezug relevanter Kräfte zur Findung bestmöglicher Wege (inkl. Anwendungen und Verkettungen bekannter Erkenntnisse). Alleine aus diesen beiden Absätzen erkennen wir schon, wie praxisfern der Prozess „nachhaltige Sicherheit" heute ist, und umso deutlicher, wie gefährlich autoritäre Staatssysteme werden könnten. Es bleibt eines des fundamentalen Mankos demokratischer Systeme.

Nach klassischem Denken sollten staatliche Strategien den Wohlstand der Bevölkerung mehren, Stabilität und Sicherheit nach innen wie außen gewährleisten, Freiheit, Eigentum, Leben und Menschenwürde der Bürger schützen. Was nur möglich ist, wenn es auch finanziert werden kann – damit sind wir am Beginn jeder grundsätzlich staatlichen Überlegung – was in reifen Demokratien zunehmend in Vergessenheit gerät: Wirtschaftlichkeit, Wettbewerbsfähigkeit sind Grundvoraussetzungen staatlichen Handelns; was besonders demokratische Prozesse in Wohlstandsgesellschaften zunehmend missen lassen. Wie wir seit Menschengedenken erfahren – Kriege gibt es immer –, ist sowohl Leib und Leben wie auch die Wirtschaftlichkeit zu verteidigen –; was reife Demokratie zunehmend in den Hintergrund drängen. Werden Gefahren von außen plötzlich akut, ist es zu spät. Jede noch so ausgeklügelte, lang gepflegte Partnerschaft, selbst Verteidigungs- und Beistandsabkommen, sind im Ernstfall Makulatur; der Stärkere (damit Klügere) gewinnt. Zwar tritt heute der Feind als „Nation" in den Hintergrund, aber vielfältig neue Gefahren sind dazugekommen (sich wandelnder Terrorismus, religiöse Auseinandersetzungen, Völkerwanderungen, ABC-Waffen in falschen Händen, Cyberangriffe, Pandemien, Probleme aus der Forschung, intelligente Roboter etc.).

Allerdings, alles nützt nur – so rational und logisch strategisches Denken und Handeln auch wäre –, wenn es initiiert, überwacht und kontrolliert wird, und bei Bedarf eben modifiziert, sofern sich Annahmen ändern; und die ändern sich ja fast immer, auch wenn bei strategischem Denken langfristige Kontinuität die Basis bildet. Nun stellen wir uns das mal im demokratischen Rahmen vor! Nach heutigem politischem Verhalten – funktioniert das nie; bei den kurzfristig wechselnden Ideologien in demokratischen Systemen! Aber, selbst das wäre nicht das Kernproblem, wären demokratische Parteien mit fähigen, rational denkenden Persönlichkeiten durchsetzt, die einerseits in der Lage wären, ihre Interessensgruppen charismatisch mit einzubinden, andererseits aber auch flexibel genug, um rationale Gegenargumente professionell auszuloten. Ein, heute, leider illusorischer Ansatz – sehen wir nur mit etwas Abstand auf unser politisches Geschehen. Man kann sich des Eindrucks nicht erwehren, dass politische Fähigkeit, Intelligenz, Wissen und menschliche Reife, im Zuge der letzten Jahrzehnte eher ab- als zugenommen haben. Dazu zählen auch falsch verstandene humanitäre und soziale Einstellungen (dz. in allen „klassischen" Parteien) – besonders in Wohlstandsgesellschaften, denen reales soziologisches Denken abhandengekommen scheint –, sich gegen jegliche Art von Rüstungsindustrie und selbstverständlicher Form der Selbstverteidigung wehren; die – eingehüllt in saturierendem Wohlstand – nichts aus der Geschichte, selbst aus dem erschütternden außereuropäischen Umfeld gelernt haben..

Sehen wir nur, wie, z.B. in Deutschland nach der Jahrtausendwende, Regierungen nach gerade tagespolitischen Themen agieren, massive Fehler übergehen, die Dinge laufen lassen, von einer Korrekturmaßnahme in die andere stolpern, Abhängigkeiten schaffen und jede Zielrichtung fehlt; dass kaum mehr strategische Impulse gesetzt werden und die wirtschaftliche Dynamik lahmt.

Scheinkommunikationen, banale Floskeln, oberflächliches Gequatsche, sind für die Bevölkerung durchsichtig, bewirken das Gegenteil – stoßen ab und schädigen das Vertrauen in die Staatsführung. Es hilft eben nicht – weder der staatspolitischen Entwicklung, noch der Wahlarithmetik – wenn offensichtliche Fehler, zwar rhetorisch gut verpackt, aber dennoch bei der überwiegenden Bevölkerung Bedenken nicht zu zerstreuen vermögen. Besonders, wenn man, so offensichtlich, an der Macht (und den Töpfen) klebt.

Und wir? Verhalten uns – trotz Wahrnehmung – wie die Lemminge. Folgen zwar murrend, aber – eingeklemmt in organisatorischen Komplexitäten – ohne nennenswerten Widerstand. Im Grunde genommen sind wir zufrieden. Mit den sozialen Sicherheiten, saturiert aus in Jahrzehnten erarbeitetem Wohlstand. Für was benötigen wir eine Strategie, ein langfristiges Konzept, für die Außenbeziehung und die nationale Sicherheit? Eigentlich, stellen wir uns die Frage gar nicht mehr, sie ist uns fremd! Sofern wir jedoch hautnah mit Themen wie Sicherheit der Renten, weltweite Nivellierung der Einkommen, Wirtschaftswachstum und Verschuldungen, Einflüsse des Klimas, akzelerierender politischer Reibungsflächen u.v.a. konfrontiert werden, wird uns bewusst, dass all die immer wieder verdrängten und doch so akuten Fragen, nur über langfristig konsequente Konzepte zu lösen sind. Und werden sie strategisch nicht angegangen – weiter verdrängt – wird es uns, besser unseren Nachfahren, nicht nur auf den Kopf fallen, sondern Existenzen infrage stellen (könnte uns auch egal sein, wenn nicht das ethische, das Gewissen drücken würde).

Offensichtlich haben nur junge Demokratien, bei Not, Mangel, mit hohen Rückständen zu anderen Nationen, genügend Dynamik, um voranzustreben, den Einzelnen mitzureißen, Massen zu mobilisieren. Reife, saturierte Demokratien kennen diese Dynamik nicht mehr, haben keine Ziele, die sich aus der Erkenntnis der Umwelt erzwingen, haben den Leistungsantrieb verloren. Verheddern sich in national-internem Klein-Klein, streiten um marginale Vorteile, verlieren sich in unzähligen, nutzlosen Geplänkeln, in egoistischen Individualitäten, übersehen das Große und Ganze.

Natürlich ist es schwierig, strategische Positionen festzulegen, insbesondere aber, sie mit der Bevölkerung, im Konsens, abzustimmen. Selbst wenn es immer „Geheimes" geben wird, welches „intransparent" bleiben muss. Aber, strategischem Denken erzwingt sich alleine aus obigen „Verzerrungen" (der Sicherheit, den Kernaufgaben des Staates, seiner Leistung, der Geld- und Strukturpolitik, Einkommensverteilung, Bildungs- und Energiepolitik, Versorgung, u.v.a.m.), wie sie sich aus den Umbrüchen der Globalisierung ja so offensichtlich schon abzeichnen.

Nicht einmal ein vages, ein nationales Gesamtkonzept, eine Leitschnur gibt es – ob Privater oder Unternehmer, oder in der Verwaltung –; Ziele, die jedem von uns Halt, etwas Sicherheit bieten. Zu offensichtlich ziehen sich immer mehr Menschen aus der Gemeinsamkeit, aus ihrer politischen Verantwortung zurück, kapitulieren – wie zunehmend auch die Exekutive. Das Vertrauen in die Sicherheit, vorrangige Aufgabe des Staates, geht verloren. Die Kriminalität, wie die Übertretung ethischer Regeln, nimmt zu, die Schlagkraft der Polizei ab (s.o.), und die Justiz ist zunehmend überfordert (s.o.).

Über Jahrzehnte bekommt man in den industrialisierten Ländern den Eindruck, dass sich der politische Kurs nur nach innen, nach den aktuellen Bedürfnissen des Staates richtet, dass, in wohliger Zufriedenheit, abgehoben von geschichtlicher und weltweit politischer Realität, sich die Obrigkeit in politischen Nebensächlichkeiten verzettelt und so langsam, sicher und kontinuierlich, die wirtschaftliche und politische Schlagkraft der Nation schleichend, kaum erkennbar, aufweicht. Ist es nicht offensichtlich, dass wir, 500 Millionen in Europa, in saturiertem Wohlstand, in den nächsten 20 Jahren mit den „restlichen" neun Milliarden zwangsläufig diesen Wohlstand teilen müssen – oder es kommt zu explodierenden Völkerwanderungen und politischen und/oder kriegerischen Auseinandersetzungen. Unsere politische Schlagkraft haben wir ja bereits verloren.

Überall in den obigen Verzerrungen widerspiegelt sich das gleiche Bild, eine schleichende, eine kaum mehr aufhaltbare Degenerierung, nicht nur an Wirtschaftlichkeit, sondern auch an Tugenden, die schon immer erfolgreiche Staaten ausgezeichnet haben, wie Verantwortungsbewusstsein, Einsatzbereitschaft und Selbstständigkeit, Initiative und Engagement – und das, auf allen Ebenen der Gesellschaft. Wissen wir doch, dass Freiheit, Eigentum und die Sicherung der Zukunft, immer wieder von neuem erkämpft werden müssen – wir haben es offensichtlich vergessen, besser, verlernt. Unsere Politiker sind leider kein Vorbild, sondern leben uns den Niedergang vor: Fehlende Identifikation, Einsatzbereitschaft und relevante Fähigkeiten, Mangel an Verantwortungsbewusstsein gegenüber der Gemeinschaft, die realistische Beurteilung der Zusammenhänge und, abgeleitet, die kraftvolle Gegensteuerung unter Einbezug der Bevölkerung.

12. Vision „Staatliche Leistung"

Deutschland begründete sich als Industrienation ab dem 19. Jahrhundert; als Nachzügler zu Großbritannien. Dessen Aufstieg zur Weltmacht begann um das 17. Jahrhundert, im Zuge der weltweiten Kolonialisierung, bis zum Commonwealth. Sein Abstieg so ab dem ersten Weltkrieg; einerseits aus den vielfältigen Freiheitsbestrebungen der besetzten Länder, andererseits dem wirtschaftlichen Aufstieg anderer Nationen – wie z.b. den USA, Deutschland u.a. Machtbestrebungen waren es wieder einmal, welche die beiden Weltkriege auslösten – wie schon immer; meist verbrämt mit nationalem Pathos, dem Ruf nach Gerechtigkeit und Freiheit, gegen Diskriminierung und ähnlich vorgeschobener menschlicher Motivationen. Zumeist leiden dann alle, nur zugeben will es keiner, bis es eben zu spät ist. Irgendwann gehen die Mittel aus (Millionen von Toten sind nicht die Ursache!). So gilt, im Umkehrschluss, für den friedfertigen Staat ist die nachhaltige *Wirtschaftlichkeit das Maß aller Dinge*.

Wie erwähnt, finden wir die Fundamente der wirtschaftlichen Stärke Deutschlands vor gut eineinhalb Jahrhunderten. Bis heute genießen wir die Erfolge aus Wissenschaft und Forschung, aus (dualer) Bildung und Kreativität, aus Infrastruktur und industriellem Fundus, insbesondere aber aus einer disziplinierten und engagierten Bevölkerung (und dieses Potenzial ist noch älter). Die wirtschaftliche Kraft – das Ansehen, „Macht" einer Nation – ist also Resultat kontinuierlicher Entwicklung über lange Zeiträume, fast über Jahrhunderte. Aber auch der Abstieg benötigt Zeit – und wir stecken mitten drin. Er ist schleichend, kaum erkennbar – nur ex post, nach Jahrzehnten deutlich (wie uns die Geschichte lehrt). Obige Beispiele, diese Verwerfungen, die schleichende Stagnation der Wirtschaftsleistung, sind nur wenige der vielen Mosaiksteinchen die an der Leistungsfähigkeit nagen, uns dennoch zeigen, dass wir uns, in Deutschland, wie der Westen Europas, gegen die Endphase des Staatszyklus` bewegen (nach dem dritten Wendepunkt einer Gaußkurve[63]). Dabei bleiben nennenswerte Impulse aus oder werden – im Zuge „demokratischer" Prozesse – aufgeweicht, ausgehöhlt, selbst ins Gegenteil verkehrt. Negative Trends verstärken sich häufig selbst, beschleunigen dann eine chaotische Entwicklung.

Nicht, dass wir es nicht erkennen, alleine, wir sind unfähig zu reagieren – wie viele Beispiele der Geschichte zeigen. Zwar ist der Wille zur realer, zur professioneller Gestaltung vielfach vorhanden, aber es liegt in der Natur

---

[63] Neuberg A., *Morphologie des Staates*

demokratischer Prozesse, dass sie Zeit kosten, schlussendlich in Kompromissen münden; die selbst wieder Korrekturen fordern, also, das Problem nie grundsätzlich lösen. Ein Circulus vitiosus, der eben zur Wucherung von Organisationen und Gesetzen, von Vorgaben und Vorschriften führt, zur Erstarrung der Organisation, der Bürokratie. Bekannte Ökonomen weisen immer wieder darauf hin, nützen tut es wenig. Warum? Einerseits: Sind wissenschaftliche Erkenntnisse unverfälscht, sind sie „wahr"? Andererseits: Schlussendlich muss die Politik doch entscheiden! Aber, sie entscheidet primär emotional, zumeist aus bescheidenem eigenen Wissen über die realen Zusammenhänge, dazu geprägt von persönlicher Einstellung. Man fragt sich, für was benötigen wir den diese riesigen Stäbe in allen Ebenen der politischen Organisationen, wenn sie schlussendlich nicht wirksam werden? D.h. nicht, dass Politiker nicht auf Wissen und Gutachten zurückgreifen (sollen), jedoch wird – es liegt in der Natur des Menschen – schlussendlich intuitiv entschieden. Und das ist wieder, hochgradig abhängig von der jeweils persönlichen Lebensentwicklung, der ethisch-moralischen Individualität, besonders der Reife aus einem (wünschenswerter Weise) langen Leben. Wo finden wir solche Persönlichkeiten, besonders in Spitzenpositionen? Zumeist in der Rente, mit dann schlauen Essays!

Beurteilen wir den Ablauf eines Entscheidungsprozesses, so erkennen wir, dass sich – in Arbeitsgruppen, z.B. in Regierungszirkeln oder politischen „Arbeitskreisen" – im Zuge der Auseinandersetzung Meinungen bilden und der wissenschaftliche Hintergrund, mit all seiner Komplexität (also, mit zunehmender Unsicherheit!), in den Hintergrund tritt und die Entscheidung schlussendlich – geprägt von Hierarchieebenen – weitab wissenschaftlicher Erkenntnisse liegt. Nicht, dass es notwendigerweise „wissenschaftliche" Durchsetzung verlangt (in Anlehnung an Platon) – das wäre der falsche Weg, widerspricht es doch dem demokratischen Prozess –, aber gefordert werden muss, dass der wissenschaftliche Impetus sorgfältig diskutiert, Fachliches mit Politischem ausgelotet, und im Sinne volkswirtschaftlicher Prosperität bestmöglich entschieden und konsequent umgesetzt werden muss. Was in der Praxis – als fundamental demokratisches Problem – eigentlich so nie zur Wirkung kommt!

Was uns fehlt – lernen wir schon seit Cicero – ist der Diskurs, ist die fachbezogene Auseinandersetzung, selbst komplexer Zusammenhänge. Vorerst intern, dann mit der interessierten Bevölkerung (und das bleibt das entscheidende demokratische Problem: Das allgemeine, das wünschenswert breite Interesse).

Besonders die letzten Jahrzehnte zeigen, dass in komplexen, die Nation als Ganzes betreffende Fragen (z.b. die Flüchtlingskrise, Krieg oder Frieden, Erweiterung oder Reduzierung der EU, die Währung), einerseits Expertenerkenntnisse die Basis politischer Entscheidungen sein müssen, andererseits aber, eben genau deswegen, das allgemeine Publikum überfordern und in praxi über populistische, die Realität nicht annähernd widerspiegelnde Banalitäten, kaum rational – im Sinne nachhaltig nationaler Wohlfahrt –, Weichen gestellt werden. Und werden sie, emotional verbrämt, gestellt, sind sie sogar in der Lage, ein Land in den wirtschaftlichen und politischen Abgrund zu führen (wie wir vielfach beobachten können). Und gelänge es, selbst naiven, geschweige von Lügen durchzogenen Populismus auszuschließen, überfordert es fachlich große Teile der Bevölkerung. Dann wirken schlussendlich eben Emotionalitäten, also Resultate weitab rationaler volkswirtschaftlicher Wohlfahrt. Das Ganze hat dann nichts mehr mit „wahrer Demokratie" zu tun, sondern trägt ein individuelles, bestenfalls ein parteipolitisches Mäntelchen.

Langsam, über die Jahrzehnte, haben wir uns von der Selbstverständlichkeit verabschiedet, dass die Wirtschaftlichkeit einer Nation die Voraussetzung für eine erfolgreiche Entwicklung eines Staates ist. „Wirtschaften" ist ja nicht das Interesse eines „Reichen" oder einer Unternehmung (als Klassenkampf), sondern die Voraussetzung jeder Existenz, von der Familie bis zum Staat. Verteilungskämpfe sind verständlich und wünschenswert, wenn professionell – immer die gesamtwirtschaftlichen Konsequenzen vor Auge – politisch gehandelt wird. Bewegt sich allerdings der Einfluss in Richtung längst überholter Ideologien, und setzen sie sich demokratisch durch, lösen sie – unerkannt, schleichend – jede Demokratie zwangsläufig langsam aber sicher auf (besonders, wenn die Medien versagen). „Wirtschaftlichkeit" bleibt die fundamentale Voraussetzung – in allen Gemeinschaften. Das hat nichts mit sozialer Kälte zu tun – im Gegenteil, ist der Grundstock für eine prosperierende Gemeinschaft; war auch immer schon Voraussetzung, um die Schere zwischen Arm und Reich auf ein akzeptables Maß zu nivellieren, Soziales gleichberechtigt einzubetten.

Autoritäre Staaten haben zwangsläufig – wie wir z.B. aus der gerade mal 30-jährigen Entwicklung des modernen Chinas ablesen können – strategische Vorteile, können sie doch unabhängig von Volkes Willen entscheiden; und, wie wir sehen, auch zum Wohle der Nation (auch wenn viele negative Beispiele überwiegen – aber das ist ein anderes Thema). Natürlich sind wir von der „Demokratie" überzeugt – ob sie es nachhaltig bleibt, zum Nutzen für die Allgemeinheit, des Staates, der Union, ist offen. Und, prognostizieren wir die Entwicklung Chinas auf die nächsten 30 Jahre, mit weiterhin systematischer Ausrichtung nach dem Willen des Zentralkomitees in Richtung politischer und wirtschaftlicher Führung, fährt uns – auch aus ethischen Fragen – der Schreck in die Glieder. Werden wir abhängig? Und, wie weit? Und, warum reagiert unsere Politik nicht? Ist sie doch die einzige Institution, die dazu in Lage wäre – dafür gewählt ist. Eigennutz und Unfähigkeit – anderes können wir nicht vermuten, und wären wir noch so wohlmeinend. Alleine, niemand getraut sich, es anzusprechen.

Denken wir nur an die über Jahrzehnte ständig wachsenden Schulden der Staaten und die steigenden Staatsquoten. Dabei ist Deutschland, mit seiner um die 70%-igen Staatsverschuldung, noch ein leuchtendes Beispiel. Immer wieder beginnen die Sparbemühungen in vielen Ländern aus dem Ruder zu laufen – besonders konsequent, wenn sich die demokratischen Verhältnisse ändern. Wohltaten kommen eben immer gut an. Wie unanständig von den Parteiideologien, die es dennoch – zumeist im Sinne individueller Vorteile – schuldentreibend auszunutzen. Besonders Westeuropa droht mit seiner demographischen Entwicklung an den Sozialausgaben zu ersticken. Ständig wird mehr ausgegeben als eingenommen – selbst, wie dz., bei annähernd Null-Zinsen. Bricht die Konjunktur einmal ein – und das kommt wie das Amen im Gebet –, gibt es ein finanzielles Desaster; besonders für die Renten, für die Kranken- und Pflegeversicherungen.

Dabei hätte Europa unendlich viele Möglichkeiten, sowohl wirtschaftlich zu wachsen wie auch ethisch zu reifen – also, echte staatspolitische Leistungen zu zeigen. Sehen wir nur die Unterschiede der durchschnittlicher Monats-bruttolöhne Vollzeitbeschäftigter Europas. Spannt sich der Bogen doch von Bulgarien mit rd. 400/600 €, bis Frankreich mit etwas über 4.000 €, also mit unglaublichen Möglichkeiten wirtschaftlicher Zusammenarbeit, und zugleich Förderung eines vergleichbaren Lebenshaltungsniveaus. Oder die katastrophalen Jugend-Arbeitslosenraten in den südlichen Ländern mit bis zu 50%, die doch höchste Solidarität erfordern! Stattdessen versorgen wir Hunderttausende von (vielfach unberechtigten) Asylanten auf Jahrzehnte, und die, ohne nennenswerten Beitrag für die Union. Oder zukunftsträchtige Kooperationen mit den naheliegenden außereuropäischen Staaten, die sich Jahrzehnte, Jahrhunderte, in wirtschaftlichen wie politischen Schwierig-keiten befinden, oder ... Es gibt es unendliche Potenziale, sowie echte soziale Verantwortungen. Nein, wir verharren im täglichen Geschehen, reiben uns über Jahre und Jahrzehnte an niveaulosen Nebensächlichkeiten auf, sehen gebannt auf fernöstliche Entwicklungen, ohne selbst aktiv zu werden. Wir bekommen Krisen nicht in den Griff – statt sie als Herausforderungen engagiert anzugehen und so neue Potenziale für die Entwicklung Europas, für die europäische Bevölkerung zu generieren.

Natürlich schwärmen wir von einer friedlichen, einer global verbundenen Welt mit freundschaftlichem Austausch von Waren, Wissen und Menschen, von gegenseitiger Befruchtung aus unterschiedlichen Ressourcen wie von Mentalitäten und Religionen. Welche Naivität! Widerspricht es doch menschlicher Eigenheit, widerspricht den evolutionären Anlagen, dem tief in uns verankerten Überlebenswillen – wie es die Menschheitsgeschichte seit rd. 10.000 Jahren beweist. Das Wachstum der Menschheit auf 10 Milliarden, bei restlos verteilten Flächen, einem zunehmenden Kampf um die letzten Ressourcen, bei annähernd nivellierendem Lebensstandard, ferner mit der Problematik der Klimaveränderung, wird es verschärfen. Auch wenn wir es nicht akzeptieren wollen, der Kampf, um Vorteile halbwegs zu halten, wird zunehmen, und nur eine strategisch orientierte, eine fähige, eine gestaltende Politik, mit konsequenter Bündelung der Ressourcen und Förderung der Leistungs- und Wettbewerbsfähigkeit sind die Garanten, halbwegs über die Runden des aktuellen Jahrhunderts zu kommen. Wer das – in seiner ganzen Realität – nicht anerkennt, schädigt, unbemerkt, die Existenzsicherheit.

Dazu verändert sich die Art und Weise der Leistungserstellung, der Wertschöpfung, dramatisch. Die Ausläufer der Industriellen Revolution liegen längst hinter uns – zumindest im Westen – und die Fertigungsprozesse sind über die modernen Informationstechniken soweit verknüpft, dass unser heutiger, unser üblicher Bedarf an Nahrungsmitteln, Konsumgütern, selbst Freizeitvergnügen und Wohnraum, mit weit weniger Menschen abgedeckt werden kann, als wir derzeit noch erahnen. Überall erkennen wir Kapazitätsüberschüsse in den konventionellen Industrien, selbst wenn wir über Modetrends versuchen, alles am Laufen zu halten, unsere Umsätze zu sichern. Viele Untersuchungen weisen auf Überkapazitäten in all den klassischen Branchen der Produktion, aber auch schon in den Dienstleistungen hin. Eine aus den USA weist z.B. nach, dass sich bei 60% der Berufe 1/3 der Tätigkeiten über IT einsparen ließe. Für Deutschland liegt eine andere bei 40%. Natürlich benötigen wir nach wie vor Stahl, Zement, Papier oder Maschinen, Anlagen, Autos oder Computer, Freizeit, Spiel und Spaß, und Gott sei Dank will das auch noch der übergroße Teil der Welt – und hält das Niveau in akzeptablem Rahmen; auch wenn sich die Einkommen umverteilen und wir, in Europa, laufend an Boden verlieren werden. Über Subventionierungen und finanzielle Impulse versuchen die westlichen Staaten den Niedergang abzufedern, soweit möglich Wohlstand zu sichern. Dennoch spüren wir die Veränderungen, erkennen, wie mühsam doch alle diese Maßnahmen sind, an ihre Grenzen kommen. Es fehlen neue Impulse, Visionen!

Überholt ist z.B. schon die Messung unserer „staatlichen Leistung"; über das BNP[64] , als Messlatte, die mehr als 100 Jahre alt ist. Neue „Wertschöpfungseinheiten" – wie zum Beispiel die IT-Konglomerate um die Bay von San Francisco – dominieren mit ihrer IT-Technik nicht nur die Welt, sondern erwirtschaften unglaubliche Milliarden mit nichts greifbarem, mit „Software", mit Datenalgorithmen. Keine Industriekombinate konventioneller „Hardware" sind es, die „neue Leistungen" erbringen, sondern IT-Riesen. Zwar fließen auch diese Leistungen teils in das BNP, jedoch ist es die Software, die sich in Wettbewerbsvorteilen (bei Produzenten wie Dienstleistern) niederschlagen; so Löhne und Gehälter, also die Preise unter Druck setzen, die klassische Ermittlung des BNP infrage stellen (und damit auch die Geldpolitik). Dieser nicht messbare „Nutzen" ändert die Arbeitswelt dramatisch, erfordert viele Hochqualifizierte, wird besonders aber die übergroße und wachsende Masse, das Heer an Arbeitslosen und Niedrigverdiener, weltweit massiv erhöhen.

a) Geld- und Finanzpolitik

Wissenschaftlich relevanten Theorien für die Geldpolitik, als geldpolitische Grundlagen die bis vor kurzem noch die nationale Geldpolitik bestimmten, sind mehr als ein Jahrhundert alt. Zwischenzeitlich – seit gut zwei Dekaden – haben sich die Volkswirtschaften, und verzögert die Geldströme, „verinternationalisiert", beeinflussen sowohl die Wirtschaftlichkeit wie auch die Währungspolitik jeder Nation – je nach Vernetzung. Die internationalen Abhängigkeiten haben also zugenommen – beeinflussen so auch die lokale Geldpolitik, die Geldmengensteuerung. Gab es bis vor wenigen Jahrzehnten noch wissenschaftlichen Konsens zu geldpolitischen und damit konjunkturellen Betrachtungen, divergieren die ökonomischen Philosophien heute viel stärker, könnten oft nicht konträrer sein. Historische Annahmen der Abhängigkeit der Beschäftigung vom Gütermarkt (und umgekehrt), der Beeinflussung weiter der Geldmengen und Zinspolitik zu nationalen Konjunkturüberlegungen, sind ausgehebelt, unterliegen nun maßgebend der internationalen Entwicklungen.

Alle Nationen der Welt suchen ihren individuellen Nutzen – und das heißt, immer auf Kosten anderer, zu Gunsten der eigenen Volkswirtschaft; als Grundlage aller ökonomischen Theorien. Waren die Vorteile, der Lebensstandard einer Nation allgemeinen, ein Resultat nationaler Leistung, beginnt es sich nun über die individuelle Geldpolitik der Staaten (die Menge, und

---

[64] Neuberg A., *Geld-Illusionen*

bedingt der Zins) langsam aber sicher zu verwässern. Zunehmend wird die Geldmenge – mit ihrer Korrelation zu Inflation und Deflation – nicht mehr nach der Leistungsentwicklung gesteuert, sondern Staaten versuchen über die Beistellung frischer Geldmittel, wirtschaftliche Vorteile – einerseits zur Förderung von Investitionen und andererseits gegen Liquiditätsengpässe (als Relikt von Finanzkrisen) – zu schaffen; notgedrungen immer zulasten der Währungsparitäten.

Über die, mit einhergehend schleichende Auflösung der Unabhängigkeit der Nationalbanken, beeinflussen nun plötzlich „demokratische Mehrheiten" die Geldmengen – losgelöst von der Leistungsentwicklung, also, der Maßzahl eigentlicher Wettbewerbsfähigkeit. Man lizitiert sich hoch, sei es in Japan, den USA oder in der EU. Ökonomen laufen zwar Sturm, aber schlussendlich entscheidet die „politische Notwendigkeit". Da Geld an sich keinen eigenen Wert, kein Vermögen darstellt, sondern nur auf Vertrauen in den Emittenten fußt, also auf der nachhaltigen Leistungsfähigkeit eines Staates, ist es nur eine Frage der Zeit, bis die berühmten „Marktmechanismen" den Ausgleich zwischen Leistung und Geldwert erzwingen (als Inflation). So wandern paradoxerweise fast alle Staaten sehenden Auges am Rande des Abgrunds. Niemand getraut sich die eigene Währung – straff regulierend, als direktes Maß der Leistung – in die natürliche Korrelation zum BNP zu setzen (also, eine plötzliche Auf- oder Abwertung hinzunehmen). So haben sich die Staatsquoten der Staaten binnen einem halben Jahrhundert annähernd verdoppelt; der Staat ist nun selbst mächtiger Beeinflusser der nationalen Leistung – und zwar ohne wirtschaftlich rationale Triebkraft, nur nach politischen Trends, dem politischen Überleben orientiert.

Die wirtschaftliche Entwicklung des Nationalstaates wird so zunehmend abhängig von den internationalen Geldströmen – allerdings, von der Geldakkumulation in den Händen weniger. Die Zentralbanken können nur mehr reagieren, statt agieren. Die Geldvolumen weiten sich aus – abgekoppelt von der Leistungsentwicklung, blähen sich nach demokratischen Bedürfnissen auf. Die Zentralbanken reagieren – nach der internationalen Wirtschaftsentwicklung, aber auch nach demokratischem Druck – zunehmend jenseits ökonomischer Theorien. Selbst die, oft als gegensätzlich betrachteten fundamentalen Geldtheorien des letzten Jahrhunderts – so wenig gegensätzlich sie tatsächlich sind[65], der Keynesianismus und Monetarismus – verlieren ihre fundamentalen Diskussionsgrundlagen mit dieser aufgeschwemmten Geldpolitik, die jeder ökonomischen Theorie zuwiderläuft.

---

[65] Neuberg A., *Geld-Illusionen*

Alle Verantwortlichen (Regierungen und Nationalbanken) reagieren nur mehr, in der Hoffnung, dass es sich irgendwie wieder einpendelt; wird es aber nicht[66]. Seit Jahren tendieren die Zinsen weltweit gegen Null, schließen selbst Negativzinsen nicht aus. Der treibende Motor jeder Wirtschaft, der Zins, verliert zum ersten Mal in der Geschichte der Menschheit seine fundamentale Triebkraft. Staaten können sich unendlich verschulden, ohne von der Zinsbelastung abgewürgt zu werden. Und dennoch: die Investitionen gehen weltweit zurück (sowohl der Staaten, wie auch der Privaten!). Die Vermögensbildung der breiten Masse, die Altersvorsorge, ist ausgehebelt, der Geldmechanismus blockiert. Dennoch bleiben im Hintergrund die alten Theorien gültig. Sie werden wirken. Es ist nur eine Frage des psychologischen Zeitpunkts: Die Inflationsspirale steht schon im Startloch, zur weltweiten Vermögensvernichtung, zum Zusammenbruch ganzer Volkswirtschaften. Es ist erschütternd – und demotivierend –, wie kontinentale und anglikanische Länder gegensätzlich argumentieren, was denn nun der richtige Weg wäre: Geld drucken (vom Helikopter abwerfen[67]) – ohne jegliche Leistungsrelation, nach dem Prinzip Hoffnung –, Investitionen und Konsum immer weiter fördern, oder das Gegenteil, seriös sparen? Beides gilt, dosiert und abgestimmt[68] – n.M. in konsensueller Zusammenarbeit (was, wie die Vergangenheit zeigt, kaum erwartet werden darf).

So drucken die einen (USA) endlos Geld, weil es sich ja – als Leitwährung – weltweit so schön unterbringen lässt. Billiarden die, wie die Erfahrung zeigt, im Finanzkreislauf hängen bleiben und nur jenen nützen, die sowieso über ausreichende Mittel verfügen, also in Aktien und Immobilien investieren; und so jeder erwartet nachhaltige Konjunkturschub sowieso verpufft (wenn auch temporär sinnvoll). Und die anderen folgen (wie die EU und Japan). Dennoch darf der fundamentale Zusammenhang – nämlich das Verhältnis nationaler Leistung zur geschaffenen Geldmenge – langfristig nicht übersehen werden. Ferner bringt es einen weiteren negativen Effekt mit sich. Eine zunehmende Verzerrungen von Einkommen und Vermögen – besonders zulasten jener mit geringem Einkommen.

So wird einerseits, durchaus wohlmeinend, über den Ankauf von Wertpapieren (selbst der eigenen Staaten), Geld unter das dankbare (Finanz-)Publikum gestreut, dass aber dennoch – ebenfalls zum ersten Mal, und das sollte zu denken geben – kaum Investitionen auslöst! Andere europäische Länder versuchen scheinheilig zu sparen – und kaufen dennoch genauso Wertpapie-

---

[66] ebenda
[67] In Anlehnung an Milton Friedmann
[68] Neuberg A., Geld-Illusionen

re auf und Fluten die Märkte mit frischem Geld. Mit dem gleichen Effekt, die Wirtschaft startet trotzdem nicht durch. Werte, Mittel, werden so fehlgeleitet. Es ist eben eine jahrhundertealte Weisheit: Geldpolitik wirkt nur temporär, nämlich nur gepaart mit einer fundamentalen Fiskal-, einer Strukturpolitik. Die Ausweitung der Geldmenge muss verpuffen, wirkt nicht begleitend die staatliche Strukturpolitik (oder es gleicht sich über Inflation aus). Dass die Dinge natürlich komplexer wirken können – zum Beispiel in der EU, über die unterschiedlichen Leistungsentwicklungen der Mitgliedstaaten –, erschwert nur scheinbar das Problem, ist es doch – sehen wir wertfrei den Zusammenhang – das gleiche, nur komplexer verpackt[69].

Im Zuge der Globalisierung nahmen zwar die Bestrebungen der europäischen Staaten für politische und wirtschaftliche Zusammenarbeit zu. Wobei jede nationale Leistungsdifferenz natürlich die Schieflage inhärent wieder verstärkt, und zwangsläufig, bei dann finanzieller Unterstützung, zu einer Transferunion führen muss, d.h. Leistungsimpulse verhindert. Die gestaltende Entwicklung der lokalen Leistung tritt so (als entscheidendes Manko) in den Hintergrund und beeinflusst – gefolgt von Verschuldungen und Subventionen – negativ die Leistungsfähigkeit der gesamten Gemeinschaft. Trotz dem uralten, aber nie hinterfragtem Axiom der Nutzenmaximierung – überspitzt, pures kapitalistisches Denken –, weichen sich so die (inhärenten) Währungsrelationen auf. Dieser natürliche, nun fehlende Ausgleichsmechanismus, als entscheidender Erfolgsindikator und Steuerungsmechanismus jeder Nation, behindert den nationalen Leistungsantrieb.

Leider ist dieser fundamentale Einfluss bis dato wissenschaftlich ungelöst. Folglich wird chaotisch herumgefuhrwerkt – und kann sich nur, irgendwann, in einem finanzpolitischen Zusammenbruch lösen. Da über supranationale Vereinbarungen kaum Konsens zu finden sein wird, versuchen die Nationen – jede für sich, nach ihren ideologischen Überlegungen, konform internem Druck – möglichst verlustfrei diese finanzpolitischen Risiken zu umschiffen. Lösungen gäbe es zwar, dennoch scheinen Professionalität, Mut und Entschlossenheit in demokratischen Systemen zu wenig ausgeprägt, um diesen geld- und finanzpolitischen Fragen rational zu begegnen.

Das Drucken von frischem Geld – ohne Relation zur nationalen Leistung – soll also der temporären Stabilisierung der eigenen Wirtschaft dienen (was

---

[69] Auf fundamentale finanz- und geldpolitische Gegebenheiten zurückgeführt, unter rationalem Einbezug wesentlicher ökonomischer Theorien, ist auch dieses Problem über längerem Zeithorizont lösbar. Einzig, es fehlen – besonders in Demokratien – einerseits professionelle Strategien und andererseits die konsequente Umsetzung.

sich die USA, als Leitwährungsnation, ja eher leisten kann). Daher lehnen sich auch die anderen großen Industrieregionen an ihr amerikanisches Vorbild an und treiben das böse Spiel noch auf die Spitze. Wie soll zum Beispiel Japan rational, also, über steigende Wirtschaftsleistung, über sparsames Haushalten und seriöse Finanzpolitik, je seine Überschuldung von rd.270% abtragen? Wie soll das enden? Bis 2018 dürfte die BoJ bereits mehr als die Hälfte der staatlichen Schuldenpapiere besitzen, was nicht annähernd zu den Märkten korreliert. Es ist nur eine Frage der Zeit bis – durch irgendwelche nebulosen Auslöser – das Ganze zusammenbricht und die Weltwirtschaft mitreißt. Oder, wie wird Europa – ohne europainterne Währungsrelationen – je die unterschiedlichen Leistungsentwicklungen der europäischen Länder ohne straffe Geldpolitik je ausgleichen können, je wieder in den Griff bekommen?[70] Dienen doch diese gigantischen Mittel von Hilfspaketen zum überwiegenden Teil nur den Zahlungsverschiebungen und nicht der Haushaltssanierung (die sowieso jedes Land über seriöse Struktur- und Finanzpolitik, also über eigene Reformen durchziehen müsste).

So nützen auch halbherzige Überlegungen der Eigenkapitalerhöhungen von Banken, stärkerer Regulierungen und Kontrolle der Geschäftsaktivitäten wenig, solange nicht der wirtschaftliche Motor wieder anspringt und all diese, über Jahrzehnte sich anhäufenden Fehler kaschiert. In schwierigen Zeiten, bei stagnierender, besonders aber fallender Wirtschaftsleistung, wirken alle gelderhöhende Maßnahmen nachhaltig nicht positiv, solange die uralten ethischen Regeln kaufmännischen Verhaltens, wie auch die einer äquivalenten Einkommensverteilung, tragbarer Sozialleistungen u.a.m., wieder Vertrauen initiieren – was nach all dem politischen Verhalten, wie wir es weltweit erleben, kaum erwartet werden darf.

b) Wirtschaftspolitik

Natürlich wollen alle ökonomisches „Wachstum", als „Selbstverständlichkeit", als rein wirtschaftlicher Prozess – der zwangsläufig weder mit ökologischen, noch soziologischen, noch wirtschaftlich fundamentalen Fakten, und schon gar nicht mit den wachsenden sozialen Bedürfnissen übereinstimmen kann.

Nach liberaler Einstellung soll der Staat sich aus der Wirtschaft heraushalten. Allerdings ist zu differenzieren, haben sich doch straff-duale Einstellungen (Ja oder Nein) überholt, sind die Zusammenhänge ja so überaus

---

[70] Neuberg A., *Geld-Illusionen*

komplex, dazu hoch volatil. Sind also – als Langfristdefinition – nationale Strategien, nationale Ressourcen, den internationalen Veränderungen anzupassen, danach zu gestalten. Und nur der Staat ist – aus sozialer wie nationaler Verantwortung – in der Lage, Rahmenbedingungen zu schaffen, also nicht nur nationale Potenziale zu fördern, sondern auch bi- und multilaterale Vereinbarungen zu initiieren. Er hat somit alles zu tun, um die nationale Leistungsfähigkeit nachhaltig zu sichern. Hier liegt seine primäre Aufgabe.

Gelingt es Nationen nicht, die Beziehungen bi-/multilateral zu vertiefen, verlieren sie nicht nur an Leistung, sondern vernachlässigen auch Partnerschaften auf freundschaftlicher Basis; als Voraussetzung jeder international positiven Entwicklung. Es verlangt Fähigkeiten, ist Kunst, bilaterale Beziehungen so zu gestalten, dass sich staatliche Partnerschaften nicht nur wirtschaftlich und menschlich, sondern auch sicherheitspolitisch annähern. Als Priorität einer modernen Politik! Die Zeiten einseitigen Handelns – eben wie in der Kolonialzeit – ist schon lange vorbei. Staatliche Partnerschaften entwickeln sich vertiefend nur, wenn sie nachhaltig von beiderseitigem Nutzen sind. Und Nutzen heißt sowohl wirtschaftliche wie auch menschliche Nähe – abgesehen von den ökologischen Fragen. Noch herrscht leider, knallhartes, egozentrisch-kapitalistisches Gedankengut.

Kapitalismus – forciert aus den USA, gefolgt in allen Staaten, nach dem Zusammenbruch der Sowjetunion bis zum Exzess weltweit geübt – bestimmt bis heute privates wie unternehmerisches Verhalten; schuf auch unglaubliches Kapital, das die wirtschaftliche wie politische Entwicklung der Staaten entscheidend beeinflusst. Trotzalledem, bleibt die nationale Leistung für eine Volkswirtschaft bestimmend. Allerdings haben sich die Rahmen radikal verändert. Finden wir die Grundlagen der Leistungsfähigkeit Westeuropas noch in den Feudalsystemen, bestimmte sich der Aufbruch der Schwellenländer bereits aus den weltweit fluktuierenden Kapitalströmen; mit einem Wandel zu neuen Mächten. Extrem China, das bereits die Kapitalströme umdreht, strategisch abgesichert weltweit Unternehmen und Ressourcen zukauft, sich zukunftsträchtige Technologien sichert, und so systematisch nicht nur seine Leistungen, sondern auch sein politisches Gewicht ausbaut. Wobei China, dank Größe, Strategie und autoritärer Umsetzung wie präzisem Einsatz seiner Ressourcen, das 21. Jahrhundert prägen wird. Bei wachsenden Abhängigkeiten, begleitet von koordiniertem Absaugen westlicher, über Jahrhunderte aufgebauter Potenziale. Das wird – ob wir wollen oder nicht – auch auf unseren demokratischen Freiraum durchschlagen, auf Wohlstand und Sicherheit, wird die bisherige wirtschaftliche und kulturelle Dominanz der Europäer in den Hintergrund drängen.

In machen Staaten korreliert das militärische Potenzial mit der international wirtschaftlichen Entwicklung (wie in den USA), andere setzten ihr wirtschaftliches Potenzial zur Sicherung politischer Interessen ein (wie China), die meisten anderen jedoch überließen es Unternehmern, Investoren, sich international zu behaupten – wenn vielfach auch nachrangig begleitet (Exportsicherungen, Subventionierungen, bilaterale Vereinbarungen). Je stärker jedoch die politische Zusammenarbeit mit der Wirtschaft war, desto erfolgreicher war auch die Nation. Je reifer Demokratien sich allerdings entwickelten, desto mehr vernachlässigt wurde diese Korrelation, und umso weniger erfolgreich ist dann die Nation im globalen Wettbewerb – wie die letzten Dekaden zeigen.

Deutschland zehrt noch immer von seiner industriellen Geschichte, aus Forschung und Entwicklung, getragen von unternehmerischen Persönlichkeiten des letzten Jahrhunderts. Strukturelle Vorteile – an Industrien und Infrastruktur, an gereiftem Wissen, an Erfahrungen und Bildung über Generationen – verschleiern, dass die Hochblüte vorbei ist, auch wenn wir uns noch so wohlbehütet aufgehoben fühlen. Die Zeiten großer, über Generationen existierender Industriekonglomerate, mit über in Jahrzehnten materialisierten Finanzinvestitionen in kapitalträchtige Anlagen, die wieder über Jahrzehnte genutzt werden konnten, sind längst vorbei.

Heute dominieren internationale IT- und Finanzkonglomerate, deren Marktkapitalisierung schon das 5- bis 10-fache der größten deutschen Unternehmen erreicht. Und, deren materiellen Investitionen? In Anlagen, Maschinen, Immobilien, vielleicht auch noch Ausbildung? Vernachlässigbar, alles reduziert sich auf Software und Marktmacht. Sie haben, in nur einem einzigen Jahrzehnt, bereits so viel Kapital angehäuft, dass sie in naher Zukunft die Entwicklung konventioneller Unternehmen, inklusive die der Banken, beeinflussen können. Und, ein Ende ist nicht abzusehen – auch in der technologischen Entwicklung –, hat doch der Zyklus der Informationstechnik gerade erst begonnen. Und der wird nicht nur die weiteren wirtschaftlichen Entwicklungen dominieren, sondern immer mehr Vermögen (Geld? Kap.21) und IT-Werte (Daten, Verknüpfungen) bei denen schaffen, die vorne mit dabei sind. Und, wo bleibt Deutschland, Europa? Hat bereits so viel verloren, dass die Lücke kaum zu schließen sein wird. Selbst wenn sich IT-nahe Unternehmen in den USA aus privater Initiative entwickelt haben, waren es doch die finanziellen und politischen Umfeldbedingungen der USA, der Freiraum, die Konzentration von Wissen und Engagement; waren es Start-up`s, die den Technologiesprung erst ermöglichten.

Genau an diesem Punkt wird die EU verlieren, wenn sie nicht rigoros strategisch handelt und fördert; was alleine aufgrund unserer „reifen" Demokratien wieder wenig wahrscheinlich scheint. Beherrscht doch fluktuierende Tagespolitik das öffentlich Geschehen – wie es uns so massiv aus den Kapiteln 1-10 gegenübertritt: Fehlendes unternehmerisches Denken in den Regierungen, Emotionalitäten, Ideologien, keinerlei strategische Denken, keine Verantwortung, wenig diplomatisches Geschick, um die historischen Potenziale der europäischen Völker zu mobilisieren. Und, das demokratisch wahloptimierende Verhalten? Wirkt diametral zu strategischer Politik.

Zwar wurde schon vor Jahrzehnten erkannt, dass „gereiftes" Expertenwissen eine Voraussetzung sei, um in dieser internationalen Komplexität Staaten professionell zu steuern – auch wenn immer „Demokratisches" den Rahmen bilden soll. So wurde z.B. schon vor Jahrzehnten in Deutschland ein „Rat der Weisen" gegründet, um politisch Verantwortliche, Regierungen, mit relevantem Wissen auszustatten, um eben möglichst effizient operieren zu können. Sollte sich doch niemand anmaßen, alleine rational zu sein – drängen doch immer Emotionen, individuelle Einstellungen. Was hat es genützt? Von Jahr zu Jahr geht der Einfluss der Wirtschaftsweisen zurück. So war z.B. die öffentliche Übergabe des Wirtschaftsberichtes 2016 an die Regierung an Peinlichkeit nicht zu überbieten, wie die sicherlich sehr engagierte Ausarbeitung (und möge sie noch so sehr von der eigenen Einstellung abweichen) offensichtlich wenig geschätzt „abgelegt" wurde. So bleibt die individuelle, hierarchiegetragene Einstellung, selbst in den Regierungen bestimmend – als Qualitätsmanko staatlicher Entscheidungsträger! Es ist dieses Verhalten, fehlende Reife zu politischer Führung, die Staaten in den Abgrund führt! Es ist dieses Verhalten – sollten Demokratien wieder prosperieren –, das überdacht werden muss.

Wir verkennen in Deutschland, in Europa – in der Bevölkerung wie in den Regierungen –, dass unser Wohlstand, unser Lebenshaltungsniveau, einzig und allein von unseren Fähigkeiten, von unserer Exportstärke abhängt. Sie ist es, die in den Mittelpunkt jeder politischen Maßnahme zu stellen wäre – und dann erst, und eben erst dann, die „demokratische Verteilung" eines so erwirtschafteten Überschusses ermöglicht. Besonders in einer Zeit, in der die Staaten – als Trend, paradoxerweise trotz hohem Wohlstand – Globalisierung plötzlich als Hindernis sehen, Protektionismus aufkommt, Handelshemmnisse jeder Art wieder eingeführt werden. Eine ernüchternde Kehrtwende nach Ricardos Vergleich vor rd. 200 Jahren. War doch bis dato die freie Marktwirtschaft anerkannter Motor für Innovation und Durchsetzung neuer Produkte und Leistungen, eben, für den Wohlstand.

Natürlich reicht es nicht, komplexe Forschungsvorhaben und risikoreiche Investitionen allein durch privatwirtschaftliche Engagements zu initiieren. Aus der Vergangenheit gibt es Beispiele genug – z.b. die internationale Raumfahrt, Transportwesen und klassische Medien, Investitionen in Klimaziele, aber auch die Rüstungsindustrie (der militärische Impetus war immer schon Motor neuer Entwicklungen) –, dass erst staatliche Unterstützungen, Innovationen zu wirtschaftlichem Durchbruch verhalfen. Neue Technologien erfordern zumeist umfang- und risikoreiche Investitionen, die von staatlicher Seite unterstützt werden können, sofern es strategisch geboten scheint. Dazu zählen eine nachhaltige Energiepolitik (z.B. Entwicklung neuer Reaktoren, von Speicher- und Übertragungsmedien), die Förderung neuer Kraftstoffe (E-Fuels, gasförmige und flüssige, auf Basis erneuerbaren Stroms), wie auch der Informationstechnologien mit ihren kaum fassbaren Transformationspotenzial, ferner die Transport- und Verkehrspolitik, der riesige Bereich des Gesundheits- und Freizeitwesens, die Einbindung der Klimaziele in die Preisstrukturen, klimaschonende Logistikkonzepte u.v.a.m.

13. Der entmündigte Bürger

Gegen Ende der Feudalherrschaft, so ab dem 19. Jahrhundert, wurden zum ersten Mal in der Menschheitsgeschichte – dank der Dynamik aufkommender Demokratien und der exponentiellen Zunahme von Bildung –, die Massen weltweit mündig, entfalteten ihre Individualitäten, ermöglichten erst (neben der explosiven Vermehrung) diese gigantische ökonomische Entfaltung. Und alles, im Zeitraffer rd. eines Jahrhunderts (nach einer Evolutionsgeschichte von Millionen von Jahren).

Bis vor wenigen Jahrzehnten eine Erfolgsgeschichte – zumindest für die Menschen. In den letzten Jahrzehnten kumulierten aber viele fundamentale Probleme, weltweit – ohne Ansätze praktikabler Lösungen –, lösen Unruhen und politische Krisen aus. Alles Dank der globalen Mediendurchdringung, mit nun den Kenntnissen von Katastrophen und Zuständen, die uns früher – in ihrer Fülle – verborgen blieben, nun aber außergewöhnlich belasten.

Beobachten wir die politischen Prozesse der letzten Jahrzehnte, müssen wir erkennen, dass die zunehmend komplexen nationalen und internationalen Fragen, mit den heutigen demokratisch-politischen Strukturen und Fähigkeiten nicht, und wenn, nur nach endlosen Diskussionen, zeitverschoben, und dann weitgehend noch vom Problemkern entfernt, also kaum rational aufgelöst werden können. Vielfach in fruchtlosen Diskussionen zerpflückt, überschneiden sie sich häufig mit anderer Problematik, um schlussendlich dann in faulen Kompromissen umgesetzt zu werden; was zwangsläufig zu neuen Diskussionen und Korrekturen führen muss. Ein endloser Circulus vitiosus, ohne strategisches, ohne nachhaltiges Gerüst (wenn man von Grundgesetzen oder uralten Urkunden, wie der Magna Charta, absieht), abgewickelt nach aktuellen, den tagespolitischen Themen, und gerade jetzt wirkenden Ideologien.

So scheint nur logisch, dass – wie z.B. in Deutschland, nach der Gründung der Republik 1949, ähnlich auch in anderen europäischen Staaten – Gesetze und Verordnungen über die Jahrzehnte sich immer weiter vermehren (nicht entwickeln!). Verständlich? Resultat demokratischen Meinungsaustausches? Genau darin liegt der Hacken! Wird doch die Handlungsfreiheit enger, der persönliche Entfaltungsrahmen immer stärker begrenzt – wenn auch wohlmeinend, im Sinne der Gemeinsamkeit. Aber, wo liegen die Grenzen der Überregulierung? Überziehen wir? In Deutschland, mit der Verfassung (und vielen Überleitungen), waren die gesetzlichen Rahmenbedingungen sicherlich nach bestem Wissen und Gewissen festgelegt und der Freiraum des Individuums so relativiert (Kap.8); alles weitere, dem „moralisch-kulturellen", einem gesellschaftlich-ethischen Rahmen überlassen. Nun engt sich dieser freiheitliche Spielraum immer mehr ein und moralisches (auch ethisches) Verhalten wird zunehmend reguliert; tritt so, mental in den Hintergrund. Wollen wir das, im Sinne der individuellen Entfaltung? Noch scheint sich niemand ernsthaft Gedanken zu machen! So entwickelt sich heutiges Verhalten leider in Richtung eines „Was nicht verboten ist, ist erlaubt". Ein bedenklicher Trend! Moralisches, Ethisches, Kulturelles, schwächt sich so unbewusst ab, tritt in den Hintergrund – als doch „natürliche" Rahmenbedingung jeder Gemeinschaft.

Generationen kommen und Generationen gehen. Und je mehr gehen, umso mehr begrenzen die Regularien individuelles Handeln. Einerseits hemmen wir Fähigkeiten aus der natürlichen „Sozialisierung" in der Gesellschaft, nach kulturellen, nach überlieferten Mustern, und andererseits führen diffizile, häufig genug strittige Auslegungen (also, bei eingeschränkter Toleranz), zu streithaften Verhalten; eben, es „austesten zu wollen", zur Explosion von Rechtsstreitigkeiten. Und zwar umso mehr, je stärker Kostenentlastungsmaßnahmen beim Kläger greifen – ein moralisch guter Ansatz, aber die gesellschaftliche „Toleranz" sinkt.

Genau in den sich schleichend eingenisteten „Über-Regulierungsprozessen", einem systematischen Aufheben von Eigenverantwortung und Toleranz, finden wir die Ursache der Aufblähung unserer Verwaltungsstrukturen, eine Hemmung von Selbst- und Eigenständigkeiten. Nicht nur des Einzelnen, sondern der gesamten Verwaltung, als Verhaltensänderung in der Bevölkerung, die immer stärker den Staat zur Lösung individueller Probleme fordert. Eine schleichende Fehlentwicklung, die so sicherlich niemand wollte, und dennoch als unterschwellige Komponente einem Handlungskorsett gleicht, dass nicht nur das Verhalten unserer Gesellschaft verändert, sondern selbst in der Lage ist, demokratische Grundsätze (nämlich den zwingenden Diskurs) auszuheben.

Paradoxerweise führen immer diffizilere gesetzliche Regelungen zu mehr (und nicht zu weniger) Auseinandersetzungen, verliert doch einerseits der Einzelne die Fähigkeit seine Interessen im Rahmen der Gesellschaft eigenverantwortlich abzustimmen, also ganz selbstverständlich im Diskurs zu verteidigen – prägt so ihn selbst, aber auch die Gesellschaft sui generis –; fördert eine ungesunde Streitkultur. Keine Frage, Benachteilige sind zu schützen; aber genauso berechtigt ist die Frage, inwieweit der gesetzliche Rahmen bereits überzogen ist, oder ob nicht beide Beteiligte (eines Disputes) bereits einer „soziologischen Degenerierung" unterliegen. Versuchen wir z.B. uns in die 50er Jahre zurückzuversetzen, damalige „Übungen" des Verhaltens im „Rechtsstreit" nachzuvollziehen, so werden wir erkennen, dass der zwangsläufig geringer „regulierte Freiraum", einerseits eine andere Einstellung zu „öffentlichem Streit" mit sich brachte, und andererseits höhere Eigenverantwortung abverlangte; beide sind eben qua „lockererem Rechtsrahmen" zu mehr Toleranz „sozialisiert", mit einer größeren Bereitschaft zum Konsens (den wir heute vom Staat fordern).

Es ist Lebenserfahrung wie auch Erkenntnis aus der Menschheitsgeschichte, dass jedes Einzelnen „Leistung" es ist (und kumuliert, Aller), was Wohl und Weh, Lebenshaltungsniveau und Sicherheit eines Staates bestimmen. Jeder wird dem zustimmen, und dennoch haben wir – unbewusst, wenn auch wohlmeinend – in vielen Bereichen überzogen, sei es die „Gerechtigkeit" ausgehöhlt, sei es mit überbordenden Strukturen oder sozialen Wohltaten die Eigeninitiativen gedämpft. Freiheit, Gleichheit und Gerechtigkeit sind ja (Kap.8) dehnbare Begriffe, deren „Überdehnung" in komplexen Gesellschaften, mit den vielfachen Beziehungen, sich schleichend einnisten kann, unerkannt wuchert, aber dennoch „rational" kaum argumentiert werden kann, also demokratisch – wie wir oben erkennen – kaum lösbar sind. Allerdings, hinnehmen dürfen wir es auch nicht, müssen Korrekturen der demokratischen Systeme erzwingen (Kap. 25).

14. Werte/Ethik und die Politik

Schon im Zuge der Sesshaftwerdung – und vorher, in den nomadisierenden Gruppen – bestimmten gemeinsam gelebte Werte den inneren Zusammenhalt, und damit die Sicherheit der Truppe. Später waren es einfache Usancen, Regeln, quasi Gesetze, die den Rahmen des Zusammenlebens in wachsenden Gemeinschaften bestimmten. So leiten sich auch Ethik und Moral ab – als inhärenter Leitfaden des Einzelnen, der sich, als Kultur, nur über lange Zeiträume, je nach äußerer Bedingungen, ändert.

Eine Verletzung der so gemeinsam gelebten Werte schlägt sich, mehr oder weniger deutlich, in Ächtungen nieder. Größere Gemeinschaften verlangten dann schon allgemein gültige, zunehmend festgeschriebene Regularien und Gesetze – egal ob gemeinschaftlich gewollt oder willkürlich verankert –, die dann aber auch mehr oder weniger drakonisch sanktioniert werden konnten.

Demokratien heutiger Formen haben die Besonderheit, dass – je gewählter „Macht" – Interessen der gerade konstituierten Mehrheit in Gesetzen formuliert werden, egal wie nachhaltig sinnvoll sie für die Volkswirtschaft auch sein mögen. So hat sich in den letzten Jahrzehnten eben diese Anhäufung von Regelwerken ergeben, die schon mal zu ihrer Interpretation der Experten bedürfen. Geht diese Verordnungswut in den nächsten Jahrzehnten so weiter, ist nicht nur der Normalbürger kaum in der Lage sein Recht durchzusetzen (aus Kostengründen und langer „Projektzeiten"), sondern, dass selbst eine fallbezogene „Gerechtigkeit" sich zu Gunsten „rechtsbrechender" Akteure verwässern kann. So wird nicht nur, zwang Komplexität, Kostenfolgen und des Zeitrahmens, die Durchsetzbarkeit „individuellen" Rechts für die große Masse immer schwieriger, sondern die demokratische Individualität, Freiheit und Gleichheit, langsam, unaufhaltbar, eben nach individuellem „Potenzial" reduziert. So wirken über Jahrzehnte – paradoxerweise – unsere demokratisch gelebten Freiheiten gegen die Grundsätze der Demokratie, deren Folgen wir noch gar nicht abschätzen können.

Aber, nicht nur, mit der Gefahr, unser Leben bis in kleinste Facetten zu regulieren, bleibt auch des Menschen Besonderheit, nämlich die Fähigkeit sich über seine individuelle Einsatzbereitschaft zu entfalten auf der Strecke. Was unterscheidet dann noch die Demokratie von der Autokratie, ist doch alles vorbestimmt, „Recht" vielfach nicht mehr durchsetzbar. Schlussendlich bewegt sich politisches Leben in der Auslegung diffiziler Gesetze, versteht sich aus Interpretation und Auslegung, tötet Dynamik und Entwicklung ab. Auch hier sind wir an einer Grenze menschlichen, des freiheitlichen Zusammenseins.– zu viel reguliert, wirkt hemmend.

Bei den alten Griechen war bereits deutlich, dass das (individuelle) Verhalten des Menschen im Gewissen begründet ist, nämlich, dass das was allgemein gut und recht ist, diese Werte, unsere Handlungen beeinflussen. Sie sind durch unsere Geschichte, durch unsere Kultur und Umwelt geprägt; und bei uns, in Europa, fundamental durch das Christentum bestimmt; widerspiegelt sich in den zehn Geboten, den christlich-religiösen Ritualen u.v.a. (heute modifiziert durch kapitalistisches Verhalten!). Der Einzelne fügt sich mit seiner ganz persönlichen Einstellung ein; wenn auch, durch sein individuelles Maß an Egoismus angepasst (als evolutionärer Selbsterhaltungstrieb). Die Säkularisierung der letzten Jahrhunderte, beginnend mit der Aufklärung, einem wachsenden Individualismus und Egoismus, hat diese Werte in den Hintergrund gedrängt, verschleiert die ethische Gemeinsamkeit und fördert in den „reifen" Demokratien die Diskussion, was denn nun tatsächlich unsere Werte, unsere „Leitwerte" wären. Auseinandersetzungen, die – eben, besonders in Demokratien – nie zu endgültigen Resultaten führen können (nur Tautologie bleiben).

Gesellschaftliche Werte verändern sich in langen Zeithorizonten, widerspiegeln sich im Verhalten der Gemeinschaft, wie dann des Einzelnen. In Demokratien als freie Meinungsäußerung; wobei Ursache und Wirkung sich iterativ beeinflussen. Heute wirkt kaum mehr der Einfluss der Aufklärung, des unbegrenzten Wachstums von Wohlstand und Wissen allein, sondern eine sich schleichend eingenistete Saturiertheit, die paradoxerweise Egoismus fördert. Einen individuellen Egoismus, der aber dennoch – je nach Bildungsstand und medialem Einfluss – einerseits Unsicherheit und andererseits zunehmende Sensibilität, z.B. Mitleid, fördert. Allerdings nur solange – damit sind wir wieder bei der Politik –, solange man nicht selbst in die reale Verantwortung mit einbezogen wird.

In einer international vernetzten Welt verstärkt sich dann das Wechselspiel der Gefühle; z.B. beim Asylantenzustrom, von Anerkennung und Hilfe bis zur Abschottung. Einem Wechselspiel aus der weltweiten Vielfalt menschlicher Probleme und der Erkenntnis der Unmöglichkeit sie zu beherrschen. Diese Vielfalt von Leid einerseits, sowie unsere begrenzten Ressourcen andererseits, zwingen zu rationaler Begrenzung – zwischen Hilfestellung und Ablehnung. Allerdings tun wir uns schwer, die Balance zu finden; erst recht über unsere demokratischen Prozesse. Besonders jetzt, in einer globalen, einer medial vernetzten Welt, sind wir der journalistisch überzeichneten Konzentration auf menschliches Leid, weitab statistischer Relevanz, ausgeliefert. Dabei verschwimmt nicht nur die Realität, sondern verstärkt den Druck zu politischer Aktion, führt zu widersprechenden Entscheidungen, verstärkt Unsicherheit; man verliert sich im Chaos.

Schlussendlich – wie schon immer in der Geschichte der Menschheit – löst sich Chaos nicht rational auf, sondern mündet in Auseinandersetzungen, in Zusammenbrüchen oder Kriegen. Oder, es finden sich charismatische[71] Führer die in der Lage sind – egal ob richtig oder falsch, egal ob wirtschaftlich sinnvoll – „Entlastung" zu bieten, die Probleme (temporär) kanalisieren. Als zwar geübte Praxis, jedoch kaum im Rahmen klassisch-demokratischen Denkens, und schon gar nicht nach realen Verhältnissen.

Es ist diese „medial-globale" Durchdringung in Echtzeit, welche die Veränderungen heute bestimmt. War doch, bis vor wenigen Jahrzehnten noch, der Einfluss der Familie, der unmittelbaren Umgebung entscheidend – und vorbestimmt aus einer überschaubaren Anzahl von Zeitschriften, von Radio-/Fernsehkanälen; wenn vielleicht auch ideologisch verbrämt. Heute wirken hingegen unzählige, sich aus dem Zufall ergebende Trends, aufgeschaukelt über individuell-euphorische, ad-hoc sich bildende Peergroups (die sich genauso schnell wieder auflösen können); und häufig genug in massive politische Einflüsse münden. Zwar auch ein Art „demokratischer" Prozess, der – überlegen wir – anders ist, als der von den Vordenkern philosophierte Prozess (Platon und Aristoteles bis Cicero), einer „Teilnahme von jedem"; sofern wir „rationale" Meinungsbildung unterstellen (als Kernproblem!).

Wir müssen erkennen, dass, in nur siebzig Jahren neuer deutscher Politik, sich das politische Verhalten – „wahloptimierend" – zu einer ad-hoc-Politik entwickelt hat, und mit einher die „Berufung" sich zum Beruf transformierte – also, von Eigeninteresse dominiert wird (was zwar nie zu verhindern ist, aber die Wertigkeit ist entscheidend). Sicherlich auch Resultat des zeitnahen, eines aggressiven, wenn auch sehr differenzierten Medienverhaltens (Kap. 7, 17). Nicht mehr der Verleger, der Journalist, bestimmt die Berichtsauswahl und Interpretation alleine, sondern zunehmend mischt (neben „mächtigen" Interessen) ein Millionenpublikum direkt über Blogs, Chatrooms, Rankings und Bewertungen mit, die über individuell organisierte ad-hoc Aktionen selbst die politische Richtungen bestimmen könnten.

Es ist eine psychologische und soziologische Revolution – diese Durchdringung, diese Einbettung Aller in die weltweiten Netzwerke, und das binnen Sekunden. Es ist das bisher Unbekannte, das die Mehrheit der Menschen, an die gut 80% der Weltbevölkerung, eine Vielzahl von Ethnien in unterschied-

---

[71] Die Geschichte ist voll von Persönlichkeiten, die – „charismatisch" – in der Lage waren, politische Veränderungen herbeizuführen. Dazu spielt eine Vielzahl von menschlichen Faktoren mit, besonders die Qualität der Kommunikation und die der medialen Durchdringung u.a. S. u.a. Neuberg A., *Morphologie des Staates*.

ichsten Entwicklungsphasen, urplötzlich kommunikativ mit der Welt verbindet; nein, besser, überfällt; mit unglaublichen Technologien, hohen Lebensstandards konfrontiert, all dem Wissen in optischer und literarischer Durchdringung. Aus einer über Generationen geformten Sozialisierung nun in eine neue Wirklichkeit reißt. Sind sie dem mental gewachsen? Jedenfalls werden sie in eine Welt geworfen, die Bedürfnisse weckt, die ganz einfach nicht praktikabel sind.

Andererseits stehen wir, nun als bisher relativ gut abgeschirmte hochzivilisierte, über Generationen gereifte Gesellschaft, den mehr als 6 Milliarden gegenüber, die – ohne diesen Reifeprozess, mit all den begleitenden Konfrontationen – plötzlich einer Welt mit wundervollen Möglichkeiten, mit Luxus, mit Freiheiten und Sicherheit, ausgesetzt werden; und verständlicherweise auch haben wollen. Der Wunsch bleibt bestimmend – wie wir aus der Geschichte vielfach erfahren –, klammert denkbare Hinderungsgründe aus. Drängt die Verantwortung für den eigenen Staat, für die eigene Sippe in den Hintergrund, nimmt keine Rücksicht für die Folgen im Zielland. Es ist die gleiche Triebfeder, die schon immer Ursache jeder menschlichen Auseinandersetzung war, vom einfachsten Streit bis zu unendlichen Gräueltaten (die heute genauso wirken wie über Jahrhunderte). Wir haben die Konsequenzen dieses „soziologischen Bruchs", den sie zu verkraften haben, in der ganzen Breite und Tiefe noch gar nicht realisiert, können schon mit den ersten Kollisionen politisch kaum umgehen – jedenfalls, nur verspätet, mit all den Konsequenzen.

Damit sind wir bei dem, auch obige Themen beeinflussenden Phänomen, dass nämlich Werte[72], Mentalitäten, Moralempfinden und Ethiken, bisher überwiegend lokal begrenzt, nun aber in weltweiter Konkurrenzbeziehung stehen, zwangsläufig Konflikte auslösen müssen. Dass sich lokale „Sozialisierungen" überall wo sich unterschiedliche Ethnien gleichrangig begegnen, aufzulösen beginnen; stabile Nationen mit Terrorismus überzogen werden, den Nährboden für Bürgerkriege bilden, religiöse und andere Konflikte anheizen, wieder zurück in die Herkunftsländer tragen, nationenübergreifend die ganze Welt konfrontieren. Es sind Auseinandersetzungen, die selbst internationale Organisationen (UNO u.a.) – gegründet aus den Kriegserfahrungen des 20. Jahrhunderts – ihrem Sinn nach in infrage stellen.

---

[72] Dazu gibt es eine Vielzahl von Literatur, über die Jahrhunderte. Ein dynamischer Begriff, der sich eben, je Gesellschaft, individuell entwickelt – mit hoffentlich weltweiter Konvergenz. Vgl. z.B. Neuberg A., *Morphologie des Staates*, mit Hinweisen zu relevanter Literatur.

Diese über Generationen gebildeten Verhaltensmuster, spüren wir tagtäglich, über die Medien weltweit. Und bei uns, den Zielländern, als Widerstand der Bevölkerung gegen Auswüchse fremden Verhaltens, in der Frustration über Nicht-Integrierbare. Wir spüren sie über leichtfertige, oft banale Einstellungen, konkret auch in steigender Kriminalität jener, die sich in unserer Gesellschaft nicht zurechtfinden. Wir erkennen es in den Terrorgruppen, vermissen die Achtung gegenüber Älteren und Frauen, verstehen aber auch die Perspektivlosigkeit in der Fremde, aus mangelnder Ausbildung, dem Übergang in eine Gettoisierung und der Frustration über den nie erreichbaren Wohlstand des Nachbarn. Wir sehen es in der zunehmenden Verfremdung von Zuwanderern, selbst in der dritten Generation (wie wäre es sonst möglich, das fremde Despoten ihre Diasporas in Europa gegen die neue Heimat aufzulehnen in der Lage sind?). Es zeigt, Migration gelingt häufig selbst über Generationen nicht.

Grundsätzlich fehlt eben eine breitgestreute, besonders aber vergleichende Bildung (s.u.). Vor allem ist es jedoch diese *„Sozialisierungsdiskrepanz"*, die eben nur von wenigen Zuwanderern, und dann erst über Jahre, Jahrzehnte, überwunden werden kann. Es fehlt dieses Gefühl der Gemeinsamkeit, des Dazugehörens – zumeist jedoch, mangels innerer Bereitschaft sich ernsthaft integrieren zu wollen. Gelingt die Integration auf breiter Basis nicht (wie es sich vielfach abzeichnet), gleiten sie zwangsläufig in Frustration ab, was – je nach psychischer Stabilität – in extreme Aktionen und Auseinandersetzungen münden muss. Unverständlich, wie von den politisch Verantwortlichen diese menschlichen Internas nicht berücksichtigt werden, blauäugig reagiert wird – bei diesem Massenansturm von Asylanten, bei den fundamental ethnischen und religiösen Unterschieden. Ein unglaubliches Fehlverhalten führender Politiker!

a) Sicherheit und Judikative

Bei dem Thema Sicherheit denken wir an Polizei und Militär – was die halbe Wahrheit ist. Die Durchsetzung der Gesetze, Sicherheit von Leib und Leben wie des Eigentums, ist nur dann gewährleistet, wenn Abweichungen auch konsequent sanktioniert werden. Häufig kann man sich jedoch des Eindrucks nicht erwehren, dass die Judikative nicht die gleiche politische Aufmerksamkeit und Anerkennung erfährt wie die Exekutive. Was sich zwangsläufig auf die Qualität der Rechtsprechung, und damit auf demokratische Grundrechte auswirken muss – wird ja gespart, Personal reduziert, Investitionen vernachlässigt; dazu diese Gesetzesflut, das Anschwellen von Klagen und Prozessen (Hartz IV, Korruption, Flüchtlinge, diffizile Wirtschaftskonflikte).

Nehmen wir z.B. nur die Verzerrungen, die sich alleine schon aus einem einzigen Gesetz, dem AGG – Allgemeines Gleichbehandlungsgesetz, ergeben. Ein Gesetz, das ja eigentlich ethische Grundlage einer Gemeinschaft wäre (in vielen Gesetzen inhärent enthalten ist), nun jedoch, per straffer Regelung zwingend für alles und jedes wirksam sein kann; als Indiz weiterer Einschränkung der Handlungsfreiheit. Ein Gesetz geboren aus „naiver Humanität", um nur ja nicht irgendwen zu benachteiligen. Auch dieser Schuss geht nach hinten los. Nicht nur, dass zunehmend Querulanten andere damit plagen, enorme Kosten verursachen, es den inhärenten Gedanken also kaum real widerspiegelt, bewirkt es nur – statt die Masse „Bedürftiger" und „Benachteiligter" vor der Willkür „Mächtiger" zu schützen – eine weitere „Veradministrierung" menschlichen Zusammenseins. Entmündigt nicht nur den Bürger, sondern nimmt ihm, als weiteres bürokratisches Glied, Verantwortung für die eigene Existenz in vielfach eigentlich banalen Fällen ab. Als weiterer Baustein der Versorgung des Bürgers von der Geburt bis zur Bahre. Gehört es doch – natürlicherweise – sowohl zum Freiraum wie auch zur Sozialisierung des Menschen, für seine Rechte zu kämpfen, sollte er echt benachteiligt werden (ausgenommen Bedürftige). „Diskriminierung" ist ein dehnbarer Begriff, der jede nur denkbare Differenz in sich „diskriminierend" erscheinen lässt, nur der Definition des vermeintlich „Benachteiligten" bedarf, um das gesetzliche Räderwerk in Gang zu bringen – zu Lasten der Gesellschaft. Es ist diese „Überregulierung", die selbst „kulturelle Werte" unlimitiert regulieren will, und genau damit die „natürlich-menschliche" Komponente vernachlässigt, ja untergräbt, den Trend setzt, alles „gesetzlich nivellieren" zu wollen (Kap.8).

Ist so ein Gesetz erst einmal geboren, wird es immer Bemühungen geben, es noch detaillierter, für alle möglichen Fälle, auszuweiten. Und was nützt es in der Praxis; wer von den unzählig echt „Benachteiligten" ist den schon in der Lage, Verfahren über Jahre durchzustehen, wenn der Job, wenn die Wohnung, der nicht bezahlte Mindestlohn oder die Vergütung, der nächste Karriereschritt oder sonst was nicht verwirklicht wird, anderweitig schon längst entschieden ist. Statt immer strengere Gesetze zu formulieren, alle Details des täglichen Lebens regulieren zu wollen, sollten wir uns auf die kulturellen Ursprünge besinnen (besonders, die Beklagten). Aber dazu benötigen wir Vorbilder, in der Politik und der Wirtschaft! Wir verschärfen nur die Streitkultur, die schlussendlich doch nur tiefes Misstrauen gegen alles und jeden schürt, die Gemeinsamkeit eher behindert als fördert.

Sehen wir z.B. nur die Auswüchse durch die Asylantenflut (andere Beispiele zuhauf), mit Asylanten in die Million, die nun Dank „Antidiskriminierung" gleichgestellt, danach behandelt, also nach unseren Standards untergebracht, verköstigt, vergütet werden müssen. Standards, die nicht annähernd ihren Lebensweg entsprechen und sie auch – wären sie echte Kriegsflüchtlinge – so nicht erwarten würden. Standards, die der Großteil der Bevölkerung sich über Jahre und Jahrzehnte erarbeitet und angespart hat, erst im Zuge eines langen Lebens erreichte. Standards, die nun Fremde, ohne Vorleistungen, kostenlos, und sofort nutzen können. Tatsächlich ist nur die einheimische Bevölkerung „diskriminiert". Wie paradox sich das auswirkt, können wir vielfach in unseren Städten beobachten. Junge, kräftige Burschen lungern zigarettenrauchend untätig herum – und können doch nichts dafür. Statt sie – als Gegenleistung für Freiheit, Sicherheit und Versorgung – zu Sozialleistungen heranzuziehen (wie dringend benötigen Städte und Gemeinden Unterstützung), getraut sich niemand gegen den „Gesetzesrahmen" zu verstoßen, und – Gnade Gott – gegebenenfalls ohne Vergütung sinnvoll beschäftigen (wäre ja Integrationsbeitrag). Wie irrational verhält sich eine Gesellschaft, die nicht in der Lage ist, ganz natürliche, soziale Selbstverständlichkeiten umzusetzen.

Schleichend, unerkannt, hat der Staat aufgehört sich zu behaupten, Recht auch für die Einheimischen zu sichern. Vielfach werden Verfahren eingestellt oder Kosten explodieren aufgrund vielfältiger Einflüsse[73], bisher effiziente Strukturen verschleißen sich in aufwändigen Bagatellverfahren, ein Heer Nutznießer richtet sich komfortabel ein; und wir, entfernen uns immer weiter von der demokratischen „Wahrheit"; die eine überforderte Justiz immer weniger gewährleisten kann.

Nehmen wir als weiteres Beispiel, die Judikative. Da wird – bei einem geachteten Stand – über Jahrzehnte reduziert, gespart. Aber, weil sich aus dem Berufsethos Widerstand ausschließt, und, um ja nicht den Rechtsstaat infrage zu stellen, mogelt man sich „überlastet" durch. So wird schleichend die rechtsstaatliche Funktion, die demokratische Qualität von Judikative und Exekutive, ausgehöhlt. Es leidet nicht nur die Sicherheit, das Sicherheitsgefühl, sondern demotiviert, frustriert alle Beteiligten.

Es schockiert schon, wie „betriebswirtschaftlich hanebüchen, IT-unabgestimmt, teils chaotisch rationalisiert und automatisiert wird, wie – nach überholten „tayloristischen" Verfahren – Prozesszeiten vorgegeben (obwohl jedes Verfahren hochgradig individuell ist), Beamte von neuen Abläufen und technologische Probleme überfordert und überladen werden etc.

---

[73] Beginn 2018 sind 350.000 (!) Anträge von Asylanten anhängig, die gegen klagen.

Natürlich ist zu modernisieren, wird doch vielfach in uralten, abgewohnten Gebäuden Recht gesprochen, mit längst überholter Ausstattung gearbeitet, mit Abläufen und Logistiken aus dem vorigen Jahrhundert (dem 19.). Den Richtern und Staatsanwälten Vorgaben, Organisationen und Abläufe aufgezwungen, die nicht annähernd den Anforderungen einer modernen Justiz, einer modernen Rechtsprechung, dem gesetzlich zwingenden Freiraum entsprechen[74]. Kein Wunder, dass viele Spitzenbeamte hoffnungslos überfordert sind, die Qualität leidet und Nachwuchs immer rarer wird. Es läuft gerade noch, weil die Betroffenen, überwiegend zurückhaltend, seriös, ihren Job verrichten. Es schädigt nur die freie Professionalität.

Nicht die Aufstockung von Personal – wie man ableitet (!) – ist die Lösung, sondern vernünftige „Rationalität", im Sinne der Bevölkerung und der Beschäftigten. Beides ist möglich – beweist jahrzehntelange Erfahrung in Reorganisationen. Es erfordert allerdings den Einbezug der Beteiligten, sorgfältige handwerkliche Ausarbeitung der Legislative, eine Straffung der Gesetzeswerke durch Auslotung administrativer und politischer Folgewirkungen der „Rechtsergüsse" – auch nach wirtschaftlichen Kriterien –; gegebenenfalls Korrekturen von Nebenwirkungen. Ob man den politischen Parteien je solch ein Denken und Verhalten nahe bringen könnte? Kaum! Qualifiziertes Personal wird sich immer mehr ausdünnen, die Diskrepanz zwischen Exekutive und Judikative weiter zunehmen, das Vertrauen in unser Rechtswesen schwinden. Schlussendlich stellen wir das ganze Rechtswesen infrage!

Seit Jahrzehnten wächst Verwaltung – die Usancen gehen dennoch in die Kaiserzeit zurück; damals allerdings mit einem Bruchteil der Beamten –, mit ständig neuen Vorgaben wie auch handwerklichen Fehlern der Legislative; die ferner keine Rücksicht auf die administrativen Folgewirkungen nimmt. Bis heute fehlt den politischen Parteien fundiertes Bewusstsein, in welchem Ausmaß sie die Qualität der öffentlichen Verwaltung schädigt und Unternehmen, Verwaltungen und Bürger, belastet. Und, kein Ende ist abzusehen! Dazu kommt, dass die Anforderungen sich dramatisch verändert haben. Denken wir an die Globalisierung, dem Zustrom vieler Ethnien, den Einflüssen der Kommunikationstechnik (die Cyber-Kriminalität) etc. s.o.

---

[74] Jahrzehntelange Beratung von Unternehmen zeigt, dass moderne Reorganisation die Betroffenen mit einbezieht, gemeinsam (flexible) Optimalität erreicht werden kann. Was bisher in der Öffentlichen Verwaltung an Änderungen vorliegt, führt zu einer Aufblähung der Kosten, zur Demotivation der Beschäftigten, zum Verlust Qualifizierter, und hemmt darüber hinaus den demokratischen Auftrag.

Erkennen wir doch heute schon, dass sowohl die IT-relevanten Delikte zu-, hingegen die Aufklärungen abnehmen. Wird ein Rechtsverstoß der Staatsanwaltschaft übergeben, stellt sie – aus Zeitnot – bei gut zwei Drittel, die Verfahren wieder ein. Und selbst wenn es zur Anklage kommt, endet – z.B. bei Einbrüchen – jede fünfte ohne Verurteilung; so dass also nur um die 2% der Täter bestraft werden. Kein Wunder, dass nicht nur die Unsicherheiten in der Bevölkerung zu- und die Motivationen bei der Exekutive abnehmen. Dazu herrschen in der Verfolgung von Tatverdächtigen katastrophale Rückstände – bei IT-Technologien, in der Vernetzung relevanter Institute, selbst zwischen den Ländern, und erst recht zur EU. Dass dieses katastrophale Sicherheitsproblem auch den Tätern bekannt ist, also, Kriminalität sich lohnt, ist anzunehmen. Was nützt da die explodierende Anzahl von Gesetzen, wenn sie nicht vollzogen werden können?

b) Sozialisierung und Bildung

Die Sozialisierung eines Menschen (Kap.4. Bildung) erfolgt einerseits über seine Umwelt, die Familie, der unmittelbaren Gemeinschaft, den Vereinen und Kommunen, andererseits über die Bildung, die wir ihm, der Staat, angedeihen lassen. Einerseits ist es die Kultur einer Gesellschaft, ein über Generationen ungesteuerter Prozess, andererseits offizielle Bildungspolitik – über die endlos und trefflich gestritten wird. Inwieweit wir uns darüber hinaus „bewusst" bilden wollen, unterliegt dem individuellen Wissensdurst wie der Verfügbarkeit von Quellen, ändert so erst unsere Einstellungen – wir beginnen rational zu denken.

Die Halbwertszeit des dokumentierten „Wissens" reduziert sich ständig. Ist zwar bekannt – verzerrt aber ganz entscheidend die jeweils aktuelle „Bildungspolitik" – nämlich, was soll denn nun vermittelt werden. Weniger bewusst ist, dass die herrschende Einstellung der nahen Umwelt den Rahmen gewollter „Wissenserweiterung", und damit das geistige Fundament eines z.B. Staates erst vorgibt. Was vor einer Generation, im Sinne staatspolitischer Räson, noch „gültig" war, muss heute nicht annähernd mehr gelten – nicht alleine nach der technologischen Entwicklung, sondern als Sozialisierung, der (z.B. humanitären) Einstellung, des Verhaltens.

Dass wir bei Fragen der konstruktiven Bildungspolitik nicht weiterkommen, hat vielfältige Gründe: Auf welchen Fachgebieten soll der Schwerpunkt liegen, und weiter, mehr humanistisch oder real, ideologisch gefärbt oder wertneutral, pragmatisch orientiert oder geisteswissenschaftlich liberal, dazu noch Zeitrahmen und Strukturen etc. Viele Aspekte, über die sich mehr oder weniger qualifizierte Kulturdezernenten und Politiker endlos streiten. Im

Grundsatz geht es um Erkenntnisse aus der Vergangenheit sowie der Prognose der (gewollten) Zukunft, also, um einen „Bedarf" zu definieren – und der bleibt eben unbestimmt, kann nicht präzise prognostiziert, nur angenähert werden (und bleibt „wertend"). Leider erfahren wir zu spät, ob das, was heute an Bildungskonzepten verbrochen wird, in einer halben Generation tatsächlich fruchtet; also, „genützt" hat. Unser Bildungsangebot ist heute vielfältig, und für alle zugänglich (mögen viele es auch verneinen), für „Engagierte" in aller Breite und Tiefe greifbar. Bis heute hat die Politik nicht begriffen, dass – nach dem menschlichen Habitus – Bildung immer eine Hol- und nicht Bringschuld ist, und möge noch so viel Geld investiert werden. Bildung, Wissen, muss vom Individuum gefordert werden – als entscheidender Ansatz. Nie hatte der deutsche Sprachraum so viele geniale Geister wie vor gut einem Jahrhundert hervorgebracht – und die hatten bei weitem nicht unsere Möglichkeiten, unbegrenzt „Wissen zu schöpfen".

Mit wechselnder Anzahl an Schuljahren und Wochenstunden, Verlagerung von einem zum anderen Thema, Veränderungen und Diversifizierung der Stufen, werden keine nachhaltigen Erfolge erreicht. Der Einzelne, der Auszubildende, als „Suchender" – eine primär zu fördernde Eigenschaft –, hat in einer globalen Welt im Mittelpunkt zu stehen. Seine Bereitschaft, sein Engagement ist zu sichern. Als fundamentale Aufgabe einer wirkungsvollen, den Menschen fördernde Bildungspolitik – eine Verhaltensänderung, die allerdings auch vorgelebt werden muss. Es ist das Umfeld, das den Lernenden zu einem leistungsorientierten (auch ethischen) Verhalten motiviert; und nur das wäre eine sinnvolle staatspolitische Investition, wäre Aufgabe einer verantwortungsvollen Politik in einer globalisierten Welt. Sehen wir nur diese Milliarden glücksuchender in den „Emerging States". Sie wollen Erfolg, und wissen, der Weg geht nur über die Bildung. Sie werden die „Saturierten" verdrängen; uns, sofern wir nicht ehest bildungspolitisch umsteuern! Und, mit starkem Willen – verglichen zum saturierten Verhalten, diesem nachlassenden Wissens- und Leistungsdurst.

Allerdings, auch die Bildungsinstrumente ändern sich. Es hat den Anschein, dass die modernen IT-unterstützten Medien nicht nur Vorteile, sondern auch Negatives bewirken. Abgesehen davon, dass bei vielen die Spielleidenschaft zur Sucht, zu psychischer Belastung wird, behindert die verlorene, die verspielte Zeit von Stunden und Tagen, von Jahren, sowohl die geistige Entwicklung wie auch die Sozialkompetenz und Leistungsbereitschaft; entwickelt sich zu einem nachhaltigen Problem für die Gemeinschaft. Es ist eine „Sozialisierung" mit massivem Bruch zur bisherigen Kultur – weltweit, mit wechselnden Trends, aber, mit „kapitalistischer" Prägung.

Beobachten wir nur unser tagtägliches Umfeld. Zunehmend sind wir in unseren Handlungen und Einstellungen – ohne Smartphone, mit den ständig wechselnden Apps – sobald wir nicht „online" gehen können, aufgeschmissen. Einfache Grundkenntnisse, soziale Selbstverständlichkeiten verkümmern. Milliarden verbringen viel Zeit mit banalster Kommunikation. Was früher, über persönliche Auseinandersetzungen, als Sozialkompetenz reifte, als Klebstoff der Gesellschaft, als entscheidendes Potenzial jedes Staates, wird nun sozialer Notstand, vorgegaukelte Anerkennung loser (wenn nicht dubioser) „Freunde". Dass wir, so ganz nebenbei, ständig Details über uns selbst abgeben – als persönliche Freiheiten, über die Jahrhunderte erkämpft –, verstärkt die Misere. Wird mit Sicherheit, irgendwann, sich gegen den Einzelnen, gegen die Gesellschaft wenden, uns steuern. Wir verschenken nicht nur unsere kostbare Zeit an private IT-Konglomerate, sondern verändern unbewusst unser Verhalten, schaffen „leeres" Wissen.

Wenn es nur dabei bliebe! Tür und Tor sind so Kriminellen geöffnet, die abzocken, beleidigen, oder auch nur persönliche Daten nutzen. Über die IT-Welt haben wir eine Pforte zu den geheimsten Abgründen des Menschen, z.B. für Extremisten, für Psychopathen geöffnet, die unerkannt, anonym, desavouieren, Schadsoftware verbreiten, verbale Angriffe führen, abartigen Neigungen frönen; haben eine Parallelwelt eröffnet, der ein Großteil der Menschheit schutzlos ausgeliefert ist. Einerseits, ist der demokratische Staat verpflichtet, Meinungsfreiheit zuzulassen, andererseits wird er gezwungen, genau hier einzugreifen, Exzesse zu regulieren. Zwangsläufig muss die Anonymität in den Netzen weitgehend aufgehoben werden (über Knotenpunkte und Provider, grenzüberschreitend); wie bisher in der analogen Welt, sind kriminelle Handlungen und persönliche Angriffe zu ahnden.

Zeigen wissenschaftliche Untersuchungen bereits, Jugendliche sind weniger emphatisch, ängstlicher, unselbstständiger, vertrauen kaum mehr der unmittelbaren Umgebung. Welch dramatische Änderung unseres sozialen Verhaltens. Alles wird kommuniziert, unzensiert. Reduziert so schleichend die individuelle Sozialkompetenz, die Fähigkeit der Überwindung alltäglicher Krisen. Alles löst für uns Google, Facebook, Twitter, anonyme Freunde, geheime Netzwerke. Das Kommunikationsniveau reduziert sich auf eine banale Alltagssprache, behindert die geistige Auseinandersetzung, und damit die persönliche Entwicklung[75]; behindert die Introspektion, den Grundstein für Moral und Verständnis.

---

[75] Tägliche Internetnutzung Jugendlicher in Deutschland: 2008 = 117 Minuten, 2017 = 221 Minuten. Quelle MPFS

Noch ist nur zu erahnen, was diese Reduzierung der alten Medien, das Blättern in einem Buch, der freizeitfüllende Freundeskreis, Theater etc., bei uns tatsächlich verursachen wird. Selbst Gedanken wie „Brauchen wir noch die öffentliche Schule?" stellen sich, steht uns doch jegliches (unreflektiert statische) Wissen jederzeit zur Verfügung, liefern doch vielfältige Netzwerke viele historisch gefestigte Antworten! Allerdings, nicht „selbst" erarbeitet, was wir uns in mühseliger Einsiedlerarbeit, über vielfältige Kommunikationsprozesse, angeeignet, modifiziert haben; all das, was erst die Reife des menschlichen Geistes ermöglicht.

Seit im Westen Bildung jedem zugutekommt – partiell seit gut zwei Jahrhunderten, und gut einem Jahrhundert in voller Breite –, hat sich weltweit die Überzeugung durchgesetzt, dass Wissen (ob per se richtig oder falsch) dem mehr oder weniger Lernwilligen eingetrichtert werden muss und über endlose Prüfungen abzufragen ist. Zu lernen ist, was für gut befunden wird – selbst wenn es obsolet wäre, vielleicht sogar frustriert, jedenfalls Kreativität und Eigenständigkeit behindert und „Persönliches" verkümmern lässt. Wissen war doch immer mit Bildung *und* Tun verknüpft, also, aus „eigener" Erfahrung, aus praktischer Handlung abgeleitet (Aristoteles, Galilei u.a., auch Einsteins „Die einzige Quelle des Wissens ist Erfahrung"[76]).

Wie wir noch sehen werden, ist Bildung – allerdings eine Bildung, die sich von jahrhundertealter Kontinuität einer vorgegebenen Berufsvorbereitung auf ein ganzes Leben lösen muss – eine fundamentale Voraussetzung jeder nachhaltig sich positiv entwickelnden Demokratie, sogar eine Grundvoraussetzung, um „Demokratie" wieder in ihrer ganzen, in ihrer ursprünglichen Intention, wirken zu lassen (Kap. 20).

c) Religion

Hat die Religion, zum Thema, überhaupt etwas mit politischer Stabilität, mit der Demokratie zu tun? Beeinflusst es demokratische Prozesse? Und ob! In allen Zeiten der Menschheitsgeschichte bestimmte religiöses Denken die Staatspolitik (zumindest mit), bis zu Exzessen und Kriegen – auch heute noch! Über die Jahrhunderte entfaltete sich Europa nach religiös geprägten Werten. War die Kirche in Europa doch über ein Jahrtausend, bis ins ausgehende Mittelalter hinein, nicht nur ein, sondern der bestimmende (Macht-)Faktor. Für uns, den europäischen Generationen, scheint es kaum

---

[7*] nach Schank Roger C., Werden wir immer klüger?, in *Die nächsten 50 Jahre*

mehr politisch relevant – und wirkt dennoch entscheidend in unserer Kultur mit. Zwar nahm, so gegen Ende der Aufklärung, die tiefe Gläubigkeit in unseren Wohlstandsgesellschaften ab und der Anteil der Atheisten und Agnostiker zu, und die Kirchen verlieren scharenweise ihre „Steuerpflichtigen", dennoch bestimmt der Einfluss religiösen Verhaltens den europäischen Habitus. Das Christentum prägte unsere Gesellschaften fundamental, wenn auch heute nicht mehr so transparent. Die Religionszugehörigkeit – vor wenigen Jahren noch ein Muss in diversen Formularen – ist heute Privatangelegenheit, und bestimmt uns dennoch aus den christlichen Wurzeln, mit Toleranz zu anderen Religionen. Lässt uns nach christlichen Werten handeln, mit christlicher Nächstenliebe, einer Humanität, die schon mal – ohne dass es uns bewusst wird – Realitäten missen lässt.

In den westlichen Gesellschaften wird Glaubensfreiheit gewährleistet, den Menschen die Art und Weise ihrer religiösen Ausübung freigestellt. Das allerdings, aus Jahrtausendealter „christlicher" Übung. Einige Male war Europa in der Gefahr, vom Islam überrannt zu werden – als der eminente „Glaubens-Wettbewerber" –; abgewehrt z.B. im 15. und 16. Jahrhundert vor den Toren Wiens. Wie würde Europa heute aussehen, wenn dem nicht so gewesen wäre? Würde heute die Scharia regieren?

Die sich abzeichnenden Völkerwanderungen sind bis dato – wenn auch noch in überschaubarer Menge – von ganz anderem Kaliber. Die Asylsuchenden, besser, Immigranten – überwiegend dem Islam zugehörend, wenn auch aus unterschiedlich religiösen Untergruppierungen – treffen auf eine weltoffene, religiös und menschlich tolerante, allerdings auch naive und selbstherrliche Bevölkerung. Bisher war der Einfluss auf Werte, Verhalten und Mentalitäten, vernachlässigbar. Das bleibt aber so nicht. Es ist eben eine Frage der Proportionen sowie der inhärenten Dynamik jeweiliger Religionsgruppen, wie sie auf andere wirken (wollen) und welche von ihnen langfristig das gesellschaftliche Verhalten bestimmen – blauäugig der, der anerzogenes Verhalten grundsätzlich ausschließt. Ob gut oder schlecht für die eingesessene Bevölkerung, ist schwierig und nur wertend zu beantworten; erst die Folgegenerationen werden es beurteilen können.

Natürlich ist die Menschheitsgeschichte voll von Beispielen friedlichen Zusammenlebens unterschiedlicher Religionen. Und dennoch täuscht es! Nachhaltigkeit ist noch nie bewiesen worden! Je höher die Dichte, je differenter die Gebräuche und der Freiheitsrahmen wie Lebensstandard, je härter um Ressourcen und Gleichheit gekämpft werden muss, desto eher werden latente Reibungsflächen akut. Wir nehmen dz. – bei erst kürzlich erkorener Humanität, als Menschenwürde – an einer fortschreitenden Vermischung der

Völker (Richtung Europa, als Magnet) mit oft konträren Einstellungen teil. Daher wären auch – im Sinne der angestammten Bevölkerung und reibungsloser Entwicklung –, die inhärenten soziologischen Prozesse mit neutraler Kompetenz zu beurteilen, zu gestalten; geerdet in der Bevölkerung, professionell im Diskurs, demokratisch gesteuert von den Verantwortlichen. Hat unsere Politik Ahnung von diesen soziologischen Prozessen, den für die weitere Entfaltung Europas so überaus wichtigen Mechanismen?

Beide Teile – Zuzügler und Einheimische – gehen unglaublich naiv vor. Den Asylanten, den Immigranten, ist kein Vorwurf zu machen. Sie suchen Sicherheit, Wohlstand, Frieden – was sie dabei anderswo auslösen, ist ihnen egal. Da es vorwiegend Islamgläubige sind, die uns dz. „durchdringen", ist es eine „zwingende Notwendigkeit", unterschiedliche Werteordnungen zu analysieren. Da helfen pauschale (zumeist dumme und abwegige) Erklärungen wie „Der Islam gehört zu Deutschland" wenig, zeigen nur, dass keine Ahnung von historischer Entwicklung, von unterschiedlichen, religiös geprägten Mentalitäten, noch von realen Zusammenhängen vorhanden ist. Ohne dass man den Koran studiert (der war immer schon schwierig zu übersetzen, und ist Ursache vieler Missverständnisse), genügt vorab die Beurteilung der politischen Prozesse in den islamisch geprägten Staaten, die alleine schon unsere demokratischen Selbstverständlichkeiten, mit den Grundannahmen Freiheit, Gleichheit und Gerechtigkeit, infrage stellen. Es ist eine Kernfrage, die Europa lösen muss – so aufgeheizt sie auch sein wird. Die fernöstlichen Weltreligionen (Buddhismus, Hinduismus, Schintoismus, Taoismus) sind in absehbarer Zeit für die Europäer kein politisches Thema – der Islam schon. Christliches Denken prägte Europa über knapp zwei Jahrtausenden – bestimmt unser Verhalten, die Kultur, Einstellung und Moral; findet sich in unseren Gesetzen, den Rahmenbedingungen unseres Zusammenlebens. Das Neue Testament, der christliche Glaube mit seinem friedlichen Charakter, gibt Hoffnung, Mut und Kraft – es ist für uns das ursächlich Gemeinsame, das Bindende, welches das Abendland eben prägte[77]. Mit vielen Eigenschaften, die sich auch im Islam finden, vielfach allerdings widersprüchlich, je Auslegung (s.u.)!

Die überwiegenden Massen die in immer wiederkehrenden Wellen – je lokaler und/oder weltpolitischer Entwicklung – nach Europa strömen, leben nach der Auslegungen ihrer Glaubensrichtung; überwiegend jedoch friedlich. Was uns zwangsläufig zwingt, zu differenzieren; nach unseren christ-

---

[77] Nicht nach dem Alten Testament, dass, mit seinen unzähligen Gräueltaten, eben das Leben vor drei-, viertausend Jahren umreißt, sich aber partiell auch in den Einstellungen des Koran wiederfindet, s.u.

lichen Werten. Wem das nicht bewusst ist, verhält sich nach dem Umkehrschluss: Erst dann, und dann gewaltsam zu reagieren, wenn die Unterschiede aufbrechen und überborden. Dann ist es allerdings zu spät, dann haben wir bereits nicht mehr zu korrigierende Verhältnisse; wie sie sich in vielen Zuzugsländern widerspiegeln (teils schon in der EU). Heute tendiert es zu einer human-verständlich akzeptierten Durchmischung – und das, dank der Aufklärung –; jedoch ohne Berücksichtigung der Konsequenzen, der gesellschaftlich nachhaltigen Auswirkungen für Europa. Es zwingt daher zu einer auf Jahrzehnte ausgerichteten Integrationspolitik, die den erfolgreichen Übergang gewährleistet (s.u.).

Wir, als Christen – die mehrheitlich keine Ahnung von dem vor einem Jahrtausend geprägten Verhalten nach dem Koran haben, bei ferner extrem unterschiedlichsten Auslegungen, mit teils tiefer Verinnerlichung – beurteilen andere Religionen aus unserer „Sozialisierung", eben „christlich", ordnen intuitiv friedliches, eben christliches Denken zu, was – für extreme Gruppierungen – natürlich völlig falsch ist. Für den Muslim ist der Koran überlieferte Offenbarung, die, seit den Zeiten des Propheten, das politische und bürgerliche Leben des Staates bestimmt; Gotteswort, unverfälscht, seit gut 13 Jahrhunderten. Eine Offenbarung, die niemals durch eine zentrale Institution, wie bei uns der katholischen Kirche, allgemein gültig erläutert, angepasst und interpretiert worden war, eben, den Anforderungen und Bedürfnissen aktueller Zeit Rechnung trug. Der Islam hingegen hat den Staat schon immer nach religiösen Prinzipien bestimmt – Religion und staatliche Institutionen waren vielfach identisch. Bis heute gibt es kaum einen Dualismus in den islamisch geprägten Staaten; also, eine Säkularisierung. Islam und Staat verschmelzen vielfach in eine unauflösbare Einheit – eben, konform Gottes Wort, dem Koran.

Natürlich bleiben wir Christen religionsoffen – vermutlich jedoch nur so lange, bis der Islam auch hier einen bedeutenden Bevölkerungsanteil stellt, wenn er, z.B. über die Jahrzehnte, auf 20, 30 % oder mehr anwachsen sollte. Welche Wirkung wird er in Europa haben? Geprägt durch unsere christliche Einstellung übersehen wir fundamentale Unterschiede, die sich zwangsläufig gesellschaftspolitisch niederschlagen müssen, sobald das Christliche nur mehr Teil ist und die – sehr unterschiedlichen Strömungen des Islam, teils radikale Gruppierungen –, ihre Berechtigung einfordern; eben, auch hier ihre uralten Überlieferungen leben und zelebrieren möchten wie z.B. die Scharia – und das ist das gefährliche, auch in lokales Recht umsetzen wollen. Es ist eben eine andere Weltanschauung, die zwangsläufig – aus ihrem (dz.) intensiverem Verhältnis zu Gott, besser, je nach individuell gelebter Überlieferung – Differenzen aufbrechen lassen; wie wir es ja seit gut einem

Jahrhundert am Beispiel des Nahen Ostens immer wieder schockiert erfahren müssen. Naiv der meint, das gelte für die heutige Zeit nicht, wäre weltfremd; ist es doch Jahrhunderte alte Praxis in den islamisch geprägten Ländern. Rufen doch schon wenige Unterschiede massive Unsicherheiten hervor: Das Verhältnis von Mann und Frau, die Kleiderordnung, strenge religiöse Riten, differentes Rechtsverständnis sowie unterschiedliche religiöse Strömungen – von friedlich bis massiv radikal, von tolerant bis orthodox intolerant; dazu noch die Intentionen lokaler Autokraten.

Vertiefen wir uns z.B. in den Koran (so different auch die Interpretationen), wiederholt sich immer wieder eine, teils aggressive Abneigung gegen ‚Ungläubige", wie wir es im Christlichen nicht kennen; im Gegenteil, Liebe fordern – und uns so auch geprägt hat. Der Koran teilt die Welt stringent, wiederholend, in zwei getrennte Gruppen, in Gläubige (nach dem Koran!) und den Rest der Welt; eben, die Ungläubigen, was sich in vielen Suren widerspiegelt, zwangsläufig so eine innere Abneigung der Muslime gegen „Ungläubige" sichert – weltweit. Z.B.: „Nehmt weder Juden noch Christen zu Freunden" (5. Sure), oder „Ein Gläubiger darf einen anderen Gläubigen nicht töten [..]" (4.Sure) – und was ist dann mit uns, den Ungläubigen? –; oder gleich gegenteilig „Tötet die Götzendiener, wo ihr sie findet" (9. Sure). Einerseits „keinen Zwang in der Religion" vermeldet Sure 2, andererseits, dass Anhänger anderer Götter zu sterben haben. Es sind eben die vielen Widersprüchlichkeiten (um extrem auffallende zu nennen), die den Islam – mit individuellen Interpretationen über Jahrhunderte – so verschiedenartig zeigen, uns mit seinen Widersprüchlichkeiten belasten. Die ferner oft detaillierten, straffen Verhaltensvorschriften mit sich wiederholenden Sanktionen, bewirken zwangsläufig auch eine stärkere innere Bindung zur Religion, wie wir sie so im Christlichen nicht kennen. Rigide Vorgaben und harte Bestrafungen erzeugen eben auch Angst vor dem dann Unausweichlichen. Hat doch Gott den Ungläubigen schreckliche Strafe bestimmt. Nur diejenigen, die sich für die Religion aufopfern, werden bevorzugt. Zwar befiehlt keine Sure den Religionskrieg – auch wenn in Frageform diskutiert(!) –, aber die Interpretationen bleiben (vielfach) widersprüchlich.

Nun möge man zwar – aus unserer religiös-toleranten Sicht – meinen, in unserer Zeit ist das „gefallener Schnee", überholt, für uns nicht mehr relevant. Die Situation im Nahen Osten allerdings beweist schockierend das Gegenteil. Ferner gibt es keine einheitlich religiöse Führung, keine über die Jahrhunderte präzisierte Glaubensrichtung wie im Christentum, sondern vielfältige Auslegungen (Fatwas), die, je Glaubensspaltung, nie enden wollende Interpretationen ermöglichen und – mit zwingender Wirkung – mit staatlichem Recht kollidieren können. Nur wenigen Auserwählten ist eine offizielle Deutung gestattet – und die dazu noch, aus den verschiedenen Richtungen des Islam. Es ist eben eine Offenbarung, eine Botschaft Gottes, die verschiedene Deutungen zulässt; die alleine aus ihrer Sprache des sechsten, siebten Jahrhunderts, schon die chaotischen Verhältnisse dieser Zeit widerspiegelt. Eine Sprache mit viel Gewalt. Also, viel Stoff, der es Extremisten ermöglicht, ihre eigenen Wahrheiten zu interpretieren. Es fehlt eben – verglichen mit dem Christentum – einheitliche, übergeordnete Interpretationen durch anerkannte religiöse Institutionen; so konservativ sie auch sein mögen. Und gelingt es den Glaubensgemeinschaften in den Immigrationsländern nicht, ähnlich verbindliche Strukturen in Anlehnung an nationale Gesetze zu schaffen (zu „bilden"), sind massive Auseinandersetzungen nicht zu vermeiden. Vergessen wir nicht, dass alleine unsere „Gleichheit" (als demokratisches Muss), sich im Koran vielfach ausschließt; nicht nur zu den „Ungläubigen", sondern selbst innerhalb der Gesellschaft.

Solange es den verschiedenen Richtungen des Islams, den Muslimen selbst, nicht gelingt, Gewalt im Namen eines falsch interpretierten Korans zu ächten, Korrelation zu den wesentlichen Werten zu erreichen, Gewalt abzulehnen, allgemein akzeptierte Regeln des Zusammenlebens zu erarbeiten und – als Prozess mehrerer Generationen – auch den Gläubigen nahezubringen, bleibt der Islam was er immer schon war, einerseits Zuflucht friedlicher, tief gläubiger Religiosität, aber andererseits fehlgeleiteter Interpretation zu unsäglicher Gewalt, die nur Extremisten die falsche Legitimation sichert und so den Islam in Verruf bringt. Diese Einheitlichkeit der Interpretationen wird auf Generationen hinaus (in den Zufluchtsländern) nicht erwartet werden dürfen. Zu tief sind die Gräben zwischen den Glaubensrichtungen – von tiefgläubig-human bis individuell extrem-terroristisch –, wie selbst religiöse Patrioten immer wieder kundtun, diesen massiven Differenzen nicht Herr werden[78].

Darüber hinaus hat aber auch die Rezitierung des Korans eine ganz besonders emotionale Wirkung auf das Leben der Gläubigen; und – beobachten wir noch verschiedene Koranschulen, in denen der Koran auswendig gelernt wird ohne den (friedlichen) Sinn zu verstehen –, ist anzunehmen, dass es das Leben der Schüler einseitig prägt und der Einfluss von Agitatoren immer gefährlich bleibt. Dass eben menschenverachtende Einstellung nicht unserem demokratischen Verhalten entspricht, dass z.B.

---

[78] Räumen selbst islamische Patrioten ein: „Wir [Saudi Arabien] und Iran sind wie Feuer und Dynamit. Wir sind die Rowdys, die das ganze Haus zum Einsturz bringen können. Setzt [doch] den Nahen Osten an die Spitze eurer Prioritäten. Haltet meinetwegen ein neues Jalta mit uns ab! Tut was!" in DER SPIEGEL 18/2016

nur der Mann etwas gelten dürfte, er sich „Weiber nehmen kann, 2,3 oder 4, wie es ihm dünkt"; Frauen also einer niederen Gattung angehören, oder muslimischen Kämpfern, Märtyrern, im Paradies viele Freuden erwarten stehen etc. Einstellungen, die sich selbst bei uns in jüngsten Umfragen widerspiegeln: 40 % der Muslime fordern die Gehorsamkeit der Frau, 25 % fordern die Scharia und selbst 4 % unterstützen den Terror. Verlangt es noch mehr, als dass wir vorsichtig und mit Sorgfalt jeder Integration begegnen. Jedenfalls sind die Mengen zu begrenzen, erst dann auszuweiten, wenn wir fremde Einstellungen zu unseren demokratischen Gesetzen in den Griff haben. Ansonsten ist das Resultat: Diasporas, mit ihren eigenen Rechtsauslegungen, im Kontrast zur heimischen Bevölkerung – und all den hautnah erlebten Folgen in islamischen Staaten.

Der *fundamentale Unterschied* ist jedoch, dass die Offenbarung des Islam sowohl *Religion wie auch Gesetz* ist. Die Bekenner des Islams finden sich in einer nach Gottes Willen begründeten religiösen und politischen Gemeinschaft (der Umma). Insofern ist der Konflikt mit unserem, seit Jahrtausenden entwickelten römischem Recht, vorbestimmt, und damit unsere freiheitliche, nach Gleichheit ausgerichtete Gesellschaftsordnung infrage gestellt – sollten sich je die (Mengen-)Verhältnisse zu Ungunsten der Christen ändern. Im Westen ist die Gewaltenteilung zwischen Kirche und Staat seit fast zwei Jahrtausenden latent vorhanden, und gefestigt im Zuge der Aufklärung. In Mohammeds Medina waren Kirche und Staat jedoch eine unauflösbare Einheit; damals fortschrittlich und weltoffen. Das an dieser fundamentalen Aussage, der Gemeinsamkeit von Religion und Staat, von Fundamentalisten je gerüttelt werden wird, ist zu bezweifeln. Es ist nur eine Frage der Verhältnismäßigkeit, von Minorität und Majorität, und dann von der Art ihrer Durchsetzung. Ob eben in friedlichen, eventuell demokratischen Prozessen oder in gewaltsamen Auseinandersetzungen – wie wir sie in den radikalen Auswüchsen weltweit zur Genüge erfahren. Dass uns religiöse Auseinandersetzungen in der Zukunft erspart bleiben, ist unwahrscheinlich; und ob die christliche Welt diese Veränderung als wünschenswert empfindet, genauso.

Vergessen wir nicht „Die Hauptquelle der Offenbarung Mohammeds [.. ist] ohne Zweifel das Judentum"[79], also, an das „Alte und nicht das Neue Testament angelehnt, wobei darüber hinaus Kenntnisse aus den Apokryphen enthalten sein könnten, .."[80], mit also radikalerem Ursprung. So finden wir durchaus auch Hinweise in der Bestrafung nach „Leben gegen Leben, Aug

---

[79] *Der Koran*
[80] In Anlehnung an den Koran, Einführung

um Aug, Zahn um Zahn", wie wir sie bereits in der Stele von Hammurapi (rd. 1.750 v.Chr.) finden. Also, Sanktionen, denen wir schon seit Jahrhunderten entwachsen sind. Zwar werden sie nicht generell geübt, aber Rückschläge sind immer zu befürchten – es ist eben Gotteswort, unauflösbar. Theoretisch regelt der Koran selbst den Tagesablauf bis in kleinste Verzweigungen menschlichen Verhaltens – wenn auch stolz getragen (also vorbildlich, zumindest in alter Zeit). Gelebt von 1,6 Milliarden Muslimen, von Schiiten und Sunniten, von Wahhabiten und Alewiten und anderen – mit all den abweichenden, teils gegensätzlichen Auslegungen.

„Generell fehlt dem Islam noch die Erfahrenheit einiger Jahrhunderte, wie es sich eben in den christlichen Religionen im Zuge der Aufklärung vollzog"[81] – was als Voraussetzung für ein friedliches Zusammenleben mit anderen Religionen hilfreich wäre. Es fehlt im Islam die gemeinsame wissenschaftliche Aufarbeitung und – als fundamentales Problem – die konforme, wertfreie Bildung der Massen. Es sind Gegensätze, die zur Überwindung Generationen benötigt – falls es je möglich wäre. Diese Gegensätze schlagen sich in vielfältigen Facetten und in den Gesetzen islamischer Staaten nieder, in denen z.B. Beschimpfungen von weltanschaulichen oder religiösen Bekenntnissen teils noch immer strafbar sind, in denen Atheisten zensiert, diskriminiert oder getötet werden, in denen selbst die Abwendung vom Glauben strafbar ist, die Todesstrafe für die Verunglimpfung des Propheten gefordert wird, so auch andere Religionen diskriminiert werden.

Um nicht missverstanden zu werden, der Koran war sowohl für die damalige Zeit revolutionär fortschrittlich; auch in heutiger Zeit überwiegen Ähnlichkeiten zu christlichen Religionen. Es sind nur die Auslegungen, die extremen Abweichungen – wie sie im Christlichen nicht annähernd existieren, bis zu terroristischem Extremismus –, die eine religiöse Gemeinsamkeit infrage stellen. Hingegen forderte der Prophet doch auch schon mal: „Strebt nach Wissen…", was besonders in heutiger Zeit für Kooperation und Zusammenarbeit zukunftsweisend wäre. Auch heute sehen bedeutende Würdenträger des Islam keinen Gegensatz zwischen Islam und Demokratie, es ist eben „ein historischer Text, dessen Formulierungen man aus der Zeit heraus verstehen muss". Es gibt eben nicht die allein gültige Interpretation. Nur die islamischen Gruppierungen selbst wären in der Lage, ausgleichend zu wirken, extreme Abweichungen, den aktuellen Gegebenheiten entsprechend, zu interpretieren und damit die friedliche Gemeinsamkeit zu sichern.

---

[81] Neuberg A. *Morphologie des Staates*

Unverständlich, wie wir in Europa, besonders in Deutschland, (ehemals) Volk der Dichter und Denker, einem gut ausgebildeten Volk, vermutlich aus heutiger Saturiertheit, aus seiner „gewachsenen Humanität" heraus, solche, für die westlichen Völker durchaus gefährliche Tendenzen, die ja bereits seit dem Zusammenbruch des oströmischen Reiches immer wieder unendlich Blutzoll gekostet haben, nicht fordernd und fördernd reagieren. Wie Deutschland den Diskurs so vernachlässigen konnte, von deutscher Seite niemand versuchte, Gemeinsamkeiten herauszuarbeiten. Erkennen wir doch schon lange die Problematik der Auslegungen in all ihrer Gefährlichkeit; um eben die friedliche Zusammenarbeit der Religionen in den Vordergrund zu stellen – statt ins offene Messer zu laufen. Das hat nichts mit Fundamentalismus zu tun, im Gegenteil, die Mehrheit schätzt die Aufgabe und den Einfluss der Religionen, auch die des Islam. Sind unsere christlichen Religionen doch Kern westlicher Sozialisierung, tragende Säulen der Gemeinsamkeit, aus christlicher Liebe, aus Mitleid und Achtung. Aber, dass eine europäische Regierung die historischen Unterschiede nicht erkennen will, vielleicht auch nicht begreift, dass mit dem Zufluss von Millionen anderer Glaubensrichtungen auch die gesellschaftlichen Fundamente infrage gestellt werden können, wir gezwungen werden könnten, vieles über Bord zu werfen was sich über Generationen entwickelt hat, ist ernüchternd, erschreckend!

Es ist diese Unfähigkeit heutiger Politik, strategisch und langfristig zu denken, Soziologisches und Psychologisches in der Staatsführung zu berücksichtigen, fundamentale Gegensätze, auch von Religionen, zu erkennen und auf positive und friedliche Integration hinzuwirken – wie es eben schon vor zwei Jahrtausenden die alten Philosophen forderten: den Staat vor Unvereinbarem zu schützen. Mit einigen Gesetzen sind diese fundamentalen Probleme nicht zu lösen, es ist eine generationenumspannende Verhaltensänderung – letztendlich vom Islam selbst, der, mit den nun beginnenden Völkerwanderungsschüben die hochzivilisierten Länder überfordern wird.

15. Bevölkerungspolitik und Wohlstand

Bevölkerungspolitik ist in Demokratien kaum ein Thema, konzentrieren Diskussionen sich doch primär auf die „Verteilung". Erst mit den zunehmenden Völkerwanderungen wird es akut werden. Vormals noch, konnten Potentaten nicht genug an Bevölkerung „besitzen", um Einkommen zu sichern, Machtgelüste zu befriedigen – was sich in Demokratien zwangsläufig ausschließt.

Nun hat sich ja die (menschliche) Welt in nur einem einzigen Jahrhundert dramatisch verändert, die Weltbevölkerung annähernd verdreifacht – und das, bei nun vollständiger Nutzung der Erdoberfläche und fast lückenloser Ausbeutung der Nahrungsmittelressourcen. Erst das Aufkommen eines Sozialstaates – mit Absicherung Junger und Alter wie nicht einsatzfähiger – erfordert eine (gesetzliche) Vorsorge, kommt damit zur Demoskopie, die wieder langfristige Analysen verlangt. Ferner ist Tatsache, dass große Teile der Beschäftigten wenig, teils gar nicht vorsorgen – sei es aus fehlendem Antrieb oder begrenzter Möglichkeiten –, also, im Alter der Gemeinschaft zur Last fallen. Haben wir uns doch seit rd. einem Jahrhundert, von der natürlichen Absicherung durch die Familie schon längst verabschiedet.

Wirtschaftliche Kontinuität – mit sozialen Wohltaten – ist allerdings keine Selbstverständlichkeit, sondern Resultat vieler volkswirtschaftlich Faktoren. Schon immer verursachten Umweltbelastungen, Kriege, den angestammten Lebensraum zu verlassen – dabei überwog wirtschaftliche Not sowie Angst um Leib und Leben. Das erste als primäres Motiv, der Erhaltung der Existenz, das zweite als sekundäres, um eben Auseinandersetzungen zu meiden – falls man z.B. eindeutig unterlegen schien oder ganz einfach den Problemen ausweichen wollte; also, auswanderte.

Da seit gut einem Jahrhundert freie Zuwanderungsflächen begrenzt sind, belastet jede größere Einwanderung auch die einheimische Bevölkerung – wirtschaftlich wie mental. Solange die Mengenrelationen noch gering sind, also kaum zu- oder abgewandert wird (was an sich positiv ist), also nicht in Völkerwanderungen ausartet, ist es kein staatspolitisches Problem, bleibt eben lokaler Anpassungsprozess. Aus dieser Verhältnismäßigkeit versteht sich unser Schutzrecht für Asylanten – Humanität, gewachsen aus traumatischen Erfahrungen. Überschreiten die Wanderungsströme allerdings Grenzen und führen zu komplexen menschlichen Interdependenzen – selbst wenn „rechtlich" in akzeptablem Rahmen und wirtschaftlich verkraftbar –, sind Auseinandersetzungen vorprogrammiert. Beruhen dann aber auf mangelnde politische Reaktion und Inkompetenz.

a) Nationaler Wohlstand

Je Einwanderungsland haben sich Regularien zu Akzeptanz und Begrenzung entwickelt – immer mit temporären Anpassungsmöglichkeiten, sofern die lokalen Verhältnisse sich änderten. Bei so unerwartet massivem Zuzug nach Europa 2015/2016, besonders nach Deutschland, zeigen sich zwangsläufig Destabilisierungstendenzen, stellen selbst relevante Gesetze auf den Prüfstand! Verständliche Humanität steht im Wiederspruch zu rationalen Möglichkeiten, besonders jedoch zur Toleranz der Bevölkerung. Stehen plötzlich eben Millionen vor der Tür, ist das Land der Reaktionsfähigkeit der Politik ausgeliefert. Die, überfordert, i dem Falle emotional reagierte und das breite Publikum in einem Willkommenstaumel mitriss; und so langfristige Verzerrungen auslöste. Staatspolitischer Fehler oder politische Unfähigkeit?

Aber, wann ist zu viel eben zu viel, und, gibt es sinnvolle „Mentalitäts- und Mengenrelationen"? (Eine Frage, die alleine schon Entrüstung auslöst, so rational sie auch ist – eben, unser Dilemma zeigt). Deutlich ist z.B., dass der deutsche Sozialstaat, mit für diese Völker unglaublichen Unterstützungs- und Sicherheitsleistungen – nun ja wie ein Magnet wirken muss. Dass eben Millionen, verständlicherweise, ganz einfach die Vorteile auch nützen wollen; und solange es nicht ausgeschlossen wird, auch weiterhin werden. Es ist wie im Schlaraffenland: Neben einem Begrüßungsgeld, werden die Lebenshaltungskosten, Unterbringung, medizinische Versorgung etc. gratis, und zwar ohne nennenswert zeitlicher Begrenzung beigestellt – dazu muss man nicht mal arbeiten, ganz zu schweigen von den ungewohnten Frei-räumen, Perspektiven. Weiter geht es mit Kindergeld, Zuzug von Familien-mitgliedern, bei auch ungewohnt moralischen Grenzen.

Erst im Zuge ihres Aufenthaltes werden viele dieses andere „Verhalten" erfahren – falls überhaupt; falls es nicht demotiviert, man sich ausgegrenzt fühlt und/oder in gefährlichen Extremismus abgleitet. Der Einheimische wird weder gefragt noch verschont – man mutet es ihm zu; andere Mentalitäten, fremde Eigenheiten, unverstandenes Rechtsempfinden, die er nun über Generationen zu ertragen hat[82]. Es ist eben eine Frage der Menge, eines empfunden „moralischen Überfalls". Schon der frühere Zuzug aus Osteuropa hat Bürger und Kommunen massiv belastet – aber das waren ja

---

[82] Eine statistisch relevante und seriöse Umfrage unter Deutschtürken der dritten Generation in Deutschland zeigt Werte wie z.B.: dass 47% die Einführung islamisch ursprünglichen Rechts bevorzugen würden, oder dass sich 34% dem türkischen Herkunftsland mehr als Deutschland verbunden fühlten. *TV „Hart aber fair", 15. Aug. 2016.* Als realer Hinweis, dass – je divergenter der kulturelle Hintergrund ist – desto weniger wird eine Integration, selbst über Generationen gelingen, Diaspora fördern und bleiben latente Gefahren für das Staatswesen.

Völker nahe „europäischen" Denkens, christlichen Ursprungs, also, im Sinne „europäischer Einheit". Wie wirkt nun ein plötzlich völlig offenes Europa für die Milliarden Benachteiligter weltweit? Bietet Deutschland für diese armen Schlucker doch paradiesische Zustände – 1200 bis 1800 € je Monat für eine Familie sind keine Seltenheit. Welche Hoffnungen werden hier geweckt! Und – so paradox und unverständliches es ist – niemand korrigiert, selbst nicht im Sinne lokal wachsender Einkommensgefälle und steigender Altersarmut; und das, bei weiterem Zustrom, aber auch, finanziellen Belastungen auf Jahrzehnte.

Alle sehen es (sensibel, umliegende Länder) – nur die deutsche Politik reagierte nicht konsequent! Selbst eine Wahlschlappe nach der anderen – mit Zuwächsen neuer Parteien von Anhieb weg über 25 % – also demokratische Tsunamis, bringen kein Einsehen. Und dennoch – als Demokrat mag man es nicht glauben – die Politik, die Kanzlerin, reagiert nicht („Wir haben alles Notwendige getan", nur, niemand merkt was, die Spaltung vergrößert sich)! Mit „weiter so", also, „Wir schaffen das", fegt sie mit Handstreich, selbst am Tag extremer Wahlniederlagen, jede Hoffnung auf Korrekturen hinweg. Alle demokratischen Instrumente scheinen ausgeschöpft. Und ihre Apologeten – es ist nicht zu fassen – vertreten stur die von oben vorgegebenen Ansätze. Das Thema „Asylanten" gefährdet den europäischen Zusammenhalt. Viele fundmentalen Fragen bleiben offen, Auseinanderdriften der Leistungsfähigkeiten, steigende Jugendarbeitslosigkeit, 0-Zinsen etc.; in einem sich wirtschaftlich und politisch verschärfenden Umfeld. Wie ist das zu schaffen? Langfristig zu bezahlen? Wo bleiben die Expertisen, die Abstimmungen mit den Partnerländern?

Genau aus ähnlichen Fragen und Erfahrungen haben sich während des letzten Jahrhunderts alle (!) Einwanderungsländer Begrenzungen, Usancen der Zuwanderung auferlegt, die sowohl auf Wirtschaftliches wie Ethisches, also auch auf lokal zumutbare Hemmnisse Rücksicht nahmen. Hochindustrialisierte Einwanderungsländer wie die USA, Kanada oder Australien, haben aus ihren Erfahrungen Kriterien mit langjährigen Selektionsprozessen festgelegt – sowohl nach Nationalitäten, aber auch religiösen Hintergründen, besonders jedoch nach Alter und Fähigkeiten wie nach dem strategischen Bedarf. Unterscheidung zwischen Wirtschafts- und Kriegsflüchtlingen spielten allerdings kaum eine Rolle – ist erst ein Phänomen neuester Zeit. Über Jahrhunderte deckten Einwanderungsländer die Nachfrage nach Arbeitskräften relativ rational ab; und je stärker der Bedarf sank, desto restriktiver wurden die Einwanderungskriterien. Immer jedoch begrenzt in den Mengen – so wie es die Öffentlichkeit sowohl menschlich wie budgetär vorsehen wollte.

Bisher war eine Einreise zum Zwecke eines Daueraufenthaltes nur unter sehr restriktiven Voraussetzungen möglich. Offene Grenzen widersprechen der natürlichen Entwicklung von Staaten – und die hat es in der Vergangenheit m.E. (bewusst) auch nie gegeben. Ein ungebremster Zustrom muss jedes Land – überschreitet er ein relatives, ein für die einheimische Bevölkerung akzeptables (besonders menschliches) Verhältnis – überfordern. Zwar gilt in Deutschland (neben dem Grundgesetz) bereits das „Gesetz zur Steuerung und Begrenzung der Zuwanderung und zur Regelung des Aufenthalts und der Integration von Unionsbürgern und Ausländern" vom Juli 2004. Es ermöglicht und gestaltet die Zuwanderung unter Berücksichtigung der Integrationsfähigkeit sowie der arbeitsmarktpolitischen Interessen, wurde jedoch – als autonome Auslegung des GG durch die Regierung – im Zuge sich stauender Asylantenmassen, bereits innerhalb der EU-Grenzen, vernachlässigt, besser, ad absurdum geführt.

Einerseits wird deutlich bestimmt, dass nur mit einem Pass ein Grenzübertritt möglich ist – was ja bekanntlich ausgehebelt wurde –, andererseits hat man den vermischten Horden gleiches Recht wie Deutschen zugesichert (trotz fehlendem politischen Konsens), wie z.B. vergleichbarer Wohnraum, Aussicht auf gesichertem Aufenthalt und ein Existenzminimum, selbst auf Ausbildung und Arbeitsplatz[83]. So hat der, der auch nur gelernt hat, das Wort „Asyl" zu buchstabieren (und egal, von wo er kommt), alle Sicherheiten und Vorzüge eines über Generationen verwurzelten deutschen Bürgers. Ein Wunde, dass Volkes Stimmung kippt? Mit politisch fehlender „Weitsicht" wird eine Grundregel außer Kraft gesetzt, dass eben nur der Aufnahmestaat bestimmen kann, wer kommen darf und wer nicht! Mehr noch, jedem wild Zugewanderten das Recht gibt, seinen Anspruch auch rechtlich durchzusetzen; ja selbst bei schleppender Bearbeitung den Staat haftbar zu machen?

Weltweit legt kein Land den Begriff der „Offenen Gesellschaft" soweit (um nicht zu sagen naiv) aus, bar jeder Rationalität. Als unbegrenzte Zuwanderung, ohne jeder Selektion und Klassifizierung; noch dazu mit denselben Sozialleistungen wie für Inländer, besonders, ohne strategische Weitsicht. Das Land schlittert aus „naiver Humanität" in ein Abenteuer hinein, das selbst den Zusammenhalt der EU gefährdet. Selbst vehemente Ablehnung vieler osteuropäischer Länder bringt die Regierung „nicht ins Wanken". Was hat das noch mit partnerschaftlicher, mit demokratischer Zusammenarbeit in der EU zu tun? Geschweige sie zu zwingen!

---

[83] Dazu wird systematisch noch die Vorrangprüfung (für einen deutschen Arbeitnehmer) aufgehoben und Abschiebestopp während der Ausbildung gewährt (wobei es im Schmitt bis rd. zwei Jahre dauert, bevor ein Flüchtling eine Lehre beginnt).

Allerdings ist zu differenzieren: Naiv? Wer? Die nicht-gewählten Kader, mittlere und obere Behörden, haben die fachliche Kompetenz, praktikable Einsicht, ihre Restriktionen überwiegen. Keiner darf allerdings (Beamtenstatus), und wird sich auch nicht gegen die Politik stellen – schnell wäre er seines Amtes enthoben, seiner Privilegien los. Mit dem Zustrom Tausender, nur teils registrierter Migranten, ist ja weder ein konsequentes Abarbeiten, geschweige reales Integrieren dieser Massen möglich, und offen sind die Gefahren, die sich für die europäischen Volkswirtschaften nachhaltig ergeben.

Die Praxis zeigte nachfolgend bereits nicht nur steigende Kriminalitäten (bis zu Terroristen), teils Bandenbildung ethischer Gruppen mit krimineller Richtung, sondern auch eine Überforderung und Demotivation der Sicherheitskräfte, da sie kaum mehr, wie gewohnt, die Sicherheit in Deutschland gewährleisten können. Ein Circulus vitiosus, da einerseits die Abschreckung bei Fehlverhalten wegfällt und andererseits die Polizei – um den Massen halbwegs Herr zu werden – zeitsparend und tolerant (das allerdings ist ein anderes Problem, Kap.20) vorgehen muss; und selbst die Legislative kaum abschätzen kann, inwieweit Verurteilungen tatsächlich nachhaltig helfen, Fehlverhalten zu verhindern. Teils ist in einzelnen Gruppen die kriminelle Energie so hoch (Nordafrikaner u.a.), dass die Polizei dem nicht annähernd mehr Herr wird, da es Teile der Politik (nach Couleur) oft vernachlässigen, Exekutive und Judikative in so einer Ausnahmesituation zu unterstützen.

Ersehnte staatliche Maßnahmen – nämlich rigoros gegen illegale Grenzüberschreitungen vorzugehen – lehnte die Politik vehement ab. Und, keiner hat den Mut, gegenteiliges zu vertreten! Welche Kontroverse zwischen Regie-.rung und Sicherheitsbehörden! Die erstere fordert Loyalität, lässt aber die Behörden mit den praktischen Problemen allein, und die Behörden sind sowohl technisch wie kapazitiv überfordert, sofern es zeitnahe Maßnahmen betrifft. Sind die rotierenden Scharen über Smartphones doch in der Lage, all denkbaren Schlupflöcher und Nischen auszunützen – sich jahrelang durch die EU zu bewegen um der Erfassung zu entgehen; auch Straftaten begehen oder an mehreren Stellen Unterstützungsleistung einzufordern, den Wohnort nach Gutdünken selbst auszuwählen, sozialen Vorteile zu nutzen und dabei zu lügen wie gedruckt. Nicht alle natürlich, aber erhebliche, nämlich diejenigen, die keinen „Asylstatus" besitzen[84].

---

[84] Davon >70% mit keinem Pass bei der Einreise (also, überwiegend bewusste Illegalität).

Die Mengenverhältnisse sind das Kernproblem! In relativem Wohlstand, so wie wir ihn in der westlichen Welt genießen, leben an die 500-800 Millionen Menschen (westliche EU, große Teile Nordamerikas, partiell Schwellenländer). Von den rd. 7 Milliarden Menschen auf der Erde – die bis 2050 gegen 10 Milliarden anwachsen –, sind es also gerade mal knapp 10%. Was bisher für die Wohlhabenden kein ernsthaftes Problem war; dank geschützter nationaler Grenzen, dank großer Entfernungen und begrenzter Transportmöglichkeit und mangels Transparenz – (ein egoistisches, aber reales Fakt). Im Gegenteil, schon seit Beginn der Kolonialzeit war dieser gigantische Einkommensgap für den kleinen Teil ganz nützlich; andere Gruppierungen nennen es Ausbeutung. Auch der industrielle Aufschwung des Westens im letzten Jahrhundert war ja auch nur dank dieser Einkommensdiskrepanzen möglich. Langsam, unbemerkt, verlieren wir nun diese Vorteile (vermutlich zu Recht – aber das ist ein anderes Thema, wäre ethisch wie strategisch zu beurteilen).

b) Verteilungsgerechtigkeit

Galt bis vor wenigen Jahrzehnten noch, dass Vermögen entweder klassisch erarbeitet oder vererbt wurde, so haben wir es nun, unter dem Deckmantel des Kapitalismus, mit einem neuen Phänomen zu tun. Ist schon die Vererbung von Vermögen ein ethischer Bruch, nämlich, dass Vermögen nicht aus eigner Leistung erwirtschaftet wird, kumulieren so dank der globalen Vernetzung riesige Vermögen in den Händen weniger; und ist damit primär verantwortlich für den wachsenden Abstand zwischen Arm und Reich. Vermögen hat besonders heute die Eigenschaft – wird es rationell eingesetzt –, dass es weiter wächst, sich exponentiell vermehrt. Zulasten von wem?

Hier hilft die Theorie! In den achtziger Jahren hat die „Trickle down-Theorie" unser Denken beeinflusst – also, dass vermehrter Reichtum dank seiner Verwendung allen zugutekommt. Schon überraschend, wie so ein Nonsens – weil Kapitalerträge ja nicht in ähnlicher Höhe wieder den Massen zufließen, also „durchsickern" (auch nicht zeitversetzt), sondern auf den Konten von Vermögenden landen, oder in Investitionen, Immobilien und Luxus verschwinden, sich also weiter mehren. Und weil nun einmal Reiche, mit Einfluss auf allen Ebenen, kaum bereit sein werden, „gesellschaftliche" Vorteile aufzugeben, wird sich Vermögen immer weiter auf wenige konzentrieren, werden die Massen – die nun mal all diese Investitionen über Mieten, Zinsen und Gebühren, für Güter und Leistungen schlussendlich bezahlen müssen –, so nicht nur ärmer, sondern viel ärmer (Kap. 23).

Ganz langsam, schleichend, entwickelt sich dieser Prozess – bis in die entlegensten Winkel der Welt fließt Kapital –, über alle Branchen, alle Länder, unabhängig von Staatssystemen und Ideologien, und fördert den Reichtum vorwiegend weniger. Und die Ursache? Erstens, die Abkoppelung der Schulden von realem Vermögen[85]. Es ist diese eigenkapitalvernachlässigende Aufblähung über Kredite, ermöglicht aus Deregulierungen des Bankensektors (um 1986 ff). Z.B. über mehrfache Verbriefungen von Hypotheken oder nahezu risikoloser Haftung über den Leverage-Effekt. Den zweiten Einfluss verdanken wir der Informationstechnik. Elektronische Geldströme multiplizieren die Geldmengen und -bewegungen, und über Kreditkarten und Konsumentenkredite erfolgt die weitere Aufblähung der Verbindlichkeiten. Das Rad ist kaum mehr zurückzudrehen, im Gegenteil – trotz Regularien – floatet Kapital weiterhin unreguliert und unkontrolliert (besser, der Handel mit Schulden, Darlehen), weltumspannend, sekundenschnell, in jede renditeträchtige Nische. Und *das*, ist nicht alles!

Die einzigen, die regulierend eingreifen könnten, wären die Zentralbanken, gegebenenfalls die Staaten als oberste Entscheidungsmacht. Die aber hüten sich, verdankt man die Wirkung doch der steigenden Geldmenge. Das Risiko eines Wirtschaftsabschwunges, jede realistische Korrektur – zurück zu realer Geldschöpfung im Verhältnis zum BIP –, ist schwer abzuschätzen. So versuchen Staaten die eigenen Finanzplätze/-instrumente möglichst zu forcieren, „Wachstum" zu generieren, was es schlussendlich ja nicht ist – es bleibt eben nur eine Dienstleistung über Geldströme, und die „leisten" an sich ja kaum; fördern Wohlhabende, verschärfen die sozialen Spannungen, vernachlässigen die breite Masse.

In der Londoner City z.B. genießen über Jahrzehnte Ausländer mit gigantischem Vermögen Wohnrecht. Die City of London gilt Finanzinsidern als die größte Steueroase überhaupt. Unter dem Non-Domicile-Status sind fast alle Einkünfte außerhalb Großbritanniens steuerfrei (und hat die Schweiz, Cayman Islands, Luxemburg u.a. schon lange abgelöst). Solche politisch motivierte „Ausnahmeregelungen" finden wir weltweit.

Allerdings fordert Vermögen ständig neue Anlagemöglichkeiten. Bleiben wir in Deutschland. Über „soziale Säuberungen" entstehen Wohnviertel für Wohlhabende, die sich der Normalbürger nicht mehr leisten kann. Die Immobilienpreise explodieren, verstärken die steigende Armut (die Reichen kaufen, vermieten, die Preise steigen weiter) – bei zunehmender Wohnungs-

---

[85] Neuberg A., *Geld-Illusionen*

not. Es sind z.B. diese Auswüchse (die wir weltweit finden), gefolgt von gigantischen Schuldenbergen (bei fast 0-Zinsen), die sich seit Ende der achtziger Jahre weltweit anhäufen; und eine wachsende Ungleichheit beschleunigen. Es ist diese Aufspaltung zwischen echten und unechten Hypotheken, zwischen Schulden und veränderten Vermögensrelationen, die zunehmend die breite Bevölkerungsschicht belasten. Es führt zur Abkehr von den gediegenen, den langfristig orientierten Arbeitsverhältnissen, zu Generationen von Freiberuflern, Minijobern und kleinen Selbstständigen, die zunehmend, ohne Untergrenze, ihr Leben nur mehr fristen. Selbst wenn Staaten und Gewerkschaften gegensteuern wollen, es wird ihnen nicht gelingen, bestimmt doch der weltweite Wettbewerb den Erfolg oder Misserfolg eines Staates – und der Druck schlägt auf die „Abhängigen" durch. Es tendiert zu einem Darwinismus, der keinen Mindestlohn mehr kennt. Damit hebt sich auch „Wachstum" auf, produziert zwar „Mengen", bei jedoch fallenden Arbeitskosten (und einem neuen „Proletariat").

Die Diskussion der gerechten Verteilung ist Jahrhunderte alt – und wird auch in absehbarer Zeit nicht zu lösen sein. Ob die Rechte oder Linke, ob Liberale oder Grüne, alles dreht sich um die Verteilung von Einkommen und Vermögen – schließlich scheint Geld doch alles. Alle politischen Auseinandersetzungen gehen darauf zurück. Wie verheerend falsche (besser, einseitig ausgelegte) Theorien sein können, zeigte schon der Kommunismus – mit seinen katastrophalen Nebenwirkungen im 20. Jahrhundert. Zwar ist extrem egoistischer Kapitalismus abzulehnen, aber dennoch erfolgreiche Triebfeder der freien Marktwirtschaft; bisher ist noch kein Ersatz gefunden (Kap.21). Real, wertfrei, ist an dieses Thema offensichtlich nicht heranzukommen – noch immer dominiert ideologische Verbohrtheit, fehlt „reife" Offenheit zu fachbezogenem Diskurs. Als Aufgabe fähiger Politik!

Dennoch geistert wieder – interessanterweise über alle Couleurs – kommunistisches Gedankengut durch Diskussionen und Literatur; selbst wenn die Praxis vieles widerlegt hat. Abgesehen von den Einkommensdiskrepanzen – nur die wären in den Griff zu bekommen (Kap. 21, 24) –, sind die doch der Schlüssel der Kapitalakkumulation, für das Vermögenswachstum in den Händen weniger. Dagegen könnte zwar ein Staat über Steuern gegenwirken, also den Zuwachs abfedern, aber dennoch vererbtes Vermögen kaum verhindern. Er darf Akkumulation nicht vermeiden; hat sie doch – z.B. als angehäuftes Vermögen aller Bevölkerungsschichten – auch positive, volkswirtschaftlich wünschenswerte Wirkungen[86] (die jeder linke Diskursansatz

---

[86] Neuberg A., *Geld-Illusionen*

leider ausschließt). So sind z.b. viele sogenannte leistungslose Kapital-
einkommen vorwiegend Sozial- und Altersabsicherungen; und die erwarten
natürlich Sicherheit wie auch laufende Erträge (dass, eine unübersehbare
Vielfalt „Beauftragter", dabei ihr eigenes Süppchen kocht, ist ein anderes
Thema). Dass, andererseits – wie bei Marx –, Gesellschaftskapital allen
gehört, wäre ein Rückschritt, der sich längst erledigt haben sollte. Alle
ähnlich schrägen Ideen münden schlussendlich immer ins gleiche, nämlich
in die Vergemeinschaftung von Vermögenswerten, bleiben also Utopien.
Klammern sie doch jegliches Eigeninteresse an Leistung wie Verantwortung
aus, bleiben also kontraproduktiv zur Volkswirtschaftlichen Gesamtleistung.

Diese überbordende Kapitalakkumulation bei Wenigen, vielfach Resultat
langer Friedenszeiten, wird ganz wesentlich das soziale Klima, selbst die
Demokratie an sich bestimmen. Es sind Wege zu finden, um Ausuferungen,
demokratische Risiken, zu vermeiden. Es ergeben sich also sowohl Grenzen
aus ethischen Gründen (die eben schwer zu fassen sind, Kap. 14) wie auch
gesellschaftliche; besonders bei diesem ausufernden Trend der Vermögens-
akkumulation bei wenigen.

c) Alterssicherung

Nach Kapitel 4 (Sozial-/Rentenpolitik) erkennen wir, dass sich die Politik
Deutschlands – einerseits aus der steigenden Lebenserwartung und der
abgeleitet demographischen Lücke, andererseits der stagnierenden Wirtschaftsleistung – mehrmals gezwungen sah, das Rentenniveau nach unten
(über die Jahrzehnte um rund ein Drittel) zu kürzen, aber auch, eine
Erhöhung des Rentenalters immer wieder scheiterte. Keiner Regierung
gelang es bisher (ähnlich in anderen europäischen Staaten) eine nachhaltige
Lösung dieses sich zuspitzenden Dilemmas zu finden – und das, bei
fehlenden Rücklagen und steigender Steuerbelastung. Wir gehen also
sehenden Auges bei der Alterssicherung einem sozialen Dilemma entgegen.
Es sind diese „demokratieinhärenten Hemmnisse" reifer Demokratien, die
eine angepasste Reform verhindern.

Zwar galt bis vor 15-20 Jahren noch die Überzeugung „die gesetzliche Rente
ist sicher", ist aber dennoch auf ein Niveau abgesunken, das zwangsläufig –
reduziert es sich weiter, und nichts spricht dagegen – für große Teile der
Bevölkerung in die Altersarmut führen muss[87]. Die Politik baut so auf Luft-

---

[87] Die Anzahl „Armer" ist heute rd. doppelt so hoch wie vor 10 Jahren, und die Kluft zwischen
Arm und Reich so groß wie 1913 (Handelsblatt Nr.242, Dez. 2017).

schlösser. Einerseits hoffen die politisch Verantwortlichen auf die Betriebsrente; verkennen jedoch, dass sie zwangsläufig über den Wettbewerb höhere Unternehmensrenditen fordert, also, die nationale Leistungsfähigkeit schwächt. Andererseits führt auch die sogenannte dritte Säule, die Eigenvorsorge, nicht weiter. Müssen Arbeitnehmer ja wirtschaftlich in der Lage sein vorzusorgen, und auch rechtzeitig beginnen; was der Mehrzahl der Betroffenen, bei sich verschärfenden Einkommenszwängen (und Null-Zins!), nur begrenzt gelingt.

Der Staat kann bereits – dank unbegrenzter Wünsche (!) –, diese lückenlose soziale Absicherung „von der Geburt bis zur Bahre" für die Zukunft kaum gewährleisten. Waren doch auch alle bisherigen Ansätze wenig erfolgreich (z.B. Riesterrente). Die Bevölkerung müsste – und zwar von Jugend an, mit wachsendem Anteil – kapitalgestützt vorsorgen. Eine fundamentale Verhaltensänderung, die nur über den Staat initiiert werden kann.

Ist es überhaupt möglich, für die Rente jeweils selbst vorzusorgen? Natürlich! Im Wohlstandssog der letzten Dekaden haben wir es nur verlernt, vergessen! Und, viel fehlt ja nicht – haben wir doch eine Grundabsicherung dank der gesetzlich gesicherten Rente. Vergleicht man andere Länder, wo denn ein vernünftiger, ein nachhaltiger Ansatz des Alters-Spargroschens liegen könnte, bleibt – neben Immobilien, Rohstoffen, Kunst und dubiosen Wertpapieren mit hoher Volatilität (also risikoreich) – nur mehr die Investition in die eigene Wohnung (und die hätte Priorität, wäre nachhaltig zu fördern), sowie in möglichst gediegene Unternehmen, eben in Geschäftsanteile und Aktien (und Ableitungen daraus). In den anglikanischen Ländern wird traditionell wesentlich stärker über Aktien abgesichert. Bei uns halten gerade mal knapp 10 % Aktien. Der überwiegende Teil der Dividenden deutscher Unternehmen fließt ins Ausland – welches Paradoxon!

Das ständige Auf und Ab an den Börsen vergrößert zwar die Risikoaversion. Dennoch, die Alternativen sind begrenzt. Nachhaltig, eben über Jahrzehnte, erweisen sich fundierte Unternehmensbeteiligungen, z.B. auch Aktien, als die sicherere, als beste Altersvorsorge – über Dividenden und Vermögenssicherung. Einerseits als fundierte private Vorsorge, andererseits mit überragend volkswirtschaftlicher Bedeutung. Ist es doch allein die Unternehmung die Werte schafft, also nachhaltig (und strategisch) schon immer der Vermögensbildung diente. Nicht wie derzeit, dass deutsches Vermögen (plus Renditen) immer stärker in ausländische Hände abfließt. Also, quasi, hier wird gerackert, gearbeitet, aber die Erfolge fließen ins Ausland. Welcher Politiker Deutschlands hat sich je mit dieser Problematik auseinandergesetzt? Ganz im Gegenteil, „Kapital" hat offensichtlich noch immer einen

„sozialen Makel", scheint anrüchig (welch dumme Einstellung). So wurde
die Abgeltungssteuer eingeführt, über Vermögensteuer (auch Spargroschen)
immer wieder trefflich diskutiert und – paradoxerweise – die Zinsen gegen
Null gesteuert; Kleinsparbeträge so systematisch (über Inflation und Steuer)
reduziert. Also, keine Chance für den Durchschnittsverdiener, je vernünftige
Alterssicherung zu betreiben. Man könnte sich die Haare raufen! Es ist fast
schon kriminelles, staatsgetragen unsolidarisches Verhalten.

Die beiden nicht-gesetzlichen Säulen, Betriebsrente und Eigenabsicherung,
können darüber hinaus nur dann wirken, und eben nur dann, wenn die
Wettbewerbs- und Leistungsfähigkeit der europäischen Unternehmen gegeben ist. Es erfordert eine nachhaltige, d.h. auf Jahrzehnte prognostizierte
Wettbewerbs- und Leistungssicherung der EU (Kap. 20). Und das wiederum
ist eine Funktion von Infrastruktur und Bildung, getragen von den historischen Fundamenten aus Wissen und Kultur, vor allem aber unternehmeri-
schem Freiraum. Der letzte Punkt scheint allerdings in Vergessenheit zu
geraten. Dazu zählen die über Generationen vererbten handwerklichen,
geistigen und sozialen Fähigkeiten, die eine Nation im Verlauf ihrer
Geschichte sich erarbeitet, entwickelt und erfahren hat. Dieses imaginäre
Potenzial einer Nation ist es, welches die Zukunft entscheidend bestimmt.
Die modernen Kommunikations- bis zu den KI-Techniken haben dieses
historische, dieses menschlich so wesentliche Entwicklungsfaktum verdeckt.
Von diesem historischen Erbe haben wir lange gut gelebt. Aber, sichern wir
es auch für die kommenden Generationen? In einer sich nivellierenden, einer
globalen Welt, in der sich die vererbten Vorteile von Nationen verwässern?

Seit den letzten Dekaden fließt ja nun Know-how (und neuestes gleich mit)
ins ferne Ausland ab, was unterschwellig auch das Vertrauen in die Entwicklung Europas schädigt. Ich bin Anhänger eines unbegrenzten Handels! Bietet
das global Unbekannte, diese unsichere Zukunft, doch immer eine gute Aus-
gangsbasis, sofern eine bleibende Innovationskraft Vorteile gewährleistet –
als fundamentale Voraussetzung einer gesunden Alterssicherung. Erkennen
wir irgendwo praktikable politische Ansätze? Weit entfernt!

Gefahren kommen oft genug von außen. Sehen wir z.B. wie China in den
letzten 10-20 Jahren systematisch, über eine Vielzahl strategischer Maßnahmen, viel Wissen der westlichen Welt abgesaugt hat und so, und nur so, in
kurzer Zeit zum entscheidenden Wettbewerber aufsteigen konnte. Nun hat es
– mit nun neuer wirtschaftlicher und militärischer Stärke – ökonomischen
Freiraum, um sich über Fair-Play hinwegzusetzen, und nicht mal ernsthafte
Gegenreaktionen erwarten muss. Sehen wir nur, wie eine Reihe von Staaten
über IT-Spionage schamlos alles erdenkliche Wissen von Staaten, von

Militärs, von Unternehmen abzieht. Wie unsere europäischen Ressourcen langsam, unaufhaltbar, abfließen. Niemals in der Geschichte hat je ein so fundamentaler geistiger Aderlass stattgefunden, und dazu noch zu Gunsten der stärksten Wettbewerber – mit vorprogrammierten Abhängigkeiten. Haben wir noch alle Tassen im Schrank? Gelingt es nicht, die Wirtschaftsleistung wieder anzukurbeln, technologische Vorteile zu sichern – als eben ganz natürliche, als evolutionäre Existenzsicherung –, dürfen wir sowieso jede vernünftige Einkommens- und Alterssicherung vergessen.

Bis dato fehlt es leider an politischen Visionen, besonders aber an politischer Kraft grundsätzliche Themen anzugehen, zu gestalten, nachhaltig zu sichern. Möglich ist es allemal – es gibt keine Ausreden –, falls wir rechtzeitig, und besonders, professionell reagieren.

Zu Rentenpolitik, der Alterssicherung, können wir also zusammenfassen, dass einerseits die (deutsche) Umlagepolitik (nach gut 50 Jahren) ihre Grenzen erreicht hat, immer höher über Steuern gedeckt werden muss und andererseits – über die Vielfalt der Rentensysteme – immer ungerechter wird. Also, dass heutige Renten schon in ein bis zwei Dekaden in bisheriger prozentualer Höhe nicht mehr zu finanzieren sind, zwangsläufig die Altersarmut sich erhöht. Im derzeitigen System finanzieren sich die Renten ja Zug um Zug über die Beiträge der Beschäftigten. Alle bisherigen Anpassungen reichen qua steigender Lebenserwartung nicht mehr, sind systemisch falsch und erzwingen ein weiter reduziertes Niveau – geht doch bereits gut ein Drittel des Bundeshaushalts schon für Soziales auf (und das, ohne Rückstellung für die Zukunft).

Woran liegt es, dass nicht konsequent, nachhaltig korrigiert wird, dass diese drei Etappen im Leben eines Menschen – Jugend/Ausbildung, Beruf mit Einkommen und schlussendlich das Alter – nicht in sozialen Einklang zu bringen sind? Alles ist bekannt, jedoch ideologischen Einstellungen hemmen (oder fehlt Intelligenz?). Korrekturen alleine, können die Zwänge des Umlagesystems nicht heilen. Es erfordert eine neue Sozialpolitik, ein anderes System. Rekapitulieren wir einige wesentliche Voraussetzungen (als Kombination von Umlagesystem und kapitalgedeckter Vorsorge):

- *Alle Staatsbürger* (und legalisierte Zuwanderer) sind *in ein gesetzliches Rentensystem* einzubinden – egal ob unselbstständig oder selbstständig, ob Beamter oder Angestellter, ob Funktionär oder Abgeordneter.
- Die gesetzliche Rentenversicherung ist – wiederum für alle – so zu gestalten, dass *Altersarmut mit hoher Wahrscheinlichkeit vermieden* werden kann. Jeder Bürger ist (z.B. jährlich) über den Stand seiner Altersvorsorge zu informierten (ev. Maßnahmen zu initiieren).

- *Zweite und dritte Säule der Altersvorsorge* bleiben, wie heute, grundsätzlich individualbezogen. Steuerliche Begünstigungen sind wünschenswert. Die zweite Säule – die betriebliche Rentenversicherung – ist über mehrere Dekaden systematisch zu unterstützen (wirkt jedoch nur partiell, und ist systemisch unbedeutend).
- Das Umlagesystem hat (demografisch) seine Grenzen erreicht und ist für jeden, nachhaltig, *um eine individuelle kapitalgedeckte Vorsorge zu ergänzen*, als dritte Säule. Sie kann einerseits (sekundär) über staatliche, 100%-gedeckte Fonds, ergänzend aufgebaut werden und ist andererseits, gesetzlich zwingend (primär) und wachsend, für alle Staatsbürger – gestaffelt nach Einkommen – vorzusehen. Privat ist über öffentliche Institutionen, also Banken und Versicherungen (rationell, kostengünstig, staatlich überwacht), nachhaltig, in erstklassige Kapitalmarktpapiere – ausgewählter Unternehmen und staatlicher Fonds –, durchaus mit persönlicher Präferenz, jedoch bis zur Rente oder Tod gebunden, zu investieren (z.B. ab fünf Euro). Damit könnte endlich (!) Verständnis für kaufmännisches Denken in der breiten Öffentlichkeit gefördert (jeder wird Miteigentümer) und Teile der Gewinne europäischer Unternehmen in europäische Hände transferiert werden.
- Mit der *Stabilisierung des Umlagesystems* – besser, Stagnation – geht, zeitlich versetzt (10-30 Jahre), der Aufbau einer kapitalgedeckten Vorsorge mit einher, also, mit breit gestreuter Vermögensbildung. Als wesentliche Korrektur des Umlagesystems! (Das, unter Adenauer, sich ja mangels Vermögen so erzwang. Allerdings stiegen die Renten damals bereits überdurchschnittlich (systemisch falsch), was die Grenzen schon erkennen ließ).
- Zur Vermeidung von Härten sowie des (reduzierten) Bestandsschutzes, sind *Übergangsfristen* von rd. 10-30 Jahren anzunehmen, deren Zwischenfinanzierung (!) primär über die Mehrwertsteuer (rd. 1-2%), sekundär über Erhöhung der progressiven Einkommensteuer, gesichert werden kann.

Ohne Festschreibung dieser fundamentalen Grundlagen, muss das heutige, ungerechte und überholte Rentensystem, schon in weniger als einem Jahrzehnt an sozial nicht mehr vertretbare Grenzen stoßen. Die Neuausrichtung ist eine moralische Pflicht, selbst wenn sich viele Begünstigte wehren mögen, ihre – im Verhältnis zur Mehrheit zumeist unsozialen – Besitzstände wahren möchten, über Interessenvertretungen Druck ausüben werden. Langfristig haben alle den Vorteil einer nachhaltigen Altersabsicherung –, wenn auch privilegierte Minderheiten in der Übergangszeit ihres dazu beitragen müssen. Als Grundvoraussetzung in einer Demokratie.

d) „Multinationalität" und Wohlstand

Wir treten in ein neues Zeitalter ein. Mit den modernen Medien heben sich die seit Menschengedenken lokalen und schichtspezifischen Kommunikationsgrenzen schleichend auf. Revolutionieren vieles, besonders jedoch die Bodenständigkeit, und damit die derzeitige Güterverteilung. Diese globalen Veränderungen setzten nun nicht nur die Wohlhabenden unter Druck, sondern gefährden auch ihre Unabhängigkeit, ihren Wohlstand, vielleicht sogar Existenz. Die wirtschaftlichen Einflüsse der kommunikativen Globalisierung sind dramatisch: auf die Betriebe, die internationalen Konzerne, besonders jedoch für die reichen Staaten mit einer mehr oder weniger saturierten Bevölkerung, überbordenden Verwaltungsapparaten und unendlichen sozialen Wohltaten. Plötzlich sind sie gezwungen zu teilen, mit dem übergroßen Teil der Menschheit. Der bisher gut abgesicherte Einkommensabstand beginnt sich langsam, schleichend, weltweit zu nivellieren. Noch können sich die Begüterten und Wohlhabenden (nämlich wir) abschotten. Nachhaltig sind diese Vorteile allerdings nicht mehr zu sichern.

Viel dramatischer jedoch, weitgehend unbeachtet, sind die latenten, sich aufschaukelnde Mentalitätsunterschiede – aus jahrhundertealten kulturellen Wurzeln und religiösen Entwicklungen –, die nun, im Zuge zunehmender menschlicher Vermischungen, zwangsläufig zu Reibungen, aus Klassenempfinden, aus religiösen und kulturellen Diskrepanzen, Gesellschaften über lange Zeit belasten werden. Sehen wir nur die klassischen Einwanderungsländer wie zum Beispiel die USA, die aus Rassen- und ethischen Unterschieden über Jahrhunderte nicht zur Ruhe kommen – und ein Ende ist nicht abzusehen. Es ist absehbar, dass das noch friedliche Zusammenleben an Grenzen kommt.

Paradoxerweise werden die unterschwellig doch so massiv wirkenden psychologischen und soziologischen Eigenheiten unterschiedlicher Völker, dieses differente Verhalten, völlig übersehen. Und das, seit Jahrhunderten. Besonders augenscheinlich gegen Ende der Kolonialzeit. Fremde Länder wurden schon immer nach der Mentalität der Okkupanten behandelt, immer schon versucht, europäische Eigenheiten anderen Völkern aufs Auge zu drücken. Wir spüren die innere Abwehr, selbst wenn die Bevölkerungen selbstverständlich auch mehr Wohlstand anstrebt – zwar abhängig wird, jedoch die eigene Mentalität kaum aufgeben konnte. Für die Europäer war es nützlich – also, moralisch kein ernsthaftes Problem (!). Einerseits galten die Kolonialländer als aufnahmebereite Märkte, andererseits als billige Rohstoff- und Arbeitskräftelieferanten. Die Länder lagen weit weg, die eigenen Grenzen waren geschützt und die militärische Macht lag bei den Kolonialmächten.

Nun plötzlich breitet sich das Smartphone über den Erdball aus, die Grenzen scheinen offen. Man kommuniziert, wenn auch auf bescheidenem, zwar bodenständigem Wissen, besonders aber nach lokaler Mentalität. Und die ist nun mal völlig anders, als die der Europäer. Stellen wir uns nur mal vor, wir würden, damals, in den Agrarländern des 18. und 19. Jahrhunderts, mit den Medien von heute konfrontiert, mit einer schamlos heilen Welt im Überfluss, unglaublichen Wohnkulturen, Autos, jede Menge Geldes, Ferien, Strand, Palmen, ... – alles frei was das Herz begehrt. Wer käme den hier auf die Idee, dass es nur Bilder seien, welche die Praxis nicht wiederspiegeln. Wer weiß denn in diesen Ländern schon, dass der jeweils volkswirtschaftliche Wohlstand – wenn auch mit ungesunder Verteilung – selbst nur Resultat jahrhundertelanger fleißiger und disziplinierter Leistung ist, mit Konfrontationen und Niederlagen, mit Leid und eisernem Willen, über Generationen erarbeitet. Egal, wir würden es haben wollen; die Alten blieben zurück, die Jungen gingen auf die Reise – mit Elan und Kampfgeist. Aber, wie viele von uns würden es denn tatsächlich in diesem Schlaraffenland schaffen, eben, sich angepasst und leistungsgerecht integrieren, es mental verkraften? Diese fremde Sprache, unverstandene Mentalität, bei hohem Wissensrückstand und bescheidenen Erfahrungen. Würden wir aufholen, „Gleiche" werden, uns durchsetzen können? Sehr wenige, vielleicht in zweiter, wahrscheinlich erst in dritter Generation – dazwischen frustrierte Diasporas. Gleiches wird auch den heutigen Immigranten widerfahren, ein Großteil wird scheitern. Aber, wohin gleitet ab? Besonders aber, was geschieht mit den „Ureinwohnern"?

Dies sind Grundlagen menschlichen Zusammenlebens die politisch zählen. Besonders, je unterschiedlicher die Völker sind; und besonders nun, in einer global vernetzten Welt. In den letzten Jahrhunderten haben „Bevölkerungstransfers" wenig gestört – die politischen, sozialen und geografischen Grenzen waren unüberwindlich, die Entfernungen unüberbrückbar und die international kommunikative Vernetzung eben nicht vorhanden. Der Politik fällt es bis heute nicht auf, dass sie fundamental anderen soziologischen Verhalten gegenüber stehen. Zeit wird verloren wie denn zu handeln, vorzugehen, zu begrenzen wäre. Menschenwürde, Humanität, wird über alles gestellt (verstanden als „ewige" Tugenden), ohne annähernd die Konsequenzen zu erfassen. Welche absurde Verkennung der menschlichen Komplexitäten! Dazu – über allem – die chaotische Meinungs- und Ideologiediskrepanz der europäischen Völker, bis zu den kleinsten Gruppierungen.

Der Anteil echt verfolgter und gepeinigter ist vergleichsweise gering, jedoch für die Milliarden Arme weltweit ist Europa der Leuchtturm. Tausende, Abertausende werden sich in Bewegung setzen – aufgeheizt durch unselektierte, individuell verbreitete, fast durchwegs falsche Meldungen über die europäische Immigrationsbereitschaft[88], über Arbeit, Wohnung, Auto etc., was naive Geister sich eben alles wünschen. Es sei zu erreichen, stehe quasi zur Verfügung, bietet Sicherheit und Wohlstand, für Asylanten mit völlig anderen Werten, geringqualifizierte, teils Analphabeten, kaum integrierbar in die technologisch modernsten Länder. Alleine die Kriminalität (besser, andere „Gewohnheiten") der letzten Zuzügler erreicht ungewöhnliche Ausmaße – Daten werden von den offiziellen Stellen ungern, und nur ‚verhalten', bereitgestellt (oder wenn es sich politisch nicht verhindern lässt); selbst die Medien informieren nur „verhalten". Sexuelle Übergriffe – Hinweise zu kaum korrigierbarer Einstellung gegenüber der Frau – und überproportionale Kleinkriminalitäten zeigen, wie groß die mentalen und ethischen Gräben sind. Es ist das Verhältnis, das den Akzeptanzrahmen bestimmt, die Menge, die eine Bevölkerung zu tragen bereit ist.

Einige Zuzugsländer wurden durch die Fülle überfordert, durch den Ansturm zerlumpter Massen, die die Landesgrenzen ganz einfach überlaufen, jede Art von Grenzsicherung, von Grenzkontrolle, außer Kraft setzten. Bis dato war es unvorstellbar, dass europäische Grenzen aufgelöst werden, dass die Politik hilflos zusieht, wie Hunderttausende illegal durch ihre Länder strömen. Und dann wundert sich Deutschland über die ablehnende Haltung der Völker Osteuropas? Welche Überheblichkeit! Ist denn Europa – neben all den ökonomischen und sicherheitspolitischen Vorteilen – nicht doch eine Wertegemeinschaft? Verhalten sich die Völker, alle EU-Regionen, nicht eben primär nach ihren, den eigenen Werten, versuchen sie zu sichern?

Die intuitiven, teils irrationalen Entscheidungen bei dieser völkerwande-rungsähnlichen Überraschung ist verständliches Resultat in Demokratien; bis eben – über zeitaufwendige (kostenträchtige) Abstimmungsprozesse – sich zumindest latente Kompromisse herauskristallisieren. Die erst wenige Jahr-zehnte alte Tendenz zu „staatsgetragener Humanität" – in dieser naiven Ausprägung ein spezifisch deutsches Phänomen – zeigt ein in der Weltge-schichte noch nie nachweisbares Verhalten; und muss sich erst noch bewähren, um nachhaltig angewendet werden zu können. Letztendlich wird – auch wenn sich Ideologien wehren – die „erlittene Realität" die Bandbreite bestimmen; allerdings, nach vielen Jahren, dank irrealer Staatsführung.

Viele realistische Alternativen gäbe es, um die Fülle der Probleme zu einer geordneten Asyl- und Einwanderungspolitik zu lösen – je nachdem wie der Zuzug reguliert wird. Einerseits sind es Kriterien, welche die Kosten einer

---

[88] Die ihnen im Übrigen egal ist, sie sich darüber hinwegsetzen – wie Interviews beweisen.

Integration über eine ganze Generation umreißen, die Finanzierung sichern, andererseits die der mentalen Einflüsse auf die Gesellschaft wie der sozialen Interdependenzen und Spannungsfelder in der Bevölkerung. Werden die Erfahrungen der letzten beiden Jahre hochgerechnet, kommt man alleine auf finanzielle Belastungen – bis ein volkswirtschaftlicher „Feedback", ein Break-even erreicht wird –, welche die übliche Budgetierung sprengen kann. Wie z.b. ein europäischer Konsens, individuelle Kontingentierungen, die bilateralen Beziehungen zu den Herkunftsstaaten, die Rückführungen etc. Wobei vielfach das Problem im Detail liegt. Wie kann z.b. abgeschoben werden, und besonders, wohin? Welche Länder nehmen sie auf, haben doch viele ihre Dokumente vernichtet (wobei schon eigenartig ist, einerseits haben sie die Dokumente verloren, andererseits jeder sein Handy behalten. Betrug als Eintrittskriterium!). Und alles noch ohne der weltweiten Bevölkerungsbewegungen, des Einflusses ökologischer Umwälzungen, einer Aufheizung der Auseinandersetzungen im Nahen Osten und in Afrika, von Existenzfragen und lokaler Probleme u.a.m.

Jeder Einwanderungsstaat – zeichnet er sich doch durch Wohlstand wirtschaftliche Prosperität, jedenfalls als sicherer Zufluchtshafen aus – versucht so nach seinem Verständnis und politischer Mehrheit, die Ströme in den Griff zu bekommen, sie irgendwie zu regulieren. Wie problematisch und international ungelöst dieses Problem ist, erkennen wir an den aktuell vielen Flüchtlingsströmen rund um den Erdball, mit all den Widerständen die sie auslösten. Kein Land schottet sich vollständig ab, aber Begrenzungskriterien bestimmen: Eine Integration muss wirtschaftlich möglich (viele schlecht ausgebildet) wie auch ein ähnlich kultureller Hintergrund zur Assimilierung vorhanden sein (wie z.B. in Singapur), oder es ist eben ein wirtschaftlicher Beitrag zu leisten. Diese Wirtschaftskraft und humanitäre Bereitschaft der Bevölkerung bestimmt, wie viele, je Qualifikation, sowie bis zur vollständigen Assimilierung akzeptiert werden sollen. Je höher die Bevölkerungsdichte und je höher der erwartet wirtschaftliche Nachteil ist, desto selektiver wirken Staaten gegen. D.h. andererseits, ein schlüssiges, ein vom Publikum getragenes Konzept ist zwingend – was in der EU, besonders aber in Deutschland, völlig fehlt. Dass dies sowohl politisch wie wirtschaftlich schief gehen muss, ist eine logische Folge. Bedauerlicherweise wirken sich Nachteile kumuliert erst über Jahre, Jahrzehnte aus – und dann ist der Großteil der Verantwortlichen schon im geruhsamen Ruhestand, tangiert sie also nicht mehr (eine Unanständigkeit, die vermutlich auch bewusst ist).

So stehen sich zwei Meinungen unerbittlich – pauschaliert und ideologisch – gegenüber: Jene, die den Zuzug von „Beitragszahler" für eine alternde Bevölkerung betonen – eine Pauschalierung, die nicht nachzuweisen ist

(Kap.16.), und in jene, die genau diesen Ausgleich – als nachhaltiges Wohl für die Nation – bestreiten, die den Verlust von Werten, menschliche Diskrepanzen und wachsende Kriminalität befürchten. Und da die Politik von der Vermittlung klarer Ziele lebt, aus der Komplexität der Zusammenhänge jedoch scheut, weder öffentlich diskutiert, noch zeitnah entscheidet, wälzen sie praktikable Maßnahmen irgendwohin, konträr einer professionellen, strategischen Ausrichtung. Was gelten schon Grundsätze der Nachhaltigkeit in der Verfassung! Die Probleme verschleppen sich so über die Jahrzehnte. Erste Voraussetzung wäre eben, Kosten und soziale Belastungen – auf Dekaden hochgerechnet – auszuweisen, auf Belastungen hinzuweisen. Aber weder der Staat – bei *den* wissenschaftlichen Ressourcen – ist in der Lage, Belastungen (auch Nutzen), wenn auch nur pauschal, zu ermitteln, noch Willens, in eine wertneutrale Diskussion mit der Öffentlichkeit einzutreten. Und *das*, in einer Demokratie!

Nehmen wir uns einige wenige Fakten vor, die zu berücksichtigen wären:

- Die *Unterteilung zwischen echten Flüchtlingen und Einwanderern*, also Trennung nach den Ursachen Krieg oder Verfolgung sowie nach Wohlstands- und Existenzstreben. Bereits die erste Gruppe – so schwer humanitär einzugrenzen – unterliegt einem Selektionsproblem. Die zweite Gruppe hingegen ist von wirtschaftlichen Überlegungen bestimmt. Zwangsläufig sind nachhaltige Integrationskosten für Flüchtlinge wesentlich höher als von Einwanderern (deren Kosten decken sich schnell).
- Einerseits kann alles nur bezahlt werden, wenn es auch verdient wird, andererseits ist der Wohlstand Deutschlands und Europas nicht auf ewig gesichert – die Wirtschaftlichkeit der Regionen verändern sich laufend. Wenn der Zwang zur *Wirtschaftlichkeit nicht Allgemeingut* wird, wenn Emotionales und naive Humanität die Entscheidungen bestimmen, ist der wirtschaftliche Abstieg gewiss.
- Verdient kann es nur werden, wenn – bei Akzeptanz der Bevölkerung – in absehbarer Zeit (an die 5-10 Jahre) die meisten Asylanten in einer sie *tragenden Beschäftigung* landen. Was die Praxis 2017 bereits ausschließt. Von den mehr als 1,5 Millionen Flüchtlingen aus 2015/2016 nach Deutschland, sind von bisher ermittelten 450 Tsd. erwerbsfähigen, gerade mal zehn Prozent vermittelt (und ob das gehalten werden kann, ist auch offen). Wie bekannt, wird der Integrationsprozess bei weitem unterschätzt.
- Nationen haben über die Jahrhunderte, Jahrtausende, ihre Eigenarten, ihre Kulturen entwickelt. Überwiegt jedoch das Verhältnis von Immigranten zu den Einheimischen – dazu noch mit der *Vielfältigkeit von Kulturen, von Ethnien und Religionen* –, ändert es die eigenständige Kultur massiv. Das muss nicht negativ sein, könnte auch Nationen befruchten – bleibt in einer Demokratie jedenfalls aber Volkes Wille, und der ist dz. nicht absehbar.

- Werden *Flüchtlinge zu Staatsbürgern oder kehren sie wieder zurück*? Abgesehen von hohen Integrationskosten – die bei Rückreisen als verloren gelten –, sind hohe finanzielle Abflüsse in ihr Heimatland während der Aufenthaltsdauer üblich. Beispiel: 4 Millionen Malier leben im Ausland, etwa 20.000 in Europa. Sie haben 2014 mehr als 900 Millionen $ in ihre Heimat überwiesen. Ähnliches gilt ja für alle Emigranten.
- Ein heikles Thema, dass – besonders im Deutschland – einer hohen Hemmschwelle unterliegt, ist die Beurteilung des soziologischen Verhaltens, der *Sozialisierung aus den Heimatländern*, wie es eben über Generationen vererbt wird (wie auch bei uns). Welchen Einfluss hat dann welche Menge auf die lokale Kultur, auf das gesellschaftliche Miteinander? Ist doch schon erkennbar, dass teils rückständige Kulturen (afghanische Talibans, Boko-Harams, Schabab-Milizionäre etc.) ohne Unrechtsbewusstsein meinen, in der EU sicheres Asyl genießen zu können.
- Die Weltbevölkerung wächst weiter. Alle Flächen sind besetzt und die (Umwelt-)Konflikte nehmen zu – immer mehr Volksgruppen wandern. Welche Möglichkeiten haben Länder mit hohem Wohlstand, die *Probleme in den Konfliktregionen zu bewältigen*, zu beeinflussen, latente Konflikte rechtzeitig zu erkennen und gegenzusteuern? Welche bilateralen Vorteile ergeben sich daraus (neben verbesserter Sicherheit). Besonders, welche strategischen Potenziale für die westlichen Gesellschaften.
- *Beschäftigungspotenzial*: Den dramatischen Wandel der Arbeitsbedingungen, bei reduziertem Bedarf durch die Informationstechniken, haben wir diskutiert. Experten kommen zum Schluss – m.E. eine vorsichtige Schätzung –, dass durch den technologischen Wandel die globale Arbeitslosenquote gegen 2050 auf 24 % wachsen wird. D.h. andererseits, dass Hochlohnländer – wollen sie ihren Lebensstandard halten – IT-unterstützte Arbeitsplätze weit mehr als verdoppeln müssten. Zwar gelten nicht mehr Ängste wie beim Maschinensturm der Weber, doch die (Bildungs-)Anforderungen verändern sich genauso radikal wie die Digitalisierung über uns hereingebrochen ist; die aktuelle Asylpolitik also kontraproduktiv wirkt.
- Und noch mehr.

Kontingentierung und Rationalisierung ergeben sich also zwingend – sowohl aus wirtschaftlicher wie auch aus humanitärer Sicht. Es gibt nur eine Lösung – auch wenn sich unser „Humanismus" (Kap.18) dagegen wehrt: Eine lückenlose Erfassung aller, bei datentechnischer Vernetzung in der gesamten EU. Kontingentierung je EU-Land nach internen wirtschaftlichen Möglichkeiten und politischer, mit dem Volk abgestimmter Ideologie. Auffanglager für alle nicht erfassten – selektiert nach Herkunft und Art, differenziert je EU-Land. Arbeitsvorgaben in den Lagern – jedenfalls mit Eigenleistungen. Abschiebungen nach bilateralen Vereinbarungen – selbst für (angeblich)

Staatenlose in Länder, die bereit sind (gegen Entgelt) aufzunehmen, ev. nach ihren Möglichkeiten zu integrieren. Rigorose Schließung der EU-Außengrenzen – zu Land, zur See und zur Luft. Mit Gewaltanwendung, wenn sich Gewalt erzwingt; wie es seit der Menschwerdung galt. Nichts hat sich seit dem eben verändert!

Sehen wir doch nur die sich in ganz Westeuropa beschleunigenden Probleme aus den, für uns, fremdartigen „Charakteren", wie z.B. respektloses Verhalten gegenüber Beamten, bis zur Gewaltanwendung, den massiven Problemen aus gescheiterten Abschiebungen, den gezielten Fehlangaben mit Verdunkelung der Herkunft, steigenden Kriminaldelikten, insbesondere den kaum zu glaubenden Kosten je „Fall". Allein schon 2018 – rd. 500.000 Asylanträge waren noch nicht bearbeitet – halten sich in Deutschland rd. 200.000 Migranten auf, obwohl sie schon längst abgeschoben hätten werden müssten. Da werden schon mal fehlende „Dokumente" als Strategie eingesetzt um die Ausreise zu vermeiden, bis zu dreister Verweigerung wichtiger Angaben zu Person und Herkunft. Unser Rechtssystem scheitert bei solch massiv kriminellen Belastungen. Schlussendlich bleibt den Behörden nur Resignation; und den Bürgern auf Jahrzehnte psychische Beeinträchtigungen und hohe Kosten. Was hat das noch mit „Asyl" zu tun?

Bedauerlicherweise fehlt es in der öffentlichen Diskussion an „Rationalität", an, nach realen Verhältnissen ausgerichteten Entscheiden, an vernünftiger, leidenschaftsloser Beurteilung im Sinne des langfristigen Wohls, sowohl der Nation wie auch der Immigranten. Jede öffentliche Diskussion ist emotional aufgeladen, jedes vermeintlich falsche Wort verursacht Entrüstung, wird gebrandmarkt, ist Hetze, extrem rechts etc. – dz. ist eine leidenschaftslose, eine rationale Diskussion in dieser aufgeheizten Atmosphäre unmöglich, wird praktisch durch die Einstellung der Politik verhindert. So werden wir unsere demokratische Überzeugung nicht wiedergewinnen.

Es fehlt an qualifizierten politischen Köpfen, einem strategischen Zentrum, in dem die Besten, aus allen Parteien, rational und strategisch orientiert, die Prozesse erörtern, Gesetze vorbereiten und die Maßnahmen initiieren – aber auch die Bevölkerung in die Reifung der Entscheidung mitnehmen, massive öffentliche Bewegungen berücksichtigen. Gleiches gilt auch für die anderen Länder der EU, unterstützt durch eine Koordinierungsgruppe. Ohne Planung führt alles zum Chaos – und ein Übergreifen auf andere krisen- und kriegsgeschüttelten Länder ist nicht auszuschließen. Es ist eben ein Lernprozess aus den weltweiten Veränderungen, mit dem die europäischen Staaten noch nie konfrontiert worden waren. Im Übrigen ist diese passive, gerade nur noch reaktive politische Vorgehensweise unverständlich.

Kein Unternehmen könnte ohne rationaler, organisatorisch geplanter Abläufe überleben. Warum funktioniert es nicht beim Staat? Es würde genauso funktionieren, wäre nicht dieses undemokratische, dieses präsidiale Vorgehen, autonome, emotionale Entscheidungen von Spitzenfunktionären, denen das tiefe Verständnis soziologischer/volkswirtschaftlicher Internas fehlt, was jede Rationalität aushebelt. Und dabei noch von den Abhängigen in den Parteien willenlos unterstützt werden. Egal ob humanitär geboten oder nicht, wenn ein Staat, und mit ihm die Bevölkerung, sowohl mental wie organisatorisch nicht vorbereitet ist, muss es zwangsläufig schief gehen, wobei sich Probleme und Fehler immer stärker akzelerieren.

Selbst wenn Hilfe „humanitär" geboten scheint, bestimmen schlussendlich die menschlichen, finanziellen und organisatorischen Ressourcen eines Landes, wie auch die Einstellung der Öffentlichkeit. Die Integration solcher Massen ist nur bei vollem Einbezug der Mehrheit der Bevölkerung möglich. Es ist nicht der Staat der integriert, es ist die Bevölkerung die es schaffen muss, schlussendlich tatsächlich „integriert". Immigration verunsichert eben immer, löst mentale wie materielle Sorgen aus – als entscheidender Widerstand der Öffentlichkeit. Es kann auch nicht sein, dass Asylanten – aus Antidiskriminierungsgründen – Unterstützung über die volle soziale Palette erhalten, vergleichbar mit den sozialen Errungenschaften die Millionen der angestammten Bevölkerung sich erarbeitet haben (oft dafür kämpfen müssen), ein Leben lang Beiträge leisteten. Wer dies nicht real erkennt, versteht nichts vom menschlichen Verhalten, versteht nichts von dem was er als „Human" vorzugeben meint, ist als Politiker nicht geeignet.

16. Politisch Rationales, Emotionales und Soziales

Unser Verhalten ist primär evolutionär bestimmt, sekundär „sozialisiert" durch unsere Kultur, aus dem sozialen Umfeld in dem wir aufgewachsen sind (unsere Lebenserfahrung), ferner modifiziert über erlernte Einstellung und schlussendlich ergänzt aus den tagtäglichen Einflüssen – in dieser Abfolge. Wir unterliegen also einem ständigen Wechselbad der Gefühle, einem psychologischen und soziologischen Wechselspiel.

Was ist dann also schon rational? Was wir – insbesondere in Demokratien – erwarten, ist, dass, je verantwortungsbewusster, je nachhaltiger politische Entscheidungen für uns wirken, desto professioneller, also „rationaler" (s.u.) und verantwortungsvoller sollten sie auch getroffen werden. Eine Logik, die

sich allerdings nur aus einem selektierenden, zwingend auch sanktionieren-
den Rahmen ableiten kann; wie zum Beispiel in Unternehmen, in denen sich
Entscheidungen im Unternehmenserfolg widerspiegeln, oder widrigen-falls
durch Job- und Vermögensverlust geahndet werden. In öffentlichen Institutionen – so hoch auch Verantwortliche angesiedelt sein mögen – ist dieser
Selektions- und Sanktionsprozess weitgehend ausgeschlossen. Einziges
Kriterium bleibt die Abwahl; mit jedoch kaum Wirkung für die Volkswirtschaft.

Rationalität ist also genauso ein subjektiver Begriff – selbst in öffentlichen
Institutionen, wie auch bei obersten Amtsträgern. Erwarten wir zwar, dass
Rationalität schon mal von demokratischen Begriffen wie Freiheit, Gleich-
heit und Gerechtigkeit getragen werden – bleiben die selbst ja unbestimmt
(Kap.8, 14). So entwickelten sich aus unseren menschlichen Anfängen – zur
Sicherung der Gemeinschaft – Regeln, ethische und moralische Grundsätze,
schlussendlich Gesetze; als eine Art offizieller „Rationalität", als Rahmen,
den wir für uns dann selbst weiter individuell „rationalisieren". Wie z.B.
Einstellungen wie zum Kapitalismus, zur Gewinnmaximierung, zu unserem
Handeln, wie auch des Umganges mit Ethnien und Religionen.

Wir sehen schon, dass das, was uns so Tag aus Tag ein, besonders aus dem
politischen Umfeld quält, etwas ist, wollen wir es „rational" lösen, auch nur
dann, und eben nur dann für einen bestimmten Kreis annähernd rational gilt,
sofern wir es im Diskurs offen (möglichst wertfrei) „ausdiskutieren". Und je
offener und wertfreier die Diskussion ist, desto gediegener die (dennoch
gruppenindividuelle) Lösung (wie jeder aus seinem Umfeld schon erfahren
hat). Gelingt es, sind die Widerstände umso geringer bei der Umsetzung, und
umso stärker das Aha-Erlebnis. Würde sich unsere Politik diese „rationalen"
Grundlagen in ihre Gebrauchsanleitung schreiben, und auch anwenden,
hätten wir kaum Verzerrungen wie jene oben. Natürlich ist alles nicht so
einfach – aber, zwischen heutiger (demokratischer?) Praxis und theoreti-
schen Grundlagen liegt der nationale Erfolg; dann aber auch mit der Bereitschaft der Bevölkerung, eventuelle Fehlentwicklungen mitzutragen.

Es ist erstaunlich, dass diese menschlichen Selbstverständlichkeiten nicht
deutlicher in den öffentlichen Auseinandersetzungen berücksichtigt werden,
nicht versucht wird, auf rationale Fakten zurückzukehren. Spürt doch jeder –
in den internen wie öffentlichen Diskussionen – die unangenehme Wirkung
persönlicher Eigenarten, die Versteifung auf Positionen, fehlender Bereitschaft auf berechtigte Einwände einzugehen. Zwar ist es Fakt, dass menschliche Animositäten das Verhalten beeinflussen, aber als Zuhörer erwarten
wir, dass sich die Eliten in der Öffentlichkeit sich bemüht rational verhalten,

versuchen, Gemeinsames zu erarbeiten, eben, andere mitnehmen, sich auch selbst korrigieren, wenn Fehler offensichtlich sind. Abstoßende Verhaltensmuster fallen ja auf! Zu deutlich scheinen persönliche Neigungen durch, die Vertrauen schwinden lassen, sondern sogar Abneigung hervorrufen.

Allerdings sind die Veränderungen des letzten Jahrhunderts so radikal, die Komplexitäten so überwältigend – mit der Explosion der Weltbevölkerung, den technologischen Umwälzungen, der flächendeckenden Nutzung der Erde, der Klimaveränderung, und all den Auseinandersetzungen –, sodass jede „rationale" Diskussion mit einer Millionenbevölkerung schwierig ist, neues Verhalten von Gesellschaft, Medien und Politik fordert (und, eben, mehr Bildung). Zwar mit der modernen Informationstechnik möglich, führt es dennoch zu Verfälschung, massiver Beeinflussung der Massen, zu neuen Kriminalitätsformen etc., hebelt selbst demokratischen Prozesse bereits aus.

Vergegenwärtigen wir uns mal diesen Wandel demokratischer Annahmen. Z.B. zum alten Griechenland (noch früher, zur Horde, des Stammes):

- Geschlossene Menschenansammlung gestaltete ihr Schicksal aus bodenständiger Erfahrung, getrieben vom Wunsch nach Sicherheit; unterwarf sich Regeln der Gemeinschaft zum Erhalt der Gruppe wie des Einzelnen.
- Die Menschen waren mehr oder weniger aktiv an den Entschlüssen beteiligt, Mehrheitsprinzipien setzten sich durch (Minderheiten akzeptierten).
- Es bildeten sich Gruppen gemeinsamer Interessen (Peer Groups) – teils stabil, je Interessenvielfalt und Problemaktualität –, aus deren Reihen sich „Führer" hervorhoben, die, qua Präsentationsgeschick, Erfahrung, Wissen und persönlicher und/oder wirtschaftlicher Stärke und Vernetzung, nicht nur die Gruppe repräsentierten, sondern, kraft Position oder Fähigkeiten, in der Lage waren zu beeinflussen, also führend mitgestalteten.
- Jede Veränderung von innen oder außen beeinflusste die Interessenskonglomerate, führt zu Interessensverschiebungen und veränderte das Klima der Gruppe, förderte Aufweichungs- oder Verstärkungstendenzen.
- Die „Führer" von Gruppen (und ihre Apologeten) – mit ihren materiellen und immateriellen Eigenheiten –, gefährdeten, wenn sie sich nicht an veränderte Umfeldbedingungen anpassten, die Sicherheit, den Erfolg der Gemeinschaft. Verteilungskämpfe verstärkten sich, die Gruppe zerbrach.
- Eine Gruppe bewährte sich in ihrem Umfeld also dann, wenn sie ihre Ressourcen bestmöglich sicherte und organisierte, zueinander abstimmte, also, eigene Vorteile verstärkte, Nachteile reduzierte – oder verlor eben gemeinsam an Sicherheit und Lebensqualität.

Menschlich logische Zusammenhänge, die wir – erneuert durch die Aufklärung – bei Teilnahme möglichst jedermanns, so übernommen haben, in komplizierten Hierarchie- und Rechtsstrukturen versuchen zu bewahren, auszubauen. Wobei jede Demokratie ihre demokratischen Prozesse, die Strukturen, nach ihrer Kultur und variablen Neigungen selbst gestaltete; nach einiger Zeit zunehmend erfolglos, wie Resonanzen und wirtschaftliche Stagnationen zeigen. Rekapitulieren wir demokratische Prinzipien. Beginnen wir bei den Ursprüngen – wie zu Zeiten der alten Griechen –, so erkennen wir, die alten Erkenntnisse reichen nicht mehr:

- Alle, in demokratische Prozesse mit einzubinden, ist kaum möglich, lassen doch periodische Wahlen nur ein Ja oder Nein zu, bieten also weder seriös-ernsthafte, noch fachliche, noch real-sachliche Auswahl.
- Alle, in demokratische Prozesse einzubinden, ist kaum möglich, haben die Komplexitäten doch so dramatisch zugenommen, dass der Einzelne sie weder überblicken noch beurteilen kann, also gezwungen ist, sich auf Irrationales, auf Populistisches, auf „Fremdes" zu verlassen (was Unsicherheit und Skepsis bewirken, innere Ablehnung fördern).
- Jeden frei bestimmen zu lassen, nämlich direkt, geheim und persönlich seine Volksvertreter zu wählen, ist kaum möglich. Selbst in direkter Wahl nicht, da zwangsläufig Parteien sich als Bindeglieder eingefügt haben, die ihre Kandidaten schon mal vorgeben, auch nur mit quasi-demokratischen Verfahren(!), also, in praxi, keine ernsthafte Alternative bieten.
- Wahlalternativen vorzugaukeln, die real keine mehr sind. Parteien zu wählen, die einerseits nur eine oberflächliche und kaum wertfreie Alternative bieten, Kandidaten, deren menschliche und fachliche Qualität nicht real beurteilt, die aber auch nicht mehr abberufen werden können, sofern sie den Wahlaussagen oder Erwartungen widersprechen.
- Jeden vorzugaukeln, sich ein eigenes Urteil bei der Wahl bilden zu können, selbst wenn der interessensgesteuerte mediale Einfluss seine Wahl bereits vorbestimmt, er vielfach ja keine Chance hat, auch nur annähernd „wertfrei" (nach realem Urteilsvermögen) zu entscheiden.

Kein Wunder, dass – in einer gebildeten Wohlstandsgesellschaft – das Misstrauen gegenüber der Politik zu und die Bereitschaft sich demokratisch zu beteiligen abnimmt (damit die Qualität der Mandatare). So erstrebenswert uns die demokratischen Fundamente auch scheinen, in der Praxis, einer völlig veränderten Welt, und nach herkömmlichem Verhalten, bei vielen Komplexitäten, kommen sie unter die Räder – und der demokratische Grundgedanke gleich mit –; sofern wir sie nicht mit praktikablen, realen Inhalten füllen. Nicht umsonst gewinnen die Autokratien an Boden. Und, werden sie mächtiger, nützt uns die ganze demokratische Überzeugung nichts, wir werden uns unterordnen müssen.

Dennoch, wir sind nicht chancenlos. Erstens hat der demokratische Freiraum Ungeheures geleistet, weltweit Wohlstand gebracht, allgemein Armut reduziert, Lebensqualitäten gehoben, und ist n.w.v. Hoffnungsschimmer für Milliarden. Motor allerdings waren immer nur junge Demokratien. Reife hingegen stagnieren, lähmen sich selbst, sind den weltweit Mächtigen zwangsläufig so ausgeliefert; sind nur mehr „erstarrte Hierarchien", wie wir sie in allen Organisationen während langer Existenz wiederfinden. Offensichtlich benötigen auch reife Demokratien eine Art Erneuerung.

Wo wäre zu beginnen? Natürlich beim Menschen selbst, seinem Verhalten, seinen Neigungen und Wünschen. Wie vielfältig unsere tagtäglichen Probleme von Emotionalitäten beeinflusst werden, zeigen uns einige Beispiele:

- Nie ging es uns in Europa besser als heute, obwohl die Wirtschaft stagniert (oder gerade deswegen?), driften Politik und Bevölkerung in ihren Meinungen immer weiter auseinander, Zukunftsängste, Spaltungen in Arm und Reich nehmen zu.
- Der über 50 Jahre mühsam aufgebaute Einigungsprozess der EU stagniert, scheitert an Banalitäten. Sofern man Europa eine strategische Bedeutung in der weltweiten Entwicklung unterstellen möchte.
- Politischer Größenwahn und Selbstüberschätzung von Populisten an der Spitze, bringt ganze Staaten ins Schleudern, wie z.B. beim Brexit, den USA, rechten Szenen etc., aber auch in Deutschland mit Spitzenfunktionären, die in freier Wirtschaft kaum reüssieren könnten.
- Eine, fast über ein Jahrtausend friedliche Religion wie die der christlichen, übersieht fundamentale Differenzen zum Islam, der sich – in Diskrepanz zwischen modernen Anforderungen und einer starren religiösen Offenbarung – immer stärker in emotionalisierten Teilgruppen zersplittert, bis zu brandgefährlichen Extremismus; der nicht nur friedliche Staaten, sondern selbst die christliche Mentalität gefährdet.
- Junge, erfolgversprechende Demokratien wie die Türkei (und andere), tendieren aus persönlichen Machtgelüsten in Richtung Autokratie, und, wenn es ganz abgeleitet, in einen religiösen Fundamentalismus.
- Aber auch: In Deutschland betont eine Regierung – trotz seit langem kritisiert – „Unbegrenzte Zuwanderungsmöglichkeit", auch wenn die überwiegende Bevölkerung (von großen Teilen des EU-Auslandes ganz zu schweigen) nur mehr resigniert den Kopf schüttelt.

Endlos weiterführen könnte man die Liste – jeder sie ergänzen. Wie wir oben bemerkt haben: Nichts ist rational, alles emotional, individuell gefärbt. Was zählen sollte, wäre der möglichst rationale Konsens – nach aktuellen Erfahrungen, nach realem Wissen und bei weitmöglichstem Einbezug der Betroffenen. Davon sind wir weit entfernt!

Wie wir bemerkt haben, ist der Mensch durch Umwelt und Geschichte „sozialisiert", sein quasi „rationales" Denken durch seine Lebenserfahrung modifiziert, also bereits weitgehend vorbestimmt. Ein Rahmen, den eben die Parteien, als modernes Bindeglied zwischen Regierung und Individuum, füllen sollten. Sie aber auch in die Verantwortung setzt, diesen Verhaltensrahmen demokratisch weiterzuentwickeln, also (iterativ) bildend zu wirken. Es wäre also eine fundamentale Aufgabe von den Parteien – als modernes Bindeglied der Millionen –, wäre Aufgabe ihrer „Führer", ideologische „Irrationalitäten" in einem, wenn man so will „Klassen-Rahmen" zusammenzufassen, weiterzuentwickeln und so Teile von „Volkes-Meinung" mit anderen Parteien in praktikable Lösungen zu überführen. Das wäre echte demokratische Rationalität! Sie sind also nur dann rational, und berechtigt große Teile des Volkes zu repräsentieren, sofern sie in der Lage sind, nicht nur Meinungen von Teilen des Volkes zu bündeln, sondern mit ihnen, ihren Wählern, in „demokratischem Diskurs", durchaus ideologisch, weiterzuentwickeln. Eine hehre Aufgabe, mit hoher Verantwortung, unterstützt von einem kritischen medialen Umfeld (Kap. 17). Eigentlich, eine Selbstverständlichkeit, Kontinuität von den alten Demokratien zu heutigen Nationen mit zig-Millionen. Und, gelingt es nicht, das Parteienverhalten in diese Richtung zu entwickeln – was zwangsläufig dann auch nur die „Besten" fördern wird/muss –, können wir den Niedergang der Demokratien gelassen so weiterprognostizieren.

Bleiben wir konstruktiv! Unmöglich ist eine Erneuerung nicht! Staatspolitisch Rationales setzt zwangsläufig einen vernünftigen Diskurs, mit dann rationalem Konsens voraus, der – in Demokratien, mit zig-Millionen – eine Bündelung ausdiskutierter Themen (so variabel und vielfältig sie auch sein mögen) und den wachsenden Einbezug des Bürgers verlangt; dann aber auch in die demokratischen Strukturen (Parlament, Regierung und Verwaltung) einfließen muss. Nichts Neues, bisher! Neu wäre jedoch die Verhaltensänderung: der Parteien und der Medien. Es liegt in der Aufgabe der Führungskräfte, aus Berufung und ethischen Verantwortung, über ihren egozentrischen Schatten zu springen und „Rationalität" im Sinne des Wohls der Volkswirtschaft, getragen vom kumulierenden Parteiinteressen ihrer Wähler, zu üben, die fähigsten Volksvertreter zu fördern, Staatsirrationales zu reduzieren und zu vermeiden. Der Wille alleine, reicht aber nicht. Nur die verbreitete Diskussion innerhalb der Parteien, mit Unterstützung der Medien, über Jahre, Jahrzehnte und Generationen, vermöge dann die Verhaltensänderung. Alleine die Bereitschaft, eigentlich Selbstverständliches zu initiieren, ist eine echte Herausforderung.

Dann die Medien. Sie sind in Europa vielfältig aufgestellt, bieten also bereits ein akzeptables Spektrum. Es erfordert dennoch Selbstverständlichkeiten: Sorgfältige Recherche, bei ethischem Bewusstsein für diese herausragende Aufgabe einerseits, andererseits eine ähnliche Verhaltenseinstellung wie wir sie für die Parteikader diskutiert haben. Und ist der Prozess einmal in Gang gebracht – Europa sollte aus seiner Geschichte eigentlich offen sein für diese Entwicklung –, ist anzunehmen, dass es sowohl Anerkennung bei der Bevölkerung findet, wie sich auch selbsttragend weiterentwickelt.

Gelänge dieser Prozess, käme er in Gang, hätte er einen entscheidenden, für Demokratien fundamentalen Nebeneffekt. Er bildet! Eine Verhaltensänderung, ist sie ehrlich und breit gestreut, indiziert Diskussion, weckt Interesse und belebt so die Demokratie. Insbesondere, als entscheidender Impuls gegen Mittelmäßigkeit – bei politischen wie wirtschaftlichen Führungskräften, et vice versa in der Bevölkerung. Die „Allgemeinbildung" – wie sie schon verloren gegangen scheint – ist wieder in den Mittelpunkt der Sozialisierung einer Bevölkerung zu stellen.

Es ist auch eine bildungspolitische Abkehr von bisherigem. Von einem Bildungskanon, der nun – allgemein begonnen vor gut 200 Jahren mit Lesen und Schreiben – überspezialisiert geworden ist, eben, um den tagtäglichen Anforderungen von Verwaltung und Wirtschaft bestmöglich zu entsprechen. Nun haben sich aber in den letzten Dekaden die Anforderungen in unübersehbarer Fülle vervielfältigt, in Spezialisierungen weiterentwickelt, so dass die Überforderung, vom Kultusminister bis zum Schüler, zunimmt, und dennoch das Bildungsniveau ständig sinkt (u.a., Kap.20, Bildung). Erfordert doch unsere technologisch hochgerüstete Welt immer mehr Spezialwissen, Kundige in speziellen Fachgebieten, die sich zusätzlich immer weiter entwickeln müssen. Das wird auch so bleiben, sich weiterhin vervielfältigen. Was allerdings nicht zulasten einer „Allgemeinbildung" gehen darf, die eben die Gemeinsamkeit der Staatsbürger, nämlich Kultur und Ethik sichert. Vielleicht wäre es sinnvoll, ganz bewusst, in beide Gebiete geteilt, auf „Allgemeinbildung" – von der Grundstufe bis Ende der mittleren Stufe – Schwerpunkt zu legen und dann erst, zunehmend, ab der Mittelstufe, ev. fachbezogene Spezialisierung aufzubauen. Allerdings fehlt mir zur Vertiefung die Kompetenz – würde m.E. aber die nationale „Sozialisierung" wiederbeleben; wir kommen sowieso nicht umhin. Und falls wir tatsächlich wollen, dass sich die Bevölkerung vom politischen Alltag nicht mehr distanziert, wird die Allgemeinbildung – auch in der Union – im Mittelpunkt stehen müssen, von dem sich jeder individuell weiterentwickeln kann. Gelingt es nicht, den Bürger wieder in die „Demokratie" mit einzubinden, sind die fundamentalen Grundwerte (Kap. 8) sowieso verloren.

17. Die vierte Staatsgewalt – Der Öffentliche Diskurs

Die alten Griechen, mit ihren philosophischen Diskussionen zur (direkten) Demokratie, konzentrierten sich bereits auf wünschenswerten Fähigkeiten und Charaktereigenschaften ihrer Führer. Eingebunden in den öffentlichen Diskurs, erörterten sie, wie der Staat – im Sinne der Wehrhaftigkeit – gestaltet, der Einzelne gebildet und gefördert werden muss. Die Teilung in die drei Gewalten – Legislative, Exekutive und Judikative – entwickelte sich erst im Zuge der Aufklärung rund um und vor der Französischen Revolution, nach Überlegungen Montesquieus. Allerdings wirkten die rudimentären demokratischen Ansätze nur kurz, wurden schon bald wieder von brutalen Auseinandersetzungen überlagert, später von feudalen Systemen abgelöst. Dennoch, der demokratische Gedanke war gesetzt, setzte seinen Siegeszug – unterbrochen von katastrophalen politisch rechten und linken Bewegungen – bis heute fort.

Stehen wir schon wieder an einer Systemwende? Einerseits führten die politisch leidvollen Erkenntnisse des 20. Jahrhunderts zu demokratischen Kontrollmechanismen – von denen offensichtlich kein einziger einen totalitären Umsturz ausschließen kann –, anderseits führen „unendliche demokratischer Wünsche" zu Komplexitäten und einer Bürokratisierung mit der Gefahr, das System selbst wieder abzuwürgen. Interessanterweise nehmen in allen demokratischen Staaten der Erde die Bedenken, wie auch rechte und linke Tendenzen, wieder gefährlich zu, schließen Rückschritte nicht aus (wie wir vielerorts erleben).

Unsere demokratischen Strukturen und Ansätze sind also gut 200 Jahre alt, haben sich – wenn auch je Land unterschiedlich – aus Erkenntnissen der wesentlichen demokratischen Revolutionen abgeleitet. Dazwischen hat sich ja nun viel getan, ursprüngliches demokratisches Gedankengut sich massiv verändert, auch verzettelt.

Noch bei Cicero war die Qualität des Redners – in einer direkten Demokratie – entscheidend. In den modernen Demokratien haben sich die Parteien dazwischen geschoben, sollen nun sowohl den Willen der Bevölkerung widerspiegeln wie auch politisch Transparenz gewährleisten. Allerdings verwässert sich, über endlose Hierarchien und Ideologien, sowohl „Volkes Wille" wie auch der „wahrheitsgetreue" Feedback. Eine Vielzahl von Medien – als durchaus transparente Bindeglieder – sind nun die entscheiden-den Übermittler; allerdings, ein diffuses Konglomerat unüberschaubarer Interessen. Dennoch bieten sie in Europa ausreichende Meinungsvielfalt.

Die Medien sind also das einzig wirksam verbindende Element zwischen den Menschenmassen und der Politik. Selbst die Parteien, und besonders die, haben sich mit dieser medialen Macht auseinanderzusetzen, die heute, in ihrer Fülle, „demokratisch" entscheidend ist! Sie bestimmen ja nicht nur was, sondern auch wie berichtet wird, wohin gerade das Augenmerk zu richten wäre, selbst was „gemeint" ist oder was „geschehen" soll. Eigentlich sind wir alle, wie auch die Politik, von ihnen abhängig. Welche Macht sie auszuüben in der Lage sind, hängt davon ab, ob die Nachrichtenaufbereitung atomistisch ist – also vielfältig, unabgestimmt, auch emotional und individualistisch etc. – oder monopolistisch gefärbt. Eben, ob demokratisch oder autokratisch regiert wird. Sie haben Macht; da nützen all die seit gut 100 Jahren eingeführten demokratischen Kontrollinstanzen wenig. Also, müssen auch sie zwingend demokratisch eingebunden werden, als die 4. Staatsgewalt – mit demokratischen und ethischen Regeln (wenn auch Beeinflussung sich niemals ausschließen lässt!).

Im Zuge der gesellschaftspolitischen Entwicklung des letzten Jahrhunderts hat sich für die klassischen TV- und Printmedien, über Gesetze und Usancen, eine durchaus noch seriöse bis exzellent recherchierende Vielfalt ergeben – die sich nun, über die modernen IT-Medien, ins Gegenteil zu verkehren droht. Konzentrationen, damit Beeinflussung, verschärfen sich, wahrheitsorientierte Nachrichten und Statements eines ethisch gereifter Journalismus werden aufgeweicht (Google dominiert in Deutschland bei den Suchmaschinen mit >90%, Facebook hat monatlich 2 Milliarden aktive Nutzer weltweit, Twitter, Apps...). Irrationalem, Lügen und Verleumdungen sind keine Grenzen gesetzt. Nicht nur, dass sie demokratische Prozesse schädigen, beeinflussen sie die Bildung negativ (Kap. 14), drehen selbst geistige Reifeprozesse zurück. Die Regierungen haben kapituliert; zumindest reagieren sie nicht konsequent (Kap. 18).

a) Demokratie 1.0

Deutschland ist nicht nur ein demokratischer, sondern auch – aus der Entwicklung eines halben Jahrhunderts – sozialer Bundesstaat. „Alle Staatsgewalt geht vom Volke aus. Sie wird vom Volke in Wahlen und Abstimmungen [..] ausgeübt", steht im Art 20. GG. Ein Verfassungsbestandteil, der zwei Jahrtausende altes demokratisches Gedankengut widerspiegelt. Nur, die Gesellschaften haben sich weltweit gewandelt. Aus den überschaubaren Stadtstaaten, mit noch direkten Beziehungen, wurden Nationen mit an die Millionen, ja Milliarden Menschen. Ferner heißt es: Die *Parteien wirken bei der politischen Willensbildung des Volkes mit.* So kam zwangsläufig die direkte Demokratie an ihre Grenzen – eines der Kernprobleme heutiger

Demokratien. Die Entwicklung von Parteien war keine philosophische Erkenntnis, sondern der Praktikabilität geschuldet; steckt also, als „demokratisches Bindeglied", durchaus noch in den Kinderschuhen philosophischer Systemgestaltung, eben, zu Sicherung der Teilnahme jedermanns nach gleichen und freien Prinzipien.

Mit dem demokratischen Wandel einher geht ein zumeist unerkanntes Phänomen! Gehen wir zurück zum demokratischen Prozess. Der „demokratische Diskurs" ist ja nicht nur Gedankenaustausch zur Formulierung gemeinsamer Meinungen, sondern bereits Bildungsprozess an sich – und zwar für alle, am Diskurs beteiligter. Also, Demokratie, dieser gleichwertige und freie Gedankenaustausch, ist ja „Sozialisierung", ein fundamentaler Prozess der Erkenntnisgewinnung. Wie weit haben wir uns heute bereits von den ursprünglich demokratischen Gedanken entfernt?

Bis vor kurzem lag die „Sozialisierung" der Bevölkerung noch in staatlichen Händen, besser, war durch eine über die Jahrhunderte entwickelte Bildungskultur vorbestimmt sowie durch ein an sich begrenztes Umfeld geprägt. Die demokratischen Prozesse formten die „nationale" Orientierung, umrissen und kanalisiert durch lokale Medien – wenn auch über vielfältige Interessen, je politischer Couleurs, modifiziert. Hart, kontrovers waren zu Beginn die politischen, damit auch medialen Auseinandersetzungen, schlussendlich aber immer über Konsens abgefedert. Eng verflochten waren die Menschen durch eine gemeinsame Geschichte; mit noch geringer „Ausbildungsstreuung", einer Bildungsbandbreite, die die sprachliche und damit politische Gemeinsamkeit sicherte, noch – über Zeitung und Radio – Neuigkeiten, Nachrichten und Meinungen aus unmittelbarem Umfeld austauschte.

Medialer Einfluss kann – wie das letzte Jahrhundert beweist – Demokratien durchaus aushebeln, im Sinne machtvoller Interessen zur Fehlentwicklung ganzer Völker führen. Dennoch scheinen wir diese demokratisch offene Flanke verschlafen zu haben, haben bis heute nicht systemisch reagiert; ein „demokratisch stabiles Endergebnis" ist völlig offen.

Politiker haben in Demokratien nur bedingt Einfluss auf die Medien, für sie ist die lukrative Existenz entscheidend. Selbst wenn Politiker temporär Einfluss haben – qua aktuellem Ansehen, massenpopulistischer Trends, wenn es gerade öffentlichem Interesse entspricht –, die Macht bleibt bei den Medien. Ihre Logik wird von Umsatz und Erfolg bestimmt. Nur Erfolg sichert nachhaltig Einkommen und Existenz, verlangt – je Marktnische –, die Interessen ihres Publikum zu befriedigen; bestimmen so aber auch Meinungen (ist also Spiegelbild der Meinungsbildung).

Gott sei Dank, ist in Europa eine mediale Vielfalt gegeben, sichert also auf dem Kontinent Meinungsfülle und -freiheit. Anders z.B. in den USA. Wenige Medienkonglomerate, und die wieder von mächtigen Eigentümern bestimmt, beeinflussen dort, und damit ganz wesentlich die öffentliche Meinung. Selbst die neuen IT-Medien brechen die mediale Beeinflussung nicht auf, zeigen zwar andere Verwerfungen, lösen aber das Problem fairer, fachlich fundierter Meinungsvielfalt nicht.

Die Facetten demokratischen Einflusses haben sich also fundamental gewandelt. Über das Internet, mit täglich neuen Portalen, weltumspannend unglaublich einflussreichen sozialen Netzwerken, haben im Medienspektakel sich neue Mitstreiter formiert, die den Printmedien zunehmend das Wasser abgraben. Je nach Interesse, nach aktuellen Highlights, bilden sich in den Netzwerken Gruppierungen, die selbst politisch aktiv werden können – Parteiengründungen sind heute ohne Internet undenkbar. Über immer neue Themen beeinflussen Minoritäten die Massen, sind – was wertfreie volkswirtschaftliche Interessen betrifft – überrepräsentiert, wenn oft auch nur kurzlebig. Da die Informationsflut die geistige Verarbeitungskapazität des Einzelnen bei weitem überschreitet, zieht er sich auf pauschale, auf individuelle Einstellungen zurück. Damit fällt ein entscheidendes Momente weg: Der ernsthafte, der neutral recherchierende Journalist, der – mehr oder weniger fundiert – Nachrichten aufbereitet; so auch bildet, Wissen mehrt.

Die Formulierungen öffentlicher Netzwerke sind oberflächlich, vereinfacht, und können dennoch Massen mobilisieren. War bisher im Medienbereich die Entwicklung durch Akademisierung, durch Erfahrung, also, durchaus seriös geprägt, tendiert Volkes Meinung nun ins Oberflächliche, zu vergänglichem, zu einseitigem Informationskonsum, konträr dem Bildungsbedürfnis einer gesunden Volkswirtschaft. Banales wird politisch aufgebauscht, wirkt bis in die Parlamente. Statt dass die Politik versucht gegenzusteuern, eben Bildung, den demokratischen Meinungsaustausch fördert, ist sie den internationalen Netzwerken – und die, ohne jegliches nationales Interesse – ausgeliefert.

Zunehmend bestimmt ein massensoziologischer Algorithmus das Publikum, der Demokratien neu instrumentiert; jedenfalls anders, als die Regularien demokratischer Verfahren es je vorgesehen haben. Nicht mehr die über Jahrzehnte geprägten großen Meinungsgruppen, die politischen Klassen – rechts oder links oder ... – beherrschen mit gewisser Kontinuität die politische Bandbreite, sondern chaotisch tagesaktuelles Geschehen das politische wie auch mediale Verhalten. Die alten Klassenbildungen lösen sich langsam auf, gehen in einer unüberschaubaren, einer banalen, pauschalierten Medien- und Meinungsvielfalt unter. Die angestammte, langfristig politische Orientierung einer Stammwählerschaft löst sich auf – als bisher noch fundamentale Voraussetzung kontinuierlicher gesellschaftlicher und somit wirtschaftlicher Entwicklung. Das Ganze wird verstärkt durch eine unübersehbare Fülle an Geschehnissen in der Welt, einer wachsenden Datenvielfalt, deren Folgen für die Politik und den Menschen noch gar nicht abzuschätzen sind.

Analysieren wir die Entwicklung demokratischer Prozesse während eines halben Jahrhunderts, erkennen wir erschrocken, dass demokratisches Gedankengut einer schleichenden Aufweichung unterliegt, und genau diese grundsätzlichen Werte, Freiheit, Gleichheit und Gerechtigkeit, zu gefährden beginnen. Und, in welche Richtung? Wir kennen nur zwei fundamentale Systeme: Demokratie und Autokratie (inkl. reiner Monarchie). Und beide, besonders die Letztere, mit einer Vielfalt autoritärer Differenzierungen. Wir bemerken aber auch, dass wir von politischen Umwälzungen, wie sie das letzte Jahrhundert so vielfältig gezeigt hat, heute genauso wenig gefeit sind, wie schon immer. Rekapitulieren wir kurz die Geschichte.

Unser demokratisches Denken in seinen Grundsätzen ist ja noch immer von den Intuitionen der alten Griechen durchsetzt – von Freiheit und gleichberechtigter Teilnahme aller bei politischen Entscheidungen[89]. Man kannte sich persönlich, diskutierte mehr oder weniger offen politische Fragen, entschied über die Führer, wie auch über Krieg und Frieden. Aber, wie auch heute, bestimmten nicht nur Fähigkeiten, sondern auch Verbindungen, also „Netzwerke" aus Vermögen und persönlichem Einfluss. Später, in Europa, keimten viele demokratisch-revolutionäre Bewegungen im Zuge der Aufklärung, bewährten sich auch vielfach – wieder gefolgt von autokratischen Rückschritten. Unsere „geübt" neueren Demokratien sind also gerade mal ein knappes Jahrhundert alt – und zeigen dennoch schon wieder deftige Abnutzungserscheinungen.

Wir stehen wieder vor einer Revolution, mit massiven Eingriffen in demokratische Grundsätze, die selbst klassisch-demokratische Ansätze über Bord werfen. Nicht nur, dass sich immer mehr persönliche Daten, über Status, Verhalten und Neigungen, ferner über alle Regionen und jeden nur denkbaren Vorfall ansammeln, „auf ewig" dokumentiert und jederzeit abrufbar sind, ist nicht annähernd zu erahnen, wie diese Vernetzungen einerseits das Leben allgemein – in nun weltweiter „Einheit" – beeinflussen, sondern auch

---

[89] Wobei nach damaligem Verständnis Sklaven natürlich ausgenommen waren, in den spätmittelalterlichen Stadtstaaten vorwiegend Wohlhabende die demokratischen Prozesse bestimmten.

Verhalten, die Sozialisierung verändern; mit massivem Einfluss auf das Wahlverhalten. Nicht nur, dass der Einzelne plötzlich transparent ist, über Texte, Bilderfassung und Bewegungsabläufe sein Innerstes offen legt, transparenter, als er selber ahnt, eröffnet sich ein breites Feld von Manipulationsmöglichkeiten.

So bekommt „Demokratie" einen ganz anderen Inhalt, eine Wendung die uralte Regeln unterwandert. Der seit Jahrtausenden publikumswirksame, die Wählergunst beeinflussende Diskurs, die rhetorische Fähigkeit der Rede – die erst mit dem Radio und dem Fernsehen wieder neuen Schub über nun riesigen Massen bekommen hat – wird langsam aber sicher konterkariert, wenn nicht sogar ersetzt durch die neuen Medien, durch soziale Netzwerke, über die plötzlich, zeitlos, Milliarden medial miteinander verbunden sein können. (Temporäre) Netzwerke, die über momentan individuelle Einstellungen Wirkung entfalten, demokratisch Stabilitäten unterwandern, politisch unvorhersehbares bewirken könnten.

Da ferner sich nicht nur das Niveau weltweit zu nivellieren beginnt (tendenziell leider nach unten), ermöglichen individuelle Gestaltungen eine weitere Dynamik, z.B. Massen überregional zu mobilisieren. Die klassischen Demokratien, mit ihren über Generationen gewachsenen (klassischen) Parteien, haben sich darauf einzustellen, dass sie mit temporären, jedoch fragilen, besonders aber politisch extremistischen Interessentengruppen konfrontiert werden. Verbote und Regulierungen helfen wenig – immer neue Akteure werden mit immer neuen medialen Systemen die Nase vorne haben, die Oberhand behalten; vielfach von dubiosen Staaten und Gruppierungen unterstützt. Einzig Regularien, die die Grundfreiheiten des Einzelnen sichern (gegen Kriminalität in Anonymität) – aber auch begrenzen –, werden sich durchsetzen können. Nämlich, gegen den zunehmenden Albtraum anonymer Desinformationen, gegen Lügen und Verleumdungen, gegen Einschüchterungen und Gerüchten, über Trolle und Bots.

Mögen wir noch so gegen jede Datensammlung aufbegehren, über Gesetze und Datenschutzbeauftragte unsere Individualität schützen wollen, nützen wird es wenig. Immer wird es irgendwelche Interessensgruppen geben, die – qua Sicherheit, militärischer Notwendigkeit, aus Strafverfolgungsgründen, vorgegaukelter Gerechtigkeit u.a.m. – nicht nur Persönlichkeitsrechte stückweise aufheben, über Verkettungen Daten zu Selbstläufern entwickeln. Wir können es drehen und wenden wie wir wollen, wir werden gläsern. Wir ahnen kaum, was andere alles über uns schon wissen. Jedenfalls kann es nicht in unserem „persönlichen" Interesse liegen, unser Innerstes offen zu legen – widerspräche es doch unserer demokratisch gelernten Freiheit.

Diese mediale Entwicklung verlangt aber auch – zum ersten Mal in der Menschheitsgeschichte – andere Persönlichkeiten, besonders in der Politik. War bisher die Qualität der Politiker, der Spitzenpolitiker, zumeist nicht so überzeugend, sinkt seit Jahrzehnten ab, wird eine Führungskraft künftig über IT-Beiträge (anonym oder nicht) in der Luft zerrissen, kann er die Erwartungen des nun medial kritisch kontrollierenden Publikums nicht erfüllen – ob gerecht oder nicht, wer kann das schon beurteilen. Dennoch, es ist demokratisch. Auch Politiker werden gläsern, der Anspruch an sie also höher!

Wird in Unternehmen falsch entschieden, ist es volkswirtschaftlich kaum problematisch, Unternehmen können pleitegehen. Staaten zwar nicht untergehen, aber wirtschaftlich insolvent werden; und so die Sicherheit aller massiv gefährden. Der Politiker der Neuzeit darf sich weit weniger Fehler leisten. Als wünschenswerte Folge! So schließt sich der demokratische Kreis: Nur die Besten wären zu erkören, nur sie sollten höchste politische Weihen empfangen. Nur dann wären sie Garant, kraft Fähigkeiten, Wissen und insbesondere ihrer Erfahrung, staatliche Politik, hoffentlich seriös und weise, zu steuern. Und hätten sie diese Qualifikation, diese „weise Erfahrung", würden sie vermutlich konsequenter versuchen, Volkes Willen mit Expertenwissen in Einklang zu bringen, versuchen, professionell auszuloten und strategisch abzurunden, also den Staat tatsächlich nach bestem Wissen und Gewissen, hoffentlich auch ethisch, leiten.[90] Vergleichend zur Politik der letzten Jahrzehnte – es wäre eine 180°-Kehrtwende!

Ein extremes Beispiel, wie Demokratien durch Unvermögen gefährdet werden, zeigt die US-Präsidentschaft ab 2017. Massive fachliche und menschliche Qualitätsmängel – des wirtschaftlich und militärisch stärksten Staates der Erde – hebeln jede diplomatische Kontinuität aus. Erschütternd, wie er mit seinen Apologeten irrational das wirtschaftliche und politische Gefüge der ganzen Erde, selbst demokratische Grundlagen gefährdet, weltweit. Ein Präsident, der täglich, intuitiv, über Kurznachrichten – ohne jeder Abstimmung – Abkommen außer Kraft setzt, andere Staaten, ob Freunde oder nicht, massiv angreift, Kriegsdrohungen loslässt (als oberster Befehlshaber), und mit seinem Familienclan die Geschicke der Welt beeinflusst. Jeder weiß es, Staaten wie Regierungschefs ducken sich weg, akzeptieren, um nur ja nicht in die Schusslinie zu kommen. Bündnisse werden einseitig aufgelöste, Klimaziele ad absurdum geführt, Feinde zu Freunde, und wieder zurück. Und das, in Zeiten weltweiten Umbruchs. Geht das so weiter, ist die Demokratie sowieso verloren.

---

[90] Ein Ziel, dass so neu nicht ist, bereits Forderung der alten Griechen seit Sokrates.

Wie verhindern wir solche Persönlichkeiten, wie kommen wir an die BESTEN. Früher waren sie „Resultate lokaler Geschichte", eben Zufall. Fachliche, ethische Qualitäten zwar inhärent gefragt, aber nicht bestimmbar. Es blieb, und bleibt heute, Wahrscheinlichkeit. Wollen wir – in einer völlig veränderten Welt – „Demokratien" behalten, muss sich die Qualität der Funktionäre radikal ändern. Voraussetzung ist die Förderung qualifizierten Nachwuchses. Einerseits mit Verhaltensänderung (fachlich professionell, ethisch fundiert), andererseits so breitgestreut wie möglich, um ausreichende Selektion zu ermöglichen. Als gefühllose Definition, dennoch unverzichtbar. Und die nächste Frage: Wer bestimmt, welche Qualitäten gefordert werden und, wie erfolgt die wertneutrale Auswahl und Förderung, wie die Beurteilung und Selektion? Dennoch, Lösungen sind möglich (Kap. 23ff).

Wir sehen, komplex und schwierig sind die menschlichen Prozesse. Aber, alles beginnt oben, und darf nicht den Netzwerken, den Emotionen überlassen bleiben! Zeigen z.B. die letzten Kanzler Deutschlands bereits, dass sie alles daran gesetzt haben, um Wettbewerber vorsorglich aus dem Weg zu räumen, also Menschen um sich sammeln, die widerspruchslos (persönlich „loyal") folgen, weder eigenständig kreativ handeln, noch in der Lage sind, Charisma (als „Führer") zu entwickeln.

Intuitiv, nach persönlicher Neigung wird entschieden, Gegenteiliges mit schwammigen Argumenten, falls überhaupt, abgelehnt. Nie haben Politiker gelernt, kooperativ zu handeln, nie gelernt, Meinungen auszutauschen – besonders in und mit der Öffentlichkeit. Vielfach wird ohne Rücksicht auf Animositäten und Historik entschieden (Beispiel: europäische Asylpolitik), Sensibilitäten übergangen. Erfahrene, reife Professionalität, Wissenschaft und Logik, zählt wenig unseren Demokratien.

Vergleichen wir nochmals zur freien Wirtschaft: Unternehmen sind nachhaltig umso erfolgreicher, je professioneller die Führung ist, je gediegener die Nachfolge über Generationen gesteuert wird; mit verlässlicher Perspektive für alle Stakeholder. Die Anforderungen an Politiker sind weit höher, zählt doch Wirtschaftliches nicht allein, sondern Sicherheit, Soziales, wie anderes mehr. Fordert also gereifteste Persönlichkeiten die Sorge tragen, dass Fähige gefördert werden – eine menschliche Hürde, die, jedenfalls in Demokratien, offenbar schwer zu überwinden ist.

Klassisch-autoritäre Führungsprinzipien, wie sie vor wenigen Jahrzehnten noch gelehrt wurden – Taylorismus –, widersprechen dem demokratischen Grundverständnis; und dennoch in der Politik lupenrein gepflegt. Man hat nichts dazu gelernt! Ursache sind – weitgehend unbekannt – die über die

Jahrhunderte hierarchisch geprägten Bürokratiestrukturen mit eben begrenztem Ermessensraum, Resultat uralter Verwaltungsusancen. Nur die gewählte Spitze (vormals der Potentat), heute der Regierungschef, weiter die Minister mit Richtlinienkompetenz, entscheiden; bis zur nächsten Wahl – quasi autoritär. Zwar sind in reifen Demokratien demokratische Prozesse in der Verfassung verankert, wie sie aber geübt werden, ist ein anderes Thema (selbst Hierarchien sind ambivalent dazu). Müssen ja in Demokratien Entscheidungen ad hoc getroffen werden. Einziges, wenn auch stark eingeschränktes demokratisches Regulativ bleibt nur die Wahl, die dennoch zwischen den Wahlperioden unbegrenzten Freiraum einräumt[91].

Da kommt es schon mal vor, dass politische Entscheidungsträger sich an den Grenzen demokratischen Verhaltens bewegen, an Parteitagen das Gegenteil zur Mehrheit vertreten, stur bleiben. Studien zeigen[92], dass Selbstüberschätzung – nach Anfangserfolgen – ein immer wieder anzutreffendes Phänomen ist. Oberste Führungskräfte verlieren nach einiger Zeit die Bodenhaftung, treffen intuitiv Entscheidungen die ja auch falsch sein können, die dennoch – um Gesichtsverlust zu vermeiden – nicht revidiert werden. Viele Menschen unterschätzen, dass Erfolg vielfach nur dem Zufall geschuldet ist und nicht den eigenen Fähigkeiten. Es fehlt eben menschliche Reife – wie wir tagaus tagein beobachten müssen.

b) Demokratie 2.0

Schlussendlich reduziert sich – seit es eben Demokratien gibt – der demokratische Gedanke darauf, Feudalismus und Diktatoren abzuschaffen, das Volk entscheiden zu lassen. Unbestritten, erst durch die demokratische Entwicklung, dem gewonnenen Freiraum von Milliarden, hat sich die Welt so kolossal weiterentwickelt. Ob schlussendlich zum Positiven für unsere Spezies – bleibt offen. Die Welt ist nun allerdings so unübersehbar komplex und verwoben – zu komplex für „Volkes Willen" –, dass vielfaches Expertenwissen notwendig ist; heute aber kaum erwartet werden darf. So hängt letztendlich doch alles von der Fähigkeit der Person an der Spitze ab, und inwieweit sie weitere „Fähige" mit einbeziehen kann, um eben so, und nur so, Bestmögliches für die Gemeinschaft sicherzustellen. Und heute? Völlig konträr! So offensichtlich, dass man sich wundert, dass noch keiner die vernachlässigte „Professionalität" in Frage gestellt hat.

---

[91] Neuberg A., Morphologie des Staates
[92] z.B. Storbeck Olaf, eine Studie von US-Forschern Billet & Qian, *Selbstüberschätzung als Berufskrankheit Nr. 1.*

Durch die vielfältigen, an jedem Ort, jederzeit, jedem zur Verfügung stehenden Daten, Fakten, kommt der Frage der Entscheidungsfähigkeit des
Bürgers, der Qualität seiner Entscheidungsfindung, besondere Beachtung zu.
Sind doch – in einer medialen, datenüberfüllten Welt – diese einseitigen,
oberflächlichen, dualistischen, also wenig werthaltigen öffentlichen Diskussionen, kaum hilfreich, eher kontraproduktiv; ist doch der Einzelne schlussendlich gezwungen emotional, also verunsichert, seine Wahlentscheidung zu
treffen – wissentlich, dass sich nichts, aber auch gar nichts, in Richtung
eines Neuanfanges ändern wird. Kann es auch nicht, solange öffentliche
Statement intuitiv schon nicht ernst genommen werden, solange gelogen und
betrogen wird (bestes Beispiel, der Brexit), solange das was erzählt wird,
kaum praktikabel, wenig nachhaltig scheint, das Gefühl verbleibt, zu offensichtlich werden Eigeninteressen vertreten. Solange eben Verantwortungsbewusstsein und Qualitäten pauschal angezweifelt werden (Kap. 23).

Zusammenfassend muss man für die westlichen Demokratien erkennen,
dass, im Zuge der letzten Jahrzehnte – beschleunigt durch die Globalisierung
und die technologische Entwicklung, auch durch soziale Absicherungen und
hohem Wohlstand – etwas verloren gegangen ist, was mit „finanziellen
Wohltaten" alleine nicht abzudecken ist: Gemeinsamkeit, Anerkennung,
Sicherheit. Dieses Bewusstsein, einer einzigartigen nationalen Gemeinschaft
anzugehören. Vielleicht mit gemeinsamen „Leitwerten", so negativ der
Begriff auch abgeglitten ist. Also etwas, auf was wir uns stützen dürfen,
etwas, an das wir glauben, uns halten können. Haben wir doch langsam,
unbewusst, die „anerzogene Gewissheit" verloren, dass die demokratischen
Prozesse jeden Einzelnen gleichwertig miteinbeziehen, jedermanns Meinung
respektieren. Haben wir denn noch Einfluss, oder werden wir schon medial
manipuliert? Die Leuchttürme der Demokratie, die USA, einige westeuro-
päische Staaten, zeigen doch deutlich, dass wir von einigen Wenigen
abhängig, ihren Einflüssen ausgesetzt sind. Und, setzt sich einmal die große
Masse „Kleiner, Abhängiger" – dank populistisch „Ausgegrenzter", wie
eben in den USA, oder populistische Schreihälse wie beim Brexit – durch,
geht der Schuss nach hinten los. Sind doch die Folgen noch gravierender, als
wenn zumindest „Kontinuität" gewahrt bleiben würde. Welch ein Vert-
rauensverlust in unsere Demokratie! Wie ist es dazu gekommen?

Denken wir an das Alltagsgeschehen. In früheren Zeiten stammten Nachrichten, Neuigkeiten aus familiärer Umgebung, ferner aus dem Umfeld des
gesellschaftlichen und beruflichen Alltags – noch mit marginalem Einfluss
„elitärer Mächte". Damals aus näherer Gemeinschaft; heute jedoch global,
mit einer ungeheuren Informationsflut, die der Einzelne nicht mehr verarbeiten kann, nur selektiv, gerade noch intuitiv begreift. Fremde Themen,

Probleme, die – komplex wie sie sind – gravierend vom persönlichen Befinden abweichen, in unüberschaubarer Fülle und Wirkung massiv Unsicherheiten erzeugen. Nun ist es – losgelöst vom beschaulichen Rahmen – nur mehr eine Frage der Wahrscheinlichkeit, wann sich „Persönlichkeiten", temporäre Gruppen finden, Informationen aufgreifen, ideologisch interpretieren und mit öffentlicher Dynamik versehen, über Medien beschleunigen; und dazu noch sich chaostheoretisch vervielfältigt. Unser stabiles Umfeld verändert; auch unsere bodenständige Kultur. Es sind diese Prozesse, die unser Demokratieverständnis infrage stellen!

Überlagert werden diese „menschlichen" Motive noch von den Veränderungen „reifer" Demokratien. „Reif", weil die demokratischen Prozesse – trotz eines Horizontes von annähernd 200 Jahren – weder abgeschlossen, noch eindeutig definiert sind. Stabilere Demokratien haben sich erst nach Ende des Zweiten Weltkriegs entwickelt; erst ab dieser Zeit kann man von echten Demokratien sprechen, also, mit einer Reifephase eines halben Jahrhunderts.

Was hat sich in dem doch kurzen Zeitraum an „demokratischen Hemmnissen" ergeben? Vieles, kaum Offensichtliches, aber doch Fundamentales: Der Staatsapparat hat sich enorm verändert, „durchwuchert" unser gesamtes Leben. Dazu diese unübersehbare Komplexität in einer Welt mit chaotischer Dynamik, unvorhersehbaren Entwicklungen und weltweiten Verkettungen. Konträr dem Verhalten der Führung, das mit einem Populismus zum Chaos tendiert. Dazu kommt die schleichende Auflösung nationaler Grenzen, die Vermischung von Ethnien und Religionen als ein explosives Gemisch aus Wohlstand und Armut, das zu revolutionären Umbrüchen tendiert. Die Staaten verlieren ihre Allmacht, werden zu Getriebenen machtpolitischer und wirtschaftlicher Strömungen, verlieren Einfluss auf die nationale Entwicklung, der natürlichen Kontinuität kultureller Historik. Komplexitäten neuer Art erfordern professionelle, eine strategische Ausrichtung – gegen übliche Tagespolitik –, die eines völlig anderen Politikverhaltens bedarf.

In jungen Demokratien übertünchen Dynamik und Wachstum vielfältige politische Fehler. Rationalität war kein zwingend notwendiges Phänomen praktischer Politik. Heute müssen wir weg von zufälligen, in der Öffentlichkeit sich temporär kulminierenden Themen. Noch immer wirken im politischen Geschehen – aus komplexen Ereignissen – nur jene Themen, die über die Medien zu einem „dringlichen" Problem hochstilisiert werden"[93], aber nichts mit der strategischen Ausrichtung eines Staates zu tun haben.

---

[93] Neuberg A. *Morphologie des Staates*

Für Deutschland – auch in anderen europäischen Staaten – lassen sich aus der jüngeren Geschichte folgende Phasen identifizieren:

- Initiierung erster demokratische Prozesse. Verabschiedung einer Verfassung und Aufbau eines Rechtsstaates, mit all den politischen Fragen und Problemen der Existenzsicherung, eines wirtschaftlichen Neubeginns, Erarbeitung gemeinsamer demokratischer Strukturen. Hier finden wir – prägen doch Existenzbedürfnisse die politische Gemeinsamkeit – breites Verantwortungsbewusstsein, hohe Einsatzbereitschaft; über alle Ebenen.
- Beginnen sich Staat und politische Prozesse zu stabilisieren, brechen die unterschiedlichen Ideologien stärker durch und die politischen Auseinandersetzungen werden geprägt von Verteilungskämpfen, die in den Ausbau der Rechts- und Sozialsysteme münden.
- Die Stabilisierung wirtschaftlicher und politischer Prozesse geht mit Wohlstandszuwachs einher, fördert das Selbstvertrauen des Einzelnen; erste Ansätze eines Individualismus, eines Egoismus, der die ursprüngliche Gemeinsamkeit der Aufbruchsstimmung in den Hintergrund drängt.
- Weiterhin zunehmende Verteilungskämpfe – über und mithilfe politischer und quasi-politischer Institutionen – bestimmen die Entwicklung, fördern Egoismus, und lähmen so Dynamik und Prosperität. Umverteilung wird zur Hauptaufgabe des Staates, der sich so immer stärker in den Freiraum des Einzelnen einmischt, ihn zu entmündigen beginnt, Eigeninitiative schleichend hemmt. Dabei verschuldet sich der Staat mit seinen Institutionen unbegrenzt – zulasten der nationalen Zukunft.

Überall in der (demokratischen) Welt können wir ähnliche Prozesse beobachten. Die Resultate haben wir schon aus der Geschichte erfahren, sie münden in politische Umbrüche. Die wirtschaftliche und kommunikative Vernetzung der Welt beschleunigt sich, zeigt uns bereits – mit vielen krisengeschüttelten Auseinandersetzungen –, den fallenden Einfluss des Staates auf die Gestaltung der Nation. Militärische Auseinandersetzungen, Ansätze eines Cyberwar, mit medialer Durchdringung von Infrastrukturen bis zum Publikum in „Feindesland", konterkarieren nationale Anstrengungen; sie sinken zur Bedeutungslosigkeit ab. Mittels aller möglichen Medien wird – politisch, über Apologeten – „kriegsentscheidend" gelogen und betrogen, irritiert und provoziert was das Zeug hält. Jede politische Aktion, egal wie gesellschaftlich rational sie auch sein möge, wird durch ein gegenläufiges Propagandafeuerwerk begleitet. Niemand weiß mehr, wo die Wahrheit liegt. Die Angegriffenen – westliche Demokratien, Unternehmen, Private – ähneln „lahmen Enten", sind anonymen Angriffen hoffnungslos ausgeliefert. Klassische westliche Demokratien verlieren ihre entscheidende Aufgabe, die Gewährleistung von Sicherheit und Wohlstand; die „Führung" resigniert. Ist es ihr bewusst? Jedenfalls reagiert sie kaum!

All diese Einflüsse und Entwicklungen zeigen, dass – aus gut einem Jahrhundert Erfahrung der westlichen Demokratien, mit nun weltweiter Verzahnung – sowohl Strukturen wie Führungsprinzipien heutiger Entwicklung anzupassen sind; sofern die Fundamente der Demokratie, Freiheit, Gleichheit und Gerechtigkeit, auch in Zukunft gesichert werden sollen. So eine Art Demokratie 2.0. Allerdings, kein völlig neuer Ansatz, von Null weg – ist doch Bewährtes beizubehalten, nur anzupassen, was die Erfahrung massiv infrage stellt. Als Nukleus, als erweiterte Grundsätze bieten sich an:

- Die dynamische Formulierung ethischer und rechtlicher Grundsätze für die sich dynamisch ändernden informativen Mittler zwischen Politik und der Bevölkerung, den Medien, als eine Art 4. Gewalt im Staate.
- Die Formulierung ethischer und rechtlicher Grundsätze für die Parteien, insbesondere Bildungs- und Erfahrungsanforderungen für Funktionäre und vertiefendes demokratisches Verständnis für interne Abläufe und Entscheidungen, für Aufwand und Hemmnisse (Kap.22).
- Die Definition von „Bildung" als einer der Hauptaufgaben des Staates, neben den beiden Primäraufgaben Sicherheit und Wohlfahrt (Kap.20).
- Die rigorose Verbesserung der Teilnahme der Bevölkerung an den politischen Prozessen über Bildungsinitiativen; mit Verständnis komplexer Problembereiche nach Expertensystemen.
- Die Einführung strategischer Systeme als primäre Verantwortung der obersten Politik, sowie der kontinuierliche Entwicklung und Anpassung nach internationalen Tendenzen (Kap. 20).
- Die Pflege der wirtschaftlichen Entwicklung der Nation und der nationalen Sicherheit unter Berücksichtigung ethischer, ökologischer und demokratischer Grundsätze.

c) Demokratischer Diskurs – ein historisches Missverständnis

Die Grundlagen der „Demokratie" beruhen auf einem fundamentalen Irrtum; nämlich der Annahme, für jeden zählt eine Stimme, also jeder wirkt „gleichberechtigt" am staatlichen Prozess mit – eine gleichberechtigte (Wahl-)Stimme erziele also für die Gemeinschaft die besten Resultate. Diese Einstellung stammt noch von Platon et al, in weiterer Folge von den Philosophen der Aufklärung. Damals jedoch, in den Sippen, den kleinen Stadtstaaten, kannte man sich, „selektierte" die „Volksvertreter" schon nach sozialem Status (Vermögende und Vernetzte) – das Gros der Gesamtbevölkerung, Sklaven und niedere Bevölkerungsschichten, hatten sowieso keinen Einfluss. Und wie schon damals Gegenstimmen zu Herrschenden wenig demokratisch behandelt worden waren, zeigte das lästige, wenn auch sinnvolle Hinterfragen Sokrates – was ihm schließlich den Schierlingsbecher einbrachte. Dieses demokratieinhärente Paradoxon der Bevorzugung nach persönlichem Status und Macht, durchzieht alle politischen Schichten, von Parteien, Verwaltungen; zeigt, dass es einflussreichen Personen, Gruppen, jedenfalls Minderheiten vorbehalten bleibt, staatspolitisch gestaltend zu wirken. Was zählt da schon eine gleichberechtigte Stimme.

Daran wird sich nichts ändern – steckt es doch im System, ferner im Verhalten. Nur die Auswahl der Verantwortlichen ist entscheidend. Darauf haben wieder nur die Parteien Einfluss – dahinter, in einigen Demokratien, Geld und Macht; wie die USA so transparent zeigen. In Europa wäre es entscheidende Aufgabe der Parteien – als philosophische Kehrtwende, der „Selektion der Fähigsten"; und das, in allen Netzwerken. Denkbar? Logisch wäre es!

Den demokratische Nukleus gibt es noch: Den freien, den unbeeinflussten (?) Gedankenaustausch, Fundament jeder Demokratie; wenn auch begrenzt, wenig wirksam (s.o.). Es verlangt ein Zurück zur öffentlichen Auseinandersetzung. Immer war es schon der Diskurs, der – kraft fähiger Rhetorik und logischer Argumente – Meinungsunterschiede überbrücken half, kreativ neue Lösungen fand, und, bildete (!); wie es die alten Griechen, ferner Cicero und die Philosophen der Aufklärung uns vermitteln. Insbesondere in einer komplexen, vielfältigen Welt, die unendliches Wissen angehäuft hat, Milliarden „Wissender" umfasst, die nun alle „demokratisch" mitgestalten wollen, ihre ganz eigene Meinung haben. Was natürlich kaum freien Diskurs ermöglicht; eben, all diese Widerstände und politischen Diskrepanzen verursacht, anheizt. Es ist der zweite Teil eines fundamentalen Irrtums, diese unüberbrückbaren Einstellungen die den freien Diskurs hemmen. Oder, wie ich gerne etwas borniert feststelle: „Mit Eseln kann man nicht diskutieren". Wie soll denn dann in Gesellschaften die in die Millionen, in die Milliarden gehen, wertfreier Gedankenaustausch, Gemeinsamkeit je erreichen?

Möglich – annähernd – ist es dennoch! Erwartet allerdings – von Führung wie auch Medien – ein anderes Verhalten. Eine Rückführung auf die demokratischen Fundamente: Den Einbezug des Einzelnen auf freier und gleichberechtigter Basis. Und das erwartet zwei fundamentale, politische Voraussetzungen: Eine gerechtere (keine gleiche!) Vermögens- und Einkommensverteilung, die eben politische Teilhabe (auch mental) nicht verhindert, ferner die Förderung und Adaption einer umfassenderen Bildungspolitik, die versucht, möglichst viele mit einzubeziehen; d.h. Bildung von Staats wegen konzertiert fördert, Programme und Beiträge der öffentlichen Medien stärker bildungskonform ausrichtet. Ein Verhalten der Öffentlichkeit das – selbst wenn es Jahrzehnte dauert – den Willen zu ständiger Bildung anregt, zu Innovationen und Kreativität, zu wissenschaftlichem Arbeiten, zu kulturellen Beiträgen etc., breiten öffentlichen Diskurs – quasi erzwingt.

Wir müssen weg von den wahlträchtigen Ereiferungen, von Scheinkommunikationen, den öffentlich widerwärtig banalen Floskeln, oberflächlichen,
also inhaltslosen Gequatsche, das nur abstoßt (und zu leichterer Kost
drängt). Wir müssen wegkommen von ideologischen Fantastereien, die –
vom ersten Ansatz an schon illusorisch – ausufernd, realitätsfern, immer
weiter diskutiert werden, bis sie entweder in Regeln und Gesetzen münden,
oder doch wieder in der Versenkung verschwinden; nichts, als verlorene
Zeit. Nicht nur gefährlich für die Nation, sondern verblödet auch regelrecht
das Publikum, wie ad hoc`e populistische Tagespolitik (z.B. ein bedingungs-
loses Grundeinkommen, unbegrenzte medizinische Versorgung, höhere
Renten für alle, die ewige Wohlstandsgesellschaft, die Friedfertigkeit jeder
Nation etc.). Denken wir daran, jeder hat grundsätzlich eine, wenn auch
verfremdete „gleichwertige" Meinung, und die Bandbreite aller Meinungen
(als Gauß-Kurve) ist ein direktes Maß „demokratischen" Einflusses – und, je
prägnanter nun die tatsächlich „qualifizierte" Meinungsvielfalt ist, desto
höher ist auch die Wirkung (nicht der Nutzen) für die Volkswirtschaft. Es
ist *das alles entscheidende Prinzip* einer Demokratie, ist Handlungsmaxime
für Parteien und Medien. Ist der Mensch doch gewillt, jeden Unsinn
anzunehmen, wird er nur plausibel genug aufbereitet.

Zwar ist Deutschland, sind die Staaten der Europäischen Union, noch immer
Demokratien par excellence – verglichen mit den Quasi-Demokratien der
Welt. Dennoch ist zu erkennen, dass selbst Demokratien Spitzenpolitiker
hervorbringen, die demokratische Grundsätze negieren (Polen, Ungarn,
Türkei etc.), an persönlichen Willen festhalten (ob stur oder aus Unvermö-
gen bleibt offen) – und möge der Widerstand noch so offensichtlich sein.
Alles zum nachhaltigen Schaden des Landes, insbesondere, zum Schaden
der Demokratie. So werden überlieferte Ideale, der gemeinsame Diskurs auf
Augenhöhe, negiert; nicht zum ersten Mal (wie die Geschichte uns lehrt).
Die Fundamente der Demokratie – Freiheit und Gleichheit, die Teilnahme
jedermanns – verlangen Anpassung an die moderne Entwicklung in einer
restlos überfüllten Welt, verlangen ein neues Miteinander, ein anderes
Verhalten zwischen Geführten und „Führern" (ein Dualismus, der bleiben
wird; fürchte ich).

Junge Demokratien – die Gründungsphase einmal überstanden – strotzen
zumeist vor Dynamik, entfalten ungeheure menschliche Kräfte; wie wir es
nach dem Zweiten Weltkrieg erlebt haben. Reife Demokratien hingegen
werden behäbig, wuchern aus sich selbst heraus und – wie seit Jahrzehnten –
vergrößern die Kluft zwischen dem was der Bürger unter effizienter Politik
zu verstehen meint und dem was sich tatsächlich tut. Nicht umsonst bilden
sich in fast allen Ländern Europas populistische Parteien, mit populistischen

Führern, die – sollte einmal ein spezifisches Ereignis einen Dammbruch bei Wahlen bewirken – schon mal in die Autokratie oder in den Faschismus führen können (Deutschland 1933). Nehmen Demagogen und Populisten zu, ist es eine Warnung an die Politik, sie verliert die Nähe zur Bevölkerung. Und genau das sind die Prozesse, vor denen wir uns – als Demokraten – fürchten müssen, die uns nicht ruhen lassen dürfen, sich gegen eine saturierte Politik (wie vielfach heute) zu wehren.

Aber, welche Möglichkeiten hat der Einzelne, falls er „demokratische" Grundsätze sichern möchte? Es reduziert sich auf:

- Wählen nach bestem Wissen und Gewissen. Auch wenn Daten und Informationen bereits vorselektiert und gesteuert sind. Fundamental ändert sich aber nichts.
- Man engagiert sich in Parteien, die am ehesten eigener Vorstellung entsprechen. Es ändert sich ebenfalls nichts, hat man sich doch – will man etwas bewirken – in die, alles andere als demokratischen Strukturen einzufügen.
- Man revoltiert als Einzelner, versucht über Gleichgesinnte seine Interessen umzusetzen. Gelingt es, über die modernen Medien, genügend Anhänger und Mitstreiter zu finden, um Wirkung und Dynamik zu initiieren, kann man tatsächlich temporär in der Parteienlandschaft Einfluss ausüben. Jedoch – wie die Praxis zeigt – eben nur temporär. Nachhaltig wirken etablierte Parteien, und die über Generationen..

Wir können es Drehen und Wenden wie wir wollen, Gesellschaftliches, also Soziologisches, ändert sich nur über Generationen, und auch nur dann, wenn Korrekturen sich bewähren, über Generationen politisch wirksam werden (Kap. 24). Schlussendlich geht viel Zeit verloren, dennoch, die Richtung ist entscheidend. Es ist die einzige, die reale, also positive Gegensteuerung.

d) Alternative: Referendum?

So sinnvoll demokratische Abstimmungen zu besonderen Themen scheinen, so kontraproduktiv sind sie, sofern sie nicht sorgfältig interpretiert (mit allen Pros und Contras) sowie nur in Ausnahmefällen angewendet werden. Die Aussagekraft von Referenden ist also nur dann im Sinne demokratischen Verständnisses, wenn eine breite Meinungsvielfalt gegeben ist und fundamentaler Einfluss auf die Nation angenommen werden kann.

Widerspiegelt sich in demokratischen Wahlen Mehrheiten für eine politische Ideologie, kann erwartet werden, dass die politische Elite im Interesse der breiten Bevölkerung die Entscheidungen vorantreibt. Umgekehrt sind Referenden ein Hinweis politischer Unfähigkeit und mangelnden Vertrauens. Es scheint der Entwicklung der Demokratie inhärent, dass politische Meinungen sich immer mehr differenzieren; je stärker Wohlstand und sozialer Ausgleich erreicht scheint. So gelingt es temporären Gruppierungen, individuelle Überzeugungen – weit ab jeder strategischen Ausrichtung –, massentauglich über die neuen Medien populär zu machen und mittels Referenden „mehr Demokratie" zu fordern. Über Alles und Jedes – und doch nur eine politische Stagnation zementieren. Den IT-Medien folgen dann die klassischen Massenmedien, und auch die politische Resonanz bei der einen oder anderen Partei bleibt nicht aus, hemmt zusätzlich. So „demokratisch" Referenden auch scheinen, so gefährlich können sie für die nachhaltige Entwicklung eines Staates werden. Sehen wir doch schon, wie selbst Wahlzyklen von 4-6 Jahren politische Entscheidungen umkehren – teils konträr zu vorhergehenden Entscheidungen, niemals jedoch im Sinne einer strategischen Ausrichtung wirken (Kap.20).

Beobachten wir die Praxis in demokratischen Staaten (nehmen wir die Schweiz aus), z.B. Griechenland zu den EU-Sparauflagen (und gegensätzlichem Verhalten dann der Regierung zum Referendum), oder innerhalb der EU, Referenden zu wiederholen bis das gewünschte Ergebnis erreicht wird, oder den Brexit, so erkennen wir schon, wie Volkes Meinung gesteuert (z.B. Türkei[94]) oder negiert wird, wirtschaftlichen und/oder politischen Einbruch verursachen kann. Initiativen sind häufig purer Egoismus einzelner, denen es – für den Augenblick nationaler Geschichte – populistisch gelingt, Massen zu mobilisieren, zumeist noch zu belügen und zu betrügen; jedenfalls nicht im strategischen Sinne der Nation. Wie beruhigend scheinen dagegen selbst die Wahlzyklen (sic!).

Volksentscheide sind – parallel zu den demokratischen Instrumenten – eben nur dann sinnvolle Instrumente, wenn sie einerseits fundamental die Entwicklung des Staates beeinflussen (zum Beispiel zu strategischer Ausrichtung, oder im Falle eines Krieges oder ob z.B. die EU erweitert werden soll oder nicht) und andererseits, zum Abschluss eines langen Diskussionsprozesses, der jedoch einen breiten Erkenntnisgewinn in der Bevölkerung voraussetzt, also, dann tatsächlichen den Willen des Volkes repräsentiert. Schlussendlich soll ein Referendum eine Spaltung heilen und die politische Einheit stärken (in dem es zum Thema bildet). Die Komplexität der internationalen Beziehungen lässt – zumeist „populistisch" begleitete

---

[94] Recep Tayyip Erdogan 2002; „Die Demokratie ist der Zug auf den wir aufsteigen, bis wir am Ziel sind."

Volksabstimmungen – nicht mehr zu. Widersprechen sie doch vielfältigen internationalen Vereinbarungen und grenzüberschreitenden Usancen; vernachlässigen sie im Handstreich und werfen immer neue Probleme auf. Heutige nationale Änderungen müssen immer Resultate von Expertensystemen sein, und die sind eben einerseits nach intensiven politischem Meinungsaustausch zu initiieren und dann eben konsequent abzuarbeiten.

18. Nationen in der Globalisierung

Seit der wirtschaftlichen, damit finanziellen, besonders jedoch der weltumspannend kommunikativen Verquickung aller Staaten – besonders während der letzten beiden Dekaden –, schließt sich eine rein eigenständige Entwicklung jeder Nation aus. Immer deutlicher werden bei jeder Art nationaler Entscheidung auch multinationale Resonanzen angestoßen. Natürlich hat es immer schon vielfältige Kontakte mit anderen Nationen gegeben. Mit den Vernetzungen durch die technologischen Umwälzungen jedoch, hat jede nationale politische Maßnahme zwangsläufig auch internationale Rückwirkung – und zwar je enger die Netzwerke miteinander verzahnt sind.

Damit hebelt sich auch jede klassisch-politische Vorgehensweise nach lokalen Bedürfnissen aus, erfordert ein anderes Politikverständnis; vielleicht auch einen anderen Menschenschlag in den verantwortlichen Gremien als er sich in den Parteihierarchien, nach lokalen Ideologien und Karriereusancen, entwickelt hat. Es verlangt eine Verhaltensänderung, der Berücksichtigung jeder politischen Maßnahme auf ihre internationale Wirkung wie auch Rückwirkung. Bis heute ist nicht zu erkennen, dass nationale Spitzenfunktionäre diese Interdependenzen verstanden haben; ausgenommen diejenigen, die es gezielt für Vorteile nutzen. Nur danach, und eben nur danach, ist so ein möglichst optimaler Nutzen für die eigene Volkswirtschaft zu sichern. Für kleine Länder gilt dies wesentlich deutlicher als für große.

Ein Beispiel, wie nationale Einstellungen internationale Abhängigkeiten negieren, ganze Staaten in Haftung nehmen können, wie eben „sozialisierte" Kleinkrämereien Veränderungen verkennen: Die Wahl Trumps in den USA. Die deutsche Kanzlerin beglückwünscht mit „Deutschland und Amerika sind durch Werte verbunden. Demokratie, Freiheit, dem Respekt vor Recht und Würde des Menschen [..]. Auf Basis dieser Werte biete ich Trump enge Zusammenarbeit an". Welche Anmaßung, welche Borniertheit! Würde sie andernfalls keine anbieten? Viele seine Äußerungen sind eine Katastrophe zu „Transatlantischen Werten". Aber, neugewählte Staatsoberhäupter zu schulmeistern, ist ein Affront; dazu noch den wichtigsten Verbündeten. Eine Aussage, die auf Jahre die Beziehungen verhärten kann (auch tut, wie wir sehen). Wir sehen, wie sorgfältig diplomatisch in einer eng verzahnten Welt Kontakte gepflegt werden müssen – niemand weiß, in welcher Position wir morgen sind.

Wie wir in Deutschland nach einigen Kanzlerschaften erkennen, sind Überheblichkeit und Eigensinn nie auszuschließen, aber auch eine Hierarchiehörigkeit nachgelagerter Gremien, mit adäquat geprägter „offizieller Einstellung". Es bilden sich Abhängigkeiten (über die Nominierungen), präjudizieren so auch die Parteien, dass selbst breite Meinungsdifferenzen großer Bevölkerungsteile nicht mehr zum Tragen kommen. Ein echtes Demokratiedefizit, dem sich – z.B. in Deutschland – die großen Parteien seit der Nachkriegszeit, dank nahezu „unbegrenzter" Wiederwahl, entziehen konnten. So dominieren Spitzenfunktionäre über lange Zeit – trotz massivem Wandel in der Gesellschaft.

Diese „generationenlange Parteientreue" mag früher (bis Mitte des 20. Jahrhunderts) noch sinnvoll gewesen sein, waren doch wirtschaftliche, und damit politische Abläufe, wesentlich langsamer, nationenorientiert, überschaubar. Die letzten Jahrzehnte zeigen nun aber deutlich, dass unsere demokratischen Regierungen, mit den gewachsenen Verwaltungsapparaten, der Komplexität der international rasanten Entwicklungen nicht mehr gerecht werden, nur mehr „verwalten". Beschleunigen sich die Einflüsse auch für Staaten, reicht eine „nachhinkende" Verwaltung nicht annähernd mehr, um die vielfältigen internationalen, damit auch eigenen Probleme zu lösen.

Es sind Entwicklungen die bekannt sind, aber wir nicht so recht fassen können, ihnen ausgeliefert scheinen. Dennoch, sie sind lösbar! Allerdings sind die fundamentalen Ursachen zu definieren (nicht oberflächliche, in fruchtlosen Diskussionen) sowie strategische Maßnahmen abzuleiten (Kap.20), um – als größtes Problem – Kontinuität in der Neuausrichtung zu beweisen.

Die entscheidenden Ursachen sind schnell erkannt. Betrachten wir nur die „demokratischen" Prozesse der staatlichen Organisationen, die Strukturen und handelnden Institutionen und Parteien. Zwar haben wir Wucherung, Verstarrung kritisiert, die Ursachen liegen jedoch tiefer. In den Apparaten hat sich ein Verhalten entwickelt, das nicht mehr von professioneller Logik durchzogen ist, sondern von wechselnden Ideologien geprägt wird. Die, je lauter, umso besser, oft polemisch, also populistisch versuchen „Eyecatcher"

medienwirksam, selbst gegen jede Vernunft, einzubringen, Entscheidungsprozesse verzetteln (s.o.). Was auch häufig – aus Angst Wählerstimmen zu
verlieren – gelingt; aber, alles andere als strategisch rational ist, nur der
Wahlarithmetik dient.

Zwar sind nicht einzelne Spitzenpolitiker schuld an dem schleichenden
Verlust der Entscheidungs- und Leistungsfähigkeit des Staates, aber alle
tragen Schuld mit, wenn sie nicht – kraft ihres Amtes (besser, ihrer Berufung) und (hoffentlich) Fähigkeit – sich bewusst wehren, sich auflehnen,
sofern fachliche Hinweise wie reale Gegenbewegungen in der Bevölkerung
offensichtlich sind. Im Wettbewerb von Staaten berechtigt es nicht mehr,
den Millionen „bürokratisch" Abhängiger die „temporär" offizielle Meinung
aufzudrängen, sofern es plausible Einwände gibt. Es wäre „nationale
Stärke", dieses doch ungeheure fachliche und menschliche Potenzial unserer
riesigen Verwaltungen zu mobilisieren, Kreativität, Leistungsbewusstsein im
Sinne der Volkswirtschaft zu heben, den Wettbewerb mit den Staaten
bewusst aufzunehmen.

19. Abstieg Europas – Endzeit?

Der Wandel von der Agrarwirtschaft zur Industrienation ist in den Industrie-
ländern abgeschlossen. Die Fertigung, die Produktion von Gütern, hat – zu
Gunsten der Dienstleistung – auch nur mehr einen Anteil von 16-24 %.
Völlig offen, wie sich im weltweit kapitalistischen Systemen die wachsenden Kapital- und Technologietransfers noch auswirken werden. In immer
kürzere Zyklen werden jene Länder wirtschaftlich – also auch sicherheitspolitisch – die Nase vorne haben, in denen Politik und Wirtschaft eng zu-
sammenarbeiten, sich unterstützen, ihre Ressourcen bestmöglich einsetzen.

Und, wie verhalten sich die Demokratien in Europa? Wer politisch am
lautesten, dazu möglichst kontinuierlich schreit, die meisten Stimmen bei-
bringen kann, genießt den Vorteil gegenüber jener, die – in Stille, mit wenig
öffentlicher Anerkennung – Kapital und Engagement einsetzen, „unternehmerisch" tätig sind, aber immer noch dem feudalen Ausbeuter des vorhergehenden Jahrhunderts gleichgesetzt werden; also, unbegrenzt zu rupfen
sind. Wie wenn sich die Trennungslinie „Arbeiter" zu „Kapitalist" nicht
schon weitgehend aufgehoben hätte – über Generationen von Unternehmern.
Je, die etwas unternehmen, waren eben immer schon die Motoren der Wirtschaft, der Nation – und, von denen könnten wir nicht genug kriegen.

So haben wir in Europa, im Zuge der Industriellen Revolution, ein Wohl-standsniveau erreicht, ergänzt mit breiter sozialer Absicherung, das seines-gleichen in der Welt sucht. Ein Prozess von einem guten Jahrhundert. Vor gleicher Herausforderung steht nun der übergroße Teil der Welt, Schwellen-länder in unterschiedlichsten Entwicklungsphasen – weit hinter Europa und Nordamerika. Bisher waren die Billiglohnländer für uns preiswerte Roh-stofflieferanten die unsere Produkte produzieren, wir dort gerne unseren Urlaub verbrachten. Plötzlich wollen sie alle die langen Entwicklungsphasen überspringen – verständlich, auch gerecht (wenn auch problematisch, für uns!).

Noch bestimmt der Westen weitgehend die Prozesse – aber, alles verschiebt sich. Noch versucht westlicher Kapitalismus die Renditen auf deren Kosten zu erhöhen, stülpt den Völkern bewährte Investitionen, Verfahren der Agrar-kulturen, Transportmöglichkeiten über, unterstützt von moderner Informa-tionstechnik, und setzt so in den Ländern der Dritten Welt zwangsläufig Arbeitskräfte frei, die gerade erst ein erträgliches Auskommen gefunden hatten. Nicht nur, dass wir damit – unbeabsichtigt – die Spaltung in Arm und Reich weiter vorantreiben, Korruption schüren und Nationen destabilisieren, schaffen wir uns selbst neue Probleme. Wie werden die „destabilisierten Massen" sich wohl verhalten, oder, wohin sich wenden wollen? Natürlich zu uns, nach Europa, nach Nordamerika (das sich bereits sperrt). Alles begleitet von politischen Auseinandersetzungen, von denen wir uns auch nicht mehr abkoppeln können.

Nach der euphorischen Entwicklung der Europäischen Gemeinschaft in den ersten Jahrzehnten der Nachkriegszeit, tritt nun Ernüchterung ein. Weit-sichtige Politiker, die die europäische Einheit, die europäischen Verträge vorantrieben, gibt es kaum mehr. An allen Ecken und Enden beginnt der Zusammenhalt zu bröckeln. Die Norweger lehnten per Volksabstimmung den Beitritt zur EU ab, die Schweden und Dänen den Euro, Holländer und Franzosen den Europäischen-, die Iren den Lissabon-Vertrag, die Italiener das Sparen, die Griechen ... etc.; dann kündigte sich der Austritt Großbritan-niens an (wenn offensichtlich auch aus verkorkster Wahl) und überall gibt es Abspaltungstendenzen. Obwohl doch die EU ein gutes halbes Jahrhundert lang, bei durchaus fruchtbarer Zusammenarbeit, zum Vorteil aller war.

Es ist diese Komplexität, folglich die abnehmende Identifikation zu den doch intransparenten Zusammenhängen innerhalb der EU, sowie die viel-fältigen Assoziierungsabkommen und Überlappungen der Integration – alles gut gemeint (was alleine ja nicht reicht). Ergänzend verschwimmen die Vorteile und Gründe im Dunst der Geschichte, und Neues, zu den gefühlten

Problemen, wird nicht geboten. Maßnahmen bleiben ferner unverständlich, und unter dem Geschrei dümmlicher Provokateure und Populisten schwindet schlussendlich das Vertrauen, konstruiert Abneigung.

Populisten sind eine eigene Spezies – Gott sei Dank, eine verschwindende Minderheit, soweit sie irgendwelchen Verschwörungstheorien verfallen. Dennoch sind sie gefährlich, können sie doch – stehen ihnen die IT-Medien zur Verfügung – Irreales in Demokratien auslösen; wenn auch Hinweis sein, dass etwas im Argen liegt, also politische Reaktion hervorrufen sollten. Im Extrem verzerren sie Volkes tatsächlichen Willen. Vielfach lügen sie, dass sich die Balken biegen und nützen dabei Unsicherheit, Unkenntnis und Furcht des Publikums. Populisten haben eine hohe Sensibilität für Leiden und Empörungen und können so, über Massendemonstrationen und irreale Meinungsbildung, selbst rationales Verhalten eines Staates ad absurdum führen. Dennoch sind sie Spiegelbild zu aktuell aufgeheizten Themen, wenn auch ein verzerrendes; sind also – haben doch alle Parteien so begonnen – politisch ernst zu nehmen. Es ist nun mal so, fehlt den staatlich Verant-wortlichen das Verständnis was „Unten" vor sich geht, entwickeln sich neue, vielfach unerwünschte, insbesondere „nicht-demokratische" Einflüsse, die eben in volkswirtschaftlich absurde Richtungen drängen können. Dz. erkennen wir Bewegungen in ganz Europa. Gegen die EU-Politik oder den Euro, vielfach auch mit durchaus verständlichen Bedenken (Geldpolitik, Asylpolitik, Sicherheit etc.).

Und da sich nun mal immer menschliche Außenseiter finden – ob zum eigenen Nutzen oder ehrlich gemeint –, um alles Mögliche anzuprangern, selbst wenn sie nichts von den Zusammenhängen verstehen, erwachsen eben – als Massenphänomen – negative Einflüsse, die nicht im Interesse einer Volkswirtschaft sein können. Steuert die Politik nicht rechtzeitig gegen, wirken sie zwangsläufig über „demokratische" Prozesse kontraproduktiv zur Entwicklung. Ist der Zug dann abgefahren, kann Volkes (ad hoc-)Meinung offiziell nicht mehr negiert werden. Es dirigiert also nicht rationale Vernunft, sondern populistisch aufgeheizte Themen, selbst wenn der Katzenjammer folgt und es keiner gewesen sein will (wie im Falle des Brexit, die Initiatoren sich absetzen und ihre Wähler dem Schicksal überließen). Ein weiteres Manko reifer Demokratien.

Zwar ist der populistisch aufgestachelte Ärger, der sich bei vielen Bürgern der EU angesammelt hat, begreifbar, hat aber das Zeug in sich, das so mühsam aufgebaute Gebilde ins Wanken zu bringen. Vorwiegend sind es Resultate stagnierender Wirtschaftsentwicklungen, von Einkommensverwer-fungen und Unsicherheiten. So gibt es seit gut einem Jahrzehnt kaum noch

Produktivitätsfortschritte (weder in der Wirtschaft noch in den öffentlichen Verwaltungen), und selbst die digitale Revolution der Neunzigerjahre leistet kaum mehr nennenswerte Beiträge – es fehlen die Visionen. Vor allem jedoch fehlen die ethischen, die solidarischen, die friedenssichernden Einstellungen der Gründungsphase, die wieder in Erinnerung zu rufen wären. Eigentlich sind es – im Sinne des Gesamtwerkes EU – Banalitäten, die sich leider auf die gesamte Gemeinschaft übertragen, unsere fundamentale Philosophie der europäischen Einigung vernebeln. Schon der Beitritt der Briten 1973 zur EWG war nicht mehr von den hehren ursprünglichen Zielen der Gemeinschaft, von Werten wie Frieden, Sicherheit und Menschenrechten getragen, sondern von wirtschaftlichen Überlegungen, von Nutzenmaximierung – was ja zu dem unverständlichen Britenbonus führte. Wie es ja auch Premierministerin Thatcher mit „I want my money back" ständig so überaus deutlich zeigte (heute wieder, als Argument des Brexit). Damals schon eine Kehrtwende!

Dabei hätte man doch von den Briten – als ehemalige Kolonialmacht, vormals mit dem Commonwealth einflussreichste Nation – mehr Größe für so ein einzigartiges Projekt wie der EU erwarten können. Wirken Komplexe? Der Abstieg aus dem Machtolymp? Als gefühlt in „zweiter Reihe", gegen die deutsch-französische Achse, oder noch immer alte Aversionen gegen das Dritte Reich? Unglaublich, dass so etwas, heute noch, über ein ganzes Volk wirken kann. Wie z.B. den Wahltag als Independence Day auszurufen, der EU Schmutz und Korruption vorzuwerfen oder „We want our country back", oder nach gewonnener Schlacht überwältigt auszurufen „We are free, free", in völliger Verkennung der Zusammenhänge. Man beginnt an der Vernunft eines ganzen Volkes zu zweifeln. Eines Volkes, das schon im 13. Jahrhundert mit der Magna Charta demokratische Geschichte geschrieben hat, das übersieht, wie innig es bereits mit dem Kontinent verbunden ist. Eben, alles eine Frage der Bildung.

Im Zuge des Asylantenzustroms – ausgelöst durch kurzsichtige deutsche Politik – sondern sich immer mehr Länder von den EU-Zielen ab. So schotten sich z.B. osteuropäische Staaten gegen den Flüchtlingszuzug ab. Überall in Europa bilden sich rechtsextreme Gruppen. Wenn wir Pech haben, zerbricht Europa nun zwar nicht an einem Krieg, sondern an nationalen Interessen und populistischen Agitatoren sowie an unfähigen Politikern, die nicht in der Lage sind, die Kernelemente der Gemeinsamkeit (vereinte Stärke, Wettbewerbsfähigkeit, Fundamente der Freizügigkeit von Personen, Kapital und Dienstleistungen, auch Sicherheit, Wohlstand und andere mehr) zu fördern, auszubauen, insbesondere aber das Publikum in den gemeinsamen Integrationsprozess mitzunehmen.

Trotzdem wären alle diese negativen Einflüsse vernachlässigbar, im Hinblick auf die Perspektiven eines positiv sich ergänzenden Europas und den latenten Gefahren die sich von den neuen Mächten aus der Globalisierung, wirtschaftlich wie militärisch, gegen die europäische Kleinstaaterei ankündigen. Wo finden wir die Ursachen dieses Siechtum in fast allen europäischen Nationen, dieses mangelnde Verständnis für die doch immer noch geltende Philosophie einer europäischen Gemeinsamkeit in einer sich doch so dramatisch verändernden Welt; und mehr noch, der fallender Solidarität für die unterschiedlichsten Probleme je Mitgliedsstaat?

Beobachten wir z.B. wieder den Brexit, mit so massiv unterschiedlichen Ansichten zur EU (wie Alte zu Junge, Gebildete zum Rest, Wohlhabende zur Masse jener, die sich kaum über die Runden halten können etc.). Die Gründe finden wir wiederum in einer erstarrenden, einer selbstgefälligen Politik und Bürokratie, der es nicht gelingt, die massiven sozialen Unterschiede – stagnierende Einkommen, hohe Lebenshaltungskosten, starres Klassenbewusstsein – in den Griff zu bekommen.

Mangelnder Einbezug der Bevölkerung in die gemeinsamen Prozesse des europäischen Hauses – vermutlich auch mangelndes, ein elitenförderndes, traditionsbewusstes, schon längst überholtes Bildungssystem – bildet so eine (unbewusst) willfährige Masse, der einerseits die neutrale Beurteilung der Zusammenhänge entzogen wird, aber andererseits auch den Nährboden für populistische Agitatoren bildet. Sehen wir nur die treibenden Kräfte, die sich innerhalb kurzer Zeit, selbst innerhalb der Parteien bilden und mit einseitigen Pauschalierungen, unfairen Behauptungen und falscher Darstellung der Zusammenhänge, dennoch Massen mobilisieren können.

Auf einfachstem Nenner gebracht: Ein veraltetes, traditionell hoheitlich geprägtes Bildungswesen, vernachlässigt den Einbezug des Großteils der Bevölkerung in den realen Diskurs zu politisch international fundamentalen Fragen. Und das Bindeglied der modernen Demokratien, die Medien, verhalten sich entsprechend einseitig und „traditionsgeprägt", also nicht neutral, und dabei selbstgefällig. Dazu kommt, dass eine sich vom Boden der Realität gelöste, zerstrittene, offensichtlich kleinkarierte Politikerkaste, eine Jahrhunderte alte, weltweit angesehenen Nation in ein wirtschaftliches Dilemma stürzen kann, selbst den Zusammenhalt des Staates infrage stellt.

Über allem stehen jedoch, für ganz Europa, einige grundsätzliche Fragen: Was geht in den nun reifen Demokratien an innerem Zusammenhang verloren? Was ändert das Verhalten der Menschen in Wohlstandsgesellschaft und warum leben sich Politik und Wähler immer stärker auseinander?

Warum verzetteln wir uns in kleinkarierten, in individuell-egoistischen Auseinandersetzungen und vernachlässigen das große Ganze – für die Zukunft der europäischen Nationen, für uns und unsere Nachkommen?

Eines können wir jedenfalls schon erkennen, eine jahrzehntelang schleichende Aufweichung straffer, disziplinierender Maßnahmen durch immer weniger konsequente Staatsführungen in Europa – und zwar offensichtlich umso nachhaltiger, je länger sie Wohlstand genießen, oder besser, degenerieren. So sehr wir auch freiheitliches, liberales Gedankengut schätzen, umso mehr muss erkannt werden, dass auch die Wohlfahrt in Demokratien an ihre Grenzen kommt, wenn alles, mangels Disziplin, Verantwortungsbewusstsein und Wissen, „zerredet" wird, uns selbst blockiert, um es nur jedem recht zu machen, immer mehr in Verwaltungen und Wohlfahrt investieren – mit schlussendlich gegenläufiger Effizienz.

Beurteilen wir die aktuelle Entwicklung anderer politischen Systeme! Leidvoll müssen wir erkennen, dass autokratische Gesellschaften ihre weltwirtschaftlichen Vorteile systematisch ausbauen. Dabei gelingt es ihnen, selbst private Unternehmer zu überzeugen, sie mit einzubinden, unternehmerische Datenbanken zusammenzuführen, über massenhafte und flächendeckende Datenauswertung „Transparenz" nach vielfältigen Facetten, bis zu staatlichem „Controlling", zur Leistungs- und Sicherheitsüberwachung über ein Milliardenvolk, einzusetzen. Wo sind da je die Grenzen? Erfahrungsgemäß kommt immer etwas Neues hinzu – und die Freiheit nimmt ab. Neue Formen der Staatsführung zeichnen sich ab. Wo die Grenzen sind, bleibt der Ideologie der Staatsführung überlassen.

Ob wir uns in Europa abkoppeln können? Beobachten wir nur unsere europäische Politik – nach derzeitig „demokratischen Philosophien" wäre „Überwachung" zwar wenig wahrscheinlich, dennoch, es schließt sich nicht aus. Wenn wir unsere freie Gesellschaft bewahren wollen, werden wir wohl vieles akzeptieren, Abstriche hinnehmen müssen. Die Voraussetzung für nachhaltige Freiheit ist jedoch – wiederum – die Qualität unserer Führung!

Teil 3

Perspektiven

praktikabler demokratischer Politik

Wir erkennen aus den wenigen, dennoch gravierenden Beispielen politisch-demokratischen Fehlverhaltens – Richtiges empfinden wir intuitiv ja weniger signifikant –, eine zunehmende Distanz der Bevölkerung zu politischen Prozessen, bis zu depressiver Einstellung: „Man kann dagegen nichts machen!" und weiter: „Egal wen man wählt". Und das, europaweit! Kein Wunder, dass jede neu etablierte Partei sich sofort massiven Zustroms erfreut – egal mit welch chaotisch zusammengewürfeltem Haufen, egal banaler pauschalierter Programme, mit Repräsentanten von beklemmender Einstellung –, und dennoch, mit bis zu zweistelligen Ergebnissen aus dem Stegreif. Temporäre Erscheinungen, die zumeist wieder in der Versenkung verschwinden – Vertrauen können sie nachhaltig jedoch nicht sichern. Sie bleiben häufig das kleinere Übel zu den etablierten Parteien – bis zum nächsten Versuch. Nur, Staaten sind so nicht mehr zu führen! Eingefahrene ideologische Verhalten entsprechen nicht mehr den Anforderungen einer globalisierten Welt, geschweige, den Veränderungen. Zwar erfreuen sich alteingesessene Volksparteien noch eines nostalgischen Stammwählers, sodass Irreales die eingefahrenen bürokratischen Parteistrukturen über Dekaden nicht gefährdet – leider auch die Ziellosigkeit der Staaten.

Teilen wir Westeuropa in zwei Gruppen, in die Privaten und öffentlichen Verwaltungen, so erkennen wir sofort den mental gravierenden Unterschied. Der Einzelne, das Unternehmen, versucht, über Rationalität des Handelns seine Existenz zu sichern – somit als Beitrag zum BIP. In der öffentlichen Verwaltung hingegen nimmt kaum jemand aus innerer Überzeugung Rücksicht auf eine, wie immer definierte Wirtschaftlichkeit, auf volkswirtschaftliche Vernunft, sondern maximiert, angepasst an gerade herrschende Ideologien, seine Interessen; besser, seine Vorteile für Karriere und Einkommen, bis zur Pensionierung – als Belastung des BIP per se. Über alle Medien erfahren wir tagtäglich diese Verhaltensweise unserer Repräsentanten – als wäre Politik eine Versorgungseinrichtung. Politik hat sich zu einem Beruf –

nicht mehr Berufung – entwickelt. Man dient, loyal, angepasst und ideologisch rein, sich hoch, wird dafür mit höchsten Weihen ausgezeichnet, über konservativ klassische, über bürokratische Strukturen in Partei und Verwaltungen weitergereicht. Also, ein völlig konträres Verhalten, wie es die Sicherung der Existenz in der freien Wirtschaft, vom Kleinsten bis zum Größten, erzwingt.

Gelingt es nicht, politischen Aufgaben als Dienstleistung für den Staat, also für die Bürger, als echte Verantwortung in unseren „Volksvertretern" zu verankern, ferner nur die Fähigsten, erfahrene, jene für die jeweilige Funktion geeignetsten (Kap. 23) zu gewinnen, wird sich die gefühlt politische Trostlosigkeit – eben, bis zum Abgrund – fortsetzen.

Signifikante Beispiele staatstragender Entscheidungen finden wir besonders nach dem Zweiten Weltkrieg im Zuge des Aufbruchs der neuen Demokratien. Mit Persönlichkeiten, die die überregionale Zusammenarbeit von Industrie und Verwaltung förderten, Persönlichkeiten mit ethischen Visionen, um eben nie mehr nationale Gegensätze in Scharmützel aufbrechen zu lassen. Über Jahrzehnte forcierten herausragende Staatsmänner die Entwicklung zur Europäischen Union – wir profitieren noch heute davon. Finden wir heute signifikante Beispiele, Persönlichkeiten mit visionärem Gestaltungsdrang, für ein gemeinsames Europa? Kaum! Staatsführungen haben sich in „Staatsverwaltungen" gewandelt, mit immer neuen, tagespolitisch gerade „wichtigen" Maßnahmen; und visionäre Staatspolitik ins Gegenteil verkehrt. Zwar wird ganz „ordentlich verwaltet" – reicht aber nicht. Kernaufgaben verlieren sich im tagespolitischen Getöse. Dieser sich verhärtende Trend ist allerdings nicht erstaunlich, beurteilen wir nur die Qualität der Führungsprozesse, besser, wie nachlässig, vielfach unprofessionell, die Machtbefugnisse, kaum im Sinne staatlicher Entwicklung, ausgeübt werden, von Ideologien, von persönlichen Einstellungen, von tagespolitischem Geschehen überladen.

Über die Jahrhunderte haben sich zwar immer diffizilere Verwaltungsabläufe bewährt, „hierarchisch" ordentlich weiterentwickelt, dem Publikum „staatliche" Betreuung gesichert. Das war es schon! Reicht aber heute nicht mehr, entwickelt Hemmnisse! Unsere „demokratischen Prozesse" kosten nicht nur viel – haben sich die Staatsquoten ja annähernd verdoppelt –, sondern werden auch zunehmend „ungerechter". Zwar hat sich der Wohlstand für die meisten positiv entwickelt[95] – trotz aufgeblähtem Verwaltungs-

---

[95] Die Einkommensunterschiede haben sich in Deutschland innerhalb der letzten 30 Jahre vergrößert (Gini-Koeffizient von rd. 0,25 auf 0,29), dito beim Vermögen.

apparat –, aber, genügt das für die Zukunft. Grenzen scheinen erreicht! Das Wachstum stagniert europaweit, die Spaltung in Arm und Reich nimmt zu, die Existenzsicherung der Alten rapide ab, andere riesige Ökonomien (China, Indien, und weitere Schwellenländer) werden das Wachstum bestimmen,, und das Einkommen sich weltweit nivellieren – heißt, für Europa, es geht bergab. Weder der gigantische Verwaltungsapparat, noch die Sicherheit, noch die aufgeblähten, bis in kleinste Bedürfnisse gewährten Sozialleistungen und Versorgungen, werden in diesen Maßen aufrecht zu halten sein. Die europäischen Staaten sind – mit längst überholter Philosophie einer sich selbst sichernden, immer weiter wachsenden Staatsverwaltung – für die Zukunft in einem globalen Wettbewerb, alles andere erfolgreich positioniert.

Damit zur deutschen Politik. Was hat sie denn im letzten halbem Jahrhundert greifbar Positives erreicht, um die Entwicklung der europäischen Staaten wettbewerbsfähiger zu gestalten, damit Europa – wie über Jahrhunderte – wieder eine bedeutende Stellung in der globalen Entwicklung einnehmen, so ihren Bürgern nachhaltig Wohlstand sichern kann. Wenig! Eigentlich nichts! Ausgenommen die Wiedervereinigung – die aber, ist ihr in den Schoß gefallen –, oder die Agenda 2010, deren positive Wirkung die Politik ja gleich wieder aushöhlte. Im Gegenteil, alle diskutierten, politisch schwerwiegenden Fehler, haben den Prozess in die Stagnation, zu politischer Abhängigkeit, bis zur (wirtschaftlichen) Bedeutungslosigkeit, beschleunigt. Haben die individuelle Entfaltung, unternehmerische Initiative, kreative Rahmenbedingungen, den Freiraum, mit immer strafferen Regulierungen, diffizilen, sich zunehmend überschneidenden Gesetzen, steigender Abgabenlast, gehemmt – schleichend, kaum bemerkt; und das über gut fast vier Jahrzehnte.

Nach dem Zweiten Weltkrieg, in der Wiederaufbauphase, weg von fast null (bei jedoch breiter Erfahrung, hohem Wissen, überlieferten „Potenzialen", gesellschaftlichem Zusammenhalt), bestimmten zwar emotionale und ideologische Auseinandersetzungen – wie sie uns heute fremd sind – die politische Landschaft. Dennoch, es herrschte Aufbruchsstimmung, Dynamik, es waren fruchtbare, wenn auch vielmals emotionale, aber demokratische Auseinandersetzungen, in denen selbst der Einzelne – wie wir Alten uns erinnern – sich in den politischen Prozess mit einbezogen fühlte; so auch seinen eigenen, wenn auch bescheidenen Beitrag im demokratischen Rahmen leisten konnte. Es war diese Bodenständigkeit, welche die Massen emotional bewegte, ein „demokratisches" Verhalten vom Letzten bis zur Regierung – in einer noch jungen Demokratie. So „reiften" die staatsinternen Abläufe, stabilisierten sich in gelebter Kultur, die nun allerdings, ordentlich und geruhsam, die staatspolitischen Prozesse „abwickelt"; selbst die Medien sich damit abgefunden haben.

Dazu gibt es viele Beispiele. An eines erinnere ich mich besonders. Zu Beginn des großen Asylantensturms 2015 nach Deutschland (nicht nach Europa!) war die Bevölkerung, nicht wie medial oft vorgegeben, gespalten, sondern über „gereifte politische Stabilität" inhärent „dirigiert" – zwar nicht beabsichtigt, nicht geplant, aber doch in den so gewachsenen politischen Usancen, quer über die Gesellschaft, „hierarchiehörig" geordnet[96]. Es ist erstaunlich, dass nach einem kurzen Statement, nämlich der „unbegrenzten Zuwanderungsmöglichkeit", sich eine breite Willkommenskultur bildete und erst nach Jahren, nachdem die ganze Problematik allen bewusst geworden war, die Stimmung kippte. Als, selbst noch am Parteitag 2017 der CDU, die Kanzlerin zum „unbegrenzten Zufluss" gefeiert wurde, obwohl die Delegierten die negative Stimmung der Basis schon kannten. Aus vielen Gesprächen schlug die Verwunderung durch: „Man kenne niemanden, der tatsächlich von dieser Art Politik überzeugt war". Es ist ein soziologisches Phänomen „reifer" Demokratien, eine Art „saturierter Gehorsam", der demokratischen Widerstand versanden lässt. Als bedenkliches Phänomen?!

Dieses scheinbare Paradoxon ist aber keines, es hat seine Ursachen sowohl in den geruhsam eingefahrenen Abläufen – mit Wohlstand abgesichert –, wie auch in den Abhängigkeiten. Keiner wird seine Existenz und Karriere gefährden, in dem er nicht lauthals und begeistert die Richtung der Vorgesetzten einschlägt. Was zusätzlich verwundert ist, dass selbst die Opposition die Richtung mittrug, wenn auch verhalten. Aber das liegt an der politisch stabilisierten Kanzlerschaft und einem „unverantwortlichen Humanismus"[97].

Die europäische Bevölkerung erlebt zum ersten Mal in neuerer Zeit, dass ein erfolgreicher Staat nicht in der Lage war, fundamentale Rechte durchzusetzen, über lange Zeiträume nicht rational reagierte, im Gegenteil, mit immer weiteren Rechtsverstößen versuchte, den aus dem Ruder laufenden Prozessen irgendwie zu begegnen. Das ging aus politischer Eigensinnigkeit soweit, dass selbst der Bruch der Europäischen Union Drohkulisse wurde. Und überraschend war der Zustrom ja auch nicht, hatte er sich doch schon lange angekündigt. Die europäischen Regierungen haben offensichtlich, bei außerordentlichen Einflüssen, die Grenzen ihrer Handlungsfähigkeit erreicht. Verwalten alleine reicht eben nicht, ist keine „Staatskunst"!

Wir sehen, gravierende politische Veränderungen können Staaten auf Jahrzehnte gefährden, selbst die Union destabilisieren. Wir sehen ferner, dass,

---

[96] Reicht allerdings weit zurück, über den Westfälischen Frieden 1648 hinaus.
[97] Ross Douthat, *New York Times*, Januar 2016

wenn „saturiert-politisches" Verhalten nicht mehr demokratisch korrigierbar ist, Persönlichkeiten mit „populärer" Macht, dank eingefahrener politischer Strukturen und Usancen, Staaten durchaus in politische wie wirtschaftliche Schieflage bringen können; sodass selbst „demokratischer Wille" nicht mehr korrigieren kann.

Unser Verhalten in den europäischen Gesellschaften, in saturierten, reifen Demokratien, hat sich über letztes halbe Jahrhundert unerkannt gewandelt. Die Organisationen mit ihren Führern scheinen nicht mehr fähig, staatspolitisch „Außerordentliches" abzuwehren – in einer Umwelt, die chaotischer nicht sein kann –, sie weder in der Lage sind, Grenzen zu schützen, noch ihre Rechtssysteme durchsetzen können. Das einzige, was – in diesem Falle – für die Kanzlerschaft in Deutschland sprach, ist Fleiß, Gelassenheit, also Bürokratismus pur. Das reicht eben nicht mehr. Es bedarf strategischer, konstruktiver, kreativer, dazu diplomatischer Führung – insbesondere in den wirren Zeiten der Globalisierung, mit weltumspannenden Vernetzungen, die alle staatspolitischen Erfahrungen der Jahrhunderte auf dem Prüfstand stellen, sich auch in obigen Verzerrungen wiederspiegeln. Verzerrungen, die sich zunehmend verketten, die Prozesse beschleunigen, für die „Ex-post-Rationales" alleine nicht mehr reicht, mehr erfordert, nur Ängste, Fragen nach den Perspektiven, für Nation und Union, aufwerfen.

20. Chaospolitik versus Strategie

Was nützen der Regierung und den regierungsnahen Organisationen all die (wachsenden) Expertenstäbe und wissenschaftlichen Beratungsgremien, wenn deren Erkenntnisse dann doch nicht in politische Entscheidungen einfließen. Zwar sind in demokratischen Prozessen widersprüchliche Ansichten wünschenswert, führen aber nur dann zu einem Konsens, wenn sie auf ähnlicher Wissensebene, dazu noch vorbehaltlos (was an Unwahrscheinlichkeit grenzt!) ausgetauscht werden, also, zu einem vernünftigen und rationalen Konsens führen. Aus dieser formalen Grundlage rationeller Entscheidungsfindung erkennen wir schon, warum die, zumeist über Jahre demokratisch erzielten Kompromisse, heute nicht annähernd mehr zur Bewältigung vielseitiger Fragen führen können. Daran ändert auch die übliche Verhaltensdiskrepanz zwischen den Generationen nichts. Wirkt doch an den Schalthebeln politischer Macht ja bereits die zweite, dritte Nachkriegsgeneration, und ist genauso von den alten Verwaltungsstrukturen geprägt.

Wie fänden wir denn nun professionelle Ansätze, gefährliche Blockaden zu stoppen, katastrophale Pattsituationen aufzulösen? Eines wäre allerdings zu vermeiden: Eine „technokratische" Abwicklung der Prozesse, die formale Fortschreibung immer komplexer werdender staatlicher Strukturen, über die dann – eben, genau deswegen – niemand mehr in der Lage ist, fundamentale Änderungen zu initiieren. Einerseits, weil sie kaum „populär transparent" möglich sind, noch weil irrationale Strömungen nie auszuschließen wären. Hat sich doch über die Jahrzehnte eine „*Kompromiss-Kultur*" eingebürgert, die „Emotionales" zu Lösungen werden lässt. Schlussendlich verbleibt eine fortgesetzte Wucherung, Verstrickung in immer komplexere Organisations- und Interessensverflechtungen, die – wird nicht radikal gegengesteuert (was nur in Zusammenbrüchen oder Kriegen zu erwarten ist) – ins organisatorische, und damit ins wirtschaftliche Chaos führen muss. Die technischen und organisatorischen Abläufe des 20. Jahrhunderts – mit zwar unglaublichen Rentabilitätsgewinn (allerdings nicht auf politischer Verwaltungsebene) –, sind zugleich so auch Ursachen des Niedergangs. Kaum wird erkannt, wann zu korrigieren, und wo einzugreifen wäre.

Erschwerend kommt die (ethische) Aufgabe einer möglichst breiten Teilhabe aller hinzu; was konsequenten politischen Diskurs erwarten lässt – nicht nur als demokratische Selbstverständlichkeit, sondern auch als Bildungsförderung, als Rückbesinnung auf demokratische Grundlagen, als Voraussetzung, weiteres Auseinanderbrechen der Gesellschaft zu verhindern. Die kaum zu fassende Komplexität nationaler Einflüsse, besonders bei vagen Perspektiven, und das Ganze noch logarithmisch aufgebauscht von der Internationalität, überfordert zwangsläufig nicht nur die Politiker, sondern auch viele Experten. Wie soll man da die Millionen in die politischen, die demokratischen Prozesse mit einbeziehen, Konsens erwarten können? Genau hier finden wir die Ursache des Auseinanderdriftens unserer Gesellschaft!

Wollten wir einen „Turnaround" bewältigen (zu mehr Leistung, zu sozialem Ausgleich, bei internationaler Sicherheit), würden die vielfältigen Belastungen für die Zukunft, mit all den aufgestauten Problemen und Unsicherheiten, nicht nur Antworten, sondern auch eine Verhaltensänderung erfordern – sofern wir noch von der Demokratie, als freiheitssichernder Staatsform, überzeugt sind. Die demokratische Zukunft ist dann – so falsch, so unsicher Prognosen auch sein mögen – eben *nur mit* der Bevölkerung zu meistern; in gemeinsamer Verantwortung. Das verlangt allerdings andere Einstellung, ein anderes Verhalten der Politik, als sie uns heute, mit ihrem überkommenen Prestige-, Überheblichkeits- und Hierarchiedenken gegenübersteht.

Unter Strategie verstehen wir wirtschaftlich die Erreichung eines Zieles mit den zur Verfügung stehenden Ressourcen (in bestmöglicher Zeit). Für Staaten gilt gleiches, wenn auch wesentlich komplexer. Der Sinn einer Strategie ist die optimale Bündelung der Ressourcen sowie ihr abgestimmter Einsatz – also auch mit Zwischenschritten – im relevanten Zeithorizont. Die Erarbeitung einer Strategie ist ein iterativer, ein zeitaufwändiger Prozess, der – für Staaten – eine entscheidende Hürde hat: Die Bestimmung des „demokratischen" Ziels! Für autokratische, für autoritäre Staaten, kein ernsthaftes Problem – ist doch per definitionem der persönliche Wille des Herrschers das Ziel, und möge er es noch so häufig ändern. Selbst die Durchsetzung unterliegt seiner Intuition. Für demokratische Staaten ist die Strategie eine fast unüberwindliche Hürde – oder, eben nur sehr allgemein formuliert, sodass alleine schon die Maßnahmen im Zuge der Prozesse viele Aufweichungen erfahren werden, das (ursprüngliche) Ziel per se dann nie zu erreichen ist. Dennoch ist es die einzige erfolgreiche Alternative. Eine möglichst konsequente Bündelung der Ressourcen zum Erreichen einer „Vision", und möge sie noch so oft korrigiert und verschoben werden; zumindest ist eine – wenn auch nur temporäre, ständig angepasste – Bündelung im Sinne der Volkswirtschaft erfolgreicher als keine. Bietet Sicherheit für Unternehmen und Private, schafft (endlich) Transparenz auf breiter Basis und fördert Identifikation und Einsatzbereitschaft; ist eben Voraussetzung für jede Kooperation und Partnerschaft; und Voraussetzung jeder echten Demokratie.

Natürlich ist es schwierig (Kap.11), strategische Positionen festzulegen, insbesondere in den Umbrüchen der Globalisierung, der sicherheitspolitischen Bedenken, wirtschaftlichen Auseinandersetzungen, Machtverschiebungen, der oft genug politischen Gegenströmungen. Dennoch bleiben sie zwingende Voraussetzung. Für demokratische Staaten sind vorab Eckpfeiler zu definieren, die sich aus Historik, Kulturen und Mentalitäten, aus Ressourcen und Sicherheitsüberlegungen, sowohl wirtschaftlichen wie politischen Potenzialen, ergeben. Mit Abläufen wie:

➢ *Der Inkubation*: Alles beginnt mit vielen iterativen Diskussionen, in Gruppierungen mit ähnlicher Interessenslage, gefolgt von einer Vertiefung der Perspektiven, von Wünschen und Restriktionen, mit versuchter Konzentration und Abstimmung sinnvoller, auch pauschaler, jedoch realistisch scheinender Ziele; weiter mit interessensübergreifenden Auseinandersetzungen und praktikablen Ergänzungen. Als zeitaufwändiger Lern- und Erfahrungsprozess im Sinne von Bildung und des Verständnisses für internationale und nationaler Fakten, eine Auseinandersetzung gegenläufiger Interessen, als Förderung der Gemeinsamkeit. Vor allem: es zwingt zu bewusster Auseinandersetzung.

➤ *Die Illumination*: Vielfältige Ideen führen zu neuen Erkenntnissen und Möglichkeiten. Ein staatliches Gesamtziel setzt sich aus Einzelzielen zusammen, die die Menschen wie die Ressourcen umreißen. Als Minimum zählen: (1) Sicherheit: Was, mit was, soll wie weit gesichert werden, welche Voraussetzungen, Instrumente sind im Zeithorizont notwendig, welche Abkommen könnten unterstützen? (2) Wirtschaft: Was erwarten wir von der heimischen Wirtschaft, welche Trends (technologisch, mit den Ressourcen) sind markant erkennbar, inwieweit kann der Staat assistieren, um maximalen volkswirtschaftlichen Erfolg zu erreichen? (3) Ressourcen: Welche eigenen Ressourcen sind zu fördern, welche fremden zu sichern, um die Entwicklung und Versorgung von Wirtschaft und Bevölkerung nachhaltig zu gewährleisten? (4) Bevölkerungs- und Einkommenspolitik: Welches Lebenshaltungsniveau ist realistisch anzupeilen (in seiner Verteilung), welches Qualitätsniveau gefordert und welche Maßnahmen, z.B. für das Renten- und Gesundheitswesens, sind abzuleiten und umzusetzen? (5) Finanz- und Geldpolitik: Welche strukturellen Reformen sind notwendig, gesetzliche Rahmenbedingungen anzupassen, Steuern abzustimmen? (6) Und anderes mehr. Alles überlagert von globalen Themen der Welt, wie die der Klimaveränderung, des Wachstums der Menschheit, den Völkerwanderungen, der Lebenshaltungsniveaus u.a.m.

➤ *Die Innovation*: Sowohl Konzentration wie Diversifizierung zeichnen eine staatliche Strategie aus. Iterativ vertieft über Expertensysteme, in Annäherung an realistische Prozesse. In weiterer Folge die Quantifizierung von Alternativen im Diskurs, mit Parteien, Verbänden, Gewerkschaften, anderen Stakeholdern und bedeutender Zielmerkmale mit der Bevölkerung über die Medien (als zeitaufwändiger, sich „konzentrierenden" Bildungsprozess; mit durchaus sich iterativ korrigierender Ziele).

➤ *Der Versuch der (schrittweisen) Umsetzung*: Aus der Fülle der Ideen drängen sich – trotz vieler Vernetzung mit anderen Projekten – einzelne Maßnahmen, Projekte, als vorrangig und realistisch hervor, deren Umsetzung bereits angebracht und sinnvoll erscheinen kann. Besteht weitestgehend demokratischer Konsens, können – z.B. initiiert und begleitet von einem Projektmanagement – Themen schon realisiert werden. Es sind Lernprozesse, die genauso ständigen Anpassungen unterliegen.

➤ *Die laufende Adaption*: Nichts ist endgültig, und muss – aus Erkenntnissen und Fehlern während der Prozesse – überarbeitet und korrigiert werden. Es ist ein nie enden wollender Prozess, der jedoch ständige Verbesserung, somit eine positive Entwicklung sichert, vor allem, sofern er große Teile der Bevölkerung mitnimmt.

Eine Strategie ist eben nie abgeschlossen. Sie unterliegt laufender Korrektur, erweisen sich Prozesse als wenig erfolgreich oder falsch oder ändern sich Konstellationen global. Denken wir z.b. an aktuelle Probleme: Bedrohungen der EU aus dem Brexit, dem wirtschaftlichen oder politischen Abgleiten eines Landes, die Rückkehr der Finanzkrise, zunehmende Radikalisierung und Nationalisierung, Wachstumsstagnation, das Auseinanderdriften der Einkommen, Überschuldungen, das ständig akute Bildungsproblem u.a.; oder an internationale, wie der Wertebruch in den USA, die Konturen chinesischer Strategie, Machtkämpfe im Nahen Osten etc. – ganz unabhängig von sich international auftürmenden Gefahren.

Strategisches Denken – aus Sicht eines Staates –, im Sinne nachhaltiger Wohlfahrt (der Nation, der Union), unterscheidet fundamentale Fakten:
- Die *Beurteilung der eigenen Position*, der wesentlichen wirtschaftlichen und politischen Wettbewerber – soweit offensichtlich – im Hinblick auf Jahrzehnte: Denken wir an das prosperierende China, mit der zunehmend katastrophalen Abhängigkeit der kleineren und mittleren Staaten, dem Trend, sich zu einer führenden Exportnation zu wandeln (dazu „sicherheitspolitische" Fragen), oder eines langsamen, mit vielen Wirren aufbrechenden Indiens, eines stagnierenden Russlands, das versucht seinen Weg, seine Partner zu finden, oder eine lahmende USA, die langsam aber sicher ihre weltpolitische Bedeutung einbüßt, mit all den Verwerfungen, oder an Afrika, dem einzigen Kontinent mit wachsender Bevölkerung, oder ... Die Erarbeitung, das Durchdenken dieser Prozesse zeigt Wege, aber auch interessante Perspektiven für Europa. Keine Frage, es besteht Gefahr endloser Diskussionen,aber dennoch, mit befruchtendem Effekt.
- Die *kreative Auslotung der Zielrichtung* der Nation, der Union, im internationalen Geschehen: Nach Partnerschaften, deren Förderung, sowie der Potenziale wirtschaftlicher Entwicklung, der Investitions- und Bildungspolitik, der Außenpolitik und Verteidigungsstrategien u.a.

Wir sehen, alleine schon aus der Diskussion weniger Ansätze, wie kleinlich, ärmlich sich unsere tagtägliche Ad-hoc-Politik widerspiegelt –, was wir schon an Potenzialen verloren haben. Gelingt es nicht, strategische Fragen in den Mittelpunkt volkswirtschaftlicher Entwicklung zu stellen, Demokratien danach auszurichten, verliert Staatspolitik ihren Sinn, sind wir zum Abstieg verdammt. Es muss ganz einfach gelingen, das Ruder herum zu reißen; und gelingt nur, wenn anderes Denken in der Politik Einzug hält; und das wieder nur, wenn die Fähigsten aufsteigen und die Bevölkerung mitnehmen. Eigentlich eine Selbstverständlichkeit! Schockierend, dass man überhaupt solche Voraussetzungen diskutieren muss! Wir dürfen ganz einfach nicht nachgeben, immer wieder in diese Richtung zu drängen.

Deutschland lebt noch immer von den Potenzialen, die es gegen Ende des 18. und zu Beginn des 19. Jahrhunderts geschaffen hat – eine industrielle Vielfalt mit komplexer und funktionierender Infrastruktur, mit Fleiß, gereiftem Wissen und hochstehender Kultur, besonders aber menschlicher Erfahrung und Reife, selbst aus schwierigsten Zeiten sozialer und militärischer Auseinandersetzungen. Es bleibt das Potenzial, von dem Deutschland zehren darf.

Für Deutschland, einerseits als rohstoffarme Nation, andererseits angewiesen auf den Export hochwertiger Technologien, mit z.b. viel F&E, mit IT, aus Luft- und Raumfahrt, aus Maschinenbau und Elektrotechnik, Energie, Medizin, Biotechnik, Umwelt, Energie und natürlich Fahrzeugtechnik, ergeben sich logischerweise – mit dieser entscheidenden Ressource einer qualifizierten Bevölkerung – bessere strategische Voraussetzungen, als für andere Länder; also, als nachhaltiger Motor. Aber, für sich alleine, dennoch kaum existenzfähig. Der EU-Verbund ist zurzeit labil, mit Rückschritten konfrontiert. Aber auch andere klassische Partnerschaften brechen auf. Z.B. die mit den USA, den dz. undurchsichtigen egozentrischen Ansichten, bis zur labilen NATO. Oder ein neuer Rüstungswettlaufs, oder die weltweit riskante Geldpolitik (geschweige unsere „flockige" Währungsunion), oder des latenten Abgleitens des Dollars als Leitwährung[98].

Weiteres Beispiel ist die Entwicklung Chinas. Das Land hat in den letzten 30 Jahren bewiesen, dass es – über eine straffe Führung – in der Lage war, sich von einem rückständigen Agrarland in das wirtschaftlich wichtigste Land empor zu katapultieren. Eine Entwicklung, bewusst strategisch erzwungen über Technologietransfers, geistigem Diebstahl, begleitet von rücksichtslosem politischen Vorgehen; und niemand reagierte strategisch gegen. Sehen wir nur, wie es Technologien weltweit zugekauft, strategisch im Ausland investiert, die Seidenstraße reanimiert, Abhängigkeiten schafft; zielgerichtet als Einfallstor nach Europa. Nicht ein Land reagiert konsequent, verteidigt nachhaltig seine nationalen Interessen (es ist wie systematische Eroberung). Ähnliche Konsequenzen werden auch militärisch zu erwarten sein – mit Blockbildungen, wie wir sie schon im kalten Krieg erlebt haben.

China zeigt ähnliche Tendenzen wie die USA: Nämlich, Wirtschaftliches politisch zu begleiten, teils unter militärischem Druck. Als logische Strategie – sich konsequent zur mächtigsten Nation der Erde weiterzuentwickeln (wie es sich bereits im Bewusstsein der Bevölkerung widerspiegelt). Sehen wir

---

[98] Neuberg A., *Geld-Illusionen*

doch schon „stille" Annexionen immer weiterer Gebiete, zulasten von Japan, den Philippinen, von Vietnam, aber auch die schleichende Überflutung mit Einheimischen in die Nachbarstaaten oder in akquirierte Länder. Insgesamt ein strategisch konzertiertes Vorgehen, dem Europa bisher nichts entgegenzusetzen hat. Nach uralten chinesischen, aber nach wie vor gültigen Philosophien[99] – im Denken der breiten Masse bis zum Zentralkomitee –, lässt sich der Westen austricksen und in Sicherheit wiegen. China wird sich hüten, sich in die vielen Geplänkel westlicher Nationen, des Nahen Ostens oder anderer Länder einzumischen, Partei zu ergreifen; generiert nur überall, still und leise, seine Strategie.

Längst ist es an der Zeit, dass wir erkennen, wohin politisch und wirtschaftlich der Weg führen könnte; und wenn es nur die Sicherung unserer Freiheit auf Generationen wäre. Konzertierte Fähigkeiten können Ungeheures bewirken, könnten dynamische Kräfte freisetzen, einen neuen Aufbruch starten. Seit Jahrzehnten bewegen wir uns im strategischen Vakuum. Es ist eben schon höchste Zeit, diese katastrophale strategische Lücke zu schließen, Vertrauen und Sicherheit wieder herzustellen.

a) Die Europäische Union

Nun ist gerade in der Philosophie der Europäische Union eine entscheidende Wende eingetreten, die niemand erwartet hatte: Der Austritt eines nennenswerten Staates. Wie konträr urteilten doch die Briten zur Europäischen Idee – frustriert über die lokale Politik. Allerdings, nicht die Bevölkerung beurteilt rational, es liegt im Verhalten der Politik, im vernachlässigten Bildungsprozess und zunehmend horizontalen wie vertikalen Entfremdung (s. Werte); ein demokratisches und politisches Fiasko!

Über viele national-motivierte Blockaden ist die Entwicklung der EU zum Stillstand gekommen – und die der Mitgliedstaaten mit. Man hemmt sich gegenseitig, findet keinen konstruktiven Konsens, innovative Ansätze; selbst die Auflösung der EU ist nicht vom Tisch. Vergessen sind die hehren Grundsätze aus den Anfängen, die Verhinderung jeder Art Krieges innerhalb Europa. Was sind die Ursachen? Wieder, die „demokratischen" Prozesse gereifter Demokratien, in denen der Wille fehlt, Verantwortung zu übernehmen. Es fehlen Dynamik, Offenheit, eben staatspolitische Fähigkeiten, das Charisma großer Staatsmänner! Persönlichkeiten, die die Integrationsprozesse vorantreiben, national verständliche Hemmnisse, in partnerschaft-

---

[99] von Senger, H., *Supraplanung,* ferner *Strategeme*

licher Zusammenarbeit vertiefen, versuchen aufzulösen; Staatsmänner, die über den Dingen stehen; und dennoch für die Integration kämpfen.

Offen ist ferner die längst fällige Frage der (gestrafften) Kompetenz, der eigentlichen Aufgaben der europäischen Verwaltung. Einerseits die Rückbesinnung und Pflege vielfältiger nationaler Eigenheiten und Mentalitäten (des realen europäischen Potenzials), andererseits konzentriert auf die Herausforderungen eines vereinten Kontinents in einer globalen Welt. Also, ein anderer Blickwinkel, ein menschlich wie soziologisch völlig neuer Ansatz! Nämlich, nationale Besonderheiten sich entwickeln lassen (als menschliche Bereicherung), lokale Potenziale und Kulturen fördern – und nicht zu nivellieren! Es sind diese national differenten, diese unterschiedlichen Ansätze einer im Grunde vielfältigen „Sozialen Marktwirtschaft", bei solidarischer Akzeptanz nationaler Historik, die eben große Gemeinschaft lebenswert machen; die Förderung unterschiedlicher Nuancierungen je Interessenslage – als fruchtbare Motoren der Entwicklung.

Es ist ganz einfach nicht zu übersehen, dass die überholte, mental aus der „Industriellen Revolution" übernommene Vereinheitlichung von Prozessen und Richtlinien (Taylorismus), diese Nivellierung von Verhalten und Vorgaben, sowohl an menschliche wie auch rationale Grenzen stößt, ja geradezu vielfältige lokale Besonderheiten – evolutionär-menschliche Fähigkeiten – vernachlässigt, sogar verdrängt, statt als Potenziale fördert. Es sind die aus lokaler Geschichte erwachsenen, diese vielfältigen kleinen Besonderheiten welche das Heimatgefühl „menschlichen" Zusammenseins begründen.

Niemand will diese schleichende Auflösung „heimischer" Eigenheiten, als eingeschlichener Automatismus, diese alles übergreifende bürokratische Straffung ganz Europas; was mehr auflöst, als verbindet. Es erfordert eben – wie schon immer in der Geschichte – den Freiraum, die individuelle Stärkung der Regionen nach ihren Ressourcen und Vorstellungen; also, die jeweils eigenständige Entfaltung. Nicht der Gesamtstaat „Europa" kann das Ziel sein (zumindest derzeit), mit über Jahrhunderte sich widersprechenden Mentalitäten. Sinn macht ein liberales, ein föderales Europa, das sich auf die fundamentalen Aufgaben in einer globalen Welt konzentriert. Ein Europa, das eben die Sicherheits- und Wohlstandsinteressen der vielen europäischen Nationen vertritt, verteidigt; gegebenenfalls befreundete außereuropäische Nationen in wirtschaftlicher und politischer Entwicklung mit einbezieht, unterstützt. Jede zentrale Straffung reduziert nationale Dynamik; ist kontraproduktiv. Widerspricht nicht nur menschlicher Eigenheit, sondern lähmt Leistungsverhalten, verhindert Prosperität; wie wir es ja schon einmal mit der kommunistischen Welt erlebt haben.

Wir leiden überall in Europa am selben Problem: Sich aufblähender, verselbständigender Bürokratien, die sich von den Bedürfnissen lokaler Bevölkerungen immer weiter entfernen. Tritt doch das „große Ganze" immer mehr zurück, gerät in Vergessenheit – zu dem doch n.w.v. zukunftsträchtigem europäischen Projekt. Vergleichen wir Europa mit seinen potenziellen Staaten. Es fehlen Impulse, es dämmert vor sich hin, verliert sich im politisch Tagtäglichen, verärgert mangels Transparenz und Diskussionen.

Europa bewegt sich nicht! Gefangen in historischer Erfahrung, zementieren wir zentralisierte Staatengefüge, die die Entwicklung der Nationen eher strangulieren als unterstützen. Bevölkerungsgruppen gehen gegen zentralistisches, gegen abgehobenes bürokratisches Verhalten auf die Barrikaden, in vielen Staaten bilden sich Absetzbewegungen. Welch katastrophaler Zusammenbruch der europäischen Idee! Dennoch – und paradoxer Weise –, alle wissen es, trotzdem fehlen wirksame politische Initiativen (da immer mit persönlichen Risiken und lokalen Ideologien verflochten). Es erzwingt fundamentale, strategische Überlegungen: Woher kommen wir, besonders, wohin wollen wir; gemeinsam, in einer globalen Welt. Bis dahin bleibt nur der nationale Alleingang, mit vielen Risiken, ohne greifbare Perspektiven.

Vielleicht wäre ein politisch vereintes Europa, als „Vereinigte Staaten von Europa" wünschenswert, widerspricht aber den vielfältigen Vorleben, den unzähligen kulturellen Entwicklungen und Mentalitäten; alle eben, geformt über die Jahrhunderte. Es wäre naiv, sie politisch verschweißen zu wollen, brechen doch immer wieder unterschiedliche nationale Einstellungen auf – lösen eben Auflösungstendenzen aus. Ein Zusammenschluss wie in den USA ist nicht vergleichbar. Ganz anders waren vor gut 200 Jahren die Voraussetzungen in diesem riesigen, dünn besiedelten Land, das damals ja erst die Gemeinsamkeit suchte.

In Europa blicken wir je Nation auf Jahrtausende alte Entwicklungen zurück, Unterschiede, die – wenn überhaupt – erst über Generationen zu einer Gemeinsamkeit reifen könnten (sich m.E. dz.ausschließt, noch sind die geschichtlichen und mentalen Differenzen zu groß). Schon Großbritannien (unabhängig vom Brexit), als älteste der Demokratien, wird mit seinem elitär-politischen System kurzfristig sich kaum mit einem Europäischen Staat identifizieren wollen, und Frankreich hat, trotz hoher Bereitschaft Europa weiterzuentwickeln, vielfältige ethnische und geschichtliche Strukturen die hemmen, und Spanien, Italien, ... Jedes europäische Land ist anders zu beurteilen: Nach seiner Geschichte, Kultur, der Wirtschaft, den Verhatensweisen, Ressourcen etc. Nichts ist negativ, alles befruchtend! Also, konzentrieren wir uns auf wesentliche, auf praktikable Aufgaben des gemeinsamen Kontinents; auf die Außen-, und die Sicherheitspolitik. Und versuchen über diesen Eingungsprozess – über Jahrzehnte – einen europäischen Patriotismus zu gewinnen, Gemeinsamkeit des europäischen Hauses zu erfahren; mit Solidarität, die vorab schon notwendig ist.

Und für Deutschland? Obige Verzerrungen haben bereits langfristige, über Generationen wirkende Konsequenzen: In der stagnierenden Wirtschaftsleistung, den Problemen der Einkommensdiskrepanzen wie auch die der Altersabsicherung etc. Wird doch in der politischen Praxis – selbst wenn die nationale Leistung steigen sollte – über soziale Wohltaten alles immer wieder verprasst[100]. In keinem einzigen der obigen Beispiele finden wir eine nachhaltige, eine langfristig gereifte Perspektive; alle politischen Themen sind – nach Tagesverfassung, dazu interessensorientiert – so kurz gestrickt, dass sie uns bereits in den nächsten Jahren um die Ohren fliegen werden.

Es ist eine alte Tatsache – auch für mich, aus 40-jähriger Erfahrung in der Führung und Sanierung von Unternehmen –, alles beginnt bei der Führung, ihrer Qualität, mit Erfahrung und Intelligenz; und für die Politik nicht zuletzt mit Bodenständigkeit. Nämlich, dem Gedankenaustausch, wünschenswert auf hohem Niveau. Genau diese Fähigkeiten haben in den letzten Jahrzehnten deutlich abgenommen. Wir haben es mit Regierungen zu tun, die sich von persönlichen Einstellungen leiten lassen, statt von rationalen, von staatspolitisch nachhaltigen Überlegungen – die natürlich, auch professionell geübt werden müssen. Man lässt es laufen! Wartet ab! Ja, was denn? Reagieren wir nur auf das, was gerade so passiert? So kann man keinen Staat, in knallhart internationaler Auseinandersetzung, führen! Sicher fehlt nicht Wille, doch die „explodierende Komplexität", bei fallender Kompetenz, verschärft den Niedergang exponentiell.

Man hat den Eindruck, die Spitze macht was sie will; kreative Beiträge sind nicht erwünscht, alles hat sich nach ihren Willen, so unausgereift der auch ist, zu orientieren. Frustrierend! Für die letzten Jahrzehnte muss man erkennen, nichts wird getan, um die Wirtschaftskraft Deutschlands, die Wettbewerbsfähigkeit Europas, nachhaltig zu stärken. Umverteilung ist alles – und das, bei steigenden Verbindlichkeiten der öffentlichen Hand und wachsenden Sozialleistungen, dazu Überregulierung wohin man sieht.

---

[100] In den letzten zehn Jahren sind die Steuerannahmen des Bundes von rd. 190 Milliarden auf über 300 Milliarden gewachsen Diesem gigantischen Mehrbetrag an die 60 % stehen keine „nachhaltigen" Leistungen des Staates gegenüber wie z.B. Reorganisationen, Entschuldung, Investitionen in Infrastruktur und Bildung, sondern die Gelder wurden über die Ministerien gestreut, mit Bevorzugung des Sozialen (also, verkonsumiert).

Zunehmend frägt sich so die Öffentlichkeit, für was benötigen wir den die EU? Soweit darf es eine Politik – abgehoben von den Sorgen der Bürger – niemals kommen lassen. Dabei sind die Ursachen ganz einfach zu erkennen! Gehen wir wieder zurück zu den Ursprüngen der Demokratie, zu den kleinen Stadtstaaten der Antike oder des Mittelalters. Man kannte sich, beeinflusste sich durch „Nähe" – was zwangsläufig „Gemeinsamkeit" fördert, so different die menschlichen, feudalen, finanziellen Gegensätze auch waren.

Und in den heutigen europäischen Strukturen? Da ist schon mal zu differenzieren: zwischen dem Einzelnen und dem Staat, dann den politischen Hierarchien, von der Gemeinde über den Kreis und den Regierungsbezirk, weiter über das Land bis zum Parlament und der Regierung, und dann noch zum Europäischen Parlament und der Kommission – so haben wir hier schon mal acht Hierarchiestufen, die zwangsläufig niemals reale Bedürfnisse und Erwartungen des „Bodenständigen" widerspiegeln können (abgesehen von unzähligen Hierarchien in all diesen Körperschaften). Andererseits noch die mediale Vielfaltig, ferner die lokalen Besonderheiten bis zu den weltweit unterschiedlich nuancierten, wirtschaftlichen und politischen Einflüssen. Und da soll man noch politische Nähe fordern? Das kann zwangsläufig – mit klassischen Strukturen – so nicht funktionieren, muss den Bürger frustrieren, sieht er sich doch nirgends mehr vertreten.

Und dennoch, Europa muss zusammenfinden, denn die Kräfte ordnen sich weltweit neu. Kleine Staaten haben sowohl wirtschaftlich, besonders jedoch (sicherheits-)politisch kaum Chancen, die Herausforderungen allein zu überstehen. Es ist keine Frage, dass sich Europa stärker zusammenschließen muss, sondern nur, in welcher Form, mit welcher Organisation und Führung, zwangsläufig mit Souveränitätsverlusten, jedoch bei weitgehender Selbstständigkeit nach kulturellen, wirtschaftlichen und sozialen Erfahrungen.

b) Politisches Organisationsdilemma

Kein Unternehmen überlebt, hat es nicht eine Vision, eine Strategie, nach der es mit seinen begrenzten Ressourcen relationalen Erfolg erzielt. Vom Staat hingegen verlangen wir nur, dass er nachhaltig seine Ausgaben auch mit den Einnahmen deckt, ferner nach bestem Wissen und Gewissen unsere Zukunft sichert. Demokratien wären doch der beste Weg, im gemeinsamen Diskurs, als gleichberechtigte Partner, bestmögliche Resultate zu erzielen. Was seit Jahrzehnten nicht annähernd gelingt! Der Staat kann eben Wohltaten nur solange verteilen, solange er sie auch nachhaltig finanzieren kann.

Staatliche Organisationen mussten ja noch nie Wirtschaftlichkeit beweisen, konnten doch Parlamente und Regierungen nach Bedarf die Bürger schröpfen, solange nicht ernsthafter Widerstand befürchtet werden muss. Die Ursachen kennen wir: Es ist Macht- und Existenzstreben, Wahloptimierung. Auf „Rentabilität" haben Politiker in der Praxis fast nie Rücksicht genommen, es scheint ein Fremdwort. Nehmen wir z.B. wieder die Asylantenflut. Zwar war Toleranz im Sommer 2015 menschlich geboten, als sich die Massen an Ungarns Grenzen stauten; aber, eben nur als Notlösung. Überraschen einen Staat unvorhersehbare Ereignisse, sollten wir erwarten dürfen, dass er im Rahmen der Gesetze professionell, in engem Zeitrahmen, unter Einbindung relevanter Partner, Regeln festlegt und sie auch durchsetzt.

So wäre bei Krisen – wie in vernünftig geführten Unternehmen, und vom Staat im besonderen Maße –, nach der Wahrscheinlichkeit weiterer Zuflüsse (die eindeutig gegeben waren), ein „demokratischer" Prozess zur Entscheidungsfindung einzuleiten (der selbst nach zwei Jahren nicht zu sehen war). Wie Logik und Vernunft empfiehlt –gibt es ja uralte Erfahrungen –, erzwingt sich für weitreichende öffentliche Entscheidungen ein bewährter Ablauf:

> *Abstimmung mit den europäischen Partnern*: Zu den Einstellungen der Bevölkerungen: Hier wäre schon klar gewesen, dass eine Kontingentierung keinesfalls europaweit durchzusetzen ist, einen ernsthaften Riss bedeutet. Nachträglich die europäischen Partner zur Aufnahme von Millionen Asylanten zu zwingen – aus der besonderen Position Deutschlands heraus –, ist es nicht nur unanständig, eine Zumutung, sondern ein Rückschritt in der Integration Europas.

> *Expertensysteme:* Alternativen nach Mengen, Alter, Qualifikationen und berechtigter und nichtberechtigter Herkunftsstaaten; ferner der Präferenzen. Einbezug der politischen Parteien in den Diskussionsprozess wie auch der Medien. Daraus leiten sich zwangsläufig – im Zeitrahmen fast einer Generation – die erforderlichen Abläufe ab, wie
> - Maßnahmen der Grenzsicherung, in Absprache mit den Anrainerstaaten, nach Schengen- und Dublin-Regeln, mit Unterstützung bei den Außengrenzen. So bestimmen sich auch Personal und Kosten.
> - Maßnahmen zum Aufbau und zur Gestaltung der Erfassungsorganisationen je Lande, mit Infrastrukturen, des Personalbedarfes und der Rekrutierungsprozesse. Umfang, Zeitrahmen und Kosten wie oben. Ist doch qualifiziertes Personal nur über viele Jahre aufzubauen.
> - Abstimmung der Verteilung, Alternativen zu den Erfassungsräumen (Transferlager), der medizinischen, finanziellen und persönlichen Ausstattungen der Bewerber, Schätzung des Zeithorizontes und der

Menge abgelehnter Bewerber wie der Versorgung auf unbestimmte Zeit (die Rückführung birgt ja hohe Risiken). Umfang, Zeitrahmen, Kosten und Möglichkeiten wie oben.

- Beurteilung der „Qualitäten" der akzeptierten Asylanten, der mentalen „Differenzen", Schaffung von Wohnraum und Infrastruktur, von Sprach- und Bildungseinrichtungen, von Ausbildungskooperationen mit der Industrie und dem Handwerk, der Sozialkosten der verbleibenden der auf lange Zeit nicht in den Arbeitsprozesse integrierbaren. Umfang, Zeitrahmen, Kosten und Möglichkeiten wie oben.
- Daraus ergeben sich intensive Auseinandersetzungen – jedenfalls ist die Bevölkerung, über Abgeordnete und Parteien, in den Entscheidungsprozessen zu involvieren. Sehr schnell konstituieren sich differente Ansichten, viele Fragen offen bleiben: Wie erfolgt die Begrenzung der Kosten, nach realen Möglichkeiten (reduzierte Infrastruktur), wie die Rückführung, ist eine Eindämmung des Zuflusses möglich wie die Aufteilung innerhalb der EU u.v.a.. Der Rahmen strukturiert bereits erste Entscheidungen, legt Mengen und Zeitrahmen fest.

➢ *Parlamentarischer Prozess:* Über Alternativen entscheidet das Parlament, reguliert relevante Gesetze und bestätigt Kosten (Kontingente) wie Zeitrahmen. Nur das Parlament ist berechtigt, massive Änderungen nationaler Entwicklung zu beschließen, eben Volkes Willen umzusetzen. Paradox, und unglaublich, autonomes Vorpreschen der Regierung, gegen demokratische Prinzipien, das Volk vor gegebene Tatsachen zu stellen.

➢ *Rückführung Nichtberechtigter*: Zu unterschieden nach „Ahnungslosen", die nicht berechtigt sind sowie einer Anzahl Krimineller (mit „Vergangenheit"), die illegal, unter Verschleierung persönlicher Tatsachen, eine Aufenthaltsberechtigung sich erschleichen wollen. Bei Ersteren dürfte die Rückführung kein Problem sein – es bleibt die Finanzierung von Aufenthalt und Rückführung. Bei den Zweiten ist anzunehmen, dass Herkunftsländer sich wehren. Bilaterale Verträge (bestehen vielfach) könnten helfen – unabhängig ethischer Diskussionen. Kriminelles Verhalten rechtfertigt eine Abschiebung. Jedenfalls zwingt es, den Zuzug so weit zu kontingentieren, dass auf ein praktikables, ethisch vertretbares Maß reduziert wird.

Ein offenes, noch nicht diskutiertes Thema, ist die persönliche Vergangenheit eines Asylanten. Es kann ja nicht sein, dass hier, in Europa, mit nullpersönlicher Vergangenheit gestartet wird, eventuelle kriminelle Taten gelöscht scheinen. Zumindest bleibt die Haftung für persönliche Vergehen auf Jahrzehnte.

➤ Die *Sicherung der Außengrenzen*: Eine Selbstverständlichkeit, die Europa schon seit mehr als einem Jahrzehnt zwingt, strategischen Konsens mit den Ländern zu finden, Polizei, Militär und andere Sicherheitsdienste zu vernetzen, modernst auszurüsten und konsequent die Außengrenzen der EU zu schützen. Selbst bei all den ethisch negativen Begleiterscheinungen, die sich dann eben an den Grenzen ergeben.

Ein an sich logischer Ablauf, der, mit Diplomatie, auch in wenigen Wochen zu entscheiden gewesen wäre.[101] Mit etwas Glück (und Professionalität) würden sich auch andere EU-Partner dem Prozess, wenn auch modifiziert, anschließen. Und da – aufgrund der dramatischen Veränderungen in der Welt – noch viel Unbekanntes auf die europäischen Staaten zukommen wird, werden sie lernen müssen, mit außerordentlichen Ereignissen professioneller umzugehen – insbesondere aber, ihre Völker in fundamentale Entscheidungen mit einzubinden. Als fundamental „demokratisches" Problem!

Paradox ist, dass sich zwar über die Jahre unverkennbar Widerstand regte, dennoch die Verantwortlichen nicht reagierten – wenn schon die „demokratischen" Prozesse nicht wirken. Es ist diese menschlich verständliche Mentalität – eben auch von Staaten, mit ihren gewachsenen Abhängigkeiten – die, trotz Demokratie, einem Beharrungsvermögen unterliegt, sofern sie nicht jweils selbst betroffen sind. Hochfroh scheinen die Verantwortlichen zu sein, dass das „Volk", weitgehend uninformiert über die Folgen, ideologisch beeinflussbar bleibt, Nachwirkungen erst über lange Zeithorizonte transparent werden (dann kräht kein Hahn mehr danach). Wir stehen an einer Schwelle, die andere Qualitäten in der Führung von Staaten fordert.

Es sind diese Komplexitäten der innen- und außenpolitischen Zusammenhänge, der technologischen, soziologischen und politischen Umwälzungen in einer unsicheren Welt, die die strategische Einbettung bedeutender politischer Entscheidungen, dazu professionelles Verhalten bei demokratischen Prozessen, erfordern:

- Mit einem nachhaltig *breiten Diskurs* – wie schon vor mehr als zwei Jahrtausenden gefordert –, als demokratische Voraussetzung, und als Bindeglied zwischen Bevölkerung und Politik.
- Und der ist nur möglich, bei wachsendem *Verantwortungsbewusstsein*; auch bei den Medien (ethische Begründung, sorgfältig recherchiert) wie bei den Politikern (gebildete, reife Persönlichkeiten).

---

[101] Alles keine Erkenntnis letzter Tage, da ja schon Mitte 2015 – Beginn des Ansturms – die Voraussetzungen klar waren; ein Armutszeugnis für jede Regierung.

- Politische *Gremien haben zu entscheiden!* Der politische Trend zu Referenden ist einzudämmen. Sie sind nur Ausdruck von Unvermögen und Verantwortungslosigkeit der Politik. Eine politische Fehlentwicklung, die nur der Rechtfertigung dient, weder demokratiekonform, geschweige strategisch orientiert ist.
- *„Rationalität"* ist eine zwingende Voraussetzung – auch wenn sie über Jahrhunderte vernachlässigt, noch ernsthaft gewollt war (so vergrößert sich z.B. die Anzahl der Delegierten in allen Institutionen). Paradox: Die Anzahl der gewählten Mandatare und die wachsenden Bürokratien scheinen umgekehrt proportional zur Leistung des Staates per se.

Und über allem fehlt, als fundamentale Voraussetzung einer effizienten Demokratie, eine weitgehende, eine angepasste „Bildung" über die gesamte Bevölkerung; die sich immer stärker verflacht. Gelingt es nicht, die gesamte Bevölkerung stärker in einen verbesserten, ethisch fundierten Bildungsprozess miteinzubeziehen, lösen sich zwangsläufig echte demokratische Prozesse auf, da sich ja auch der fruchtbare Diskurs ausschließt (Kap.22).

So ist verständlich, dass Deutsche resigniert wiedergeben, was ihnen vorgekaut wird: „Wir haben ja sonst niemanden" (für die Spitze). Welch dumme Bemerkung – allerdings mit wahrem Hintergrund. Der mangelnde Wille von „Führern", fähigen Nachwuchs „heranzubilden", ist immer ein Zeichen von Unfähigkeit – gibt es doch immer Fähige, die es besser könnten (zeigt die Lebenserfahrung). Qualifizierte Unternehmen zeichnen sich aus, indem sie sich mit den besten Köpfen umgeben – als Zeichen effizienter Spitzenkräfte (im Sinne aller Stakeholder). Nicht die „Angepasstesten" sind es, die Erfolge generieren, sondern aufgeschlossene, intelligente, engagierte, vom Leben und dem Beruf geformte, die in der Lage, sind Bestes zu leisten. Oft gilt häufig das Gegenteil: Kritik ist nicht erwünscht, und wird (gesellschaftlich) geahndet – was sich auch bürokratie- und parteiintern, Land auf, Land ab, herumspricht, und eben prägt, also hemmt.

Ein Verhalten, mit dem kaum seriös-rationale Politik gesichert werden kann. Über Jahre, fast Jahrzehnte, wurde – statt fähige, also weise, erfahrene, nachhaltig denkende Politiker nachzuziehen –, das Feld bereinigt, jeder ernsthafte Wettbewerber „weggefördert". Dazu kommt, dass jeder Diskurs in großen Einheiten menschliche Reife verlangt; besondere Fähigkeiten in der Beurteilung, dem Zusammenwirken vielfältiger soziologischer und psychologischer Fakten. Echtes „Verstehen" entwickelt sich nur aus Erfahrung; nämlich zu hinterfragen, Nicht-Erkanntes zu akzeptierten; führt zu Reife, zu menschlicher Qualität. Nur jene wollen wir – besonders nach den völlig geänderten internationalen Anforderungen – an der Spitze unserer Staaten!

Und neu ist es auch nicht, sofern wir mit offenen Augen durch die Welt gehen. Erfolg, Status und Ansehen einer Nation widerspiegeln sich in der Kohäsion zwischen Politik, Regierung und breiter Masse. Einerseits in Demokratien, solange die gegenseitige Befruchtung, der Meinungsaustausch auf Augenhöhe, nicht unterbrochen wird – dann, und nur dann, entwickeln sich Demokratien sowohl mental wie auch wirtschaftlich weiter. In Autokratien funktioniert es, solange eine offene oder stille Übereinkunft mit der Bevölkerung besteht. Bricht sie jedoch auf – sei es durch wirtschaftliche Schieflagen, menschliche Missverhältnisse, Ungerechtigkeiten, Gewalt oder andere belastende Faktoren –, bestehen sie nur solange, solange sie sich an der Macht halten. Kein Wunder, dass die islamischen Staaten zunehmend zerbrechen, sind doch die wirtschaftlichen wie freiheitlichen Diskrepanzen zu den westlichen Ländern so massiv different, und heute transparent für jeden, dass autokratische Strukturen nur über Zwang bestehen können.

c) Werte/Bildung – Naive Humanität

Nun lassen ja bisherige Ausführungen kaum Zweifel, dass die Bildungspolitik in den westeuropäischen Staaten sich im Kreise dreht, eine der Ursachen aller unserer Probleme ist. Obwohl doch, nach allgemeinem Dafürhalten, Bildung das entscheidende Vehikel ist, um die Zukunft (in Wohlstand und Sicherheit) meistern zu können. Sehen wir nur die sich zuspitzenden, politisch ungelösten Probleme; sie werden sich gegenseitig beschleunigen, bereits innerhalb einer einzigen Generation massive Verschiebungen bewirken – kaum zu Gunsten der Westeuropäer. Das 21. Jahrhundert wird ein Schlüsseljahrhundert für uns, wenn nicht für die Menschheit.

Zu unterschiedlich sind die Mentalitäten und Kulturen einer plötzlich weltweit *Offenen Gesellschaft*, um alle die akuten Themen, mit vielen gemeinsamen Fragen, lösen zu können. Hat es doch schon Jahrhunderte gedauert, bis in Europa so halbwegs stabile Strukturen, die Bereinigung politischer Differenzen, weitestgehend kanalisiert werden konnten – immer mit der Gefahr, zurückzufallen. Wie soll das, mit den sich nun beschleunigenden Problemen, lebenswert gesteuert werden können? Sehen wir nur die Vielfalt von Staatsformen, die immer wieder aufbrechenden Egoismen, grenzüberschreitender kapitalistischer Auswüchse, Gräueltaten überall auf der Welt, dümmliche Egomanen an der Regierungsspitze; alles, ohne sichtbar positive Wende. Erkennen müssen wir leider auch, dass Demokratien – so erfolgreich sie in Wachstumsphasen auch sein mögen – im Reifestadium doch immer wieder zurückfallen, von anderen Nationen, anderen Egoismen, überrollt werden.

Wir wissen aber auch – wie eine 2-tausendjährige Geschichte beweist –, alles hängt von charismatischen, von fähigen Führern ab, von Personen die Massen bewegen können – ob im Guten oder Schlechten. Massen, die sie mitreißen, die sich mit ihnen identifizieren, Gemeinsamkeit erleben. Solche Persönlichkeiten sind geprägt von einer eigenen Mentalität, auch Lebenserfahrung, aber auch eigener Ideologie zur Durchsetzung ihrer Vorstellungen – begründet jedenfalls in ihrer Sozialisierung, ihrer „Bildung".

Schlussendlich gibt es – um nicht nur Gegensätze zu überbrücken, sondern auch eine niveauvolle Breitenwirkung zu sichern – nur eine einzige Lösung, um halbwegs ungeschoren das 21. Jahrhundert zu überstehen: Eben eine alle und alles kontinuierlich durchdringende Bildung, den möglichst innigen Einbezug aller in die politische Entwicklung. Nur so kann die Bereitschaft zu neuen Ansätzen, mit Enthusiasmus und Dynamiken, erreicht werden.

Nehmen wir ein Beispiel: Den Brexit. Der war vor der Volksabstimmung für die meisten dieser Welt kein ernstes Thema – und dann die Überraschung. Wie konträr urteilten doch die Bürger, frustriert über die Politik, uninformiert über die Folgen. Zwar wachten viele erschrocken über die Konsequenzen auf. Aber, es war nicht ihre Schuld! War einerseits die vernachlässigte „reale" Bildung, über die gesamte Breite, andererseits diese zunehmende Verfremdung zwischen Bevölkerung und Politik (verlogenen Agitatoren und „Fake News"). Weitere Beispiele erleben wir tagtäglich.

Abgesehen von den beiden Weltkriegen, hat sich im letzten Jahrhundert für die Menschheit ein entscheidender Wandel vollzogen: Die Industrielle Revolution über die digitalen Entwicklungen mit vernetzter Kommunikation. Nicht nur die Güterproduktion (besonders im Agrarsektor) per capita ist explodiert, sondern auch der Wohlstand – nach dem Zugang zu Bildung für jeden, gefolgt von Wissen und Erkenntnis, sowie dem Drang nach Freiheit und Entfaltung. Und das, schuf erst unser heutiges Lebenshaltungsniveau.

Dabei hat sich über die letzten Dekaden ein Missverhältnis eingeschlichen – wurde ganz einfach übersehen. Die Komplexitäten und das Wissen haben so dramatisch zugenommen, dass es in immer weiteres Fachwissen zerfällt, vielfältiges Spezialistentum schuf, also den „Bildungsstand" unbegrenzt erweiterte. So aber auch eine unüberschaubare, eine unendliche Komplexität geschaffen hat, die vom überwiegenden Teil der Menschheit nicht annähernd mehr durchblickt werden kann. Man versuchte sich, je Neigung oder ökonomischem Zwang, in fachlichen Nischen zurechtzufinden, Ausbildung und berufliche Entwicklung, wie auch die politische Beurteilung, danach auszurichten.

In letzter Zeit vermerken wir Tendenzen, dass sich beide Bildungsrahmen – nennen wir sie „Allgemeinbildung" und „fachliche Bildung" – voneinander entfernen; die Bevölkerung schichten. Die einen, die „Unten", fühlen sich vernachlässigt, bemerken, wie der gemeinsam erarbeitete Kuchen immer ungerechter verteilt wird, und die anderen, die „Oben", entscheiden sowohl über die Entwicklung wie auch die Verteilung. Politische Pattsituation seit Jahrzehnten! Nehmen wir z.B. wieder den nicht erwarteten Brexit-Entscheid. Populistisch agierenden Eigenbrötlern gelingt es innerhalb weniger Wochen, die Mehrheit der Briten zum Ausstieg aus der EU zu bewegen, die erstens wenig Ahnung hatten was sie damit bewirken, und zweitens aus purem Eigeninteresse handelten; mit dem bekannten Resultat. Oder, nehmen wir das Beispiel Griechenland in der Finanzkrise. Eine populistische Regierung fordert in einer Abstimmung, man solle aus dem Euroraum austreten. Nach dem gewünschten Resultat kehrte sie es Tage später ins Gegenteil um. Oder sehen wir, mit welch unglaublicher Banalität ein weitgehend bildungsferner Präsident der USA unabsehbare politische und wirtschaftliche Folgen über den ganzen Erdball verursacht. Endlos weitere Beispiele sind ja bekannt.

Wo sind die Ursachen? Warum verhalten sich Menschen, Politiker, so kontrovers zu ihrer „Berufung", nur mehr zum vermeintlich eigenen Nutzen? Nun, wir sind eben Menschen! Soziologisch geprägt durch unsere Umwelt, all den Emotionen ausgeliefert, den persönlichen Geheimnissen, die wir – lässt uns die Umwelt nur genügend Freiraum – gerne ausleben, genießen möchten; die also, Ansehen, Lustgewinn bescheren. Gestehen wir es Politikern auch zu! Es gibt nur einen entscheidenden Unterschied: Wir handeln für uns, tragen für uns selbst Nutzen und Sorgen; jene aber (wie jede Art von Führungskräfte), handeln in unserem Namen – also, „Fremde" entscheiden über unsere Wohlfahrt, und das nachhaltig, ohne unseren Einfluss. Erwarten wir doch von Demokraten, dass sie im Sinne nachhaltiger Volkswirtschaft entscheiden. Und *das* ist eben nur dann möglich, wenn sie (schizophren) in der Lage wären, ihr Ich selbstlos dem Wohl der Volksgemeinschaft unterzuordnen. Bei wem finden wir das? Logischerweise bei niemandem! In einer Demokratie dürfen wir aber erwarten, dass jene, die zu höheren Ämtern „berufen" sind, in Selektionsprozessen nach menschlichen und fachlichen Kriterien ausgewählt und dann in freier Wahl berufen werden; und, bei abweichendem Verhalten, auch wieder abberufen werden können. Also, intuitiv, setzen wir *ethisches Verhalten* in der Vorauswahl voraus.

Gegenteilige Beispiele sind Legion. Statt die Fähigsten zu rekrutieren, konsequent den Staat strategisch auszurichten, verliert man sich planlos im Tagesgeschehen. Statt die Ressourcen Europas zu bündeln, wirtschaftlich schwachen Ländern wie Rumänien, Bulgarien u.a. in der Entwicklung zu helfen, zu investieren, Ausbildung zu fördern, Korruption zu ahnden u.v.a.m. Eben, im näheren, im europäischen Umfeld menschlich (ethisch), strategisch, die „mentale" Koordinierung zu fördern.

Eines ist jedenfalls zu erkennen: Mit einem weiter so, in Kontinuität bisheriger „demokratischer" Usancen, abhängig von persönlichen Attitüden oberster Führungskräfte, kommen wir aus den sich beschleunigenden Problemen nicht heraus. Wir benötigen auch keine Platituden, keine technischen Spitzfindigkeiten, keine Sanierungskonzepte oder neuen Verträge. Es konzentriert sich alles auf eine *Verhaltensänderung!* Die – zwingend – von oben vorgelebt werden muss, auch die Gesetzgebung durchdringt. Zu erreichen nur über eine Neufassung von „Bildung", des Bildungssystems, einer quasi Verpflichtung, sich aus konventionellem Rahmen zu lösen, sich an ethische Grundsätze, aber auch an uralte Werte zu orientieren. Als einzige Voraussetzung, um die Herausforderungen des Jahrhunderts zu schaffen.

Erkennen wir doch seit Jahrzehnten, dass

- *Bildung, sich nach Fachwissen immer weiter spreizt*, eine, wie ursprünglich überlieferte kultur- und wertebezogene Allgemeinbildung immer stärker in den Hintergrund drängt, fast schon verschwindet, volksnahe Bindungen auflöst. D.h. nicht nach „Rechts" oder „Links", sondern Pflege gemeinsamer Werte, von Disziplin und Verantwortung, ergänzt mit den Bedürfnissen aus internationalen Beziehungen. Also, die bewusste Pflege eines „Humanismus", allerdings mit volkswirtschaftlicher Verantwortung.
- *Bildung, sich über alle Gesellschaftsstrukturen spreizt*; nicht nach volkswirtschaftlicher Basis, sondern nach persönlicher Neigung und finanziellem Fundus. Bleiben heute doch enorme menschliche Potenziale ungehoben; ein volkswirtschaftlicher Nachteil, der echte demokratische Teilhabe gefährdet, ferner das allgemeine Niveau absinken lässt.
- *Bildung konzeptionslos*, chaotisch, je Region, je politischem Couleur, je individueller Einstellung gerade „Mächtiger", also ziellos abgehandelt wird. Wobei volatil-atomistische Korrekturen dem generellen Trend, dem rapid technologischen Wandel, nicht mehr entsprechen können; geschweige der zunehmenden Vermischung unterschiedlichster Kulturen, von Mentalitäten und Sprachen. Veränderungen, die einen rapiden Wechsel (und Ausbau) der Lehrkörper erfordern. Konzeptionen, für die Jahrzehnte nicht reichen.
- *Bildung*, wie sie heute administrativ abgewickelt wird, auch für große Teile der Lehrkörper (in allen drei Bildungshierarchien) *als frustrierend und demotivierend empfunden* wird und so über Jahrzehnte nur „lehrende Inkompetenz" züchtet; selbst wieder als Ursache stetigen,

eines langsamen, eines schleichenden Niveauverlustes ist. Ein kaum erkennbarer Circulus vitiosus, der nur durch eine emotionsfreie Analyse, gefolgt von einer radikalen Kehrtwende, zu stoppen wäre; nur so die doch ungeahnt schlummernden menschlichen Geisteskräfte (und ethischen Werte) einer Volkswirtschaften wieder mobilisieren könnten.

Es ist eine uralte Erfahrungen, dass nur voll engagierte, in ihrer „Wissensvermittlung" relativ frei agierende Lehrer, Vorgesetzte, aber auch Politiker – also Personen, zu denen wir „aufsehen" wollen – in der Lage sind, uns mitzureißen. Begeisterung und Engagement bewirken können, und so, und nur so, Initiativen zur Weiterbildung, als Motivation bis zur Ausrichtung des Berufsweges, dann zu selbstständigen, zu rationalem Handeln, eben zu Innovationen und Unternehmertum, sichern könnten. Ist doch niemand mehr in der Lage, genau das zu lehren, was jeder, irgendwann vielleicht, benötigt (ausgenommen die Allgemeinbildung). Sind doch die „Halbwertszeiten des Wissens" so dramatisch gesunken, Innovationen, Produkt- und Leistungsvariationen so rasant explodiert, dass jeder gezwungen ist, sich – möglichst nach seinen Neigungen, Fähigkeiten – weiterzuentwickeln, seine geistige, seine fachliche Nische selbst finden muss. Immer wieder, und von neuem! Das ist Aufgabe moderner Bildung! Jedem, nach seinen Möglichkeiten, die menschlichen Voraussetzungen mitzugeben, um seine Zukunft selbst zu gestalten; als *der* entscheidende Beitrag für die Volkswirtschaft. Niemand – und schon gar nicht unsere (Tages-)Politik – ist heute in der Lage, den relevanten Bildungsrahmen für eine unbekannte Zukunft zu bestimmen, eben, nach völlig neuen Anforderungen. Es ist unsere Jugend, die gestalten wird! Wir bestimmen heute ihren Freiraum, die ethischen Wissensgrundlagen und ihre geistige Selbständigkeit. Davon wird abhängen, ob die westliche Welt ihre Führungsrolle beibehalten kann – und wir Alten, den gesicherten Übergang.

Bildung entscheidet aber auch – wie oft übersehen wird – die ethische, die moralische Entwicklung mit; formt sie erst, in vertiefendem Studium, im Diskurs (mit Lehrern, Kommilitonen, Schülern, im Freundeskreis), über die (unbewusst) geistige Auseinandersetzung zu neuer Erkenntnis. Und so, und nur so, kann es eine positive Entwicklung in der Welt bewirken. Zu einer neuen Art von „Wertschöpfung"; nach dem fallendem Anteil körperlicher Schwerarbeit. Heute ist „Bildung" das wichtigste aller Werkzeuge! Nur sie ermöglicht die positive Gestaltung, einerseits um den Sinn fürs eigene Dasein zu finden, andererseits als Basis des kulturellen Austausches, des Miteinanders mit anderen Völkern (was uns ja seit der Menschwerdung so viele Probleme bereitet hat).

Stellen wir uns nvor, wir kämen in dieser Frage nicht weiter, würden die
Dinge – mit konfuser, jeweils ideologischer, chaotischer, individuell
geprägter „Bildung" – so laufen lassen wie bisher. Welche Konsequenzen
hätte das bei 10 Milliarden, in einer überfüllten Welt, mit dem Bedürfnis an
gleich hohem Lebensstandard (was nicht zu vermeiden ist), bei begrenzten
Ressourcen (inklusive Klima)? Undenkbar, eigentlich, unmöglich! Nur mit
„anderer", einer breiteren, für jeden zugänglichen, aber jeden auch fordern-
den Bildung, werden wir Kreativität und Innovationskraft finden, mit auch
der sozialen Kompetenz; werden die Abkehr von der manuellen Leistungserstellung meistern können. Bildung ist der einzige Garant – im Zeitalter der
auslaufenden Industriellen wie auch Dienstleistungsrevolution –, neue
Einkommensnischen, somit auch Selbstverwirklichung zu „kreieren". Es
werden sich neue Leistungsbereiche abzeichnen; z.B. in der Freizeitgestal-
tung, dem internationalen Austausch, in der Gesundheit und Medizin, in der
Betreuung und Begleitung Junger wie Alter, mit und für andere Länder und
Kulturen, schlussendlich als geistige Entwicklung nach persönlichen
Bedürfnissen. Vielleicht, in eine Gesellschaft 3.0.

Vor wenigen Generationen, gegen Ende der Industriellen Revolution, hatte
Handwerk noch „Goldenen Boden"; bereits abgelöst durch eine zunehmende
Akademisierung – die sich aber schon wieder vom Bedarf, mit ständigem
„Wandel", abkoppelt. Eine Bildung, allein in der Phase der Jugend, ist passé.
Zu schnell fordert der internationale Wettbewerb Anpassung, akzelerieren
sich die technologischen Entwicklungen. Es verlangt mehr Aufgeschlossen-
heit, lebenslanges Lernen. Und das funktioniert nur, wenn es Freude macht –
und das, muss gelernt werden. Sofern wir ein wachsendes Heer von Unquali-
fizierten, d.h. eine Explosion gescheiterter Existenzen, verhindern wollen.

d) Nachhaltige Wirtschaftskraft

Ein Staat kann den Bürgern nur Sicherheit und Schutz bieten – wie jede
Familie ihren Mitliedern –, wenn die Existenz finanziell, und zwar nachhaltig, gesichert ist. Selbst Einschränkungen aus kulturellem, ethischem Erbe
– wie die Unterstützung Kranker und Alter, auch jener, die unverschuldet
ihre Existenzgrundlagen verloren haben –, schließen sich aus, wenn es nicht
bezahlen kann. Wie weit der finanzieller Rückhalt angespannt werden darf,
begrenzt einerseits Volkes Wille (der ja heute schon stark verwässert ist,
Kap. 14) und andererseits des Staates nachhaltige Leistungskraft. Also, ist
die Sicherung und Förderung der Gesamtleistung des Staates, besser, die
seiner Bürger und Unternehmen, eine zwingende Voraussetzung; und die
leitet sich aus seiner international wirtschaftlichen Konkurrenzfähigkeit ab.
Alles andere ist Wunschdenken!

Was sind aber die Grundlagen, Ursachen, einer doch leistungsfähigen Wirtschaft wie z.B. die der deutschen? Dazu muss man einige Etappen in der Geschichte zurückgehen. Wir leben heute noch von den Resultaten der Industriellen Revolution, angelegt in der zweiten Hälfte des 18. Jahrhunderts. Dem Aufblühen bürgerlicher Schichten, den wachsenden Möglichkeiten eines neuen Freiraums, nämlich, selbst zu gestalten – gefördert von den Ambitionen eines Nationalismus und der Ausweitung des Kolonialismus sowie erwachender Wissenschaften und dem Engagement von Unternehmerpersönlichkeiten. Es waren die Zeiten eines Umbruches, Grundlage deutscher und europäischer Industriekonglomerate und der Infrastrukturen, in einem industriell-organisatorischen Rahmen. In diesen Freiheiten, organisierten sich die Massen, legten so das Fundament sozialer Partnerschaften; bis heute als Erfolg deutscher wie europäischer Wirtschaft.

All das versteht sich aus den Entwicklungsprozessen der Aufklärung, den menschlichen Ressourcen wie der industriellen und organisatorischen Kultur, von Disziplin, Lern- und Einsatzbereitschaft der Bevölkerung, eben, einer gemeinsamen, einer nationalen Sozialisierung im Rahmen einer neuen Gesellschaft (2.0) – mit all ihren christlichen, den ethischen Werten, wie sie die Nationen individuell geprägt haben. Mit aber auch straffer Führung, wie sie sich aus einer reformierten Kirche des 16. und 17. Jahrhunderts, in streng hierarchischem Umfeld, bei dennoch wachsender Gemeinsamkeit, abgeleitet hat. Handwerkliche Zünfte blühten auf, je nach fachlichen Fähigkeiten, bei Disziplin und selektiertem Zugang. Trotz chaotisch scheinender Entwicklung, bestimmte diese gemeinschaftliche Sozialisierung das Abendland. Vorerst mit nationalem, nun bereits europäischem Verhalten, und wachsend übergeordnet europäischen Werten, getragen von vielen herausragenden Persönlichkeiten. Es sind eben diese gemeinsamen kulturellen Werte die den Erfolg, die Basis auch der europäischen Staaten bestimmen. Ist uns dieser gesellschaftliche Zusammenhalt erst einmal bewusst – Fundament gemeinsamen Handelns, in einer nun globalen, zunehmend konfliktträchtigen Welt –, wird uns auch klar, von welch eminenter Bedeutung eben genau die Pflege dieser Werte, diese innere Gemeinsamkeit der europäischen Nationen, für die weitere, hoffentlich positive Existenz Europas ist; und fordert eben, als Voraussetzung, die Sicherung der nachhaltigen Leistungsfähigkeit.

Dürfen wir weiterhin positive Kontinuität ablesen? Nein! Im Gegenteil! Alle, wenn oben auch nur intuitiv ausgewählte Verzerrungen, zeigen für die volkswirtschaftliche Entwicklung nach unten! Spricht doch vieles dafür, dass Leistung, dass Kreativität und Innovation Resultate persönlicher Disziplin sind, und die ist eine persönliche Veranlagung, bestimmt durch unser Umfeld. Wir vermissen allerdings in den vielen Facetten unseres politischen Zusammenseins bereits Verantwortlichkeit, auch diszipliniertes Verhalten. Vermissen es auch zunehmend in den heutigen Generationen – die eben unter toleranteren (lascheren?) Umfeldbedingungen aufgewachsen sind –, vermissen zunehmend gesundes Leistungsbewusstsein, das nur durch eigene, durch vorbildliche öffentliche Disziplin erreicht werden kann.

Allerdings, wirtschaftliche Dynamik und Prosperität lassen sich nicht von staatswegen anordnen. Es bedarf des menschlichen Freiraums – der kann zwar gefordert, muss aber auch forciert und unterstützt werden; und das ist Aufgabe der Politik. Welche Perspektiven hätten wir doch! Die gab es zwar schon immer, aber chaotisch vor sich hin wuselnde „Jedem rechtmachende" Politik kann es nicht bringen. Seit Jahrzehnten wird nur mehr „verwaltet", nicht gestaltet, geschweige die Nation strategisch ausgerichtet. Mit immer mehr Gesetzen und Regularien, für alles und jeden, strategielos, unstrukturiert, können keine staatspolitischen Umwälzungen eingeleitet werden; Aufbruchsstimmung schon gar nicht. Temporär helfen Subventionen und Förderungen – je politisch wirkender Couleurs –, kaschieren aber nur Hemmungen für die freie Wirtschaft, den Einzelnen. In der Bevölkerung ist zwar reichhaltig unternehmerisch-eigenverantwortliches Verhalten vorhanden; das sich allerdings kontinuierlich abschwächt. Es verlangt, als Grundvoraussetzungen, Kontinuität und Nachhaltigkeit, Freiraum, Verlässlichkeit und Verantwortlichkeit der Politik; und das erfordert Jahre, Jahrzehnte.

Politische Nachhaltigkeit muss sich in strategisch abgestimmten Gesetzeswerken widerspiegeln. Dabei gilt, weniger ist mehr; wie viele Experten immer wieder betonen. Das Fehlen des Prinzips der Nachhaltigkeit – im Sinne der Berechenbarkeit, als Orientierungshilfe, besonders im Interesse kommender Generationen – durchzieht alle obigen Verwerfungen, verhindert strategische Entwicklung, den „angemessenen Abgleich aller den Staat beeinflussenden Systeme"[102].

Das letzte halbe Jahrhundert zeigt deutlich, wie sich die Nationen – je politischer Fähigkeiten – unterschiedlich entwickelt haben. Selbst Zyklen können wir erkennen[103]. So hat sich Deutschland, wie auch Westeuropa, nach dem Zweiten Weltkrieg, bis in die siebziger Jahre hinein, prosperierend entwickelt, tendiert nun aber in die Stagnation. Mühsam wirken die geldpolitischen Instrumente, mit denen versucht wird, zumindest das Niveau zu halten – über wachsende Schulden, mit QE, seit gut einem Jahrzehnt.

---

[102] In Anlehnung an RNE – Rat für Nachhaltige Entwicklung 2016
[103] Neuberg A. *Morphologie des Staates*

Japan ist ein extremes Beispiel, wohin fehlende politische Vorsorge führen kann. Ähnliche Tendenzen finden wir in vielen anderen Staaten. Allen ist gemeinsam, haben sie den wirtschaftlichen Höhepunkt einmal überschritten, zeigen sich Phänomene wie oben. Der Abstand von Arm zu Reich spreizt sich zunehmend, immer weniger Reichen steht ein wachsendes Heer Armer gegenüber (USA, Japan, Russland, Ansätze in Westeuropa und China). In einem kaltherzig-kapitalistischen Klima (wie z.B. in Japan) wachsen die Randgruppen von Einsamen, von Alten und Kranken, die, bei zwangsläufig nachlassender Unterstützung, unter die Räder kommen. Schon werden Greise zu längerer Arbeit aufgerufen, eine höhere Selbstbeteiligung verlangt. Eine makabre Entwicklung, mit der auch wir in Westeuropa in um die zwei Jahrzehnte zu rechnen haben. Japan hatte vormals eine stärkere Expansion als Westeuropa, aber auch früher als Deutschland wieder abgebrochen – und ist bis heute nicht in der Lage, den wachsenden Verfall sozialer Absicherung in den Griff zu bekommen. Oder die gesellschaftliche Entwicklung in den USA seit den 80er Jahren, oder in Südamerika, oder ..., eigentlich überall, wo der „kapitalistische Hauch" weht, wenn auch unterschiedlich nuanciert.

Nur wenige Beispiele die zeigen, wie zwingend strategisches Denken und Handeln von Staaten sein muss – verwischt sich doch vieles in den Zeiträumen von Generationen –, wie sorgfältig und gemeinsam, über alle Parteien, die eigenen Ressourcen beurteilt und nachhaltig gepflegt werden müssen. Wie eben aus national-historischer Erfahrung, wie den menschlichen Bedürfnissen, zu lernen ist und wie die Bevölkerung in die Prozesse mit einbezogen werden muss. Wie z.B., bis zu welcher Zuzugsmenge ein reicher Staat in der Lage ist, Immigranten verschiedenster Nationen aus humanitären Gründen aufzunehmen, ohne dass es das eigene Land sowohl wirtschaftlich wie menschlich überfordert. Denken wir nur an die Leistungskraft einer Nation; sie ist einerseits eine Funktion von Infrastruktur und Bildung, andererseits kultureller Mentalitäten. Welchen perspektivischen Beitrag leistet denn, z.B. der wachsende Zuzug von Millionen? Zwar überwiegend junger, dennoch rd. zwei Drittel mit einem Berufsniveau, das gerade mal für Helfer reichen wird; geschweige ob die Mehrzahl je ein Niveau erreicht, wie es hochzivilisierte Staaten erfordern.

Noch wächst die deutsche Exportquote – dank historischer Potenziale, und die zählen primär –, zum Wohle der Nation, aber auch zum Wohle Gesamt-Europas. Sie erreichte 2017 rd. 40% des BIP (1960 unter 10%). Noch wächst der Wohlstand mit, beginnt aber im Süden Europas bereits zu bröckeln. Die wachsende hohe Abhängigkeit des deutschen, aber auch des europäischen Lebensstandards vom Export, ist überaus bedenklich, verlagern sich doch die Wirtschaftspotenziale rasant. Es ist eine europäische, eine politische

Verpflichtung, ausgleichend zu wirken, extreme Brüche zu vermeiden, und dennoch die eigenen Ressourcen und Möglichkeiten strategisch einzusetzen, eben, nachhaltig zu fördern und zu pflegen. Philosophien, wie sie uns ja schon die USA, oder zugespitzt China, vormachen – nicht nur extrem kapitalistisch leistungsorientiert, sondern auch (wie China) machtorientiert, und paradoxerweise losgelöst von linken Ideologien (?). Wir haben unseren Weg erst zu finden, nach unseren „Werten"!

21. Geld-Illusionen – Ökonomische Prinzipien

Nationen versuchen ihre wirtschaftlichen Rahmenbedingungen – bei den so komplexen Gefügen, mit Millionen bis über eine Milliarde Einwohner – eigenständig zu bestimmen. Natürlich spielt viel Individualität mit, eben die Art und mit welcher Einstellung kraftvolle Persönlichkeiten die Prozesse beeinflussen. Nachhaltig bleibt jedoch die Gesellschaft entscheidend. Lässt sie sich massiv Abweichendes gefallen oder hat sie die Kraft Strukturen und Entscheidungswege zu gestalten? Bestimmend ist die Harmonie, das Verhältnis von Gesellschaft zu staatlicher Verwaltung und Regierung.

Allerdings sind die Dinge nicht so einfach. Kraft Zugriff auf jede Art von Wissen, mit vielfach der Öffentlichkeit verborgener Zusammenhänge, unterliegen Regierungen und Spitzenpolitiker vielfältigen Einflüssen, denen sie sowohl ausgeliefert sind wie auch Partei-/Klientelinteressen berücksichtigen sollten – dazu auch, ihre ganz persönlichen Einstellungen. Also, wirken bereits diffuse „Rationalitäten" sowie diverse moralische/ethische Werte.

Die Geldpolitik ist ein besonderes Beispiel komplexer Zusammenhänge – als nun mal bedeutendes Arbeitsfeld der Politik. Unterschiedliche, besser, gegensätzliche Strömungen zu spezifisch wirtschaftlicher Entwicklung kennzeichnen die weltweit unterschiedlichen Positionen dazu. Insbesondere während der letzten Dekade, nach einem Finanzcrash, bei stagnierender Wirtschaftsentwicklung und wachsenden Schulden, dazu einer ausgereizten Geldpolitik der Zentralbanken. Die einen plädieren für mehr Schulden, um für die Wirtschaft Impulse zu setzen, und die anderen pochen auf strikte Einhaltung von Schuldengrenzen (den Maastricht-Kriterien) und auf Sparen. Schlussendlich landen alle, nach ständigem Gelddrucken, bei einer Null-Zins-Politik, die nur den überschuldeten Staaten Vorteile bringt und, paradoxerweise, als Treibmittel der Investitionsförderung, völlig versagt.

Alle warten gebannt, was da wohl kommen wird; gilt doch nach wie vor eine Jahrhunderte alte Theorie: Nach Geldwucherung folgt die Inflation; die kam bis jetzt aber nicht. Scheint die Theorie zu versagen? Klar ist dennoch, irgendwann wird das Ganze kollabieren und – in der globalen Vernetzung – die Weltfinanzen in den Abgrund reißen; das geldwirtschaftliche Missverhältnis bereinigen (meinen viele Experten). So hat man – im Zuge der Euro-Einführung, über einen Stabilitätspakt – Überschuldungsgrenzen und Zinsspannen gesetzt, um kollabierende Finanzsysteme nur ja zu vermeiden. Allerdings hält sich niemand ernsthaft daran – ein demokratisches Problem. War doch immer schon in nationalen Krisen das Hemd näher als der Rock, versuchte man doch schon immer die eigene Haut, also das politische Mandat, zu retten. Das fällt umso leichter, als ja die Erfahrungen mit der Geldmengensteuerung noch sehr jung sind und die Definition der Geldmenge – mit all der Komplexität, variablen Einflüssen – nationaler Politik (auch über die EZB) unterliegt, ferner wissenschaftlich unterschiedlich definiert wird und in praxi sehr weit streut; sich ferner in der heute verflochtenen Weltwirtschaft noch keine Grenzen abzeichnen, wann denn nun eine Währung tatsächlich zusammenbricht[104].

Viele statistische und wissenschaftliche Indikatoren stehen zur Verfügung, und dennoch sind Lösungen rational nicht abzuleiten, ganz unabhängig von individuellen Überzeugungen und Neigungen, die ja auch nur auf begrenztem Wissens- und Erfahrungshorizont beruhen – also, wenig hilfreich sind. Gilt doch, dass das was das Publikum spart, auch wieder in den Wirtschaftskreislauf, über Konsum und Investitionen, einfließen muss, sonst versiegt die Dynamik des Geldstromes, wird dem Kreislauf entzogen und führt in die Deflation – oder es muss immer mehr Geld zugeführt werden („Helikoptergeld"). Den öffentlichen Meinungen sind dazu keine Grenzen gesetzt, so irrational sie auch sein mögen – und die Praktikabilität vernachlässigen. Wie z.B., dass Kryptogeld Münzgeld ersetzen könnte, oder dass es Notenbanken erübrigt, oder ... Alles pauschale, blauäugige Vermutungen, die – fließen sie einmal in den politischen Mechanismus ein – jahrzehntelange Diskussionen auslösen, reale Korrekturen behindern, weitere Unsicherheiten erzeugen, die Irrationalitäten in der Geldpolitik beschleunigen. So verliert man sich, je politisch individueller Beurteilung, im Klein-Klein und hofft, und hofft, und ... Jedenfalls, den Zins auszuschalten – wie es derzeit weltweit geschieht –, ist nicht nur keine Lösung, sondern ein gewagtes Experiment ohne jeglicher Erfahrungswerte, und wird schlussendlich, zwingend, irgendwo beginnend, den wirtschaftlichen Motor abwürgen.

---

[104] Neuberg A., *Geld-Illusionen*

Dazu verhalten sich in der Geldpolitik alle Staaten unisono individuell-rational, geben zwar Ratschläge, aber nützen dennoch jede Maßnahme die Vorteile verspricht. Die klassische Geldtheorie, meinen viele, hat ausgedient – dennoch ist sie nach wie vor im Rahmen (d.h., nicht als Anweisung) gültig, auch präzise, d.h. nachhaltig diszipliniert anzuwenden. Geld selbst ist ja kein Vermögen an sich, sondern wiederspiegelt nur das Vertrauen in seinen Emittenten (in vielen Facetten); und der bestimmt die Verhältnis-mäßigkeit, die Beurteilungskriterien, nach seiner Leistungsfähigkeit[105].

Entscheidendes Fundament bleibt – seit Jahrtausenden: Die Leistung! Und diese nationale Leistung bestimmt – sofern wir nicht zur Tauschwirtschaft zurückkehren wollen – das Beurteilungssubstitut, nämlich die Werterelation des Geldes, und zwar in relativer (BIP) und damit stabiler Menge. Dazu haben wir, hier in Europa, alle statistischen, politischen und organisatori-schen Voraussetzungen. Wir haben nur einen Fehler gemacht: unterschied-lich leistungsfähige Nationen in einer gemeinsamen Währung verbunden, und übersehen, dass mit dem Wegfall der Währungsrelationen, den Währungsparitäten, auch der Indikator für strukturpolitische Maßnahmen der Nationen verloren gegangen ist (als *das* Kernproblem). Und dennoch kann eine gemeinsame europäische Währung – unter Berücksichtigung bekannter Kriterien – überleben, sogar prosperieren, werden nur diese fundamentalen Kriterien eingehalten[106].

Geldtheoretische Zusammenhänge scheinen zwar komplex – insbesondere nach den beiden vorherrschend gegenseitigen Meinungen, und sind dennoch zueinander, und in sich, logisch –, werden die wissenschaftlichen Hauptströ-mungen nur wertfrei diskutiert und an die jeweilige Situation angepasst; dann durch die Politik rational umgesetzt. Was ja besonders in einer (noch jungen) Währungsunion, bei den vielfältigen unterschiedlichen Interessen, sowohl besonderer diplomatischer Professionalität bedarf wie auch den Diskurs mit der Bevölkerung voraussetzt, um so auch demokratisch breite Unterstützung zu sichern. Heute zwar noch eine Illusionen, dennoch zwingende Voraussetzung für eine prosperierende Zukunft der EU.

---

[105] Z.B. in Relation zum BIP und dem Wachstum, Neuberg A., *Geld-Illusionen*
[106] Detaillierte Ableitung der rationalen Zusammenhänge siehe Neuberg A., *Geld-Illusionen*

22. Demokratische Mechanismen

Die vielen Verzerrungen weisen nicht nur auf demokratische Hemmnisse hin, sondern fordern auch Antworten. Rekapitulieren wir die Prozesse seit Beginn der Aufklärung – der Phase, ab der die alten Ideen der Griechen, über Form und Art der Staatsführung, wieder neu aufkamen. Innerhalb weniger Jahrhunderte fegten dann aufklärerische Prozesse die Feudalsysteme hinweg und führten – nach temporärem Abgleiten in faschistische oder diktatorische Systeme – zu Demokratien westlicher Prägung; so verschieden sie auch gestaltet sind. Nun tauchen jedoch neue Fragen auf, beschleunigen sich gegenseitig – aber noch ohne leisesten Ansatz menschlich brauchbarer, eben nachhaltiger Lösungen.

Wir finden uns verunsichert. Volkes Meinungen, Ängste und Existenzfragen werden vernachlässigt, führen zu Demos und Tendenzen, ähnlich jener, in den Endphasen feudaler oder autoritärer Strukturen. In den „gereiften" Demokratien zeigen sich Tendenzen einzelner Regierungschefs, nach persönlichem Gutdünken, bei leider auch bescheidener politischer Erfahrung, verdrängtem ethischen Denken und begrenztem Wissen, über eigenwillige Einstellungen – abgesichert über Parteien, hörige Delegierte und Apologeten –, ganze Staaten in Bedrängnis zu bringen; hebeln so, über Generationen etablierte, politisch und wirtschaftlich stabile Strukturen aus. Es ist bekannt, nur kaum wer traut sich, etwas zu unternehmen! Gleiten so Demo-kratien ab – in autokratische Strukturen?

Was ist denn nun anders, als in den so verhassten Regimes. Oppositionen scheinen wirkungslos und die Menge kann nur staunend zusehen, wie über ihre Köpfe, über ihre Interessen hinweg regiert, besser, herumgefuhrwerkt wird. Und das führt uns zurück zu einer Erkenntnis, die schon Jahrtausende alt ist. Nicht die Systeme sind es, die die Freiheit des Menschen, sein Eigentum, seine Sicherheit und Entwicklung bestimmen, sondern Personen hinter den Systemen. Es sind Einzelne, die – sei es durch Gewaltmonopol, sei es aus Abhängigkeiten oder Gefolgschaftstreue – die Geschicke wieder mal autoritär dirigieren.

So fährt einem der Schreck in die Glieder, wenn z.B. eine europäische Spitzenpolitikerin, mit bedeutendem Einfluss in der Europäischen Union („Einfluss", weil sie den wirtschaftlich stärksten Staat repräsentiert), mit ihrer berühmten „Einladung" eine Lawine unkontrollierter Zuwanderung nach Europa auslöst, mit all den diskutierten Folgen. Was hat das noch mit demokratischen Werten zu tun? Trotz heutigem Wissen, unserer Erfahrung, trotz gereifter Demokratie mit Regularien bis ins kleinste Detail, stehen wir immer wieder vor einem politischen Scherbenhaufen, mit Tendenzen in den wirtschaftlichen wie politischen Abgrund. Welch eine Belastung für unsere Nachkommen! Aber nicht nur in Europa geht es so zu, auch in anderen „sich bekennenden" Demokratien. Markante Beispiele: USA mit einem wirren Präsidenten, Türkei mit Erdogan, Russland mit .., China mit Gerontokraten, alle Staaten des Nahen Ostens, überall in Afrika, Asien, Südamerika – ja, in welcher „Demokratie" den eigentlich nicht?

Bleiben wir bei uns! An allen Ecken und Enden der Europäischen Union driften die Länder nationalen Interessen entgegen (der Brexit als vorläufiger Schlusspunkt). Es fehlt das einigende, das gemeinsame Band aufgeschlossener, weiser, im Sinne der gemeinsamen Zukunft emotionslos handelnder und denkender Frauen und Männer die, grenzüberschreitend, Gemeinsamkeiten erarbeiten, die europäischen Völker wieder vereinen. Niemals darf einer alleine, seinen Willen gegen vielfältige europäische Strömungen aussitzen! Dazu teils offensichtlich! Nicht der geringste Ansatz strategischen Denkens, einfach nur menschliche Schwächen wie wir sie alle haben – in oberster Entscheidungsgewalt doch zumindest (!) Mäßigung verlangt. Erwarten wir doch in einer Demokratie, dass persönliche Mentalitäten, die ja immer vorhanden sind, professionell in den Griff bekommen werden je verantwortungsvoller die Position ist. Erwarten wir ja, dass uns die Besten führen, also, im Sinne einer nachhaltig positiven Entwicklung der Volkswirtschaft. Diejenigen, die Experten zur Diskussion einladen, sich beraten lassen, rational-politisch abwägen und – unter Einbezug der öffentlichen Medien – den Diskurs mit der Öffentlichkeit suchen.

Wie kann es so weit kommen, dass einzelne Spitzenpolitiker autark, über Belastungen mit langfristigen Folgen entscheiden, was ja seit Tausenden von Jahren versucht wird auszuschließen? Falls sie überhaupt entscheiden! Entscheidungsschwäche ist ein weiteres Kapitel. Zunehmend wachsen die Ausgaben für externe Berater! Mit immer mehr Geld wird „Wissen", für zumeist offenkundige Erkenntnisse ausgegeben. Nicht der gesunde Menschenverstand, mit oder ohne intensiver Diskussion entscheidet, ordnet Verantwortlichkeiten zu, sondern der Verweis auf Gutachten entlässt die „Entscheidungsträger" aus ihrer Verantwortung. Es ist paradox! Je höher der Verwaltungsaufwand, die Vergütungen sind, desto mehr „Erkenntnisse" müssen zugekauft werden! (und die, bleiben dennoch immer gefärbt, Kap.8, 16). Welche Verschwendung menschlicher Fähigkeiten in den öffentlichen Strukturen. Demotivierend für alle! Das kommt davon, dass keiner gelernt hat zuzuhören, zu verstehen, nachzudenken – das allerdings verlangt „Fähigkeiten", menschliche Reife, empfundene Verantwortung.

Rekapitulieren wir nochmals historisch relevante Prozesse: Die Bevölkerungsentwicklung der Menschheit weist bis zum 19. Jahrhunderts ein relativ langsames Wachstum aus; sofern man von Katastrophen einmal absieht. Die exponentielle Bevölkerungsentwicklung – damit auch die exponentiell zunehmenden Reibungsflächen – setzte erst zu Beginn des 20. Jahrhunderts ein; kaum nennenswert unterbrochen durch die beiden Weltkriege. Mit der technologischen Entwicklung nun, dem globalen Informationsspektrum sowie der Nutzung jedes freien Landstrichs, hebt sich auch die rein nationale Gestaltung langsam aber sicher auf, fordert – eben, zum ersten Mal in der Geschichte der Menschheit – eine geänderte, die strategische Steuerung der Nation.

Nicht geändert hat sich jedoch, das über viele Generationen entwickelte soziologische Verhalten des Menschen; wenn man so will, die Kulturen. Die binnen weniger Dekaden weltumspannende Vernetzung auf vielen Ebenen, verlangt zwar von allen ein verändertes Verhalten (was nicht erwartet werden darf), zwingend jedoch von der gestaltenden Politik (zumindest in Europa). Die verhält sich aber eben wie die „Geführten"; wie sollte es anders sein, mit all den durchscheinend individuellen Attitüden, der üblichen, der persönlichen Nutzenmaximierung – was ja schon immer gewirkt hat. Gelingt es nicht mehr Verantwortungsbewußtsein in die komplexen Leitungsstrukturen einzubringen, wie es die Konkurrenzbeziehungen erwarten lassen –, wird für inflexible Nationen der wirtschaftliche, auch sicherheitsrelevante Abstand immer größer; sie schlussendlich scheitern.

Überlässt sich eine Nation fremder Willkür, den Völkerwanderungen, Aggressionen, Boykotten etc. – egal durch was ausgelöst, egal ob gesteuert oder ungesteuert – und stellt sich nicht konsequent den zumeist völlig neuen Problemen –, darf sie sich nicht wundern, wenn die Sicherheit verloren geht, Eigentum und Existenzen vernichtet werden. Wobei Abschottung keine Option mehr ist (USA, auch andere). Mit der Vernetzung der Menschheit, mit an die 9 Milliarden, in extrem differenten Lebensverhältnissen, lässt sich eine generelle Abschottung nie mehr erzwingen. Zu durchlässig sind die Grenzen, zu stark die wirtschaftlichen und medialen Verschränkung, die finanziellen, ökologischen, ökonomischen Abhängigkeiten. Ferner werden Völkerwanderungen zur Nivellierung der Einkommen führen (mit Druck auf die Industriestaaten) wie auch zur Verlagerung wirtschaftlicher Zentren, bei zunehmendem Kampf ums Überleben ganzer Volksgruppen. Und all das, aufgeheizt über soziale und wechselnd individuelle Netzwerke bis in die letzten Winkel der Kontinente, über pauschale, sich ständig ändernde, auf einfachste, irreale Termini reduzierte Scheintransparenzen.

Überfordert, wirr und unfähig der Komplexität der Zusammenhänge Herr zu werden, reagieren betroffene Staaten kaum rational, zumeist überhaupt nicht. Sie begreifen nur Details, und die, geformt vom eigenen Ego. Selbst über einfachste Zusammenhänge (wie wir sie oben diskutiert haben), wird demokratisch (?) gestritten was das Zeug hält – jedoch rationale, vernünftige Lösungen, dürfen wir so nicht erwarten.

Was besonders erschüttert, ist, nicht nur die mangelnde Professionalität der politischen Führung – eben, auch geschuldet den demokratischen Internas (Kap.16.) –, sondern die weitgehende Vernachlässigung konsensuellen Expertenwissens und wenig niveauvollen öffentlichen Diskussionen (pauschale Streitigkeiten) die zeigen, wie tief das politische Niveau bereits abgesunken ist. *Dem*, sind wir ausgeliefert! Hat man selbst mittlere und große Unternehmen geleitet, versucht, wirtschaftliche und soziale Balance im Sinne der Einheit sicherzustellen, belastet schon der begrenzte, egozentrische Geist, der nicht nur ganze Staaten lenkt, sondern auf Generationen hinaus belastet.

Nehmen wir Aussagen regierender, wie man an die Richtigkeit „glaube" (autonomer) Entscheidungen, also, der „eigene" Beurteilung – als doch nur stures Festhalten an persönlicher Meinung; oft gegen wachsenden Widerstand der Öffentlichkeit. Noch überraschender, dass sich oft keine offziellen Gegenstimmen rühren. Das liegtan den „bürokratischen" Strukturen", einer „disziplinierten" Administration (Kap.9.) sowie dem Führungsstil und all den individuell-menschlichen Eigenheiten im Polit-Geschäft wie sie Demokratien entmündigen[107]. Schwache Opposition oder Kungeleien der Parteien schädigen zusätzlich. Ähnliche Degenerierung finden wir weltweit.

Wohin bewegen sich den die Demokratien? Sind wir in der Lage, weitere Verzerrungen, belastende Perspektiven zu verhindern, in den Griff zu bekommen. Nicht nur mit Kontinuität zu Historischem, sondern zu Wachstum – egal wie wir es definieren (weniger nach Vermögen, mehr nach Wohlfahrt, Glück, Sicherheit, ..) – für die Nation, für die Union? Stimmen die politischen Koordinaten eigentlich noch? Oder sind die Ansätze unserer demokratischen Strukturen – wie sie sich in den letzten zwei Jahrhunderten entwickelt haben – anzupassen? Reicht die Gewaltenteilung – oder hemmt sie sogar? Rekapitulieren wir, wie sie sich seit Montesquieu entwickelt hat:

---

[107] Parteiapparate werden zu Marketingmaschinen, Politiker zu Illusionskünstler, Staatsmänner zu Geschichtenerzähler. *Handelsblatt 2016.*

> **Die Legislative**: Gesetze sind ein Resultat demokratischer Prozesse, sollen den Willen des Volkes widerspiegeln. Hier haben wir schon das erste Problem. Wir leben in einer Zeit, in der sich die weltweite Informationsflut, die Datenexplosion, die Vielfalt der Meinungen, in der Zersplitterung in immer kleinere Parteien widerspiegelt und in der der mehr oder weniger gebildete Bürger sich nun zurechtfinden soll. Kann er aber nicht mehr! Die Vielfalt ist zu groß, die Einflüsse zu vielseitig. Zunehmend orientiert er sich an populistischem, was ihm Verständnis, etwas Sicherheit in einer komplexen, kaum mehr zu verstehender Umwelt vorgaukelt.

Ideale der Demokratie, wie wir sie von alters her übernommen haben, bis zu den republikanischen Umbrüchen der Aufklärung, gibt es nicht mehr: Der Diskurs, der gemeinsame Gedankenaustausch zur Findung von Kompromissen bei den vielen komplexen Fragen, ist verloren gegangen. Nun bestimmen Berufspolitiker – nicht nach Berufung, sondern aus egozentrischem Erwerbszweck. Karrieristen der Parteien, ideologiekonform trainiert in den Hierarchieebenen, pflegen jahrhundertelang geübte bürokratische Prozesse administrativ weiter. Sie sind primär interessiert, Stimmen zu maximieren, die eigene Existenz im parteipolitischen Rahmen zu sichern! Greifen so, ad hoc`e, öffentlich-politische Reaktionen mit Breitenwirkung auf – weit ab strategischen Denkens, kaum peripher zum Wohl der Nation. Zeigen also Aktivität zu allem, was positive Resonanz beim (Wahl-)Publikum sichern hilft.

So hat sich eine kaum zu durchblickende Gesetzeswulst aufgebaut. Wobei jedes weitere Gesetz – mit teils kaum bekannten Vernetzungen – immer neue Probleme aufwirft. Denken wir nur an die katastrophale Überlastung der Judikative, die zwangsläufig gezwungen ist, sich von realer Gerechtigkeit, hin zu oberflächlicher Vereinbarung zu bewegen. Dazu die wachsende Fülle von „Politikern"; hier gilt, konform der uralten Weisheit, zu viele Köche verderben den Brei. Jeder der Abgeordneten wird irgendeinen Beitrag leisten wollen – aber, zu viel ist zu viel, insbesondere, wenn kein strategisches Ziel, im Sinne nachhaltiger Wohlfahrt für die Nation, dahinter steht, nur lautstarke Forderungen irgendwelcher Interessensgemeinschaften, also, „Zufallsereignisse". Korrekturen von Korrekturen von Korrekturen wirken kontraproduktiv, begrenzen den Freiraum, blähen Verwaltungen auf, reduzieren so den Handlungsspielraum der Bürger, engen ihn immer weiter ein (trotz jeder Opposition, die sowieso – publikumswirksam, egal welche – immer gegen alles und jedes ist).

➢ **Die Exekutive**: Keine Frage, für die Vielzahl der Beschäftigten in der Sicherheit und Verwaltung ist die Umsetzung der staatspolitischen Aufgaben, von Recht und Ordnung, durch Überzeugung getragen – jedenfalls zu Beginn der Tätigkeit. Dass die Identifikation im Laufe der Zeit nachlässt – anders, als in den Aufgaben der freien Wirtschaft, bei ständigem Existenzzwang –, liegt sowohl an der starren, nicht-leistungsorientierten Vergütung wie auch den begrenzten Karrieremöglichkeiten, insbesondere aber dem zunehmend eingeschränkten Freiraum in der Ausübung ihrer Funktion (Polizei, Kriminalbeamte, Bundeswehr, BND etc.), da bei kleinster „Übertretung" des regulierten Rahmens – und sei der noch so „praxiskonform" im Rahmen nationaler Werte –, politische Unterstützung versagt bleibt. Käme nur irgendwer in den Geruch der Praxis geschuldeter „Übertretungen" zu verteidigen, schon schreien Opposition und Interessensvertretung auf. Nur eines wird damit erreicht, der mentale Rückzug engagierter Organe von ihrem, bereits begrenztem Rahmen – und gerade nicht, zum Schutz des Bürgers und seines Eigentums. So wird ein Sicherheits- und Verwaltungsapparat geschaffen, der einerseits wächst, andererseits in seiner Wirksamkeit, seiner Schlagkraft, immer stärker „aufgeweicht" wird und – fallen außerordentliche Ereignisse an (z.B. G20-Demos, Asylanten) – nicht mehr im Stande ist, die ureigensten Werte der Nation zu sichern; immer mit der Sorge, von irgendwen angegriffen zu werden. Hören wir nur hinein in die Frustrationen an der Verwaltungsfront – es bestätigt sich immer wieder.

➢ **Die Judikative**: Sie unterliegt dem gleichen Problem, bei gleicher Intuition. Sie hat „auszuführen", zu „richten", was die Legislative gebietet. Und ist gleichermaßen gehemmt – immer stärker, ohne Rücksicht auf die Praktikabilität, oder konform der Verfassung. Jede ergänzende Maßnahme, zumeist sozialen Hintergrunds (Hartz IV, zum Mietrecht, zur Renten- und Sozialversicherung, zum Mindestlohn, zur Asylpolitik, zur ..), betrifft nicht nur unzählige Bürger, sondern banalisiert einerseits, löst andererseits Kettenreaktionen von Klagen über ungelöste gesetzliche Nischen und Vernetzungen aus, die dann entweder pauschal als Kompromiss oder fehlerhaft abgehandelt werden müssen; gefolgt von endloser personeller Ausweitung (wie z.B. wieder die Asylpolitik, Hartz IV). Alles weitab ökonomischen Denkens, eine endlose Wucherung der Administration, von Gesetzen und Verordnungen, von Kostenüberwälzungen bis in die kleinste Kommune und Institution. Geht diese Entwicklung über die nächsten Jahrzehnte so weiter – neben Katastrophen, Völkerwanderungen etc. –, können wir uns ausmalen, wie der Freiraum weiterhin stranguliert, Initiativen abgetötet werden.

Wir sehen, selbst „klare" Grundsätze beginnen sich aufzuweichen, sind zu überdenken, neu zu formen. Vor allem erkennen wir – abgeleitet aus den Erfahrungen des letzten halben Jahrhunderts –, dass eine systeminhärente Kontrollinstanz fehlt, eine, die Kontinuität der volkswirtschaftlichen Wohlfahrt, dem Souverän echte qualitativ hochwertige Dienstleistung sichert. In einer überfüllten, technologisch vollständig vernetzten Welt, haben sich nicht nur die hehren Ansätze uralter Demokratien extrem verwässert, sondern erfordern heute, eben – wegen der unübersehbaren Komplexität, der Fülle, den vielfältigen Konkurrenzbeziehungen und dennoch begrenzten Ressourcen –, höchste Professionalität; und dennoch, vermutlich genau deswegen, wieder mehr Freiraum, echte Verantwortlichkeiten. Also weise, reife, selbstlose Persönlichkeiten als „Führer", die in der Lage wären, soviel relevantes Wissen wie möglich zu verarbeiten, in Relation zu den konkurrierenden Akteuren zu setzen, und dabei die Menschen mitzunehmen. Also, die neu gestalten – vorsichtig, langsam, jedenfalls konsequent, nach gemeinsam erarbeiteten strategischen Leitlinien. Unmöglich? Unvorstellbar? Natürlich nicht! Nur unsere Führung, die Qualität, muss sich ändern!

23. Demokratie-Illusionen

Wir, im Westen, sind in die Demokratie hinein geboren – sind demokratisch sozialisiert –, können uns kaum eine andere Staatsform vorstellen; wenn auch rundherum, weltweit, autoritäre Tendenzen zunehmen, wenn auch mit demokratischen Phrasen. Die klassischen Demokratien hatten zumeist nur wenige Dekaden Bestand. Ausnahmen bildeten einige Stadtstaaten, besonders das Römische Reich. ImDetail finden wir auch hier wenig Demokratisches – vielleicht in den ersten Jahrhunderten – bestimmten doch vielfältige Klüngeleien die Geschicke des römischen Staates.

Auch in der heutigen Welt sind „echte" Demokratien die Minderheit – zumeist in West- und Mitteleuropa zu finden, in Kanada, Australien, (noch?) in den USA und einigen weiteren kleineren Staaten. Aus jüngster Erfahrung wissen wir, dass der demokratische Gedanke nur latent in der Bevölkerung verhaftet ist, immer gefährdet bleibt – ergeben sich irgendwelche Auslöser, die das ganze kippen lassen (denken wir an die Ermächtigungsgesetze 1934, an gegenwärtige Tendenzen in der Türkei, dem Naher Osten und selbst innerhalb der EU). So hat eben jede dieser „Demokratien" ihre eigenen Usancen, eigene Vorstellungen aus Kultur und Historik.

Und noch etwas hat sich nach dem Zweiten Weltkrieg verändert. Die Medienpräsenz entscheidet mit, und damit der Einfluss von Kapital, also von Macht. Extremes Beispiel wieder einmal die USA. Aus der Allianz von Kapital, unterstützt von Politikverdrossenheit (Kap.16), können Superreiche eine „präsidiale Fülle" erreichen, die alles andere als demokratiekonform ist. Niemand hätte sich bis vor Kurzem noch vorstellen können, dass über niveauloses Showbusiness, plus massiver Lügen und Hetzen, ohne jeglicher staatsmännischer Fähigkeit, Personen an die Macht kommen, sich selbst über demokratische Usancen hinwegsetzen und die ganze Welt in Mitleidenschaft ziehen können! Und lässt bereits als designierter Präsident die kapitalistische Elite antanzen, wählt nach Willkür seine Regierungsmitglieder aus, stellt alte diplomatische Gepflogenheiten, weltweite Vereinbarungen in Frage, bricht Sicherheitsblöcke auf, lässt flatterhafte Intuitionen gelten etc. Und das, als älteste, als vorbildliche Demokratie neuerer Zeit.

Und bei uns? In Europa? Lief es im letzten halbem Jahrhundert „demokratisch" doch noch ganz gut, Wohlstand, Sicherheit nahmen zu. Allerdings spüren wir seit letzten Dekaden, etwas stimmt nicht mehr, wir werden unsicher. Und mit uns auch die Politik. Ziellos, nach gerade populistischem Tagesgeschehen, wird herumgefuhrwerkt, wird „regiert". Früher war es politische Usance, spürte ein Regierungschef wachsenden Widerstand des Volkes, stellte er die Vertrauensfrage, trat gegebenenfalls zurück. Heute? Wird es „ausgesessen"; tragen einem doch die Strukturen unzähliger Abhängiger, von Partei und Verwaltung. Zum x-ten Male stehen wir als Demokraten ratlos vor intuitiven Entscheidungen, vor Konsequenzen mit irrealen Kettenreaktionen,sind nicht in der Lage gegenzusteuern. Brav und bieder ordnen sich Parteigenossen, Mitarbeiter, in weiterer Folge die Medien, dann selbst weite Teile des Volkes bedenklichen Entscheidungen unter, wohl ahnend, vielfach wissend, es ist staatspolitischer Nonsens.

Geduldig stecken alle den Kopf in den Sand und tragen komplexe Belastungen aus vielen Fehlentscheidungen mit. Ungelöste Themen wie Energie, Völkerwanderungen, Verteidigung und Sicherheit, Digitalisierung, Klima, Renten, Gesundheit und Pflege, Einkommensdifferenzen, Bildung, Religion und Ethik, fallende Leistung u.v.a. bleiben erwartungsgemäß (!) unbeantwortet. Wie konnte es so weit kommen? Jeder hätte doch diese sich über Jahrzehnte hinziehenden Probleme, katastrophale Entwicklungen, sehen müssen! Es scheint der Herdentrieb (auch Saturiertheit) zu sein. Wirkt schon wie in Autokratien – und wenn wir Pech haben, mit Schaden auf Jahrzehnte. Manifestiert sich der Unterschied zwischen Demokratie und Autokratie nur in „Personen"? Von der Hand zu weisen ist es nicht! Erleben wir nicht ähnlich gravierende Umbrüche, wie vielfach in der Menschheitsgeschichte?

Wenn auch auf anderem Niveau? Vieles ähnelt, wiederholt sich. Überwog doch z.B. im Dritten Reich schon die allgemeine Skepsis, dass es schief läuft – doch kaum wer reagierte wirkungsvoll. Schlussendlich waren es ja die demokratisch legitimierten Ermächtigungsgesetze, die zum Systembruch führten. Soweit wird es heute nicht kommen, scheint überzogen. Oder nicht? Bemerken wir doch in vielen Ländern gravierende Umwälzungen, sehen wir doch vielfach „demokratische" Verschleißerscheinungen.

Jedenfalls ist nicht abzustreiten, dass sich die westlichen Demokratien im Sinkflug bewegen, die Parteien ihre Linien verloren haben, einzelne Parteiführer an Macht gewinnen, Gremien willenlos folgen und die Massen immer mehr – noch in Wohlstand eingebettet – bereit sind, fast alles zu akzeptieren; selbst wenn Kritik verstohlen zunimmt. Bewegen sich die westlichen Demokratien dem Abgrund entgegen? Die Parteien bieten in ihrem Verhalten keine Alternativen mehr. Obwohl die weltweit wirtschaftliche wie politische Situation die Bündelung aller Ressourcen erzwingt, die Ausrichtung auf die Wettbewerbsfähigkeit, auf die nationale Sicherheit verlangt; als Motivation der Bevölkerung. Es fehlt die demokratische Machtbalance!

Es ist nicht mehr der Souverän, der Bürger, der in – wenn auch nicht lupenreinen demokratischen Prozessen – die Geschicke des Staates bestimmt. Es sind die gerade aktuell Mächtigen, die – egal ob autoritär oder demokratisch legitimiert – ihren ganz persönlichen Willen, und das selbst gegen die Mehrheit des Volkes in der Lage sind durchzusetzen. Einen Willen der, gerade jetzt, nun, durch persönliche Einstellung bestimmt wird. Ein über die Jahrtausende diskutiertes, bis heute ungelöstes Thema[108]. Besonders bei dem weltweit vielfältigem Wandel – und der herrscht nun mal vor. Wandel, der sich aus Zufällen ableitet, auch von Menschen gestaltet wird die emotional, persönlich orientiert handeln; wir also von chaotisch bestimmten Qualifikationen abhängen. Deshalb bedürfen wir der „Fähigsten" – nicht bescheiden qualifizierter Parteisoldaten mit irrelevanter Lebens- und Berufserfahrung! War zwar schon immer bekannt, nur, warum gelingt es nicht einmal heute, in unserer medial aufgeschlossenen Welt, nur die BESTEN zu berufen.

Im Gegensatz zu den alten Demokratien – geschlossene Gemeinschaften mit persönlich bekannten Eliten –, umfassen unsere Demokratien heute viele Millionen Menschen; und die, aufgeheizt von technologischen Umbrüchen, bei lückenlos medialer Einbindung. Vielfach gut gebildete Individualisten die gelernt haben, von Angesicht zu Angesicht, gleichrangig, ihre Meinun-

---

[108] Neuberg A., *Morphologie des Staates*

gen, frei von fremder Einstellung und Abhängigkeit, kund zu tun, über persönliche Vernetzungen auch in der Lage sind, politische Gefüge zu beeinflussen. Und je größer die Demokratien, je höher der Bildungs- und Freiheitsgrad ist, desto gleichberechtigter fühlen sich die Wähler. Eine, wie heute technologisch weltweit vernetzte Welt, verlangt also ein anderes Demokratieverständnis, eine andere Definition der persönlichen Teilhabe. Betrachten wir nur die Wahlen des letzten Jahrzehnts. In Großbritannien, mit dem konfusen Brexit, den doch keiner wollte, die USA, die mit demokratischen Relikten Potentaten an die Spitze bringen, die offensichtlich den Weltfrieden gefährden, oder die Türkei, in der (als „Vorzeigedemokratie") der autoritäre Absturz nicht aufzuhalten ist, oder China, autoritär von einer kleinen Gerontokratie geleitet, Russland, ... Alle diese Ansätze zeigen, dass die Wahlmechanismen, demokratischen Grundsätzen nur bedingt gehorchen und viele Spitzenfunktionäre den demokratischen Bedürfnissen nicht mehr genügen. Unsere „demokratischen" Prozesse haben sich in „autoritäre" gewandelt – wird doch nicht mehr nach persönlich gereifter (!), echt freier (!) Meinung gewählt. Noch bevorzugen wir weder die Fähigsten die die Gemeinschaft eines Staates aufbieten kann, sondern Mächtige, Vermögende, einflussreiche Potentaten oder Parteiapologeten, denen zusätzlich noch das Ethos der „Berufung" fehlt.

Erweitern wir den Zeitrahmen, sehen wir, wie unbedeutend unsere politisch täglichen Streitereien sind, aber auch, wie eminent wichtig es ist, Führungskräfte zu berufen, die „über den Dingen stehen". Die Zeit des Menschen in der Erdgeschichte ist vernachlässigbar; aber sein Wirken in einem einzigen, dem letzten Jahrhundert, also, einen Wimpernschlag der Zeitgeschichte, ist so massiv, dass er sich bereits selbst wieder infrage stellt. Was ist da schon die kleine Episode von wenigen Jahrzehnten blühender Demokratien in einigen wenigen Staaten? Und selbst die zeigen gefährliche Auflösungstendenzen. Unterjochen doch kapitalistische Kriminelle, rücksichtslose Egomanen einen Staat nach dem anderen. Sind die demokratischen Strukturen ihnen hoffnungslos unterlegen?

Aus den vielen Facetten obiger Kapitel ist abzulesen, demokratische Aufbruchsstimmung kann Berge versetzen, aber – haben sich demokratische Prozesse einmal halbwegs stabilisiert, „reifen" die Strukturen ungebremst weiter – hemmen sie sich genau aus den gleichen Prozessen selbst, verlieren den demokratischen Impetus und tendieren ins politische Chaos (wie wir aus der Geschichte vielfach erfahren). Wirtschaftlicher Erfolg, wachsender Wohlstand, hat noch immer seine Grenzen gefunden – besonders, wenn die „kämpferische Dynamik" einmal verloren gegangen ist. Friedliches, dazu saturiertes Zusammenleben alleine, reicht nicht mehr. Demokratische Fehlentwicklungen korrigieren sich nicht von selbst. Gibt es Chancen demokratische Grundsätze zu sichern, sie wiederzubeleben? Deutlich scheint: ohne radikale, ohne drastische Maßnahmen, besonders einer konsequenten Führung, geht es nicht! Ohne Disziplin und Verantwortungsbewusstsein auch nicht! Sehen wir uns in der Welt nur um. Chaotisch-politische Prozesse wohin man sieht – und sie beschleunigen sich! Nichts wirkt dz. gegen!

a) Demokratisches Paradoxon – Das Qualifikationsmanko

Wie wir wissen, entstand der demokratische Gedanke – die Teilnahme jedes Einzelnen am gesellschaftlichen Geschehen – in kleinen überschaubaren Gemeinschaften. Man kannte sich zumeist persönlich, Leistung und Beitrag der Auserwählten war individuell beurteilbar, und damit entscheidend für die Wahlergebnisse. Der Grundsatz ist noch viel älter, schon evident in den Gesellschaften der Sammler und Jäger. Zeichneten sich einzelne durch besondere „Leistungen" aus, kamen sie in den Genuss der Macht. An diesen Grundprinzipien halten wir noch immer fest – dokumentiert seit den alten Griechen. Nun gehen aber die Gesellschaften in die Millionen, selbst in die Milliarden, also, ist dieser demokratisch-fundamentale Ansatz weitgehend unwirksam. Diese Mengenexplosion widerspiegelt die grundsätzliche Problematik unserer Demokratien. Der Einzelne ist heute den Institutionen, den Parteien ausgeliefert, zumindest temporär – sofern er sich einmal seine Meinung mit gewisser Konsequenz gebildet hat. Es bleibt – je Bindungskonsistenz, die aber schwächer wird – den Parteien überlassen, wie sie den nun die Stimmen treuhänderisch verwalten, wenn auch nach eigenem Gutdünken. Diese Bindungskonsistenz konnte schon mal Generationen überdauern – das ist allerdings vorbei.

Was erwarten wir von der Wahl derjenigen, die uns am besten zu vertreten scheinen? Dass sie unser Vertrauen rechtfertigen! Dennoch können wir sie nicht abwählen, falls sie es missbrauchen. Wir bleiben ihnen ausgeliefert. Nicht nur temporär, begrenzt – überbrücken doch etablierte Strukturen zumeist mehrere Wahlperioden. Unabhängig davon, dass auch wir in unserer Meinung schwanken, erwarten wir dennoch Kontinuität, eine „seriöse und weise" Führung, effizienten Einsatz für die Gesellschaft. Sind wir ja selbst nicht die Klügsten, nicht wertfrei und neutral genug, also wollen wir von den angenommen „Besten" das Vertrauen gesichert wissen. Wir sehen schon, ein zweischneidiges Schwert! Ob wir wollen oder nicht, wir bleiben – zumindest zwischen den Wahlterminen – der gewählten „Obrigkeit" ausgeliefert, müssen sie akzeptieren!

Die vielfältigen demokratischen Verwerfungen des letzten Jahrhunderts zeigen uns ferner, dass Tendenzen zur Autokratie nie ausgeschlossen werden können. Überdeutlich ist bewusst, dass sich Demokratien weiterentwickeln müssen, um ein Abdriften in die Autokratie zu vermeiden. Schon im letzten Jahrhundert sind in vielen Staaten Grenzen überschritten worden (Faschismus, Kommunismus); und die Anzeichen heute, schon wieder überdeutlich. Demokratische Strukturen sind eben immer wieder anzupassen; wie vor gut zweihundert Jahren (nach Montesquieu u.a., mit der Gewaltenteilung). Besitzen Parteien schon mal Mehrheiten, bemerken wir immer wieder Tendenzen, sie auch undemokratisch absichern zu wollen, selbst Kontrollinstitutionen außer Kraft zu setzen (Ungarn, Polen, Türkei etc.).

Verhalten und Strukturen sind jeweils Resultat der Geschichte, und haben sich bis heute nicht an die globalen, technologischen, gesellschaftlichen etc. Veränderungen angepasst. Demokratien tun sich ausgesprochen schwer, die gesellschaftliche Dynamik widerzuspiegeln, laufen den Veränderungen hinterher. Vergleichen wir doch nur die „inhärente Mentalität" im Privaten (der freien Wirtschaft) zu den staatlichen, damit auch parteilichen Prozessen, wie sich die Teile entfremden, nicht mehr die gleiche Sprache sprechen. Als eines der Kernprobleme. Es scheint, sie leben in einer anderen Welt.

Freier Journalismus ist ein fundamentales Korrektiv in Demokratien (Kap. 17), reicht jedoch nicht – wie wir aus historischer Entwicklung wissen. Die Konzentration von Vermögen in den Händen immer weniger, fördert eine Konzentrationen der Medien, und damit die einseitige, individuell geprägte Interpretation und Berichterstattung (USA, Russland, China, Türkei u.v.a.). Selbst die Unabhängigkeit staatlicher Organisationen (Justiz, Rechnungshof, Nationalbanken u.a.) kann demokratische Fehlentwicklungen per se nicht ausschließen, sind doch auch sie in einem politischen Umfeld eingebettet.

Es ist der schnöde Mammon der Beeinflussung schürt, ferner der Wille zur Macht: „Recht haben zu wollen", Vorteile und Prestige zu sichern. Dagegen steht der demokratische Grundgedanke (Kap. 8)! Möglichst rational den gemeinsamen Nenner, im Sinne von Gerechtigkeit und Freiheit zu finden. Es gibt eben nicht die, immer wirkenden „Wahrheiten". Es ist eine Schwäche der Demokratie, dass die vielen die die Öffentlichkeit beeinflussen, meinen, sie zu besitzen, vehement vertreten müssen – und gelingt es ihnen, sich durchzusetzen, ist der Schlamassel nur vertieft.

Zurück zur Basis: Voraussetzungen sind (1) eine möglichst breite Allgemeinbildung der Bevölkerung, der Versuch des zunehmenden Einbezugs in das politische Geschehen, in den öffentlichen Diskurs, also, echte Demokratie zu üben. Das alleine reicht natürlich nicht, reduziert jedoch das Problem, da anzunehmen ist, dass „Gebildete", dank breiterem Wissen und fähigerer „Denkleistung", aufgeschlossener reagieren, eher assoziieren, also bereit sind, eigene Einstellungen sowohl einzubringen wie auch zu korrigieren. Ferner ist (2) einerseits die Vielfältigkeit und Unabhängigkeit der Medien zu fördern sowie andererseits die saubere Auswahl und Interpretation der Daten (gesetzlich) zu fordern. (3) Sind strenge, wenn auch variable Qualitätskriterien an Mandatare zu legen, und zwar, je höher sie in der politischen Hierarchie stehen. Mit der Annahme, dass ethische Einstellungen und spezifisch-fachliche Erfahrungen, gepaart mit Reife, sowohl höhere Diskursfähigkeit erwarten lässt, als auch eine hohe Bereitschaft, sich in fachliche Materialien bewusst zu vertiefen, eben, Bestes zu wollen; umso, und nur so, individuelle Ansichten mit zukunftsorientierten Maßnahmen in Balance zu bringen.

Was wir heute als „Demokratie" erleben – in Europa oder Amerika – ist weit davon entfernt. Sehen wir z.B. das oberflächliche, dieses irrationale Entscheidungschaos in Großbritannien im Rahmen des Brexit, die dümmlich-naiven Sprüche eines US Präsidenten, die wirtschaftliche und politische Stagnation des republikanischen Vorbildes Frankreich, die seit einem halben Jahrhundert blockierte wirtschaftliche und politische Entwicklung Italiens, die pastorale Verwaltung und schleichenden Niedergang des eigentlichen Motors der EU Deutschlands, mit einer ganz Europa infizierenden Lähmung. Alle zeigen sie gleiche Tendenzen: aufkommenden Nationalismus, Abschottung, Durchsetzung eigener, banaler Vorstellungen, Machtgehabe, und vor allem politischen Egozentrismus, den wir schon lange verloren geglaubt haben. Und das alles, obwohl sich weltweit Mächte formen, als Daten-, Medien- und Vermögenskapitalismus, die alle diese kleinlichen Bestrebungen ad absurdum führen, Demokratien kontinuierlich schwächen.

Nicht zu glauben, überall setzt sich Machiavellismus durch, unterstützt durch gnadenlosen Kadaver-, einem Parteien- und Interessensgehorsam, der langsam und schleichend, unerkannt, jeden der demokratischen Werte auflöst (Kap.8). Egomanen nützen die fundamentale Schwäche der Demokratien über pauschalierte Beeinflussung der Massen, die – auf der Suche nach dem Schlaraffenland – sich willig führen lassen, gar nicht beurteilen können, wohin denn der Weg nachhaltig tatsächlich führt. Fast tagtäglich erfahren wir Beispiele, wie aus dem Nichts Themen auftauchen die sich hochschaukeln, jahrelang in aufregenden Diskussionen münden, schlussendlich doch nichts Nennenswertes bewirken – ausgenommen Zeit- und Geldverlust. Es blockiert diese politisch-strategische Unwissenheit unserer politischen „Führer"; ein politisches Verbrechen, sofern sie es bewusst steuern, oder nicht willens sind, nur staatlichem Wohl zu dienen.

b) Machtegozentrik

Bescheiden sind doch unsere Wünsche. Einerseits bestmögliche Regelung des Zusammenlebens, andererseits möglichst freiheitliche Entfaltung des Einzelnen. Die Grenzen zu finden, ist allerdings ein schmaler Grat. Demokratien haben Tendenzen „überzuregulieren" (Kap. 16). Zwar gibt es immer wieder Entbürokratisierungsansätze, alle enden allerdings wenig erfolgversprechend. Regelungen sind notwendig; dazu sind staatliche Verwaltungen da. Es ist das Dilemma des Zusammenlebens in komplexen Organisationen, die *„Regelung versus Freiheit"*.

Schlussendlich, im Extrem, ist es nichts anderes als *„Demokratie versus Autokratie"*; eine ernüchternde Erkenntnis! Alles reduziert sich eigentlich auf die Regelungstiefe, und nur sekundär, inwieweit sie von Einzelnen (z.B. Autokraten) ideologisiert wird. Allerdings verstehen wir nun auch, warum – in reifen Demokratien – über die Parteien gewählte Spitzenpolitiker zu autokratischem Verhalten tendieren. Die zunehmende Regelungsdichte ist ja, wenn man so will, inhärent aus der Verfassung abzuleiten, „zu handeln", „Macht anzuwenden". Und Macht ist eben – wie wir vielfach bemerkt haben – vom persönlichen Willen nur indirekt zu unterscheiden. Sehen wir nur, wie autark Regierungschefs und Minister führende Positionen besetzen (vielfach ohne qualitative Anforderungen), ihre ganz persönlichen Ideologien – mehr oder weniger verdeckt – über richtungsweisende Kompetenz ausüben und – halten sie sich lange genug im Amt – staatliche Politik massiv beeinflussen. Da nützt die ganze demokratische Überzeugung nichts mehr.

Im Zuge einer langanhaltenden Wohlstandsphase verliert sich für die jüngere Generation – dank lückenloser sozialer Fürsorge – das Verständnis für die Notwendigkeit des eigenverantwortlichen Kampfes um die eigene Existenz und Sicherheit, verliert sich das Verständnis, dass ein solidarischer Sozialstaat nur bei Not einspringen sollte. Der westliche Mensch darf dieses Glück erst seit wenigen Jahrzehnten genießen. Wir, in Europa, leben seit 70 Jahren in Wohlstand und Frieden – rundherum Kriege, Übergriffe, kapitalistische Exzesse bis zum ökologischen Ruin, Terrorismus, Mord und Totschlag. Sind wir gegen einen Rückfall – z.B. schon durch den Zustrom von Millionen, mit ihren rückständigen Denken, vernachlässigbaren Bildungspotenzialen, den teils ethisch differenten religiösen Einstellungen – gewappnet? Kaum! Wir fühlen uns satt, in Wohlstand und Sicherheit eingebunden, dass uns gegensätzliches nicht in den Sinn kommt – wenn auch latent vorhanden, sich schon wieder abzeichnet. Wir sind, als EU, nur eine Minderheit, nicht gewappnet gegen die wachsenden, nun aufbrechenden Milliarden.

Bis vor einem halben Jahrhundert war dies keine Frage, die lokale, eine autonome Entwicklung eine Selbstverständlichkeit. Jeder richtete sich intuitiv nach „seinem Land", mit dem inhärenten Gefühl der Zugehörigkeit. Zwischenzeitlich haben sich die Staaten jedoch nicht nur wirtschaftlich, sondern auch politisch soweit verzahnt, die Grenzen weit geöffnet, tendieren so zu untrennbaren organisatorischen Gefügen, und bringen damit diese Unsicherheiten mit sich. Selbst Rassen und Religionen vermischen sich zunehmend (mit all den über die Jahrhunderte wirkenden Fragen). Keine Nation ist heute für sich alleine überlebensfähig, sofern Lebensstandard und Sicherheit, wenn auch nur annähernd, gesichert werden sollten.

Über Jahrtausende war die Region, oder der Einflussbereich des Stammes, durch autokratische Herrscher bestimmt, von ihren Intuitionen abhängig. Er, sein Clan, sein Wille nach Macht und Einfluss, bestimmte den Rahmen – mit wechselndem Geschick. Wir haben mit unseren Demokratien diesen natürlichen Rahmen mit freiheitlichen Ideen aufgelockert, und pflegen dennoch überkommene Usancen. Obwohl – bis vor kurzem noch – Ambitionen, andere zu überfallen, Einflussgebiet auszuweiten, bereits passé schienen (oder doch nicht?). Nur der öffentliche Wille nach Sicherheit, die Verteidigung unserer „Nation" (als psychologischer Halt), zwingt uns, eine Armee aufrechtzuerhalten (mit nachlassender Bereitschaft je sicherer wir uns fühlen). Ist ja kaum vorstellbar, dass Demokratien andere aggressiv überfallen. Sollten also weltweit nur „echte" Demokratien herrschen, wäre „Nation" eigentlich obsolet. Da es jedoch scheint, dass die „Demokratie" ihren Höhepunkt überschritten hat, in Quasi-Demokratien und Autokratien abzugleiten droht, zwingen uns genau diese „anderen", unsere „Nation" aufrechtzuerhalten (mit Verteidigungsbereitschaft); zwingen uns, mit anderen „Demokratien" zusammenzurücken.

Und genau aus diesem Verhalten, aus den autoritären, den jeweils egoistischen Tendenzen von Quasi-Demokratien, Autokratien, aber auch demokratischen „Administrationen" (denken wir nur an uns selbst, 1933), sind wir gehalten, unsere Potenziale, unsere Nation zu verteidigen. Und verteidigen heißt nicht nur militärisch, sondern insbesondere wirtschaftlich – denn nur ein wirtschaftlich Starker ist auch in der Lage, sich gegen externe Gewalt zu verteidigen. Und damit kommen wir zurück zu unserem Ausgangspunkt; nämlich einer rationalen, einer bestmöglichen Führung unseres Landes, mit den Besten die das Land zu bieten hat, eben, zur Sicherung von Wohlstand, Freiheit und Lebensqualität. Humanitäre Phantastereien helfen nicht weiter, Diskrepanzen werden immer wieder aufbrechen, Richtig und Falsch bleibt immer verschwommen, und hemmt in der Orientierung.

24. Politisches Management

Eigentlich geht es uns in Westeuropa doch immer besser?! Wieso die Klagen, die sogar zunehmen, europaweit? Horrorszenarien gab es schon immer – in befürchtetem Umfang eingetreten sind sie jedoch kaum. Stimmt aber nicht! Vor jeder politischen Katastrophe, vor jedem Umbruch, gab es Hinweise und Gegner. Nur, sie setzten sich entweder nicht durch oder ihre Ansätze waren so konfus, dass sie niemand ernst nahm (oder eben falsch waren). Sie hatten weiters keinen Medienzugang oder es gab eben keine *real-demokratischen* Verhältnisse – wie überwiegend heute. Möglicherweise war auch die Zeit für einen Wechsel noch *nicht reif* – wie in allen strategisch nicht fundierten Fällen.

In praxi ist ein politischer Wechsel Resultat der Anhäufung von Widerständen, bis sich eben charismatische Persönlichkeiten, die – meinungsbildend, ideologisch positioniert – als Katalysatoren wirken, so zu einem politischem Wechsel führen können. Gegenmeinungen zum Mainstream gibt es immer – es ist nur eine Frage der „wirksamen" Menge oder ob Persönlichkeiten „menschliche" Trends politisch kanalisieren und (für sich) nutzen[109]. Die politischen Risiken für einen Staat liegen im Nicht-Erkennen von Trends – und die werfen ihre Schatten Jahre, Jahrzehnte voraus. Nichts, was massive nationale Umbrüche verursachen könnte (außer Naturkatastrophen), kommt überraschend. Es ist immer eine Frage menschlicher Professionalität, Veränderungen frühzeitig zu erkennen, von fähigen Katalysatoren, Initiativen zu zünden, Chancen zu identifizieren und zu agieren. Viele Politiker haben, scheint es, keine Ahnung von soziologischen, den menschlichen Mechanismen dahinter, versuchen häufig, politische Gegenströmungen auszusitzen, vernachlässigen also politisches Strategie- und Risikomanagement.

Nehmen wir als Beispiel den Bericht des Club of Rome zur Lage der Menschheit „Die Grenzen des Wachstums" aus 1972[110]. Danach ergab sich (Standard-Weltmodell) – zwar ohne massiver Begrenzung der Rohstoffausbeutung, der Umweltverschmutzung und ohne perfekter Geburtenkontrolle u.ä. – der weltweite Kollaps für die ersten Dekaden des 21. Jahrhunderts. Er blieb zwar bisher aus – teilweise dank des durchaus aufrüttelnden Charakters, jedoch nicht nach Maßnahmen der Politik, nur über NGO`s – und erst 20/30 Jahre später mit nennenswert praktischer Wirkung. Verfeinert

---

[109] Dazu viele Untersuchungen, z.B. bereits von Le Bon Gustav (geb. 1841), *Psychologie der Massen*

[110] D. und D. Meadows, *Die Grenzen des Wachstums, 1972*

im Folgewerk, dem zweiten Bericht des Club of Rome zur Weltlage „Menschheit am Wendepunkt" aus 1974[111], wurden die Berechnung erweitert, allerdings mit ähnlichen Basisannahmen wie Bevölkerungswachstum, Ressourcenverbrauch, Energieabhängigkeit und konventioneller Nahrungsmittelversorgung. Nun bereits mit Breitenwirkung in der Öffentlichkeit, dennoch wieder ohne nennenswerte politische Entscheide. Wie wir sehen, sind wir zwar weder verhungert, noch bringt uns die Umweltverschmutzung um, noch sind uns die Rohstoffe ausgegangen, und selbst das unglaubliche Bevölkerungswachstum haben wir verkraftet. Nicht aus bewusst gesteuerten Maßnahmen, sondern, weil die fundamentalen Annahmen von Rohstoffverbrauch, begrenzter Nahrungsmittel und Umweltverschmutzung, durch sowohl technologische Entwicklungen wie auch vielfältige ökologische Bestrebungen sich in andere Richtungen entwickelt haben – auch wenn die fundamentalen Annahmen wirksam bleiben, nur die Szenarien sich zeitlich verschoben haben.

Die meisten volkswirtschaftlichen Prognosen tendieren immer zu ähnlichen Fehlern: Der Hochrechnung gegenwärtiger Basisannahmen. Allerdings geht es nicht anders, wer kann schon technologische Entwicklungsschübe, emotionale Umbrüche (Kriege), fundamentale Katastrophen, politische Erfolgsgeschichten (China) etc. korrekt vorhersehen – Schätzungen erhöhen ja häufig die Bandbreite der Fehler. Dennoch, Risiken zu identifizieren – als Voraussetzung jeder strategischen Entwicklung –, sind für unsere Existenz von eminenter Bedeutung (und eine Selbstverständlichkeit für jedes Unternehmen). So dass es schon erstaunt, wenn Staaten verantwortungslos Strategien vernachlässigen, auch viele Details immer ausgeklammert bleiben. Jede Art dieser Vorausschauen unterliegt zwangsläufig – je nach der Qualität der Akteure, bzw. je relevanter und qualitativer Daten – einer mehr oder weniger bewussten Verfälschung, auch durch persönliche Einstellungen. Und Politiker schließen sich ja auch nicht aus.

Woran liegt das? Wie wir erkannt haben, ist es einerseits die menschliche, die fachliche Qualität der handelnden Akteure, andererseits die kulturelle Basis der Bevölkerung. Und da nun mal Politiker sich aus der Bevölkerung rekrutieren, bleibt die kulturelle Basis das entscheidende Moment, wie sich unsere Gesellschaft, wie sich die anderen Gesellschaften der Erde verhalten, und dann handeln. Wir können auch ableiten, dass, je geringer die kulturelle Vielfalt in einer Gesellschaft, einer Nation ist, desto geringer wird auch die Bandbreite gesellschaftlicher Diskrepanzen sein, und je geringer die Ausei-

---

[111] M. Mesarovic, E. Pestel, *Menschheit am Wendepunkt*

nandersetzungen sind, desto reibungsloser, auch langsamer, ändern sich Kulturen. Daraus ergibt sich weiter, dass kulturelle Einflüsse von außen, entscheidend für Veränderungen sind, und je massiver sie sind, desto stärker fordern sie die Gesellschaft, jeden Einzelnen heraus; fördern Unsicherheiten und Widerstand, reduzieren – paradoxerweise – das gesellschaftliche (das nationale) Bewusstsein. Hier stecken wir derzeit fest. Es bedarf eben einer Professionalität – wir kommen nicht umhin.

Es zeigt aber auch, dass Staaten – ohne Kenntnis soziologischer, wirtschaftlicher, historischer, psychologischer und volkswirtschaftlicher Kenntnisse, also, bei unkalkulierbarem Risiko –, emotional niemals, wenn vielleicht auch „demokratisch", handeln dürften, da sie so massive Fehlentwicklungen auslösen, Jahrhunderte alte bodenständige Kulturen schädigen. Fehlt eben komplexes Wissen für die Zusammenhänge, wird primär nach (immer falschen) populistischen Strömungen entschieden (wie derzeit).

Daraus ergibt sich die Basis jedes sinnvoll demokratischen Seins: Eine angepasste Bildung (nach Inhalt und Intensität) als Hauptaufgabe (der alles unterzuordnen ist). Und das, bei breitem Einbezug der Medien und höchstmöglichem Freiraum des Individuums in seiner (Daten-)Auswahl; dennoch mit Systematik und Disziplin. Erst wenn sich diese Erkenntnis auf breiter Basis durchsetzt, kann sich echte demokratische Entwicklung bewähren.

Dennoch reicht es nicht, erfordert zwei weitere Voraussetzungen: *Verantwortlichkeit*, möglichst auf allen Ebenen (ethisch, als kulturelle Disziplin) sowie die Überzeugung der Priorität *umfassender Wirtschaftlichkeit*, als Garant nachhaltiger Existenz; muss doch jede einzelne politische Maßnahme auch finanziert werden können. Nur kontinuierliches Wachstum, wachsender Wohlstand, sichert den administrativen Staat. Beginnt Wachstum allerdings zu stagnieren – viele Frühwarnungen weisen darauf hin –, ist es vorbei mit der Verteilungskontinuität nach demokratischer Usance. Dann kommt nämlich die Finanzierung an ihre Grenzen und beschließt die „Soziale Marktwirtschaft" endgültig, treibt die Nation in die Willkür finanziell und militärisch Mächtiger. Da nützt auch das temporäre Ventil der Geldmengenerhöhung nicht mehr, oder die Verlagerung in und zu neuen Schulden, der Verheimlichung wachsender Belastungen dank veralteter Buchführung, einer Kameralistik. Seit Jahrzehnten stecken wir auf allen Ebenen fest – wie die meisten westlichen Demokratien –, in der Verdrängung nachhaltiger Vorsorge, dem Verlust internationaler Leistungsführerschaft, der Auflösung europäischer Bindungen und des national-europäischen Bewusstseins, wie auch in der Vernachlässigung gemeinsamer Bildungsanstrengung.

Wie wird den eine Welt mit 10 Milliarden Menschen, alle mit Ansprüchen wie in den hochzivilisierten Staaten, künftig aussehen? Wie verändern sich Ethik und die Werte? Wie lange werden kleine Staaten wie die europäischen eigenständig bleiben, und dennoch den über Jahrhunderte erarbeiteten Wohlstand bis ins hohe Alter sichern können. Zu dicht ist die Welt bevölkert, zu verzahnt, zu offen sind die Grenzen, zu unterschiedlich die Lebenshaltungsniveaus und Perspektiven, als das diese 5%, wir Europäer, sich gegen den Einfluss von mehr als 9 Milliarden wehren könnten. Das höchste der Gefühle wird eine Nivellierung sein. Bestenfalls eine Nivellierung auf mittleres Maß; und hoffentlich noch in Freiheit und Sicherheit – sofern wir etwas Glück haben und uns durchsetzen können. Alleine jedenfalls, als einzelner Staat, sind wir den weltweit übermächtig wachsenden politischen und wirtschaftlichen Kräften hoffnungslos ausgeliefert.

a) „Vermögen" des Staates

Was verstehen wir unter dem Vermögen eines Staates? Einerseits die geologischen Ressourcen wie Land- und Wasserflächen sowie die nachhaltig angesammelten Güter und Infrastrukturen, sofern sie kraft „Aktualität" auch in der Zukunft als nützlich gelten (nennen wir sie „Stille Reserven"), andererseits die menschlichen (immateriellen) Fähigkeiten, die Perspektiven aus Kultur, Wissen, Mentalitäten und Verhalten, den Beziehungen und anderen menschlichen Eigenschaften, die aber immer auf Leistungen, auf Potenziale der Vergangenheit beruhen. Nun erkennen wir, wie leichtfertig Staaten mit den so geschaffenen Werten – als Zukunftsvorsorge, für die Alten wie die Jungen, eben, als die Leistungsfähigkeit allgemein – umgehen, vielfach gnadenlos verschleudern.

Für Deutschlands z.B. hat sich der Eindruck durchgesetzt, es sei ein reiches Land – obwohl intuitiv doch nur der (kumulierte) Leistungsbilanzüberschuss angenommen wird. Zwar kann man viel Humanitäres damit bewirken, hilft aber für die Zukunft nicht weiter. „Reich" sein bedient sich nur einer finanziellen Messlatte – des gemessenen Leistungssaldos, des Exportüberschusses; sagt aber über „reich" (was das immer auch sein möge) tatsächlich wenig aus. Nehmen wir es allerdings als Messlatte, dann sind auch die Schulden, der Öffentlichkeit wie die der Unternehmen und Privaten, also die Gesamtschulden mit einzubeziehen. Erschrocken stellen wir dann fest, dass sie stetig steigen die Wirtschaftsleistung hingegen stagniert, wenn nicht sinkt; das Vermögen dann je Land – z.B. per capita – schon ganz anders beurteilt werden muss. Deutschland, im Vergleich z.B. zu den westeuropäischen Staaten, finden wir eher im unteren Bereich. Völlig offen bleibt dabei – wie ein realer Vergleich erwarten lassen würde – die Bewertung der

Rückstellung aller Verpflichtungen (in der Kameralistik nicht vorgesehen, Kap. 4); dann wird es schon richtig eng. Wie sieht es ferner mit dem Abbau dieser exorbitanten Überschuldung – bei stagnierender Wirtschaftsleistung (!) – dann aus? Oder radikaler – wann bricht den das Ganze zusammen?

Sehen wir z.b. nur diese naiv-humanitäre Spendenfreudigkeit der deutschen Politik für alles und jeden? Diese gutsbesitzerartig joviale Freigebigkeit nach irgendwelchen, gerade jetzt politisch und humanitär scheinenden Unterstützungen, die nachhaltig keinerlei volkswirtschaftlichen Nutzen versprechen, und die Bevölkerung dennoch zahlen muss. Eine unbegrenzte „Spendenfreudigkeit" hat sich in der Politik eingenistet. Die müssen ja auch nicht bezahlen, geschweige denn dafür haften – bar jeder wirtschaftlichen Vernunft, abgehoben vom praktischen Leben, was uns in den nächsten Jahrzehnten ganz böse auf die Füße fallen wird.

Jede Familie, jedes Unternehmen, hat seit Jahrhunderten gelernt, mit dem Verfügbarem zu leben, Risiken abzuschätzen und vorzusorgen. Beim Staat fehlt jeder Hinweis eines gesunden Risikomanagements zu all den in der Zukunft entstehenden Kosten. Ergänzend für Europa gilt noch, dass die stagnierende Leistungsfähigkeit – im Vergleich zur dynamischen Entwicklung der Schwellenländer, den mehr als sieben Milliarden – sich bereits in eine Vermögensvernichtung niederschlägt und die über Jahrhunderte angesparten Werte Europas traurig aussehen lassen.

Bisher hatten die Qualitäten unserer „Führenden" – beruhend auf diesen „Vermögenspolster" – durchaus gereicht Nationen temporär zu stabilisieren. Die Zeiten sind vorbei! Besonders die Entwicklungen der letzten Jahrzehnte – die Verlagerung der Machtzentren und die externen Kapitalakkumulationen – werden die Verteilung massiv verändern. Wie nie zuvor stellt sich die Frage der Fähigkeit unser Führenden, wie könnten sie „ihre Nation" im nun internationalen Geschehen, bestmöglich positionieren. Sie haben, wie nie zuvor, entscheidenden Einfluss auf den Wohlstand der Nation, auf unsere Sicherheit, die Freiheit der Bürger.

Am Beispiel der EU haben sie versagt; sträflich vernachlässigt die Potenziale zu heben, die vielfältigen und positiven Ansätze des Kontinents auszubauen, eine gedeihliche Entwicklung zu initiieren, die Zukunft spürbar zu sichern. Unfähigkeiten, Oberflächlichkeiten wohin man sieht. Die Menschen spüren es, tendieren immer stärker nach rechts und links – verspricht doch Nationales, vielleicht Autoritäres, Visionäres, so irreal es auch sein möge, irgendwie Halt –, spüren intuitiv, das Ganze läuft nicht mehr rund, wir sind dem internationalen Geschehen zunehmend ausgeliefert.

Materielles Vermögen ist die eine Seite, vergänglich, und so lange volkswirtschaftlich vernachlässigbar, solange es nicht kontinuierlich zum Wohl des Staates, zum Wohl der Bevölkerung eingesetzt wird. Und es wirkt nur dann erfolgreich, eben nur dann, wenn es „Wachstum"[112] generiert, also Zuwachs an Wohlstand, an sozialer Wohlfahrt leistet.

Immaterielles Vermögen, Potenziale aus Wissen, aus Erfahrungen, aber auch aus Kultur, den Überlieferungen der Jahrhunderte, der volkswirtschaftlichen Gemeinsamkeit sowie von Dynamik und Engagement, ist das Vehikel, das erst die materiellen Ressourcen zum Leben erwecken kann, neue „Werte" kreiert. Die Schöpfung von Wissen und Erfahrung ist der augenscheinliche Prozess den wir als „Bildung" verstehen, der im Mittelpunkt der offiziellen, der staatlichen „Bildungspolitik" stehen muss (Kap. 20d). Damit ist die Bildungspolitik das entscheidende Glied, das auf den Jahrhunderte alten menschlichen Ressourcen einer Volkswirtschaft aufbauen kann. Ohne sie, bleiben alle Ressourcen wirkungslos.

Erkennen wir diese Zusammenhänge an, verstehen wir auch was Europas „Vermögen" eigentlich ist, unseren Wohlstand ermöglichte. Es war immer das Immaterielle. Es waren die *europäischen Werte*, die sich – über die Jahrhunderte – in alle Himmelsrichtungen verbreitet und gewirkt, andere Kulturen, teils uralte, geprägt haben. Die aber – zunehmend antizipiert – nun beginnen uns zu beeinflussen, unsere Werte zurückdrängen. Was nicht negativ, nur bewusst sein muss. Wir sehen es als Verlagerung der Wirtschaftskraft, dem Verlust nationaler, europäischer Potenziale, der umfassenden Datenhoheit außerhalb Europas, einer wachsenden Dominanz von Autokratien, nicht zuletzt durch Immigrationen. Es wird aber auch klar, mit welch politischer Blauäugigkeit Völkerwanderungen negiert werden; im Gegenteil, eine Auflösung europäischer Werte noch unterstützen (dummbegeistert als „Multi-Kulti").

Grenzüberschreitende Bewegungen hat es immer gegeben. Zumeist langsam, über lange Zeiträume; oder radikal, dann haben die neuen Mächte ihre Kultur sowieso den Unterlegenen übergestülpt. Heutige Herausforderungen gestalten sich völlig anders: Viele Ethnien, mit unterschiedlichen Sprachen und unterschiedlichen Mentalitäten, verschiedenen Religionen, mit teils militanter Auslegung, mit, für hier, rückständigen Verhaltensweisen –, dazu in großen Mengen. Zwangsläufig muss es zu Integrationsproblemen kommen (Kap.5, 15); mit der Gefahr, selbst die Souveränität von Staaten

---

[112] Neuberg A., *Morphologie des Staates*

auszuhebeln. Weltweit sehen wir, dass wir unterscheiden müssen: (1) in jene, die sich innerhalb einer Generation integrieren, und zwar so weit, dass sie in der Bevölkerung kaum unterscheidbar „aufgehen", (2) in jene, die sich „einfügen", jedoch über Generationen unterscheidbar bleiben, u.a. Diasporas bilden, und (3) in jene, die mit ihren menschlichen und politischen Eigenheiten im fremden Land nicht zurande kommen, irgendwohin abgleitet, für die Gesellschaft ein Problem bleiben. Ferner sehen wir, dass Zuwanderer über Generationen mit ihren Herkunftsstaaten verbunden bleiben – was sie in Zwiespältigkeit bringen kann. Und ob windige Herkunftsländer ihren Einfluss nicht irgendwann politisch ausüben wollen, bleibt auch offen. Die Bevölkerung spürt, dass „Integration" ein schwieriger Prozess mit vielen Unbekannten ist, beginnt sich intuitiv zu wehren, wenn eben die Mengenrelationen „gefühlt" den gewohnten Zustand infrage stellen. Integration „per Anordnung", funktioniert eben nicht. Geglückte Integration – bei großen Mengen – ist nur mit aktiver Teilhabe der gesamten Bevölkerung zu erwarten; eben, wenn sich Integration über Arbeit, Bildung, Sprache, über Freundschaften und Vereine etc. verfestigt, und so erst „bindet". Also, dann tatsächlich das „Vermögen" der Nation auch wieder wächst!

b) Restrukturierungsansätze

Natürlich sind Staaten in ihrer Führung nicht mit Unternehmen zu vergleichen, auch wenn einige fundamentale Grundlagen für beide gelten: z.B. der Umgang mit Menschen, also soziologische und psychologische Erkenntnisse wie auch die nachhaltige Wirtschaftlichkeit. Jeder Staat kann eigenständig nur überleben, sofern er seine Ausgaben auch finanzieren kann. Und er kann sie nur finanzieren, sofern er seine Wettbewerbsfähigkeit in der Globalisierung nachhaltig sichert; also seine Ausgaben temporär nur solange überdehnt, solange er seinen Leistungsvorsprung zumindest hält. Ist das in Deutschland, in der EU, noch gewährleistet?

Die letzten Jahrzehnte zeigen, dass die inneren Strukturen erfolgreich, wie Selbstläufer wirken? Ein gefährlicher Trugschluss! Das wirtschaftliche Fundament, die wirtschaftlichen Ressourcen (Fähigkeiten der Menschen und Infrastrukturen), sind schon vor Jahrzehnten, Jahrhunderten begründet worden. Wir leben in Europa von der Leistung unsere Vorväter, und die schon von deren Vorvätern. Entscheidend ist nur, inwieweit wir unsere Vorteile halten können und in der Lage sind, unsere originären Fähigkeiten ständig zu erneuern. Nämlich zu reorganisieren, zu restrukturieren, eben, unternehmerisch zu handeln. Andere überholen ja schon. Es sind diese vielen Verschiebungen (wirtschaftliche, menschliche, ethische, religiöse,...) die auf unsere Mängel hinweisen. Was wäre denn zu tun, wo zu beginnen?

Lösungsansätze gibt es zu jedem Problem. Aber, aus ideologischen wie demokratischen Hemmnissen sind sie vielfach nicht durchsetzbar. Sofern wir jedoch eine langfristige (>20-30 Jahre) Strategie zugrunde legen, bestimmen nur wenige gemeinsame Grundannahmen die meisten Probleme: Vorerst Freiheit und Sicherheit (der Person und von Eigentum), gefolgt von allgemeiner Wohlfahrt und nationalen (hoffentlich europäischen) Sicherheitsinteressen. Subsumiert unter diesen wenigen Faktoren, finden wir wohl die meisten Gemeinsamkeiten.

Diese Grundannahmen – als strategisch orientierte Politik, ergänzt von einer, wenn auch nur begrenzten Verhaltensänderung (Ethik und Moral, Logik) – werden, mit Subthemen nach Prioritäten, durchaus von der ideologischen Wirklichkeit modifiziert, angegangen, vertieft und umgesetzt. Z.B. mit Hauptthemen – bei demokratischen Fundamenten:

- *Sicherheit*: Eine gemeinsame europäische Außen- und Sicherheitspolitik mit gemeinsamer Verteidigungspolitik – und Ausstattung je nationaler Stärke (Kap.1). Theoretisch kein Problem, aber, in der Praxis gehemmt durch nationale Animositäten. Also, ausschließlich wieder kurzfristig-individuelles, was sowohl im Dialog, sowie in breitem Diskurs mit der Öffentlichkeit zu reduzieren, auch zu erwarten wäre. Und wieder läge der Fortschritt bei fähigen, erfahrenen und reifen, altruistisch denkenden EU-Persönlichkeiten (die sich jedoch noch nicht abzeichnen).
- *Effiziente Verwaltung*: Langfristige Reduzierung und Optimierung von Verwaltungsaufgaben und Bereinigung überschneidender und überbordender Gesetzesstrukturen unter Nutzung vernetzter Technologien, bei hochqualifizierten, wenn auch reduziertem Personal; Aufhebung überholter Beamtenstrukturen (Kap.3, 13).
- *Strategische Geld- und Finanzpolitik*: Kapitel 21.
- *Strategische Leistungsentwicklung*: Jedes Gesetz, jede staatliche Vorgabe, wäre auf strategische Relevanz zu überprüfen, auch bei nur iterativer, langfristiger Annäherung an Sollwerte (Kap.20). Ferner Förderung des wirtschaftlichen Denkens bei staatlichen wie privaten Aktivitäten.
- *Qualifikationsförderung*: Wir wollen möglichst „die Besten" an der Spitze – eigentlich eine Selbstverständlichkeit –, besonders in den Regierungen und öffentlichen Institutionen (Kap.23). Zeigt uns doch die Praxis seit Jahrzehnten vielfach mangelhafte Fähigkeiten, zumeist der gewählten sind. Mit Aussagen wie „In der Ruhe liegt die Kraft" oder „Ich weiß nicht, was ich ändern soll" (nach einer verlorenen Wahl!), oder all die fehlerhaften Personalentscheidungen. Gute Politik begründet sich aus menschlicher Reife („Weisheit"), mit fachlichen und menschlich positiven Fähigkeiten. Wem dies fehlt, hat in der Spitzenpolitik nichts verloren.

- *Bildungsoffensive*: Kapitel 20.
- *Einkommensgerechtigkeit und Vermögensstrategie*: Nachhaltige Sicherung von „Arbeit" über innovative Prozesse (Kap.15), der Eindämmen von Spaltungstendenzen. Besonders aus strategischen Perspektiven, aber auch aus den Gefahren vernetzter Technologien, bei dennoch Priorität der persönlichen Freiheit. Harmonisierte Verfahren zu den Anforderungen der Völkerwanderungen neuerer Zeit, und zwar nach westlichen Kulturen und Werten (oder wollen wir die aufgeben?).
- *EU-nationale Strategie*: Eine neue Art europäischer Außenbeziehungen, z.B. zum Klima, von Partnerschaften und Förderungen demokratischer Bewegungen (z.B. Naher Osten, Nordafrika etc.), der Begrenzung extrem-kapitalistischer Tendenzen etc. Und sicherlich noch andere.

Allein diese Restrukturierungsansätze – Resultate obiger Diskussionen – zeigen, dass nicht die mechanistische Korrektur der unzähligen (menschlichen) Reibungsflächen, als bisherige Handlungsmaxime gelten darf, eher zurückzufahren ist. Aber, wie möglich? Überhaupt praktikabel? Es erfordert ein Umdenken – realistischer Weise nur über „Generationen". Und praktikable nur dann, wenn es, zunehmend wachsend, vorgelebt wird – von Persönlichkeiten aus der Politik, der Wirtschaft, aber auch von uns. Mit Vertrauen als Grundsatz, wie es ja immer schon gegolten hat, nur dass der Stellenwert wieder betont werden muss – und Nutznießer geächtet werden. Aus der Erkenntnis, dass ein erfolgreicher, ein angesehener Staat, immer nur Resultat einer prosperierenden Wirtschaft ist, als Summe möglichst unbegrenzten Einsatzes vieler. Dass eine erfolgreiche Nation niemals Resultat eben einzelner ist, sondern ihr Ansehen der Leistungsbereitschaft vieler verdankt – verankert in ihrer Geschichte und Kultur. Politik sind wir! Wir haben unsere Erkenntnisse zu ziehen, müssen beeinflussen und wirken, eben, bilden.

25. Demokratischer Schlussakkord?

Die Philosophie, die Verfassungen von Staaten, mit ihrer Umsetzung – zwischen reiner Demokratie auf der einen und der extremen Autokratie auf der anderen Seite – hat, wie uns rd. 200 Staaten beweisen, fruchtbare Seiten für unterschiedliche Gruppen von Bürgern, je nach geschichtlicher Entwicklung, der politischen Prägung, besonders aber volkswirtschaftlicher Leistung und Verteilung; ist also – was uns in „reifen" Demokratien zu denken geben sollte – im Grunde *unabhängig vom System*. Eben, nachteilig nur für einzelne Gruppen (nicht zwingend für die meisten, schon gar nicht allen). Wir ziehen die „Demokratie" ja nur vor, um eben über demokratische Mehrheiten „Abhängigkeiten", persönliche Nachteile zu vermeiden, also Freiheit zu geniessen; eben, über die hehren demokratischen Tugenden.. Mit „Humanität" hat es in der Praxis, beurteilen wir die Geschichte, kaum etwas zu tun – und wenn schon, dann aus gesichertem Überfluss. Demokratien waren immer die Ausnahme. Und nichts schützt uns vor einem Rückfall! Und je ferner „autokratische Drangsal" ist, desto unbedeutender scheint uns die Gefahr. Wir werden nachlässig, blauäugig zu absehbaren Tendenzen, die demokratische Dynamik mit ihren Werte lässt nach.

Junge Demokratien – immer Resultate eines Systembruches – entwickeln sich mit Engagement und Dynamik, sofern eine „demokratiereife" Bevölkerung über Generationen heranwachsen konnte (also mit kulturellem Impetus). Sie lassen aber nur insofern Kontinuität erwarten, sofern – zum konkurrierenden Umfeld – die menschlichen und fachlichen Qualitäten, insbesondere die der politischen Führung, sich konform entwickeln; was wir häufig missen. Fordern wir doch immer weiter wachsenden Wohlstand – besonders für uns, in gesicherter Umgebung!Es ständig für alle zu fordern, verlangt Voraussetzungen. Wohlstand allgemein ist nur gesichert, wenn er von allen – vom Staat wie Einzelnen – bewusst, konsequent, gepflegt wird.

Es ist wie in kommunizierenden Gefäßen. Je stärker sich die Wirtschaftsleistungen über Nationen nivellieren, desto geringer ist der Ausgleichsdruck. Und, es nivellieren sich eben auch die Einkommen (nicht Vermögen!), viele stellen sich besser, wenige (wir) schlechter. Um diesen „Ausgleichsdruck" kontinuierlich zu erhöhen (also, Wachstum zu generieren), verlangt es Fähigkeiten: Eine politisch qualifizierte, eine charismatische Führung, die – eben, besonders in Demokratien – in der Lage ist, Engagement und Zuversicht, also Vertrauen zu initiieren. Das dann erst, kraft psychologischer Wirkung, in volkswirtschaftliche Dynamik münden kann. Ist das erst einmal Allgemeingut, bestimmt sich auch die personelle Auswahl über alle Ebenen wesentlich selektiver.

Nach den Jahrzehnten dynamischen Aufbruchs nach Ende des Zweiten Weltkrieges, begann sich „demokratisches" Verhalten langsam, unerkannt, abzuschleifen, lässt „menschliche" Grenzen erkennen. Nicht von ungefähr tendieren viele politische Systeme weltweit zu autokratischen Staatsformen[113]. Von 129 untersuchten Staaten zählen 74 zu teils fehlerhaften Demokratien, 55 zu den Autokratien, 40 sind sowieso „harte" Diktaturen und in über der Hälfte der untersuchten Staaten haben demokratische Prozesse in den letzten zwei Jahren erheblich gelitten. Fortschritte in Richtung Demokratie sehe man eher selten[114]. Eine wissenschaftliche Erkenntnisse, die durchaus mit dem Empfinden aufgeklärter Bevölkerungsschichten übereinstimmt, sich in Europa in einer Politikmüdigkeit widerfinden.

Und da, in einer globalisierten, technologisch vernetzten Welt, alle Strömungen sich gegenseitig beeinflussen, ist ein langfristiges Muster abzuleiten[115]. Nicht nur Staatszyklen sind es (zwischen tendenziell demokratisch bis autokratisch), welche die Staatssysteme wiederspiegeln, sondern die Prozesse pflanzen sich auf andere Länder fort; und zwar umso stärker, je stärker sie ideologisch und wirtschaftlich miteinander verzahnt sind. Momentan bewegt es sich eher weg von der Demokratie, hin zu stärkerer „Regulierung", zur Begrenzung freiheitlicher Rechte, zu (medialer) Beeinflussung, zu „interessensgesteuerter Straffung" von Exekutive und Judikative, bis zu bürgerkriegsähnlichen Auseinandersetzungen – wie sie politische Veränderungen ja immer schon begleitet haben. Selbst das Aufflackern lokaler Demokratiebestrebungen – wie zum Beispiel im „Arabischen Frühling" – durchbricht die Tendenz nicht. Zumeist sind es nur ad hoc treibende Kräfte, weit weg von realistischem, einem „wertefundierten" Background, der für gesunde demokratische Bewegungen Voraussetzung ist.

Im Zuge der explodierenden technologischen Entwicklung, seit Ende der Aufklärung, haben sich – je „Technologiezyklus"[116] – auch die demokratischen Strukturen und Abläufe, in Anlehnung an die Informationstechnologien, immer wieder neu angepasst. Einerseits den Einfluss der breiten Öffentlichkeit vermehrt, andererseits jedoch einer oberflächlichen Pauschalierung der Meinungsbildung Vorschub geleistet.

Was ist gemeint? Zu Beginn politischer Prozesse stand der Diskurs. Der war jedoch einer einflussreichen Elite vorbehalten. Erst mit der Verbreitung des Buchdrucks (nach Gutenberg), war es einer erweiterten Elite, einem

---

[113] BIT, Bertelsmann Transformationsindex 2016
[114] Der Spiegel, 9/2016
[115] Neuberg A., *Morphologie der Staates*
[116] Schon Kontratieff hatte technologische Innovationssprünge als Auslöser wirtschaftlich fundamentale Veränderung erkannt, die er mit Zyklen von um 25-30 Jahren umriss. Sie scheinen sich allerdings durch immer häufigere Innovationssprünge – auch, und besonders durch neue Medien – immer mehr zu verkürzen.

„Mittelstand" gegönnt (man musste ja lesen und schreiben können und Zugang zum Medium haben), Wissen auch außerhalb des bisherigen Lebenskreises zu schöpfen. Dieser Innovationssprung, später verbreitert über Zeitschriften, wirkte primär bis Beginn des 20. Jahrhunderts, also, über mehrere Jahrhunderte (heute, der IT u.ä., weltweit für jeden zugänglich). Der „Diskurs" (der ja keiner mehr ist) geht nun eben in die Millionen – als ungelöstes Problem einer professionellen politischen Entscheidungsfindung.

Erst mit dem Radio, eeinem bereits ohne Zeitverlust massenwirksamen „Beeinflussungsinstrument" – dass gerne von Potentaten (exzellent von den Nazis) genützt wurde, um die Massen bei der Stange zu halten –, gelang ein medienwirksamer „Sozialisierungsschub" über die gesamte Bevölkerung. Damit waren für den, der Einfluss auf die Berichterstattung hatte, demokratische Prozesse zum ersten Mal keine „demokratischen" mehr, sondern ideologisch beeinflussbare, ganze Völker mobilisierende Instrumente – sofern die Initiatoren Macht und/oder Geld hatten. Was zählte da noch hehres demokratisches Verhalten, die Berufung zum politischen Dienen!

Zwar hat nun jeder, sofern er will, Zugang zu vielfältigen Informationsspektren; wäre also in der Lage, sich ein neutrales, ein persönliches Urteil zu bilden. Allerdings ist die „Bildung" eines Urteils von der persönlichen „Sozialisierung" abhängig – eben, vom überlieferten Wertekanon und dem Bildungsniveau. Aber, wer will sich den schon dieser Mühe aussetzen (als Kernproblem)? Wie käme es nun zur Bereitschaft, aus der medialen Fülle – wenn auch „sozialisiert vorselektiert" – vertiefend zu interpretieren? Als entscheidende Aufgabe der Politik, der politischen Gremien, einen „fakefreien" Datenzugriff zu sichern! Einen, für Demokratien bisher ungewohnten Diskurs anzubieten, der rationale, vertiefende Auseinandersetzungen erst ermöglichen, echte politische Teilhabe erst sichern könnte. Eine fundamentale Voraussetzung für jede Art von „Demokratie"!

Radikal sind die medialen Veränderungen, und ungewohnte Herausforderung für Demokraten. Neue Parteien rekrutieren sich vom Stand weg mit 12 bis 24 % der abgegebenen Stimmen. Die Präsidentschaftswahlen in den USA zeigen schon seit langem den überragenden Einfluss des Internets, der sozialen Netzwerke – nutzbar für diejenigen, die finanziell in der Lage sind, angepasste mediale Instrumente einzusetzen, also, ihre persönlichen Ideologien massenwirksam rüberzubringen. Alle Quasi-Demokratien missbrauchen die Medien; und sind erfolgreich damit!.

Diese Entwicklung, der Einfluss der sozialen Netzwerke über das Internet zur Gestaltung der Politik, nämlich von Wahlen bis zu Revolutionen, setzt sich weltweit durch, destabilisiert die über Jahrhunderte gereiften demokratischen Regularien. Ein massiver Schock für bisheriges demokratisches Gedankengut, eine massive Veränderung demokratischen Verhaltens, unvorhersehbar die Einflussmöglichkeiten für Innen wie für Außen, für Freunde wie für Feinde. Mit gesteuerten Prozessen oder Ad-hoc-Aktionen zur Mobilisierung von Massen – die aber genauso schnell sich wieder auflösen können (mit chaotischen Folgen). Einflüsse, die jede „klassische" Politik ad absurdum führen kann; dennoch, als Fakt strategischen Denkens wirken muss. Sind doch die Sozialen Medien nur ein erweitertes Feld demokratischen Austausches! Vermehrt wirken aber Emotionen, keine ernsthaften Auseinandersetzungen nach Wissen und Erfahrungen – insbesondere, solange die Beiträge anonym und damit vielfach unseriös bleiben.

Es kommt jedoch nicht überraschend. Bemerken wir doch seit Jahrzehnten zunehmende „Kommunikations-Tsunamis" – eine Verflachung rational wirkender Politik. Wird doch ohne historisches Verständnis, ohne gereifter Erfahrung, ohne Nutzung des doch reichlich vorhandenen Wissens, nach Tagespolitik herumfuhrwerkt; und nicht im Sinne nachhaltiger Freiheit, im Sinne von Wohlstandsmehrung und Sicherheit.

Wir müssen raus aus der alltäglichen Routine. Über vieleMedien wird Oberflächliches, linientreu Banales, Altbekanntes, nachgeplappert, verliert sich im Dunst eines gelangweilten Publikums. Alles bleibt beim Alten – trotz wachsender Wut, trotz wachsender Politikverdrossenheit. Die Politik der westlichen Staaten entwickelt sich nach tagesaktuellem Geschehen – nach irgendwelchen, in ihren Ursachen kaum nachvollziehbaren Scharmützeln, Terroranschlägen, Kriminalitäten, öffentlichen Ausrutschern und was sonst noch als weltweite „Neuigkeit" auf uns einströmt. Lauthals schaukeln sich dümmliche Einstellungen „Wichtiger" zu „notwendigen" Maßnahmen auf und münden, nach Monaten und Jahren, in sinnlosen Kompromissen, in komplexen Regelungen und Gesetzen – abgesehen von einer weiteren Verstarrung mit nachhaltiger Kostenbelastung; einer also infinitesimaler Einschränkung der Freiheit des Einzelnen. Ständig neuen Institutionen, Tausende von Experten – wieder und wieder rechtfertigende Gutachten banaler Fragen –, vielfach unkoordiniert, verschärfen die Intransparenz.

Ergänend blockieren sie kreative Prozesse – Ineffizienz und Verschwendung überall.[117] Mammutbehörden, die ganz einfach kraft ihrer politischen und gesellschaftlichen Einbettung nicht mehr reorganisierbar sind, jede sinnvolle

---

[117] Neuberg A., *Geld-Illusionen*

strategische Maßnahme zum Scheitern verurteilt bleibt – sind doch Eigeninteressen zu fundamental, die politischen Einflüsse folglich zu massiv.

Es ist diese Unprofessionalität, die in den Spitzengremien zunimmt. Diese Vernachlässigung profunden Fachwissens im Sinne volkswirtschaftlicher Effizienz – liegt doch vieles klar auf der Hand, muss nicht zig-mal gerechtfertigt werden. Es ist das Manko an gestandenen Führungspersönlichkeiten, mit Berufs- und Lebensreife. Es fehlt Teamgeist, um im selbstgestalteten Freiraum bereichsübergreifend, kooperativ, zusammenzuarbeiten, Lösungen professionell umzusetzen. Wir sind einem Haufen zusammengewürfelter Politikkarrieristen ausgeliefert, die über ganz persönliche Karriereleitern Anpassung gelernt, somit Kreativität und Innovationskraft verloren haben, in Machtpositionen gelandet sind (und ausgerechnet unsere Verfassung gibt unbegrenzten Freiraum Unsinn auszuüben). Bürokraten, die sich über Erfahrungen, wissenschaftliche Vernunft, über Expertenwissen, ganz einfach hinwegsetzen, intensive fachliche Auseinandersetzung scheuen – wie wir es immer wieder erkennen müssen. Erfolgreiche Unternehmen zeichnen sich dadurch aus, dass sie menschliche Fähigkeiten bündeln, und besonders dann erfolgreich sind, wenn sie die Besten fördern und sie in die Prozesse mit einbinden. Und, unserer Politik? Selbst in den höchsten politischen Gremien wirkt genau das Gegenteil. Machtversessene Politiker räumen systematisch fähigen Nachwuchs weg, diejenigen, die persönlich gefährlich werden könnten; umgeben sich mit Willigen (degenerieren so den Staat!).

Der demokratische Staat verhält sich heute paradoxerweise – bei streng hierarchischer Ordnung – wenig menschen-, geschweige leistungsorientiert. Er verschleißt in seinen Hierarchien menschliches Potenzial in unglaublicher Weise. Über staatlich legitimierte Macht kann er autoritär bestimmen und gestalten, ohne auf die nachhaltige Existenz des Staates, geschweige das Wohl der Millionen in seinen Verwaltungsstrukturen Rücksicht nehmen zu müssen, kann steuerlich bestimmen, wie es ihm sinnvoll erscheint.[118] Zwar beginnt der im allgemeinen doch leistungs- und karriereorientierte Staatsdiener mit hoher Erwartung, mit viel Engagement, je nach Fähigkeiten – bis er in der Karriereleiter stecken bleibt (die übergroße Masse). Bis er sich starren Rahmenbedingungen ausgesetzt sieht; ihm schlussendlich nichts anderes übrig bleibt, als frustriert und demotiviert sein Dasein abzusitzen, abzuwickeln was ihm aufgetragen wird. Welche Verschwendung menschlicher und volkswirtschaftlicher Fähigkeiten! Frustriert sind Mitarbeiter und

---

[18] Was vormals, bei einer Staatsquote unter 10%, kein ernsthaftes Problem war, aber bei Quoten um die 50% die Leistungen der Nation ganz erheblich beeinträchtigen.

Führungskräfte der öffentlichen Verwaltung gezwungen, Unsinniges auszuhalten, und dennoch umzusetzen – wie wir es tagtäglich aus den Medien, und vielfach aus dem persönlichen Umfeld erfahren.

Als *das Kernproblem* reifer Demokratien, dass die, dem demokratischen Prozess notwendigerweise dazwischen geschalteten *Parteien*, straffe, längst überholte hierarchische Strukturen entwickelt haben, die (wie ehemals der feudale Staat) nicht die Fähigsten, sondern die „Angepasstesten" fördern. Zwar werden Regierung und Parlament demokratisch berufen, repräsentieren somit den „Willen" der Bevölkerung, dennoch verhalten sie sich nur begrenzt im Sinne allgemein nachhaltiger Wohlfahrt. Häufig kontraproduktiv (wie wir oben gesehen haben); einerseits nach straff autoritären Regularien und andererseits oft emotional intuitiv, wie wir es in Demokratien ja genau *nicht haben wollen*. Und haben dennoch entscheidenden Einfluss auf die Entwicklung der Nation. Es ist eben kontraproduktiv, wenn – unter weltweitem Wettbewerbsdruck – per System – nicht die BESTEN die Geschicke des Staates bestimmen.

Wahlen wie bisher – als einzig verbleibendes Korrektiv –, sind, in einem Umfeld wie heute, nicht mehr ausreichend, zu iterativ, zu verzerrend zur Wirklichkeit, um den zunehmenden politischen und wirtschaftlichen Auseinandersetzungen der Welt begegnen zu können, um frühzeitig und professionell zu reagieren. Andererseits ist unser Lebenshaltungsniveau – das ja möglichst gesichert werden sollte – vergleichsweise hoch, sodass nur politische Professionalität, strategisch abgesichert, halbwegs Wohlstand und Sicherheit gewährleisten könnte. Periodische Wahlen reichen auch nicht mehr bei Regierungschefs, die – gesichert über Parteiendominanz dank „Generationenbindung" über mehrere Wahlperioden – emotional entscheiden können wie beliebt; trotz fallender Wahlerfolge. Fehlt zusätzlich parteiinternes Korrektiv (wie generell), können Staaten so auf Jahre und Jahrzehnte destruktiv verharren; selbst gegen die Mehrheit der Bevölkerung (wie in Deutschland).

In politischen Patt-Situationen bleibt dann nur mehr Hoffnung. Missstände beschleunigen sich und der Unmut der Bevölkerung nimmt zu. Wir können es drehen und wenden wie wir wollen, andere Parteien wählen, Gesetze und Abläufe ändern, immer wieder neue Gutachten initiieren, neue Gremien und Institutionen schaffen. Was bleibt: Wir blähen den Staat, die Verwaltungen, immer mehr auf, hemmen so unternehmerischen Freiraum und gleiten in einen wirtschaftlichen wie politischen Abwärtsstrudel. Bei vielen Nationen ist es ähnlich. Und, wir finden keinen Ausweg – und das, europaweit!

Aus den ausgewählten Problemen demokratisch regierter Staaten, mit besonderem Bezug zu Deutschland, erkennen wir, dass sich Konflikte, Unsicherheiten, aufgrund vielfältiger Faktoren und unübersehbarer Komplexitäten, besonders der letzten Jahrzehnte, derart zuspitzen, dass sich selbst klassisch-demokratische Überzeugungen infrage stellen. Immer öfter verlieren sich Politiker, wahloptimierend, oft genug pauschalierend, in kaum zu verifizierende Aussagen, nur um den nächsten Wahltermin zu überstehen. In Statements, die – in ihrer Bedeutungslosigkeit – austauschbar sind, sich wiederholen, nie den strategischen Kern treffen, aber dennoch populistisch verfangen. Dabei gilt doch fundamental, übergeordnet:

➤ *Sicherheit* ist keine Frage von mehr Polizei, immer mehr Gesetzen und Regelungen. Nicht lösbar mit wuchernd-bürokratischem Aufwand, sondern eine Funktion der geschichtlichen Entwicklung einer Gesellschaft, der kulturellen Identität einer gewachsenen Gemeinschaft, (was besonderer Pflege bedarf!).

➤ *Wohlstand* ist nichts, was sich intuitiv ideologisch verteilen lässt, sondern eine Funktion der Leistungsfähigkeit einer Gesellschaft, im Verhältnis zu allen anderen Nationen (also, vorab schon, besonderer Konzentration bedarf, insbesondere, bei hoher Exportabhängigkeit).

➤ *Gerechtigkeit* ist nicht die von einer ideologischen Mehrheit getragene Regelung menschlichen Handelns bis ins kleinste Detail, sondern eine Funktion ethischer Reife einer Gesellschaft über lange Zeiträume (also, bedarf soziologischer Förderung, Bildung!).

➤ *Freiheit* ist nicht etwas, was per Gesetz anzuordnen wäre, sondern eine Funktion gewährten ethischen Freiraums (also, bedarf es auch religiöser Besinnung, der Pflege ethischen Verhaltens!).

➤ *Engagement, Leistungsbereitschaft und Verantwortlichkeit* kann nicht durch noch so gut gemeinte staatliche Regelung „gezüchtet" werden, sondern ist eine Funktion einer „gerechten", einer anerkennenden und motivierten Gesellschaft, in welcher der Einzelne willens und bereit ist, sein Leben eigenverantwortlich zu gestalten (also, vieler Vorbilder bedarf!).

➤ *Verhalten* einer Gesellschaft ist nicht etwas evolutionär Unabdingbares, sondern eine Funktion uralter, überwiegend religiöser Überlieferung, eine Sozialisierung der Gesellschaft über viele Generationen; das eigentliche Fundament einer Gesellschaft; bedarf also der Pflege der Politik.

Eigentlich, relativ einfache Grundsätze, und dennoch weitgehend missachtet in der Praxis. Natürlich muss im demokratischen Leben trefflich über individuelle Meinungen gestritten werden; es ist ja die eigentliche Existenz, die „Entwicklung" einer Gesellschaft. Und natürlich gibt es nie den dauerhaften Konsens, und noch weniger weltweit. Abhängig ist alles von jenen

Menschen, die in irgendeiner Form „über andere stehen", unsere Führungen. Als das uralte Problem der Systeme, von Demokratie über Autokratie, Monarchie,... wie auch in privaten Unternehmen, in der Familie, dem Freundeskreis. Also, verlangen wir von denen, die „verantwortlich" sind, genau das: Höchste fachliche, besonders hohe ethische Qualitäten. Das muss unser politisches Ziel sein (wenn es auch nie zu erreichen, nur zu verbessern ist). Der „Weg" führt ausschließlich über die Bildung (Kap. 20), und weiter, zur Selektion der Besten, den fachlich und ethisch reifen, als gesellschaftlicher Aufbruch, als der möglichst viele umfassende Motor.

a) Strategische Voraussetzungen

Wie könnte es nun mit der Demokratie – sofern wir sie vorziehen – weitergehen? Vereinfacht, zu viel ist reglementiert – als Resultat demokratischer Usancen –, überall aufgebläht, starr, wuchert es aus sich selbst heraus, von einer Periode zur nächsten, unverändert. Sehen wir z.B. nur die traditionellen, nach aktuellen Wünschen auf Jahre zementierende Koalitionsverhandlungen (in allen alternden Demokratien), die so, Wahlperiode für Wahlperiode, keine Durchbrüche erwarten lassen. Sehen wir nur, wie man sich, nach minimalen Verschiebungen in der zersplitterten Parteienlandschaft, mit kleinlichem Feilschen im Kreise dreht, Pöstchen sichert, alles bis zum letzten Kreuzer verteilt; so die Zukunft verspielt – bis zur nächsten Wahlparty. Mit müden „Sozialargumenten" wird das sorgsam behütete Publikum doch nur geschädigt – und verdrängt, längst fällige politische Korrekturen.

Zurück zu einfachen Strukturen, zu mehr Transparenz, ist eine Möglichkeit, die Kosten wieder in den Griff zu bekommen, insbesondere Freiraum und Eigenständigkeit zu fördern, das Verständnis für die realen Zusammenhänge, und so die politische Identifikation, die demokratische Teilhabe wieder herzustellen. Denken wir zwei, drei Generationen zurück. Welche Freiheiten hatten wir doch? Wie motivierend war es; und setzte Dynamiken frei?

Allerdings, das gravierendste mentale Problem, Freiheit, die engagierte „Nutzung" persönlichen Freiraums, mit Selbstverantwortung, muss erst wieder – nach jahrzehntelang sozialer Degenerierung – gelernt werden, Verantwortung wieder bewusst übernommen und geübt werden; und das, mit nun erweitertem, ethisch-moralischem Rahmen. Hat doch der Staat den einzelnen Bürger – mit seiner sozialen Begleitung von der Geburt bis zur Bahre – schon weitgehend entmündigt; ihn aus seiner ureigenen Verantwortung, der Sicherung der eigenen Zukunft, weiter, der solidarischen Verantwortung für seinen Nächsten, schrittweise entlassen; eben „menschlich" degeneriert.

So leiten sich einige Voraussetzungen zur Wiedererlangung demokratischer Aufbruchsstimmung, und damit zu wirtschaftlicher Prosperität (und dann erst sozialer Verteilung) ab:

a) *Restrukturierung wuchernder, kaum mehr steuerbarer Verwaltungsstrukturen*: Hierarchien sind auf praktikables Niveau einzudämmen; von den Regierungen über die Parlamente, bis zu den Kommunen. Die Menge an gewählten und verantwortlichen Mitarbeitern ist niemals ein Maß qualifizierter Leistung im Sinne des Souveräns. Ehrenvoll ist zwar, wenn viele ihre Funktionen über neue, leider nie zueinander abgestimmte Aktionen zu rechtfertigen suchen. Allerdings entspricht es weder rationaler Gestaltung noch demokratischem Verständnis. Ich höre schon den Aufschrei: Wie sind all diese immensen Aufgaben, die heute schon überfordern, dann je zu schaffen? Glauben Sie mir, aus jahrzehntelanger Reorganisation gebeutelter Unternehmen, alle mit den gleichen Argumenten; dennoch haben sie sich zu hocheffiziente Einheiten gewandelt. Alles, was uns heute so belastet, ist nur Resultat einer aus dem Ruder gelaufenen Eigenentwicklung – bei gegenläufig erschreckender Degeneration. Viele Personen, viele Aktivitäten, bedeuten ja nicht mehr Effizienz (im Gegenteil).

b) *Konsequente Restrukturierung der Gesetze*: Bei gleichzeitiger Erhöhung des menschlichen Freiraums – und das natürlich nur, als jahrzehntelanger (allerdings konsequenter) Prozess. Von je her bewegt sich der Mensch in einem sozialen, einem ethischen Rahmen. Und der sollte wieder, in dieser unübersehbaren Komplexität, Lücken „kulturellen" Lebens, eben, die „Gesetzesnischen" füllen, Regelungen zurückdrängen, gesellschaftlich-ethisches wieder Allgemeingut werden lassen. Die Grenzen zwischen moralischem, also kulturellem Gedankengut und der Notwendigkeit formaler Regelungen muss schwimmend bleiben, mehr Freiraum ermöglichen. So, und nur so, ist Eigenständigkeit und Verantwortlichkeit, die emotionale Teilhabe an den gemeinsamen Prozessen, zu lernen, wieder zu erreichen. Natürlich – einziges Manko –, es fehlen Vorbilder; das ist sowieso Grundvoraussetzung, sofern Demokratien überleben wollen.

c) *Neudefinition der demokratischen Strukturen*: Höchstmöglicher Einbezug des Einzelnen in den politischen Dialog, bei dennoch hohem politischen Freiraum gewählter Mandatare mit vorausgesetzt hoher menschlicher und fachlicher Qualifikation und bewusster Verantwortung. Noch immer stecken wir fest im altgriechischen Denken, nämlich, dass der Einzelne demokratisch direkt mitentscheidet (was sowieso nie gegeben war). Seit der Zeit um Montesquieu haben wir zwar eine

Gewaltenteilung (mehr oder weniger), und sind dennoch bei einem Dipol gelandet: Regierung und die (beiden) Kammern, gegen die Bevölkerung. Zwischen diesen „Interessensgegensätzen" haben sich zwei „Gewalten" hineingeschoben, die demokratische Prinzipien nicht sonderlich pflegen: *Parteien und Medien*. In der überwiegenden Welt werden die Medien zur Beeinflussung missbraucht. Und die Parteien rekrutieren nicht die Fähigsten, sondern diejenigen, die sich am rüdesten durchsetzen. Beides, gravierendste Mängel heutiger Demokratien.

d)*Verhaltensänderung unserer Eliten*: Von den Vertretern des Souveräns – in den Gemeinden bis zur Regierung – sollte erwartet werden, dass sie als Vorbild, also, für jede Art (positiver) Verhaltensänderung mit gutem Beispiel vorangehen, nach den berühmten Tugenden handeln. Öffentliche Funktionen sind eine Berufung, als Dienstleistung; berufen zum Wohle lokaler bis nationaler Entwicklung. Gleiches gilt für jede Art von Führung; wirkt allerdings nur dann, wenn das Verhalten der öffentlichen Funktionäre dazu anregt. Gelingt dieser, nur über Generationen mögliche Verhaltensänderungsprozess nicht, werden sich die Dinge wie oben weiterentwickeln – jedenfalls nicht zum Wohle unserer Nachkommen.

e)Und, vor allem, *eine Bildungspolitik* die echte demokratische Gemeinsamkeit erst ermöglicht; als Basis des rationalen Diskurs`. Zeigen doch die überwiegenden Beiträge in den Medien, dass Diskurse pauschal bleiben, ohne geistige Vertiefung, ohne Lerneffekt. Die Reflexion des Einzelnen, Disziplin und Verantwortlichkeit, kommt nicht von alleine, ist von der Gesellschaft zu initiieren, erst wiederzufinden.

Alles in allem wäre es eine radikale Abkehr vom erlernten Verhalten. Allerdings erzwingt es die Menschendichte, die Klimaveränderung, Globalisierung und IT-Vernetzung – ob wir wollen oder nicht. Wie ist es zu ändern, oder besser, wer soll was ändern? Die Wahrscheinlichkeit, dass etablierte Parteien relevante Prozesse initiieren, ist gering, nur über Generationen zu erwarten. Wir werden wohl warten müssen, bis sich – mit Zersplitterung der Parteien – neue Kräfte rekrutieren, die in diese Richtung tendieren.

Und wenn nichts geschieht? Sehen wir nur die letzten 50 Jahre, rechnen ie hoch, dann ergibt sich, dass wir in maximal 20/30 Jahren die Vorteile der westlichen Welt verloren haben wie auch einem finanziellen wie politischen Chaos gegenüberstehen. Allerdings, neu sind solche Entwicklungen nicht.[119]

---

[119] Diamond J..; *Kollaps* (und viele andere)

b) Politische Wahrscheinlichkeiten

Hinweise, wie es politisch, demokratisch, wirtschaftlich, besser zu machen wäre, gibt es zuhauf. Bücher, Aufsätze, Expertisen sowie eine unendliche Meinungsvielfalt des Publikums zum Thema reißen nicht ab. Dennoch – sind wir ehrlich – genützt hat es wenig, fundamental eigentlich nichts; einzig tägliche Statements und sich aufbauschende Demonstrationen, die zwangsläufig jede seriöse, eine strategische Ausrichtung missen lassen.

Wieso benötigt es Jahre, bis fehlerhafte politische Entscheidungen angegangen werden – obwohl vom breiten Publikum zumeist schon lange vermutet? Und zwar erst dann, wenn die verantwortlichen Poliiker nicht mehr in Amt und Würden sind – also, nicht mehr an der Macht. Zu spät, obwohl die Hinweise deutlich waren? Oder dann, wenn – Gott sei Dank – Institutionen wie Verfassungsgericht, Supreme Court und andere „Unabhängige" korrigierend eingreifen. Es ist diese zunehmende (Demokratie-)Unfähigkeit führender Entscheidungsträger wie insbesondere mangelnde Reife und fehlende Ausbildung (wie vielfach aktuell), als Machtpolitik, gestützt von Abhängigkeiten in Netzwerken und Parteiapparaten. Selbst demokratische Kontrollinstanzen unterliegen der schleichenden Degenerierung.

Dabei ist doch anzunehmen, dass jeder Einzelne in politischer Verantwortung – einmal zu Höherem berufen – es besser machen wollte. Dann aber, eingebunden in komplexe Verwaltungsstrukturen, ausgesetzt gewachsenen Netzwerken, besonders jedoch nach genossener Machtroutine, jede revolutionäre Änderungsbereitschaft, jede Eigendynamik verkümmert. Also gilt, dass ein rigoroser Verhaltenswechsel zu Gunsten Kreativität, zu mutigem, wertfreiem und rückhaltslosem Einsatz, kaum realisierbar erscheint; dazu, bei konform schwacher Opposition und einer tendenziell ähnlich gelagerten Medienlandschaft. Und heute, bei einer sich exponentiell vermischenden Menschheit, von denen natürlich alle das Gleiche wollen: Europäische Standards, Vermögen, Wohlfahrt und Sicherheit. Was alleine schon mit mathematischer Logik aus der natürlichen Ressourcenbegrenzung so nie möglich wäre. Nur, wer in öffentlichen Ämtern getraut sich schon „Reales" auch nur anzudeuten, sofern es nicht mit „obriger Einstellung" korreliert. Ist doch logischer Schluss: Nach westlichen Usancen, sind 10 Milliarden Menschen für diese Erde kurzfristig zu viel.

Dazu bewirkt die menschliche Vermischung binnen weniger Dekaden über die ganze Welt, bei unterschiedlichsten Mentalitäten, Religionen, Verhaltensweisen, Einstellungen etc., Folgen, mit denen der Mensch nie gelernt hat umzugehen. Mit all den Konfrontationen der über die Jahrhunderte eigenständig entwickelten Kulturen, all den uralten, egozentrischen Eigenheiten.

Und, alle wollen nach Westeuropa, mit unterschiedlichen Ethiken, den über ie Generationen entwickelten Eigenheiten. Bisher waren Emigrationen unbedeutend, die „Mengen" vernachlässigbar. Ändern sich jedoch diese Verhältnisse – nicht nur an der Zahl, sondern in vielfachen Gruppierungen –, bilden sich Diasporas, politische Gegensätze, die ihre (stammeseigenen) Bedürfnisse beanspruchen, Eigenheiten, religiöse und kulturelle Rituale gleichwertig durchsetzen wollen – mit all den Reibungsflächen. Blauäugig der, der meint, alles löst sich friedlich, gegenseitig befruchtend, auf! Man drängt ja nicht nur nach Sicherheit an Leib und Leben, sondern bleibt immer eingebettet in der Individualität. Auf Jahrzehnte, zulasten der einheimischen Bevölkerung. Undenkbar, das für alle der Wohlstand ähnlich wächst, keine Diskrepanzen aufbrechen; ganz unabhängig vom Demokratieverständnis (das sich schon in den Religionen unterschiedlich begründet). Ist uns dies, in aller Breite, bewusst, akzeptiert? Wenn Ja, dann ist es ok! Wir haben uns darauf einzustellen, die finanziellen und menschlichen Belastungen auf Jahrzehnte zu tragen, positiv mitzuwirken – im Bewusstsein nachhaltiger Auseinandersetzungen über Generationen. Allerdings, bis heute gibt es keine Konzepte, geschweige klare Aussagen zu den Folgewirkungen – und, was der Einzelne langfristig beizutragen hat.

Unsere überforderte Politik (europaweit) lässt sich von Tagesbedürfnissen treiben, versucht zu korrigieren, zu regeln, zu kitten, was ständig daneben geht, kehrt vielfach Tatsachen (zur eigenen Stabilisierung) unter den Tisch, und ist doch hoffnungslos verfangen in den komplexen Prozessen. Überzogene emotionale Humanitätsbezeugungen sind wenig hilfreich, um so vielfältige Aufgaben zu bewältigen. Paradox, all das chaotisch-politische Gewusel wird zur Routine, entwickelt sich immer weiter! Und, keinem fällt es auf! Wir gewöhnen uns daran! Werden, ohne politische Perspektiven, zwangsläufig ständig vor neue Überraschungen gestellt. Welche Misswirtschaft! Welch regierendeUnfähigkeit!

Und warum ist das so? Eben, aus unserer christlichen Überzeugung – eingebettet in Wohlstand und Sicherheit (oder schlechtem Gewissen?), um „Gutes" zu tun –, fordern wir überall Menschenrechte und Humanität (so verständlich es ja auch ist). Allerdings stehen uns, unerwartet, erschreckend, Milliarden bedürftiger gegenüber, mehr als wir je verkraften könnten. Und, alle wollen gleiche Lebensstandards! Bringen uns plötzlich – bei noch so humaner Einstellung – selbst in Bedrängnis. Keiner weiß mehr, wie damit so richtig umzugehen, wie sich den aus diesem Schlamassel zu befreien. Einerseits zwingt uns die erst kürzlich gewonnene humanitäre Überzeugung, zu helfen, zu teilen, andererseits drücken wir uns sowohl vor den (verdeckten) Belastungen, den Folgewirkungen, wie auch der öffentlichen Diskussion der so überaus massiv-kulturellen Einflüsse auf ganz Europa. Wird uns heute erst so recht bewußt aus den zunehmenden Völkerwanderungen über den ganzen Erdball. Und die politischen Führungen? Drücken sich vor der Verantwortung. Träumereien, Rechthaberein und pauschalierte Naivität beherrschen die öffentliche Debatte.

Leider ist es nicht das einzige gravierende, die ganze Welt beeinflussende Thema. Viele Probleme konfrontieren die Demokratien, stellen Wohlstand und Sicherheit, wenn nicht sogar die Menschheit an sich infrage: Die nicht aufzuhaltende Klimaveränderung, die die Massen in den Norden treibt, das Wachstum der Menschheit auf 10 Milliarden bei total überlasteten Ressourcen, die zunehmenden Reibungsflächen zwischen armen und reichen Nationen, zwischen Kulturen und Religionen, zwischen Demokratien und Autokratien, dem unglaublichen Bildungs- und Sozialgap weltweit, der den Kampf um Ressourcen und Flächen weiter anheizen wird. Ferner der Verlust nationaler Hegemonie gegen global agierende Interessensgemeinschaften und Konzerne, sowie ungelöste Fragen der Alters-, Gesundheits- und Pflegeabsicherung, die wachsenden Bedrohungen durch terroristische und religiöse Gruppierungen mit modernsten Waffen- und Informationstechniken etc. Ganz zu schweigen von den jeweils lokalen Fragen zur EU, des Leistungs-, Ressourcen- und Jobausgleichs zwischen den europä-ischen Staaten, der gemeinsamen Geldpolitik, Außen- und Sicherheitspolitik usw., usw. Alles, mit heutigem politischen Verhalten und Denken, unlösbar. Werden all diese massiven Themen nicht aktiv, zeitnah angegangen, setzen sich egozentrische außereuropäische Interessen durch – und können nur mehr reagieren, werden so zwangsläufig verlieren.

Natürlich ist es schön, klingt so hehr, menschlich, eine *Offene Gesellschaft* anzustreben, mit den Werten Freiheit, Gleichheit, Gerechtigkeit, Toleranz und was uns sonst an Gutem einfällt. Wenn es so weitergeht wie bisher, werden wir alle diese schönen Floskeln wohl langsam aber sicher aufgeben müssen. Oder können wir, weltweit, konforme, ehrliche Bestrebungen, bei verlässlicher Kontinuität, erwarten? Sicherlich nicht! Denken wir nur an die vielen totalitären Herausforderungen, den egoistischen, korrupten Tendenzen soweit man sieht, und immer wieder dümmlichen Staatenlenkern. Die andere Backe hinzuhalten, wenn man auf eine geschlagen wird, wird wohl nicht reichen, widerspricht auch der Erfahrung aus der Geschichte, der Psychologie des Menschen! Wir bilden es uns in dieser human-illusorischen Ausprägung doch erst seit wenigen Dekaden ein. Wir können nur versuchen, Auswüchse abzufedern; demokratisch! Dazu benötigen wir aber Vorbilder! Und die, sind rar. Immer schon rar gewesen, wie die Menschheitsgeschichte beweist.

Wir verklären aus historischer Entwicklung Persönlichkeiten als Marksteine – wenn die auch häufig alles andere als Vorbilder waren; eben, nur dokumentierte „Stellvertreter" großer Nationen oder historischer Umwälzungen. Zumeist waren sie nur Spiegelbilder gesellschaftlicher Tendenzen, wie auch jene von heute, z.b.:

- Ein demokratisch gewählter, irrlichtender Präsident der USA, der – mit bescheidener Bildung und derber, rudimentärer Einstellung, die Welt politisch wie wirtschaftlich verunsichert, zunehmend Chaos verursacht. Ohne Strategie – ohne Ahnung. Sehen wir nur seine katastrophalen Einflüsse weltweit, mit Leid, mit neuem Kriegsgeschrei, mit...
- Oder ein gewählter russischer Präsident der, zur Anerkennung seines Landes, wie in alten Zeiten, bewaffnete Außenpolitik betreibt, versucht, andere Staaten zu destabilisieren; während es ihm binnen 20 Jahren nicht gelungen ist, den Wohlstand des eigenen Volkes zu verbessern.
- Oder autoritäre Tendenzen wie in der Türkei, im Nahen und Fernen Osten, bei den Arabern, Afrikanern, Südamerikanern, ...
- Andererseits eine chinesische Gerontokratie, die, mit 30-jähriger Kontinuität und Präzision, ein bis dahin mittelalterlich geprägtes Land zu wirtschaftlicher und politischer Spitze führt, den Wohlstand systematisch verbessert; zeigt, wie effizient doch uralte chinesische Philosophien sein können (zu Lasten der restlichen Welt)

Wie wollen wir da erwarten, dass sich verantwortliches, politisch-rationales Denken im Sinne professioneller Prosperität, unter Beachtung demokratischer Grundsätze, konsequent entwickeln könnte?

Sehen wir – besser, ahnen wir doch – Demokratien werden nur dann nachhaltig erfolgreich sein, wenn die Besten führen, und wenn sie auch Sorge tragen, dass genügend Fähige gefördert werden, als Basis werteorientierter Intelligenz – eine menschliche Hürde, die nur charismatische, reife Persönlichkeiten überwinden können[120]. Es zeigt aber auch, dass wissenschaftliche, dass logische, dass erfahrene und reife Professionalität in der Demokratie bisher kaum zählt. Und *das*, muss sich fundamental ändern! Gilt ja politische Effizienz nicht nur landesintern, sondern, und ganz besonders, gegenüber dem Ausland, als „Kompetenz" – und die ist nur teils abhängig von wirtschaftlichem Erfolg. Sehen wir nur wie Deutschland, wie Europa, dank schwacher Führung, laufend an internationalem Ansehen verliert – so den globalen „Einfluss" reduziert; als wirtschaftlicher wie politischer Nachteil.

---

[120] Wie bei Platon (nach Sokrates), dass Könige Philosophen sein sollten und Philosophen Könige.

Wie wäre den nun ein moderner demokratischer Staat zu gestalten? Wie schwierig, vielleicht sogar unlösbar diese Frage ist, zeigt die mehr als zwei Jahrtausende alte Diskussion über Strukturen und Sinn der Demokratie. Wissen wir doch, dass „sich die menschliche Natur nur sehr langsam, wenn überhaupt, über Jahrtausende ändert"[121], also relativ stabil bleibt, das Thema ja bis heute ungelöst ist. Die Prozesse der Demokratie – von den alten Griechen bis zu den heutigen demokratischen Systemen – durchziehen zwei wesentliche Probleme: Individuelle Machtausübung (mit oder ohne Bereicherung) trifft auf unzählige Eigeninteressen; also, beiderseitig pure Egoismen. Zur Maximierung unserer eigenen Ansprüche „wählen" wir ja auch so. Ein, auch in Demokratien, scheinbar unlösbarer Gegensatz. Aber, zumindest erträglich zu minimieren wäre er; könnte im Gegenteil sogar Kräfte freisetzen, wie jeder politische Umschwung beweist. Nur, die Richtung bleibt offen. Und die gilt es vorsichtig, langsam, neu zu gestalten.

Aus obigen Ableitungen ergäbe sich (sofern wir an der Republik, einer Demokratie, festhalten wollen):

- Eine stabile, eine nachhaltige Demokratie, erfordert den *Einbezug möglichst aller*, mit Diskussionen, mit Gedankenaustausch über die Interessen, über wesentliche Themen zur Entwicklung des Staates.
- Sie „lebt" nur dann, wenn – in einer Massengesellschaft wie heute – die verbindenden Elemente zwischen Souverän und Führung, die *Parteien und Medien, sich selbst demokratisch verhalten* und Willens sind, möglichst „wahrheitsgerecht" zu recherchieren und zu informieren, sich bemüht neutral verhalten, wenn durchaus auch transparent ideologisch interpretiert.
- Sie besteht nur dann nachhaltig, wenn eine bewusste Selektion der Mandatare nach fachlichen *und menschlichen Fähigkeiten* erfolgt; primär über die Parteien, unter medialer Diskussion. Wenn erstklassige (n.M. einschlägige) Bildung, ethisches, reifes Verhalten angestrebt wird, wenn also „Vorbilder" das gesellschaftliche Verhalten mitprägen.
- Sie besteht ferner nur dann nachhaltig, wenn – in einer globalisierten Wettbewerbsgesellschaft – trotz des Diktums „gerechter Solidarität", die *nachhaltige Wettbewerbsfähigkeit oberste Maxime* ist, also Leistungsfähigkeit und Verantwortlichkeit nicht nur in den staatlichen Organisationen und der Gesetzgebung, sondern auch für die gesetzlichen und organisatorischen Regelwerke wirkt.

---

[121] Holland John H., Was auf uns zukommt…, *Die nächsten 50 Jahre*

Schlussendlich reduziert sich alles auf die Bildung (Kap.20) – erweitert als Einbezug möglichst aller Gesellschaftsschichten in die entscheidenden Prozesse des Staates –, mit der so bestmöglichen Auswahl der Berufenen. Dann wäre auch eher anzunehmen, dass die notgedrungene Pauschalierung komplexer Zusammenhänge – über vielfältige Medien, Parteien und Interessensgruppen – zunehmend auch in der breiten Bevölkerung verstanden und vertieft werden, also, echte Teilhabe fördern, um eben so, und nur so, fundamentale Entscheidungen mitzutragen. Ferner ist anzunehmen, dass sich damit auch die Qualität der Vertreter öffentlicher Ämter fachlich wie menschlich verbessert; als Vorbilder mit Verantwortung, aber auch mit Freiräumen, also, als als echte Gestalter innerhalb von Verwaltung und Staat.

Gelingt dies nicht, setzt sich logischerweise die seit Jahrzehnten spürbare Degenerierung demokratischen Verhaltens fort. Erkennen wir doch vielfach bereits, wie sich nicht nur immer größere Bevölkerungsschichten vom politischen Verhalten abgestoßen fühlen, sondern sich Personen, Mächte, an die Spitze von Staaten katapultieren, die schlicht und einfach zur Führung einer nachhaltigen Entwicklung einer Nation nicht fähig sind oder über schleichend totalitäre Tendenzen nicht nur demokratische Prinzipien in Gefahr bringen, sondern – bei den zunehmenden Konflikten – Auseinandersetzungen mit anderen Nationen nicht ausschließen (wie Russland, Nordkorea, Türkei, der ganze Nahe Osten, viele kleinere totalitäre Staaten, selbst die USA). Auch bei uns, in Europa, erkennen wir zunehmend antidemokratische Tendenzen. Wollen wir den – steht die Menschheit doch an einem Wendpunkt – politischen Idioten unsere Zukunft überlassen? Wir sind selber schuld, wenn wir es zulassen! Also, Tendenzen des Abgleitens nicht rechtzeitig erkennen, Parasiten, demokratisch und fachlich fragwürdige Personen nicht aus den Ämtern entfernen, eben, möglichst nur die Besten auswählen.

Bleibt Wunschgedanke? Nein! Der „gute Staat" ist nur dann Zufall, wenn es ohne Dominanz von „Bildung" weiterläuft wie bisher! Heute scheint alles Zufall – beobachten wir doch nur die politische „Nicht"-Entwicklung, das Chaos. Dass positiv gestaltet werden könnte, gibt es keine Zweifel; bei den vielen Potenzialen – auch, und besonders, in einer globalen Welt.

Und wenn es Länder, Regionen geben sollte, in denen eine Rückkehr zu demokratischem Verhalten, bei möglichst hohem Freiraum, wachsender Sicherheit, mit solidarischem Einbezug aller Gesellschaftsschichten möglich wäre, dann ist es Europa, die EU. Rundherum wachsen vielschichtige Gefahren, aus der Globalisierung, aus autokratischen Tendenzen, der internationalen Vernetzungen und unzähliger Sicherheitsrisiken.

Ein einzelnes Land wäre zu schwach, zu instabil, um sich gegen wirtschaftlich und militärisch wachsende Mächte wehren zu können. Nur innerhalb des europäischen Verbundes ist eine Revitalisierung demokratischen Gedankenguts, aufgrund uralter historischer und kultureller Entwicklungen möglich. Als menschliche Antwort an die knallharte Globalisierung, als echte Solidarität unter europäischen Partnern. Ob es gelingen kann? Hängt nur von uns ab!

Literaturverzeichnis

Altmann Jörn, Wirtschaftspolitik, Verlag Lucius & Lucius Stuttgart, ISBN 978-3-8282-0389-1, 2007

Aristoteles, Nikomachische Ethik, Verlag Anaconda, Köln, ISBN 978-3-86647-366-9, 2009

Aristoteles, Politik, Staat der Athener, Verlag Patmos, Düsseldorf, ISBN 3-7608-4120-1, 2006

Barro Robert J. et. al., Makroökonomie , Europäische Perspektiven, Verlag Oldenburg, München Wien, ISBN 3-468-23270-3 1996

Binswangen Hans Cristoph, Die Wachstumsspirale, Verlag Metropolis, Weimar/Marburg, ISBN 3-89518-554-X, 2004

Bofinger Peter et.al., Geldpolitik, Ziele, Institutionen, Strategien und Instrumente, Verlag Vahlen, München, ISBN 3-8006-2017-0, 1996

Bordt Michael, Platon, Verlag Herder Freiburg i.br., ISBN 3-926642-50-5

Brodocz Andre et. al., Bedrohungen der Demokratie, Verlag VS, Verlag für Sozialwissenschaften, ISBN 978-3-531-14409-2, 2008

Buchheim Thomas, Aristoteles, Verlag Herder Freiburg i.br., ISBN 3-926642-49-1

Cicero Marcus Tullius, Vom höchsten Gut und vom größten Übel, Verlag Anaconda, Köln, ISBN 978-3-86647-246-4, 2008

Cicero Marcus Tullius, Über den Staat, Verlag Reclam, Stuttgart, ISBN 978-3-15-0007479-4 1956, 2006

Danielmeyer Hans Günter, Zur Entwicklung der Industriegesellschaft und der Beschäftigung , Verlag Birkhäuser, Berlin, ISBN 3-7643-5666-9, 1997

Der KORAN, Bibliothek der Weltreligionen, Verlag Voltmedia, Paderborn, ISBN 3-937229-76-0

Deutscher Bundestag, 17. Wahlperiode, Jahresgutachten 2012/13 des Sachverständigenrates zur Begutachtung der gesamtwirtschaftlichen Entwicklung, Drucksache 17/114402012

Diamond Jared, Kollaps, Warum Gesellschaften überleben oder untergehen, Verlag S. Fischer, Frankfurt a.M., ISBN 3-10-013904-6 , 2005

Eckert Daniel D., Weltkrieg der Währungen, Wie Euro, Gold und Yuan um das Erbe des Dollars kämpfen, Verlag FinanzBuch, München, ISBN 978-3-89879-595-1, 2010

Feyerabend Paul K., Probleme des Empirismus I, Verlag Reclam, Stuttgart, ISBN 3-15-018139-9, 1999/2002

Galbraith John Kenneth, Die Ökonomie des unschuldigen Betrugs, Verlag Siedler, Berlin/München, ISBN 3-88680-821-1, 2004

Gil Christiane, Machiavelli, Die Biographie, Verlag Albatros, Düsseldorf, ISBN 3-491-96004-5, 2000

Görgens E. et.al., Europäische Geldpolitik, Verlag Lucius & Lucius, Stuttgart, ISBN 978-3-8282-0453-5, 2008

Haller Gret, Die Grenzen der Solidarität, Europa und die USA im Umgang mit Staat, Nation und Religion, Verlag Aufbau, Berlin, ISBN 3-351-02537-8, 2003

Henkel Wilhelm & Issak Robert, Geldherrschaft, Ist unser Wohlstand noch zu retten? Weltwirtschaft ohne Weltwährung, Verlag Wiley, Weinheim Schweiz, ISBN 978-3-527-50594-4, 2011

Hennecke Hans Jörg, Friedrich August von Hayek, Die Tradition der Freiheit, Verlag Wirtschaft und Finanzen, Düsseldorf, ISBN 3-87881-145-4, 2000

Höffe Otfried, Demokratie im Zeitalter der Globalisierung, Verlag C.H.Beck, München, ISBN 3-406-45425-0, 1999

Illner Maybrit et.al., Ente auf Sendung, Von Medien und ihren Machern, Verlag Deutsche Verlags-Anstalt, München, ISBN 3-421-05751-6, 2003

Issing Otmar, Einführung in die Geldtheorie, Verlag Vahlen, München, ISBN 978-3-8006-38109, 2011

Jardin André, Alexis de Tocqueville, Leben und Werk, Verlag Campus, Frankfurt a.M., ISBN 3-593-37752-7, 2005

Kant Immanuel, Zum ewigen Frieden, Klassiker Auslegen, Verlag Akademie, Berlin, ISBN 3-05-004084-X, 2004

Keynes John Maynard, Allgemeine Theorie der Beschäftigung, des Zinses und des Geldes, Verlag Duncker & Humblot, Berlin, ISBN 978-3-428-12912-6, 1936/2009

Krugmann Paul, Die neue Weltwirtschaftskrise, Verlag Campus, Frankfurt a.M., ISBN 978-593-38933-2, 1999/2009

Lammert Norbert, Verfassung Patriotismus Leitkultur, Was unsere Gesellschaft zusammenhält, Verlag Hoffmann & Campe, Hamburg, ISBN 3-455-50005-6, 2006

Le Bon Gustav, Psychologie der Massen, 1. Auflage 1895, Verlag Kröner, Stuttgart, ISBN 3-520-09915-2, 1982

Lietaer Berhard A., Das Geld der Zukunft, Verlag Riemann, München, ISBN 3-570-50035-7, 2002-1999

Llanque Marcus, Politische Ideengeschichte, Ein Gewebe politischer Diskurse, Verlag Oldenburg, München, ISBN 978-3-486-58471-4, 2008

Mancur Olson, Logik kollektiven Handelns, Konzepte der Gesellschaftstheorie, Band 3, Verlag Mohr Siebeck, Tübingen, ISBN 3-16-146767-1, 1997

Meadows Dennis et.al. Die Grenzen des Wachstums, Bericht des Club of Rome zur Lage der Menschheit, Verlag Rowohlt, Taschenbuch Verlag Reinbek bei Hamburg, ISBN 3-499-16825-1, 1972

Mesarovic Mihailo et.al. Menschheit am Wendepunkt, 2. Bericht an den Club of Rome zur Weltlage, Verlag Deutsche Verlags-Anstalt, Stuttgart, ISBN 3-421-02670 X, 1974

Miegel Meinhard, Epochenwende, Gewinnt der Westen die Zukunft? Verlag List, Berlin, ISBN 978-3-548-60705-4, 2007

Miegel Meinhard, Die deformierte Gesellschaft, Wie die Deutschen ihre Wirklichkeit verdrängen, Verlag Ullstein, Berlin, ISBN 3-548-36440-3, 2004

Mikl-Horke Gertraude, Soziologie, Historischer Kontext und soziologische Theorie-Entwürfe, Verlag Oldenburg, München, ISBN 3-486-24074-9, 1997

Milton Friedmann, Geld regiert die Welt, Neue Provokationen vom Vordenker der modernen Wirtschaftspolitik, Verlag Capital /ECON, Düsseldorf, ISBN 3-430-12985-0, 1992

Milton Friedmann, Kapitalismus und Freiheit, Verlag Eichborn, Köln, ISBN 3-396-0, 1962/2002

Morel Julius et.al., Soziologische Theorie, Abriss der Ansätze ihrer Hauptvertreter, Verlag Oldenburg, München, ISBN 3-486-24967-3, 1999

Morris Ian, Wer regiert die Welt? Warum Zivilisationen herrschen oder beherrscht werden, Verlag Campus, Frankfurt a.M., EAN 9783593384061, 2011

Neuberg A., Morphologie des Staates, Konvergenz zum optimalen Staat?, Verlag Schlosser Friedberg ISBN 9/8-3-86937-300-3, 2012

Neuberg A., Eliten am Pranger, Aktuelle Politik vor dem Tribunal der Vernunft, Verlag Schlosser Friedberg, ISBN 978-3-86937-398-0, 2013

Neuberg A., Geld-Illusionen, Finanzfeudalismus, Konfusionen und Philosophien, Pro BUSINESS GmbH, Berlin, ISBN 978-3-86386-866-6, 2015

Oetinger v. Bolko et.al., Clausewitz, Strategie Denken, Verlag Hanser, München, ISBN 3-446-21743-6, 2001

Oldag Andreas et. al., Raumschiff Brüssel, Wie die Demokratie in Europa scheitet, Verlag Fischer, Taschenbuch, Frankfurt a.M., ISBN 3-596-15746-6, 2005

Ottnad Adrian, Steigende Abgaben - sinkende Leistung, Die Politik auf schmalem Grat, Verlag Olzog, München, ISBN 3-7892-8181-6, 2006

Peto Rudolf, Geldtheorie und Geldpolitik, Verlag Oldenburg, München, ISBN 3-486-25964-4, 2002

Platon, Der Staat, Politeia

Plümacher Martina, Wahrnehmung, Repräsentation und Wissen, Edmund Husserls und Ernst Cassierers Analysen zur Struktur des Bewusstseins, Verlag Parerga, Berlin, ISBN 3-930450-84-4, 2004

Popper Karl R., Die offenen Gesellschaft und ihre Feinde, Verlag UTB-Francke, München, ISBN 3-7720-1274-4, 1957/1980

Popper Karl R., Alles ist nur Vermutung, Vorträge und Gespräche 1974-1992, Verlag Auditorium Netzwerke, München, ISBN 3-7720-1274-4, 1974-1992

Reclam, Was ist Religion? Texte von Cicero bis Luhmann , Verlag Reclam, Stuttgart, ISBN 978-3-15-018785-2, 2010

Ricardo David, Über die Grundsätze der politischen Ökonomie und der Besteuerung , Verlag FinanzBuch, München, ISBN 3-89879-141-6 , 2006

Rifkin Jeremy, Der Europäische Traum, Die Vision einer leisen Supermacht, Verlag Campus, Frankfurt a.M., ISBN 3-593-37431-5, 2004

Schawinski Roger, Die TV-Falle, Vom Sendungsbewusstsein zum Fernsehgeschäft, Verlag Rowohlt, Taschenbuch, Verlag Reinbek bei Hamburg, ISBN 978-3-499-62432-2, 2008

Schirrmacher Frank, Minimum, Vom Vergehen und Neuentstehen unserer Gemeinschaft , Verlag Blessing, München, ISBN 3-89667-291-6, 2006

Schmid Eric et.al., Die Vernetzung der Welt, Ein Blick in unsere Zukunft, Rowohlt Verlag GmbH, Hamburg, ISBN 978 3 498 064228, 2013

Schröder Peter, Niccoló Machiavelli, Verlag Campus, Frankfurt a.M., ISBN 3-593-37571-0, 2004

Schweidler Walter, Der gute Staat, Politische Ethik von Platon bis zur Gegenwart, Verlag Reclam, Stuttgart, ISBN 3-15-018289-1, 2004

Schweitzer Georg, Bank- und Börsenwesen, Verlag J.J.Weber Leipzig, 1908

Siedentop Larry, Demokratie in Europa, Verlag Klett-Kotta, Stuttgart, ISBN 3-608-94041-3, 2002

Sinn Hans-Werner, Die Target-Falle, Gefahren für unser Geld und unsere Kinder, Verlag Carl Hanser, München, ISBN 978-3-446-43353-3, 2012

Sinn Hans-Werner, Mut zu Reformen, Fünfzig Denkanstöße für die Wirtschaftspolitik, Verlag dtv, München, ISBN 4-423-50888-4, 2004

Sinn Hans-Werner, Kasino-Kapitalismus, Verlag Econ, Berlin, ISBN 978-3-430-20084-4 , 2009

Solte Dirk, Weltfinanzsystem am Limit, Verlag Terra Media, Saarbrücken, ISBN 987-3-9811715-2-5, 2007

Soros Georg. Das Ende der Finanzmärkte – und ihre Zukunft, Verlag FinanzBuch, München, ISBN 978-3-89879-413-8, 2008

Spahn Peter, Geldpolitik, Finanzmärkte, neue Makroökonomie und zins-politische Strategien, Verlag Vahlen, München, ISBN 978-3-8006-4478-0, 2012

Spitzer Manfred, Cyberkrank. Wie das digitalisierte Leben unsere Gesund-heit ruiniert, Verlag Droemer, München, ISBN 978 3 426 27608 2, 2015

Statistisches Jahrbuch 2016, Für die Bundesrepublik Deutschland, Verlag Statistisches Bundesamt Wiesbaden , 2010

Statistisches Jahrbuch 2017. Für die Bundesrepublik Deutschland. Verlag Statistisches Bundesamt Wiesbaden , 2010

SteingartGabor, Weltkrieg um Wohlstand , Wie Macht und Reichtum neu verteilt werden, Verlag Piper, München, ISBN 978-3-492-25074-0, 2006

Stiglitz Joseph, Die Schatten der Globalisierung, Verlag Siedler, Berlin, ISBN 3-88680-0753-3, 2002

Stiglitz Joseph, Die Chance der Globalisierung, Verlag Siedler, Berlin, ISBN 978-3-570-55048-9, 2008

Streit Manfred E., Theorie der Wirtschaftspolitik, Verlag UTB/Lucius & Lucius, Stuttgart, ISBN 3-8282-4657-5, 2005

Stubbe-da Luz Helmut, Montesquieu, Monographie Verlag Rowolth, Reinbek, Hamburg, ISBN 3-499-50609-2, 1998

Tocqueville Alexis de, Zivilgesellschaft, Bürgerschaftliches Engagement von der Antike bis zur Gegenwart, Verlag rowohlts enzyklopädie, Reinbek, Hamburg, ISBN 978 3 499 55687 6, 2007

Walter Maximilian, Stabilisierungspolitik, Verlag Wissenschaft & Praxis, ISBN 3-89673-199-8, 2004

Weber Max, Die protestantische Ethik und der Geist des Kapitalismus, Verlag Area Berlin, ISBN 13-978-3-89996-428-8

Weber-Fas Rudolf , Staatsdenker der Vormoderne, Klassikertexte von Platon bis Martin Luther, Verlag UTB- Mohr Siebeck, Tübingen, ISBN 3-8252-2722-7, 2005

WeißeGünther K., Informationskrieg -Cyber War, Die unbekannte Gefahr , Verlag Motorbuch, Stuttgart, ISBN 978-3-613-02795-4, 2007

Whowsky Stephan, Die Welt der Religionen, Verlag C.H. Beck, München, ISBN 3-406-34062-8, 1991

Wicksell Johan Gustav Knut, Geldzins und Güterpreis, Studie zu Tauschwert des Geldes, Verlag FinanzBuch , München, ISBN 3-89879-143-2, 2006

Williams John Alden, Der Islam, Verlag Fackel, Stuttgart, 1972